362个关键点，157个风险点

2套辅学辅填工具

企业所得税汇算清缴实务关键点提示和风险点解析暨新申报表辅学辅填工具

▲

屈震　马泽方　李颖剑等◎编著

·北京·

图书在版编目（CIP）数据

企业所得税汇算清缴实务关键点提示和风险点解析暨新申报表辅学辅填工具／屈震等编著．—北京：中国市场出版社，2016.3
ISBN 978-7-5092-1471-8

Ⅰ．①企… Ⅱ．①屈… Ⅲ．①企业所得税-税收管理-基本知识-中国 Ⅳ．①F812.424

中国版本图书馆 CIP 数据核字（2016）第 040398 号

企业所得税汇算清缴实务关键点提示和风险点解析暨新申报表辅学辅填工具
QIYE SUODESHUI HUISUAN QINGJIAO SHIWU GUANJIANDIAN TISHI HE FENGXIANDIAN JIEXI JI XIN SHENBAOBIAO FUXUEFUTIAN GONGJU
屈　震　马泽方　李颖剑等　编著

出版发行：中国市场出版社
社　　址：北京月坛北小街 2 号院 3 号楼　　**邮政编码**　100837
电　　话：编 辑 部（010）68032104　读者服务部（010）68022950
发 行 部（010）68021338　68020340　68053489
68024335　68033577　68033539
总 编 室（010）68020336
盗版举报（010）68020336
邮　　箱：474885818@qq.com
经　　销：新华书店
印　　刷：河北鑫宏源印刷包装有限责任公司
规　　格：170 mm×240 mm　16 开本　　**版　　次**：2016 年 3 月第 1 版
印　　张：25.25　　**印　　次**：2016 年 3 月第 1 次印刷
字　　数：500 000　　**定　　价**：60.00 元

谨以此书献给所有

奋斗在一线的基层税务工作者、企业办税人员和税务中介！

序　一

翻开这本由北京国地税 7 名优秀中青年业务骨干组织编写的所得税业务工具书，看到这些年轻人立足岗位，刻苦钻研税收业务，以自己对所得税管理的理解、感悟，记录他们对税收政策的把握和思考，从一个侧面展示了他们对税收事业的执着与追求、对税收工作的热爱，欣慰之感油然而生。在推进北京国税税收现代化建设中，需要这种肯于钻研、勤于实践、敏于思考的精神，更需要大批能真正沉下心来钻研税收业务的干部。

519 个所得税申报表填报关键点和涉税风险点的梳理，将政策关键点和实际操作中的涉税风险点有机融合，以简明易懂的科普语言呈现在我们面前，既有助于纳税人清晰理解所得税相关政策、规范填报申报表、防范纳税风险；又有助于基层税务干部有效规避风险点，防范执法风险，是一部新颖实用的所得税业务工具书。

这些徜徉在所得税税收业务浩瀚的海洋中，孜孜不倦执着追求的年轻人，一步一个脚印，在历练中积累经验，在尽职尽责中收获着成功。“学如弓弩，才如箭镞。”愿你们在税收现代化建设一线、税收征管改革的前沿，不怕困难、攻坚克难，经受锻炼，增长才干。愿更多的干部在税收战线的沃土上，用勤奋耕耘、不懈努力、一流的业绩成就属于自己的精彩人生！

序　二

对于亲爱的读者们来说，这是一本有关税收业务的书籍。而对于我们几位编者而言，收笔的一瞬，这仿佛只是一份敝帚自珍的情怀。362 个填报关键点，157 个涉税风险点，当读者们的指尖划过字里行间之前，我们中的每一位编者已对它注目许久、许久。

“少年易学老难成，一寸光阴不可轻。未觉池塘春草梦，阶前梧叶已秋声。”一次长达 18 个月的培训机缘，让我们几个亦老亦少的税务人通过首届北京市国地税优秀中青年业务骨干班，穿越 14 000 名原本互不相识的税务同人，有幸相聚在一起，重新审视我们走过的漫漫税路。

——晨起，嗅一阵清甜的坠露，拾一枚殷红的落英，我们并非只是国家机关里冰冷的政策执行者，我们更是来自国税、地税的不同单位，带着征收、风控、评估、审计、稽查、出口退税等不同视角的税制改革亲历人。

——执笔，我们想要在这一张张报表面前说一段前所未有的单口相声，企业应怎样去填写它，我们又会怎样去使用它，用专业的语言讲述这份执着税收事业的初心，将这一切向您娓娓道来。

——激辩，在一个个凌晨里，我们思想碰撞、面红耳赤地找寻真理，书本所学、岗位所感、理论所研、实操所悟……将这份早已内化于心的娴熟，铺就一条遵循法律、为民服务的捷径，水到则渠成。

——感恩，本书和工具的完成源自我们和财税同人的协作和努力。在这里，特别感谢郭洪荣、孟佳、孙鹏飞、杨德银、张程、鄂玲、史玉峰等好友在本书编写和工具设计中提供的技术支持；感谢周梅锋、郝龙航、段文涛、徐贺等财税圈同人一遍遍耐心审稿；感谢丰台国税干部赵桂英、王冰、桑晔、程睿、张先广、李丹麦在工具测试工作中做出的重要贡献。

尽管提高全社会税法遵从的意识和能力任重且道远，但我们仍愿在力所能及的范围内多做一些、再多做一些。

不忘初心，方得始终。

编　者

2016 年 3 月 7 日于北京

前　言

自 2015 年 1 月 1 日起，按照国家税务总局公告 2014 年第 63 号的要求，启用《中华人民共和国企业所得税年度纳税申报表（A 类，2014 年版）》（以下简称新申报表）。如今，距离新申报表开始使用已有一年，2015 年度企业所得税汇算清缴也已拉开序幕。2016 年 1 月，随着国家税务总局对于新申报表的补充修订文件的发布，纳税人和征管一线税务人员面临新的工作挑战。如何迅速更新知识，提高申报信息质量，找准汇算清缴后续管理工作的切入点，最大限度降低征纳双方的涉税风险，是大家需要迅速应对、亟待解决的问题。

2014 年 11 月以来，我们多次与国家税务总局所得税司新申报表起草人员以及北京市国、地税局所得税处专司新申报表申报工作的人员沟通，大家结合各自工作实践，进行了大量的资料整理、问题讨论、意见征集，从读者的实际需求出发编写本书以解决上述问题。

本书既是纳税申报的工具书，又是政策研读的教科书。全书以新企业所得税年度纳税申报表为主线设置章节，方便读者快速找到每一张申报表格的填报要求；同时，我们将 2008 年以来截至 2016 年 3 月的企业所得税政策分解到每一张表格的填报要求之中，辅之以填报案例来帮助读者理解政策要求和填报方法。

由于编者来自税政管理、风险防控、税务稽查等不同的岗位，因此，本书的视角是多元而立体的，其内容也并非纸上谈兵的表层解读。编者不仅将每一张表格的填报要求和税收政策以 362 个关键点的形式做出提示，同时也将大家在工作中遇到的常见问题和企业容易涉及的纳税风险以 157 个风险点的形式进行解析，并结合实际案例，剑指可能出现的疑难问题。

大数据时代，一切工作基于数据，企业财务人员能够准确地完成纳税申报表的填报工作，是降低涉税风险的基本方法。与此同时，高质量的申报数据也是税务机关高效开展后续管理、风险防控和税务稽查的重要前提。准确的政策理解、规范的申报表填报，不仅能够为企业降低纳税成本，也可以帮助税务机关减少不必要的工作量，释放出的人、财、物等方面的执法资源，有利于更好地开展税收违法犯罪案件的处理，为整个社会的纳税人营造更加公平的经济环境。本书所要探索的重要课题正是将后续管理前延至纳税申报环节，从源头管控申报数据信息质量。编者对截至 2016 年 3 月的最新政策进行了分类别、分事项解读，其中涉及最新小型微利企业优惠政策和研发费加计扣除政策，等等。所有涉及 2015、2016 年的最新政策，编者都在文中做了加粗处理。

读者还可通过扫描本书勒口作者简介下方的二维码，关注订阅号后回复“工具下载”获得随书附带的两个填报工具。其中，“小微优惠辅助计算工具”化繁为简，便于辅助计算优惠税款和提示填报行次。“辅学辅填工具”可以帮助企业直接将财务数据转换为纳税申报数据，同时，应用大数据统计出企业频发的纳税调整事项和税收优惠事项，将其按照频发程度排序并以超链接的形式提示每一个事项的政策要求和填报要求，便于企业在填写新申报表方面提升质效。

“辅学辅填工具”可以解决申报过程中的四类问题。

1. 解决因不了解新申报表而不知从何填起的问题。设计“基础数据表”，完成从会计“科目发生额”到申报“利润总额”的数据处理。使用者填写“基础数据表”则自动完成利润总额计算项目填报，同时生成税会差异调整的“账载金额”。

2. 解决因不熟悉税收政策导致漏调税会差异的问题。编制“高频税会差异调整事项对照表”，提示潜在税会差异。

3. 解决针对具体申报项目不知如何填报的问题。以超链接的形式给出对应的政策要点和填报案例。

4. 解决新申报表逻辑关系复杂难以完成逻辑校验的问题。将 700 多条报表逻辑关系落实到 Excel 表格中，让使用者免于逐项填报、逐条比对，高效完成逻辑校验。

本书和工具虽经众多财税同人及纳税人反复审阅、测试，仍难保证不存在漏洞。对我们而言，查漏补缺的过程也是完善提升的过程。我们衷心希望得到读者和使用者的批评指正（通过微信号和订阅号可反馈批评指正意见），以便为纳税人和基层税务工作者提供更加准确简明、切实有效的帮助。

目　录

CONTENTS

CORPORATE INCOME TAX FINAL SETTLEMENT

Risk Tips & Key Points Analysis

封面、表单、基础信息表填报实务（A000000）

1.1 《企业所得税年度纳税申报表（A类）》封面和表单填报实务

1.1.1 《企业所得税年度纳税申报表（A类）》封面的政策要点

关键点1 封面“税款所属期间”的填报

封面的“税款所属期间”要根据纳税人的实际经营情况来填写。

实行查账征收的纳税人，如在2014年底之前成立，至2015年12月31日仍在持续经营的，其“税款所属期间”应填“2015年1月1日至2015年12月31日”。对除上述情况之外的纳税人，其“税款所属期间”应根据企业的实际情况进行分析后填写。

情况1：年度中间开始生产经营的情况

2015年年度中间（2015年8月1日）开始实际生产经营的纳税人，至2015年12月31日仍在持续经营的，“税款所属期间”填报为2015年8月1日至2015年12月31日。一般情况下，实际生产经营之日以工商营业执照上的成立日期为准，如成立日期是2015年8月1日，则填写“2015年8月1日至2015年12月31日”。

情况2：年度中间发生合并、分立、破产、停业的情况

纳税人在2015年年度中间（2015年9月30日）发生合并、分立、破产、停业等情况的，填报2015年1月1日至实际停业或法院裁定并宣告破产之日。“税款所属期间”填报为2015年1月1日至2015年9月30日。一般情况下，实际停业之日以公司管理层决定停业之日为准。

情况3：年度中间开业且又发生合并、分立、破产、停业的情况

如果纳税人在2015年年度中间（2015年3月1日）开业且年度中间（2015年9月30日）又发生合并、分立、破产、停业等情况的，填报实际生产经营之日至实际停业或法院裁定并宣告破产之日。“税款所属期间”填报为2015年3月1日至2015年9月30日。

1.1.2 《企业所得税年度纳税申报表填报表单》的政策要点

关键点2 表单勾选注意事项

纳税人在填报新申报表之前应结合本企业实际业务选择需要填报的申报

表（A00＊＊＊＊—A10＊＊＊＊），在业务涉及的申报表处进行勾选，业务不涉及的申报表不用勾选。在进行申报表填报时，仅对勾选的申报表进行填报，未勾选的申报表不用填报。纳税人实际操作过程中，可先在“辅学辅填工具”或纸质申报表中结合自身业务填报申报表，上传申报系统时再在《企业所得税年度纳税申报表填报表单》中勾选需要填报的申报表。（未勾选的申报表将不会在填报过程中弹出）

关键点3　政策规定表单必须填报的表格

根据国家税务总局2014年第63号公告，不管纳税人是否发生业务都必须填写的表格包括：《企业基础信息表》（A000000）、《中华人民共和国企业所得税年度纳税申报表（A类）》（A100000）。

国家税务总局2016年第3号公告及总局解读明确：对于《职工薪酬纳税调整明细表》（A105050）、《捐赠支出纳税调整明细表》（A105070）、《特殊行业准备金纳税调整明细表》（A105120）、《高新技术企业优惠情况及明细表》（A107041）等报表，只要发生相关支出、准备金业务，或者高新技术企业亏损年度不享受优惠的，也需填报。

1.2 《企业基础信息表》（A000000）填报实务

1.2.1　申报类型选择的政策要点

关键点4　“正常申报”、“更正申报”或“补充申报”等申报类型的使用

2014年版申报表实施后，申报类型分为“正常申报”、“更正申报”或“补充申报”。正常申报和更正申报都是申报期内，即企业进行第一次年度申报和修改第一次年度申报的情况。而补充申报为申报期后，即企业自查、税务机关评估等发现以前年度申报有误而更改申报的情况。

在选择申报类型时，选择“正常申报”和“更正申报”应注意不同类型业务的申报期限制，汇算清缴年度申报期为纳税年度终了之日起5个月内，而解散、破产、撤销等终止生产经营情形的申报期为60日内。

在选择“补充申报”时，由于补充申报是在申报期后，纳税人要按规定缴纳税收滞纳金，因此建议纳税人尽量做到在申报期限内正常申报和更正申报。如果必须进行补充申报时，企业要考虑滞纳金的因素，企业所得税的滞纳金是从企业所得税汇算清缴结束的次日起以每日万分之五计算。

1.2.2 基本信息填报的政策要点

关键点5 “101汇总纳税企业”

根据申报表填表说明，纳税人在《企业基础信息表》“101汇总纳税企业”项目选择“总机构”，则需填报表A109000和表A109010，按照《国家税务总局关于印发〈跨地区经营汇总纳税企业所得税征收管理办法〉的公告》（国家税务总局公告2012年第57号）的规定，作为跨地区经营企业总机构分配缴纳税款。但实务操作中，在北京市范围内，企业是否执行国家税务总局2012年第57号公告规定，作为跨地区汇总纳税企业总机构分配缴纳企业所得税，并不取决于企业填写汇算清缴申报表时是否在“101汇总纳税企业”项目选择“总机构”，而是取决于企业是否在主管税务机关进行了“跨地区汇总纳税企业总机构”税务登记信息维护。

实际申报中，企业选择该项目时，原则上应与在税务机关进行税务登记信息维护的情况保持一致。

关键点6 “102注册资本”

本项目填写的是注册资本而非实收资本，即在公司登记机关依法登记的出资或认缴的股本金额。从2014年3月1日起，公司注册资本实缴登记制改为认缴登记制，并取消了注册资本最低限额，可能会出现注册资本“零首付”。在填报时，应关注注册资本和实收资本的区别，其中实收资本是指企业按照章程规定或合同、协议约定，接受投资者投入企业的资本，注册资本是指公司向公司登记机关登记的出资额，即经登记机关登记确认的资本。对非公司制企业所得税纳税人，该项目应不填写。

关键点7 “108境外关联交易”

纳税人可以依据《特别纳税调整实施办法（试行）》（国税发〔2009〕2号）来判断是否存在境外关联关系和关联交易，存在境外关联交易的，选择“是”，不存在境外关联交易的，选择“否”。选择“是”需要附送《企业年度关联业务往来报告表》（国税发〔2008〕114号）。

1.2.3 享受小微企业税收优惠需填报的基础信息的政策要点

风险点1 享受小微企业税收优惠的基础信息

《企业基础信息表》“103所属行业明细代码”、“104从业人数”和“105资产总额（万元）”、“107从事国家限制或禁止行业”等信息替代了“符合条件的小型微利企业”税收优惠备案资料。纳税人必须按照相关政策口径准确填写，才能保证正确享受税收优惠政策。

风险点2 享受“小小微企业”的减半征税优惠

《财政部 国家税务总局关于进一步扩大小型微利企业所得税优惠政策范围的通知》（财税〔2015〕99号）规定从2015年10月起，年度应纳税所得额不超过30万元的享受“小小微企业”减半征税优惠，那么在2015年1月至9月份，能享受“小小微企业”减半征税优惠的年度应纳税所得额仍然为不超过20万元。这样一来，就出现“一个年度中以两个所得额标准来判定能否减半征税”的局面。（具体政策及填报方法详见第19章和第22章）

关键点8 “103所属行业明细代码”

本项目的填写直接影响企业享受小型微利企业、固定资产加速折旧政策和软件企业、集成电路企业等税收优惠政策，因此在填报时填写“103所属行业明细代码”时，应严格按照《国民经济行业分类》（GB/4754—2011）列示的所属行业明细代码进行填写。享受小型微利企业税收优惠的纳税人，工业企业填报的所属行业明细代码应为06＊＊至4690，不包括建筑业，如填报的是其他代码则系统自动确认为其他企业。

享受六大行业固定资产加速折旧税收优惠的纳税人，应填写的所属行业明细代码为2760（生物药品制造业）、35＊＊（专用设备制造业）、37＊＊（铁路、船舶、航空航天和其他运输设备制造业）、39＊＊（计算机、通信和其他电子设备制造业），40＊＊（仪器仪表制造业）、63＊＊—65＊＊（信息传输、软件和信息技术服务业）；享受四大行业固定资产加速折旧税收优惠的纳税人，应填写的所属行业明细代码应按财税〔2015〕106号文件列示的范围填写；享受软件企业、集成电路企业税收优惠的纳税人，应填写的所属行业明细代码为3693（集成电路制造）、6550（集成电路设计）、6510（软件开发）。

风险点3　建筑业（行业明细代码应为4700至5090）不再按照工业企业标准享受小型微利企业所得税优惠

涉及建筑业（行业明细代码应为4700至5090）资产总额超过1 000万元或员工人数超过80人的企业，在2015年度不再享受小型微利企业所得税优惠。

关键点9　“104从业人数”和“105资产总额（万元）”

该项目的填写是作为判定纳税人是否可具备享受小微企业税收优惠的相关指标，并且与软件企业、集成电路设计企业、集成电路生产企业享受税收优惠相关条件存在一定关系，企业应按实际情况进行计算，并且在填报时注意“104从业人数”和“105资产总额（万元）”计算数据为季度平均值，资产总额的单位为万元，而不是元。

“104从业人数”项目填报纳税人全年平均从业人数，从业人数是指与企业建立劳动关系的职工人数和企业接受的劳务派遣用工人数之和；从业人数指标按企业全年季度平均值确定，具体计算公式如下：

季度平均值=(季初值+季末值)÷2

全年季度平均值=全年各季度平均值之和÷4

年度中间开业或者终止经营活动的，以其实际经营期作为一个纳税年度确定上述相关指标。

“105资产总额（万元）”项目填报纳税人全年资产总额平均数，依据和计算方法同“从业人数”口径，资产总额单位为万元，小数点后保留两位小数。

关键点10　“107从事国家限制或禁止行业”

纳税人从事国家限制和禁止行业的，选择“是”，其他选择“否”。需要特别注意的是，本次改为一般问句，纳税人该项目选择“是”，则无法享受小型微利企业税收优惠政策。

按照国家税务总局2015年第6号公告的规定，小型微利企业在办理2014年及以后年度企业所得税汇算清缴时，通过填报《国家税务总局关于发布〈中华人民共和国企业所得税年度纳税申报表（A类，2014年版）〉的公告》（国家税务总局公告2014年第63号）之《企业基础信息表》（A100000）表中的“104从业人数”、“105资产总额（万元）”栏次，履行备案手续，不再另行备案。

1.2.4　主要会计政策和估计的政策要点

关键点 11　“205 会计政策和估计是否发生变化”

纳税人应从以下两个方面认识会计政策变更和会计估计变更对税会差异调整的影响，并据实填报会计政策和会计估计变化情况。

1. 会计政策变更采用追溯调整法时，因会计政策变更而调整留存收益，不会影响以前年度应纳税所得额的调整，但追溯调整如果涉及暂时性差异，应考虑递延所得税和前期所得税费用的调整。会计政策变更采用未来适用法时，只需考虑变更后的会计政策对税会差异的影响。

2. 会计估计变更均采用未来适用法，因此纳税人仅需考虑变更后的会计估计对税会差异的影响。

关键点 12　“206 固定资产折旧方法”

会计准则和税法关于固定资产折旧方法的规定一般情况下是相同的，差异在于，税法规定了企业采用加速折旧的条件，而会计准则没有规定具体条件。纳税人账面全部固定资产的折旧情况应在 A105080《资产折旧、摊销情况及纳税调整明细表》进行列报和税会差异调整。本项目选择的折旧方法应与表 A105080 的填报情况相符。

关键点 13　“207 存货成本计价方法”

“207 存货成本计价方法”属于税法规定的项目，应按纳税人账面实际情况填报，避免由于随意填报给自己带来不必要的税务风险。

根据《企业所得税法实施条例》第七十三条规定，企业使用或者销售的存货的成本计价方法，可以在先进先出法、加权平均法、个别计价法中选用一种。计价方法一经选用，不得随意变更。对发出存货成本计价方法的选择，会计准则和税法的规定是一致的。

关键点 14　“209 所得税会计核算方法”

应付税款法是将本期会计利润与应纳税所得额之间的差异造成的影响应纳税额的金额直接计入当期损益，而不递延到以后各期。在应付税款法下，当期计入损益的所得税费用等于当期应缴的所得税。

企业会计准则要求对企业所得税采用资产负债表债务法进行核算。资产负债表债务法也是纳税影响会计法的一个分支，它是从资产负债表出发，通过比较资产负债表上列示的资产、负债按照企业会计准则规定确定的账面价值与按照税法规定确定的计税基础，对于两者之间的差额分别应纳税暂时性差异与可抵扣暂时性差异，确认相关的递延所得税负债与递延所得税资产，并在此基础上确定每一期间利润表中的所得税费用。纳税人应根据实际情况选择填报本项目。

1.2.5 企业主要股东及对外投资情况的政策要点

关键点 15 “301 企业主要股东（前 5 位）”

在填报时应关注股东类型，个人股东的证件种类是身份证或护照，证件号码是身份证号或护照号，经济性质为自然人；单位股东的证件种类是税务登记证或组织机构代码证，证件号码是纳税人识别号或组织机构代码号，经济性质按其登记注册类型填报，国籍按其登记注册的注册地址填报；国外非居民企业证件种类和证件号码可不填写。填写上述信息后，当纳税人的股东与上一年对比发生变化时，则会确认为纳税人股东结构发生变化。股东结构变化过程中需重点关注：自然人股东是否按规定计算缴纳个人所得税，纳税人是否按规定履行代扣代缴个人所得税义务，企业股东是否按规定计算确认股权转让所得或损失。

关键点 16 “302 对外投资（前 5 位）”

在填报时，注意本项目只填报本企业对境内投资金额前 5 位的被投资企业情况，本项目不包括对境外投资的情况。填写上述信息后，通过与上一年度填写信息的比对，确认纳税人是否存在对外股权投资的变化，如存在变化则应在 A105030《投资收益纳税调整明细表》或 A105090《资产损失税前扣除及纳税调整明细表》中反映投资变化的损益情况。

CORPORATE INCOME TAX FINAL SETTLEMENT

Risk Tips & Key Points Analysis

第2章 《企业所得税年度纳税申报表（A类）》填报实务（A100000）

实际应纳税额的计算过程决定了申报表的结构。“实际应纳税额”反映了企业所得税纳税人作为法人主体在一个申报所属期所承担的全部纳税义务。2014 版企业所得税年度纳税申报表主表“实际应纳税额”的计算过程与 2008 版申报表相比发生了较大变化。主要体现在将“境内外所得分别计算”和“税收优惠计算”从“税会差异调整”中分离出来，成为税额计算过程中相对独立的部分。新申报表主表将申报计算过程分为三部分，分别为“利润总额计算”、“应纳税所得额计算”和“应纳税额计算”。

2.1 利润总额计算的政策要点

风险点 4　利润总额项目的会计调整事项

在填报利润总额项目时，应关注申报年度会计调整事项：一是资产负债表日后事项，二是财务报表批准报出日后差错。

1. 资产负债表日后事项调整情况，应根据申报年度的次年“以前年度损益调整”科目记录的内容填制申报表。在审核时发现的未按会计制度核算造成的应计未计收入或成本，属于资产负债表日后事项的，应调整报告年度的收入或成本；属于财务报告批准报出日之后企业所得税汇算清缴前的，应调整本年度（即报告年度的次年）的收入。否则，在汇算清缴后按有关规定应作为以前年度应计未计收入或成本，不能作为有关费用的计提基数或不能作为税前扣除项目。

2. 财务报表批准报出日后差错调整情况，应根据财务报表批准报出日后发生的会计差错更正相关会计数据。对于在申报过程中新发现的会计差错，应按会计差错进行会计处理。如果不能按会计差错进行会计处理，应作为纳税调整项目进行处理。

关键点 17　利润总额计算数据来源

利润总额的计算第 1 行至第 13 行，从数据填报方式来看，可以分为三种方式填报的栏次：一是依据附表填报的栏次，二是直接填报的栏次，三是表内计算栏次。

1. 直接填报栏次：第 3 行营业税金及附加；第 7 行资产减值损失；第 8 行公允价值变动收益；第 9 行投资收益。

2. 表内计算栏次：第 10 行营业利润；第 13 行利润总额。

3. 依据附表填报的栏次：第 1 行营业收入（A101010、A101020、

A103000)；第2行营业成本（A102010、A102020、A103000)；第4行销售费用（A104000)；第5行管理费用（A104000)；第6行财务费用（A104000)；第11行营业外收入（A101010、A101020、A103000)；第12行营业外支出（A102010、A102020、A103000)。

关键点18　营业税金及附加的确认时间、与收入配比问题

主表第3行“营业税金及附加”项目的填报直接从申报所属期利润表取数。对于营业税金及附加应关注税金确认时间和与收入配比等两个问题。

1. 税金的确认时间。一是纳税义务发生时间的确认；二是税前扣除时间的确认。各税种的纳税义务时间是由相关税法确定的，这里不做重复。《企业所得税法实施条例》第三十一条规定，税金，是指企业发生的除企业所得税和允许抵扣的增值税以外的各项税金及其附加。这项规定中有一个待证事实“企业发生的各项税金及其附加”，关键是如何证实“企业发生”。发生的必须是与本企业收入有关的税金，且发生是一个过程，包括会计核算和纳税申报两个环节。对于仅会计预提而未申报的税金不允许税前扣除，因为应税债务关系尚未发生。企业的应税债务，是基于纳税人的申报行为而发生的，未按规定程序进行申报，应纳税义务在法律上并未生效。

2. 与收入配比。营业税金及附加与本期“主营业务收入”、“其他业务收入”相对应，在实际操作中，存在困难。有以下几种情况影响对应关系。

(1) 企业转让土地使用权或者销售不动产、提供建筑业或者租赁业劳务，采取预收款方式的，其营业税纳税义务发生时间为收到预收款的当天，按预收款缴纳的营业税金及附加，往往与本期主营业务收入不对应。如房地产开发企业预收定金，会计上并不做主营业务收入处理，而在征收营业税时要求计入征税营业额。

(2) 建筑业、旅游业、代理业、广告业等行业的主营业务收入，应以减除按营业税规定允许减除项目后的余额，作为征收营业税的营业额。

(3) 对于本期补交以前年度的税金及附加，表A104000没有设计有关栏次做专项反映，因此也应在本行填报。补交以前年度的税金及附加，不可能与本期主营业务收入对应。

(4) 执行企业会计制度的纳税人，与其他业务收入对应的营业税金及附加在“其他业务支出”科目核算。

执行《企业会计制度》、《小企业会计制度》和《金融企业会计制度》的纳税人，根据《利润表》中“主营业务税金及附加”项目的有关数据填报。

企业缴纳的房产税、车船使用税、土地使用税、印花税等，已计入费用扣除的，不再作税金单独扣除。企业缴纳的契税、进口设备的关税，应予以资本化，计入固定资产或无形资产原值，不能作为当期费用直接扣除。

关键点 19　资产减值损失数据来源及调整

主表第7行“资产减值损失”项目的填报直接从申报所属期利润表取数。资产减值损失为企业所得税后续管理的跨期事项，只要发生即涉及纳税调整，一般企业资产减值准备直接在A105000《纳税调整项目明细表》第32行“资产减值准备金”进行调整。特殊行业资产减值准备金单设附表A105120《特殊行业准备金纳税调整明细表》进行调整。公允价值变动损益项目在A105000《纳税调整项目明细表》第7行“公允价值变动净损益”进行调整。

关键点 20　公允价值变动损益数据来源及调整

主表第8行“公允价值变动收益”项目的填报直接从申报所属期利润表取数。公允价值变动损益为企业所得税后续管理的跨期事项，公允价值变动损益项目在A105000《纳税调整项目明细表》第7行“公允价值变动净损益”进行调整。

关键点 21　投资收益数据来源及调整

主表第9行“投资收益”项目的填报直接从申报所属期利润表取数。投资收益的核算方式可能面临着对后续管理以收入为基数的税前扣除事项的影响，如广告费和业务宣传费的15%问题。

投资收益项目的税会差异，初始确认阶段在A105000《纳税调整项目明细表》第6行“交易性金融资产初始投资调整”进行调整，投资资产持有期间和处置环节的税会差异单独设附表A105030《投资收益纳税调整明细表》进行调整。

上述事项的具体填报解析见本书纳税调整部分的内容。

2.2　应纳税所得额计算的政策要点

关键点 22　应纳税所得额计算数据来源

应纳税所得额的计算，由第14行至第23行等10个栏次组成，根据表间逻辑关系，没有直接填报栏次，只有表内计算栏次和依据附表填报的栏次，具体情况如下：

1. 表内计算栏次：第 19 行纳税调整后所得；第 23 行应纳税所得额。

2. 依据附表填报的栏次：第 14 行境外所得（依据 A108010 填报）；第 15 行纳税调整增加额（依据 A105000 填报）；第 16 行纳税调整减少额（依据 A105000 填报）；第 17 行免税、减计收入及加计扣除（依据 A107010 填报）；第 18 行境外应税所得抵减境内亏损（依据 A108000 填报）；第 20 行所得减免（依据 A107020 填报）；第 21 行抵扣应纳税所得额（依据 A107030 填报）；第 22 行弥补以前年度亏损（依据 A106000 填报）。

关键点 23　纳税调整后所得的计算

在利润总额计算的基础上，将境外所得与境内所得分离，分别进行税会差异调整和收入、扣除类优惠计算，至此，境内所得计算结果为负数时，以境外纳税调整后所得弥补当期境内亏损，最终得出“境内纳税调整后所得”。

关键点 24　应纳税所得额的计算

在境内纳税调整后所得的基础上，进行减免所得、抵扣所得和弥补以前年度亏损计算，得到“境内应纳税所得额”。该步骤包括主表第 20 行至第 23 行及其对应的附表。

即通过 A107020《所得减免优惠明细表》完成减免所得优惠的计算；通过 A107030《抵扣应纳税所得额明细表》完成抵免所得优惠的计算；通过 A106000《企业所得税弥补亏损明细表》完成境内所得弥补以前年度境内亏损的计算。最终得出主表第 23 行“境内应纳税所得额”。

2.3　应纳税额计算的政策要点

关键点 25　应纳税额计算数据来源

应纳税额的计算，由第 26 行至第 42 行等 17 个栏次组成，根据表间逻辑关系，可以分为以下三类：

1. 直接填报栏次：第 24 行税率；第 32 行减：本年累计实际已预缴的所得税额；第 37 行以前年度多缴的所得税在本年抵减额；第 38 行以前年度应缴未缴在本年入库所得额。

2. 表内计算栏次：第 25 行应纳所得税额；第 28 行应纳税额；第 31 行

实际应纳所得税额；第33行本年应补（退）的所得税额。

3. 依据附表填报的栏次：

第26行减：减免所得税额（依据A107040填报）；第27行减：抵免所得税额（依据A107050填报）；第29行加：境外所得应纳所得税额（依据A108000填报）；第30行减：境外所得抵免所得税额（依据A108000填报）；第34行总机构分摊本年应补（退）所得税额（依据A109000填报）；第35行财政集中分配本年应补（退）所得税额（依据A109000填报）；第36行总机构主体生产经营部门分摊本年应补（退）所得税额（依据A109000填报）。

关键点26　应纳所得税额的计算

用应纳税所得额乘以法定税率，计算得出应纳所得税额，再进行减免税额、抵免税额的优惠计算，即可得出应纳税额。

该步骤包括主表第24行至第28行及其对应的附表。

即通过A107010《免税、减计收入及加计扣除优惠明细表》及其2张附表完成减免税额的计算；通过A107050《税额抵免优惠明细表》完成抵免税额的计算。最终得出主表第28行“境内所得应纳税额”。

关键点27　境内外所得实际应纳税额的计算

将境内所得应纳税额和境外所得应纳税额相加，并进行境外所得应纳税额抵免计算，得到“境内外所得实际应纳税额”。该步骤包括主表第29行至第31行及其对应的附表。即通过A108000《境外所得税收抵免明细表》及其3张附表完成境外所得应纳税额的计算和抵免，并与境内所得应纳税额相加，最终得到主表第31行“境内外所得实际应纳税额”。

CORPORATE INCOME TAX FINAL SETTLEMENT

Risk Tips & Key Points Analysis

第 3 章

收入、成本、费用政策及填报实务（A101010—A104000）

企业所得税汇算清缴申报是在申报所属期间会计核算结果的基础上进行税会差异调整、税收优惠计算、亏损弥补、税额抵免，最终得出当期应纳所得税额。

2014版企业所得税年度纳税申报表事项信息采集精细化，将企业所得税应纳税额计算的逻辑过程完整呈现。申报表总张数41张，较2008版企业所得税年度纳税申报表明显增多。

广大中小企业纳税人自我培训能力有限，在没有全面掌握企业所得税各项政策，短期内也难以深入了解新版申报表逻辑架构的情况下，如何正确判断自身涉及哪些纳税调整事项，应该填哪几张申报表，是很多纳税人面临的问题。

对一般企业而言，收入、成本、费用明细表是纳税申报的必填表，也是企业进行纳税调整的主要数据来源。笔者认为对照收入、成本、费用明细表中的项目发生额，梳理发现税会差异，再穿透至纳税调整表相应位置进行调整，对初次接触新申报表的企业财务人员而言，是一条便捷的思路。

以下笔者将以一般企业利润总额计算相关的收入、成本、期间费用三张明细表和主表资产减值损失、公允价值变动收益、投资收益三个申报项目以及事业单位、民间非营利组织收入、支出明细表为分析对象，探讨如何根据会计核算信息识别纳税调整的关键点。

3.1 《一般企业收入明细表》(A101010) 的填报实务

《企业所得税法》第六条规定，企业以货币形式和非货币形式从各种来源取得的收入，为收入总额。包括：

(1) 销售货物收入；

(2) 提供劳务收入；

(3) 转让财产收入；

(4) 股息、红利等权益性投资收益；

(5) 利息收入；

(6) 租金收入；

(7) 特许权使用费收入；

(8) 接受捐赠收入；

(9) 其他收入。

会计制度与税收制度作为两个相对独立的逻辑体系，对“收入”的界定和分类存在差异。表 A101010 中“主营业务收入”、“其他业务收入”、“营业外收入”填报金额直接取自申报所属年度利润表。下设明细申报项目则需结合会计制度规定及申报表填表说明分析填报。

3.1.1 主营业务收入相关事项的政策要点

关键点 28 适用企业会计准则核算的纳税人的申报口径

1. 填写申报表时，对适用企业会计准则的一般企业而言，“（一）主营业务收入”对应会计核算科目为“主营业务收入”（科目编号 6051）。

2. 明细申报项目“1. 销售商品收入”、“2. 提供劳务收入”、“3. 建造合同收入”、“4. 让渡资产使用权收入”、“5. 其他”应结合申报表填表说明正列举内容及《企业会计准则——应用指南》附录“会计科目和主要账务处理”中“主营业务收入的主要账务处理”规定分析填列。

3. 其中“1. 销售商品收入——其中：非货币性资产交换收入”应申报填写具有商业实质且公允价值能够可靠计量的情况下，企业按换出商品的公允价值确认的换出商品收入。

4.《企业会计准则第 14 号——收入》规定，“让渡资产使用权收入”包括利息收入、使用费收入等。按照申报表填表说明规定，本行填报“纳税人在主营业务收入核算的，让渡无形资产使用权而取得的使用费收入以及出租固定资产、无形资产、投资性房地产取得的租金收入”。一般企业的利息收入在“财务费用”科目核算，出租固定资产、无形资产、投资性房地产的租金收入一般在“其他业务收入”科目核算。因此纳税人较常在本行填写的主要是“特许权使用费收入”。《企业所得税法实施条例》第二十条规定，企业所得税法第六条第（七）项所称特许权使用费收入，是指企业提供专利权、非专利技术、商标权、著作权以及其他特许权的使用权取得的收入。

关键点 29 分期收款销售商品收入确认

《企业会计准则——应用指南》附录“会计科目和主要账务处理”中指出，采用递延方式分期收款、实质上具有融资性质的销售商品或提供劳务满足收入确认条件的，按应收合同或协议价款，借记“长期应收款”科目，按应收合同或协议价款的公允价值，贷记本科目，按专用发票上注明的增值税额，贷记“应交税费——应交增值税（销项税额）”科目，按其差额，贷记“未实现融资收益”科目。

纳税人应检查自身是否存在上述“分期收款销售商品”处理。如存在，在 A105020《未按权责发生制确认收入纳税调整明细表》第 6 行“分期收款方式销售商品”和表 A105000 第 22 行“与未实现融资收益相关在当期确认的财务费用”进行税会差异调整。

关键点 30　销售折扣、折让和退回

纳税人应检查是否存在作为资产负债表日后调整事项处理的销货退回。如存在，应对应在表 A105000 第 10 行“销售折扣、折让和退回”进行税会差异调整。

关键点 31　特许权使用费确认

纳税人应检查是否存在租金、特许权使用费未按合同约定确认收入的情况。如存在，应对应在 A105020《未按权责发生制确认收入纳税调整明细表》第 4 行“特许权使用费”进行税会差异调整。

关键点 32　持续时间超过 12 个月的建造合同收入确认

纳税人应检查是否存在建造合同未按税收口径确认收入的情况。如存在，应对应在 A105020《未按权责发生制确认收入纳税调整明细表》第 7 行“持续时间超过 12 个月的建造合同收入”进行调整。

3.1.2　其他业务收入相关事项的政策要点

关键点 33　适用企业会计准则核算的纳税人的申报口径

1. 填写申报表时，对适用企业会计准则的一般企业而言，“（二）其他业务收入”对应会计核算科目为“其他业务收入”（科目编号 6051）。填报时应保证申报“其他业务收入”数据与申报所属期对应年度利润表“其他业务收入”金额一致。

2. 明细申报项目“1. 销售材料收入”、“2. 出租固定资产收入”、“3. 出租无形资产收入”、“4. 出租包装物和商品收入”、“5. 其他”应结合申报表填表说明正列举内容及《企业会计准则——应用指南》附录“会计科目和主要账务处理”中“其他业务收入的主要账务处理”规定分析填列。

其中“1. 销售材料收入——其中：非货币性资产交换收入”应申报填写具有商业实质且公允价值能够可靠计量的情况下，企业按换出原材料的公允价值确认的换出原材料收入。

关键点34 “其他业务收入”中分期收款销售材料收入确认

纳税人应检查是否存在分期收款销售材料的情况。如存在，应对应在A105020《未按权责发生制确认收入纳税调整明细表》第6行“分期收款方式销售商品”和表A105000第22行“与未实现融资收益相关在当期确认的财务费用”进行税会差异调整。

关键点35 “其他业务收入”中销售折扣、折让和退回

纳税人应检查是否存在属于资产负债表日后事项的销货退回。如存在，应对应在表A105000第10行“销售折扣、折让和退回”进行税会差异调整。

关键点36 “其他业务收入”中未按合同约定确认收入

纳税人应检查是否存在出租固定资产、无形资产、投资性房地产、包装物、商品租金未按合同约定确认收入。如存在，应对应在A105020《未按权责发生制确认收入纳税调整明细表》第2行“租金”进行税会差异调整。

3.1.3 营业外收入相关事项的政策要点

关键点37 《企业会计准则》中营业外收入核算内容

《企业会计准则——应用指南》附录“会计科目和主要账务处理”中指出，“营业外收入”科目核算企业发生的与其经营活动无直接关系的各项净收入，主要包括处置非流动资产利得、非货币性资产交换利得、债务重组利得、罚没利得、政府补助利得、确实无法支付而按规定程序经批准后转作营业外收入的应付款项等。

关键点38 《小企业会计准则》中营业外收入核算内容

《小企业会计准则——会计科目、主要账务处理和财务报表》规定，“营业外收入”科目核算小企业实现的各项营业外收入。包括：非流动资产处置净收益、政府补助、捐赠收益、盘盈收益、汇兑收益、出租包装物和商品的租金收入、逾期未退包装物押金收益、确实无法偿付的应付款项、已作坏账损失处理后又收回的应收款项、违约金收益等。

关键点39 申报表营业外收入明细项目的设置及申报口径

营业外收入申报明细项目包括非流动资产处置利得、非货币性资产交换利得、债务重组利得、政府补助利得、盘盈利得、捐赠利得、罚没利得、确实无法支付的应付款项、汇兑损益、其他。

其中，执行企业会计准则的纳税人，盘盈利得、汇兑收益不在营业外收入科目核算，上述两个项目仅适用于执行小企业会计准则的纳税人填报。企业会计核算发生但未在申报表明细申报项目中列示的项目应在“其他”项目反映。

“非货币性资产交换利得”应申报填写具有商业实质且公允价值能够可靠计量的情况下，企业按换出固定资产、无形资产、长期股权投资等的公允价值确认的换出资产的处置利得。

关键点 40　不征税收入政府补助

1. 是否存在符合不征税收入确认条件且按不征税收入处理的政府补助。若存在，应对应在 A105040《专项用途财政性资金纳税调整明细表》第 4 列“其中：计入本年损益的金额”、第 14 列“应计入本年应税收入的金额”、A105000《纳税调整项目明细表》第 8 行“不征税收入”进行税会差异调整。

2. 是否存在不符合不征税收入确认条件或符合不征税收入确认条件但未按不征税收入处理的政府补助。若存在，应对应在 A105020《未按权责发生制确认收入纳税调整明细表》第 10 行“与收益相关的政府补助”、第 11 行“与资产相关的政府补助”进行税会差异调整。

关键点 41　非货币性资产交换利得

是否存在因为不具备商业实质或具备商业实质但交换资产的公允价值不能可靠计量或其他原因，未按公允价值模式计量的非货币性资产交换利得。若存在，应在 A105010《视同销售及房地产开发企业特定业务纳税调整明细表》第 2 行“非货币性资产交换视同销售收入”进行税会差异调整。

关键点 42　债务重组利得

纳税人的债务重组利得在符合《财政部 国家税务总局关于企业重组业务企业所得税处理若干问题的通知》(财税〔2009〕59 号)、《国家税务总局关于发布〈企业重组业务企业所得税管理办法〉的公告》(国家税务总局公告 2010 年第 4 号) 相关政策规定时，可递延计算缴纳企业所得税，在 A105100《企业重组纳税调整明细表》第 1 行“债务重组”进行调整。

3.2　《金融企业收入明细表》（A101020）的填报实务

3.2.1　营业收入计算相关事项的政策要点

关键点 43　营业收入计算数据来源

金融企业应根据企业会计准则的规定填报“营业收入”、“营业外收入”。营业收入分为以下四部分内容：

第一部分为银行企业填报，填报第 2 行至 18 行，包括：银行业利息收入、银行业手续费及佣金收入、其他业务收入；

第二部分为保险企业填报，填报第 19 行至 24 行，包括：已赚保费、其他业务收入；

第三部分为证券企业填报，填报第 26 行至 34 行，包括：手续费及佣金收入、利息净收入、其他业务收入；

第四部分为除上述企业以外的金融企业填报，填报第 35 行至 37 行，包括：业务收入、其他业务收入。

3.2.2　营业收入项目审核的政策要点

关键点 44　营业收入项目的审核

营业收入项目的审核关键点有四个，一是内容审核；二是确认时间审核；三是计量审核；四是会计处理。审核的关键是判断上述四个审核项目是否符合会计核算要求，对于未按会计要求核算的收入，所造成的差错，对收入总额有影响的，应进行纳税调整，在《纳税调整项目明细表》中做调整。

3.3 《一般企业成本支出明细表》（A102010）的填报实务

3.3.1　主营业务成本相关事项的政策要点

关键点 45　适用企业会计准则核算的纳税人的申报口径

填写申报表时，对适用企业会计准则的一般企业而言，“（二）主营业务成本”对应会计核算科目为“主营业务成本”（科目编号 6401）。填报时应保证申报“主营业务成本”的数据与申报所属期对应年度利润表“主营业务成本”金额一致。

明细申报项目“1. 销售商品成本”、“2. 提供劳务成本”、“3. 建造合同成本”、“4. 让渡资产使用权成本”、“5. 其他”与表 A101010 主营业务收入明细申报项目对应。应结合申报表填表说明正列举内容及《企业会计准则——应用指南》附录“会计科目和主要账务处理”中“主营业务成本的主要账务处理”的规定分析填列。

其中“1. 销售商品成本——其中：非货币性资产交换成本”应申报填写具有商业实质且公允价值能够可靠计量的情况下，企业按换出商品的账面价值计算的换出商品成本。

关键点 46　非货币性资产换出商品的账面价值和计税基础

判断销售商品或非货币性资产交换换出商品的账面价值和计税基础之间是否存在差异。例如是否计提过存货跌价准备。如存在，需按照资产计税基础对会计结转的主营业务成本进行调整。

关键点 47　收入、成本配比确认

1. 提供劳务收入确认存在税会差异，对主营业务收入进行调整时，需同时调整主营业务成本。

2. 存在建造合同未按税收口径确认收入的情况。对建造合同收入确认进行调整时，需同时调整当期确认的建造合同成本。

3.3.2　其他业务成本相关事项的政策要点

关键点 48　适用企业会计准则核算的纳税人的申报口径

填写申报表时，对适用企业会计准则的一般企业而言，“（二）其他业务成本”对应会计核算科目为“其他业务成本”（科目编号 6402）。填报时应保证申报“其他业务成本”的数据与申报所属期对应年度利润表“其他业务成本”金额一致。

明细申报项目“1. 销售材料成本”、“2. 出租固定资产成本”、“3. 出租无形资产成本”、“4. 出租包装物和商品成本”、“5. 其他”与表 A101010 其他业务收入明细申报项目对应，主要包括销售材料的成本、出租固定资产的

累计折旧、出租无形资产的累计摊销、出租包装物的成本或摊销额、采用成本模式计量的投资性房地产的累计折旧或累计摊销等。

其中“1. 销售材料成本——其中：非货币性资产交换成本”应申报填写具有商业实质且公允价值能够可靠计量的情况下，企业按换出原材料的账面价值确认的换出原材料成本。

关键点 49　计入损益的折旧、摊销额调整

是否存在出租固定资产、无形资产，计入当期损益的折旧、摊销金额不符合税收政策规定。如存在，应对应在 A105080《固定资产折旧、摊销情况及纳税调整明细表》进行税会差异调整。

3.3.3　营业外支出相关事项的政策要点

关键点 50　《企业会计准则》中营业外支出核算内容

《企业会计准则——应用指南》附录“会计科目和主要账务处理”中指出，“营业外支出”科目核算企业发生的与其经营活动无直接关系的各项净支出，包括处置非流动资产损失、非货币性资产交换损失、债务重组损失、罚款支出、捐赠支出、非常损失等。

关键点 51　《小企业会计准则》中营业外支出核算内容

《小企业会计准则——会计科目、主要账务处理和财务报表》规定，“营业外支出”科目核算小企业发生的各项营业外支出。包括：存货的盘亏、毁损、报废损失，非流动资产处置净损失，坏账损失，无法收回的长期债券投资损失，无法收回的长期股权投资损失，自然灾害等不可抗力因素造成的损失，税收滞纳金，罚金，罚款，被没收财物的损失，捐赠支出，赞助支出等。

关键点 52　申报表营业外支出明细项目的设置及申报口径

营业外支出申报明细项目包括非流动资产处置损失、非货币性资产交换损失、债务重组损失、非常损失、捐赠支出、赞助支出、罚没支出、坏账损失、无法收回的债券股权投资损失、其他。

“非货币性资产交换损失”应申报填写具有商业实质且公允价值能够可靠计量的情况下，企业按换出固定资产、无形资产、长期股权投资等的公允价

值确认的换出资产的处置损失。

关键点 53 “营业外支出”中可能存在的税会差异调整事项

纳税人填报表 A102010 时，可结合“营业外支出”各明细申报项目发生额，关注以下几点：

1. 非流动资产处置损失、非货币性资产交换损失、债务重组损失、非常损失、坏账损失、无法收回的债券股权投资损失等税前扣除的资产损失当年度存在发生额的，均需在 A105090《资产损失税前扣除及纳税调整明细表》进行填报及税会差异调整。其中属于应进行专项申报的资产损失，需同时填报 A105091《资产损失（专项申报）税前扣除及纳税调整明细表》。

2. 捐赠支出需区分公益性捐赠及非公益性捐赠，按照税法规定的扣除限额，在 A105070《捐赠支出纳税调整明细表》进行税会差异调整。

3. 赞助支出、罚没支出需在表 A105000 第 19 行“罚金、罚款和没收财物的损失”、第 21 行“赞助支出”进行税会差异调整。

3.4 《金融企业支出明细表》（A102020）的填报实务

关键点 54 证券、期货、保险代理手续费佣金支出

根据国家税务总局 2012 年第 15 号公告规定，从事代理服务、主营业务收入为手续费、佣金的企业（如证券、期货、保险代理等企业），其为取得该类收入而实际发生的营业成本（包括手续费及佣金支出），准予在企业所得税前据实扣除。

3.5 《事业单位、民间非营利组织收入、支出明细表》（A103000）的填报实务

关键点 55 《事业单位、民间非营利组织收入、支出明细表》的适用范围

表 A103000 适用执行事业单位会计准则的纳税人和执行民间非营利会计制度的纳税人填报。事业单位会计准则包括事业单位会计制度、科学事业单位会计制度、医院会计制度、高等学校会计制度、中小学校会计制度、彩票机构会计制度等。需要注意的是，执行民间非营利会计制度的纳税人不等同于企业所得税法规定的具有免税资格的非营利组织。

关键点56 《事业单位、民间非营利组织收入、支出明细表》填报数据来源

A103000《事业单位、民间非营利组织收入、支出明细表》填报事项分为四类：

1. 事业单位收入的组成项目第1行至第9行，根据事业单位会计准则核算的收入类会计科目提供的信息资料填报；

2. 民间非营利组织收入的组成项目第10行至第17行，根据民间非营利组织会计制度核算的收入类会计科目提供的信息资料填报；

3. 事业单位支出的组成项目第18行至第23行，根据事业单位会计准则核算的支出类会计科目提供的信息资料填报；

4. 民间非营利组织支出的组成项目第24行至第28行，根据民间非营利组织会计制度核算的支出类会计科目提供的信息资料填报。

关键点57 科研事业单位和军工科研单位收入确认

1. 一般科研事业单位收入确认原则如下：《科学事业单位会计制度》第十七条规定，对财政补助收入、上级补助收入、附属单位上缴收入和其他收入，以在实际收到款项时确认为收入。第十八条规定，对科研收入、技术收入、试制产品收入、学术活动收入、科普活动收入和经营收入，以在提供科研成果、技术服务、发出产品等，同时收讫价款或取得索取价款的凭据时，确认为收入。对于长期项目的收入，须根据年度完成进度，合理确认为收入。第十九条规定，对经财政部门核准不上缴财政专户管理的预算外资金，在实际收到款项时确认为收入；对财政专户核拨的预算外资金，在收到资金后，确认为收入。

2. 军工科研单位收入确认原则如下：《军工科研单位会计制度》规定，根据军工科研单位的特点，对收入的确认采取权责发生制和收付实现制并用的方法，如对事业收入、产品销售收入等确认，是采用权责发生制的方法；而对财政补助收入、上级补助收入等的确认，是采用收付实现制的方法。

关键点58 收付实现制和权责发生制的确认

按照国家对事业单位预算管理办法，事业单位应将全部收入，如财政补助收入和各项非财政补助收入，与事业单位的各项支出，统一编制预算，报主管部门和财政部门核定。主管部门和财政部门，根据事业单位的特点、事

业发展计划、事业单位的财务收支状况和国家财政政策以及财力可能，来核定事业单位年度预算收支规模，其中包括财政部门对事业单位财政补助的具体数额。这就是所谓的核定收支。

按现行的预算管理办法核定的收支，就属于企业在某个年度内的法定收支项目。与这些核定收支项目相关的款项，如果按实际收到或支付的时间来确认收支，就是收付实现制；如果按核定收支的预算计划所规定应收、应付时间来确认收支，就是权责发生制。

3.6 《期间费用明细表》（A104000）的填报实务

关键点59 期间费用中涉及的纳税调整事项（事业单位、非营利组织除外）

2008版企业所得税年度纳税申报表在《成本费用明细表》中设置了期间费用的一级核算科目，列示申报所属期间会计核算的管理费用、销售费用、财务费用的账面发生额，未做费用明细信息采集。增设专门的A104000《期间费用明细表》是2014版申报表相对2008版申报表一项重要变化。

设置结构化的期间费用明细表，从费用发生绝对值及费用构成两个维度来衡量费用列支的合理性，是企业财务内控的常见手段。新申报表设置的《期间费用明细表》能够起到两级期间费用明细账的作用，在主管税务机关开展后续管理，进行初步的数据筛查和疑点判断时，提供覆盖每个纳税人的明细数据来源，方便主管税务机关迈出案头分析的第一步。由于数据覆盖面广，来源稳定，还可用于进行行业数据、跨期数据的动态分析。

期间费用作为直接影响当期损益的税前扣除类项目，涉及的税会差异调整事项较多，且申报数据的真实性和准确性可直接通过与会计核算资料进行比对得出，因此纳税人在申报填写表A104000时应审慎分析，规范填写，充分识别纳税调整要点。

关键点60 《期间费用明细表》填报数据来源

《期间费用明细表》的填报应保证第25行销售费用、管理费用、财务费用的填报金额直接取自申报所属期利润表，明细申报项目应反映真实的财务核算信息，如果有与申报表不一致的项目，应合并至对应的费用项目中。

关键点61 《期间费用明细表》不适用事业单位、民间非营利组织纳税人

A103000《事业单位、民间非营利组织收入、支出明细表》设置的支出项

目同时包含成本类项目及费用类项目，因此填报该表的事业单位、民间非营利组织纳税人不再填报 A104000《期间费用明细表》。

关键点 62　金融企业不填报第 3 列和第 4 列

企业（金融）不设置“管理费用”科目，金融企业填报《期间费用明细表》时，不填写第 3 列和第 4 列。

关键点 63　境外支付费用

A104000《期间费用明细表》第 2 列、第 4 列、第 6 列对企业费用列支中向境外支付的部分进行信息采集，为主管税务机关进行反避税调查提供了便利，纳税人在填报相关项目时应谨慎对待，规范填报境外支付费用金额，避免不规范的费用列支引发涉税风险。

关键点 64　“职工薪酬”项目填报注意问题

对于表 A104000 第 1 行“职工薪酬”项目，应检查是否存在计提未发放的工资薪金；是否存在列支工资薪金未履行代扣代缴个人所得税义务的情况；属于国有性质的企业列支的工资薪金是否超过了政府有关部门给予的限定数额；是否存在计提未实际支出的职工教育经费；是否存在计提未实际缴纳的补充养老保险、补充医疗保险；工会经费、职工教育经费、职工福利费、补充养老保险、补充医疗保险的实际列支金额是否超出了以“工资薪金”税收金额为基础计算的扣除限额等。此外，还应核实上述事项是否取得了合法有效的税前扣除凭证。上述情况如实际存在，应在 A105050《职工薪酬纳税调整明细表》进行税会差异调整。具体填报方法见本书纳税调整部分。

关键点 65　“劳务费”、“咨询顾问费”的扣除凭证问题

对于表 A104000 第 2 行“劳务费”、第 3 行“咨询顾问费”项目，应检查费用列支是否取得了合法有效的税前扣除凭证（劳务费、咨询费发票）；企业向境外支付的劳务费、咨询费是否履行了代扣代缴企业所得税的义务；是否存在为逃避缴纳税款超额支付给境外关联方的劳务费、咨询费；是否存在同一法人主体内部支付劳务费在税前列支的情况等。如存在上述情况，应在第 29 行“其他”进行调整。

关键点 66　“业务招待费”列支范围与扣除凭证

对于表 A104000 第 4 行“业务招待费”项目，应检查费用列支是否取得

了合法有效的税前扣除凭证；业务招待费列支是否超过了以“销售（营业）收入”为基础计算的税前扣除限额等。如存在上述情况，应在A105000《纳税调整项目明细表》第15行“业务招待费”进行调整。此外，还应关注是否存在将资产或外购的资产用于交际应酬，会计核算中未确认收入、成本的情况，如存在，应在A105010《视同销售和房地产开发企业特定业务纳税调整明细表》第4行、第14行“用于交际应酬视同销售收入、成本”进行税会差异调整，同时按视同销售收入确认金额对业务招待费列支进行调整。

关键点67　填报“广告费和业务宣传费”的三个注意问题

对照表A104000第5行“广告费和业务宣传费”项目，应检查费用列支是否取得了合法有效的税前扣除凭证；广告效应不只由纳税人自身获得的广告费是否在不同法人主体之间进行了合理分摊；税前列支的广告费用是否超过了以“销售（营业）收入”为基础计算当期税前扣除限额；是否存在以前年度超过扣除限额结转本年扣除的广告费和业务宣传费等。若存在上述情况，应在A105060《广告费和业务宣传费跨年度纳税调整明细表》进行税会差异调整。此外，还应关注是否存在将资产或外购的资产用于市场推广，会计核算中未确认收入、成本的情况。如存在，应在A105010《视同销售和房地产开发企业特定业务纳税调整明细表》第3行、第13行“用于市场推广或销售视同销售收入、成本”进行税会差异调整，同时按视同销售收入确认广告费列支进行调整。

关键点68　填报“佣金和手续费”时应考虑的问题

对于表A104000第6行“佣金和手续费”项目，应检查费用列支是否取得了合法有效的税前扣除凭证；佣金和手续费的税前扣除金额是否超过了税法规定的扣除限额等。若存在上述情况，应在A105000《纳税调整项目明细表》第23行“佣金和手续费支出”进行税会差异调整。此外，还应关注是否存在以避税为目的向境外超额支付佣金、手续费的情况；向境外支付的佣金、手续费是否履行了代扣代缴企业所得税的义务等。

关键点69　“资产折旧摊销费”

对照表A104000第7行“资产折旧摊销费”，资产折旧摊销账载金额与税收金额之间的差异在A105080《资产折旧、摊销情况及纳税调整明细表》进行列报和调整。即使不存在上述税会差异，纳税人仍需将账面所有资产的折旧、摊销情况在表A105080进行填报。

关键点70 “财产损耗、盘亏及毁损损失”

对照表A104000第8行“财产损耗、盘亏及毁损损失”，纳税人资产损失税前扣除均需在A105090《资产损失税前扣除及纳税调整明细表》进行填报及税会差异调整。其中属于应进行专项申报的资产损失，需同时填报A105091《资产损失（专项申报）税前扣除及纳税调整明细表》。

关键点71 “利息收支”扣除注意事项

对于表A104000第21行“利息收支”，应关注账面利息收入是否存在未按合同约定进行确认的情况。若存在，应在A105020《未按权责发生制确认收入纳税调整明细表》第3行“利息”进行税会差异调整。还应关注利息支出是否符合税法规定的扣除标准。对支付给非金融机构、自然人、关联企业的利息及未按规定缴足出资产生的利息等，应在A105000《纳税调整项目明细表》第18行“利息支出”进行调整。

关键点72 “共同支出”注意问题

对纳税人在《期间费用明细表》列支的各项费用，应关注是否包含境外所得应分摊的“共同支出”。若存在，应在A105000《纳税调整项目明细表》第28行“境外所得分摊的共同支出”进行调整，特别是当境外所得为负数时，“共同支出”项目也需要在计算境内应纳税所得额时进行调增。

关键点73 是否存在与收入无关的期间费用支出

对纳税人在《期间费用明细表》列支的各项费用，应关注是否存在与取得收入无关的支出。若存在，应在A105000《纳税调整项目明细表》第27行“与取得收入无关的支出”进行调整。

关键点74 各项费用取得有效扣除凭证的时限

按照《国家税务总局关于企业所得税若干问题的公告》（国家税务总局公告2011年第34号）的规定，当年度实际发生的相关成本、费用，由于各种原因未能及时取得该成本、费用的有效凭证，企业在预缴季度所得税时，可暂按账面发生金额进行核算；但在汇算清缴时，应补充提供该成本、费用的有效凭证。否则不得在当年应纳税所得额中扣除，需进行税会差异调整。

CORPORATE INCOME TAX FINAL SETTLEMENT

Risk Tips & Key Points Analysis

第4章 纳税调整政策及填报实务（A105000）

4.1 纳税调整事项概述

税收制度和会计制度的目的不同——税收制度的目的是有效地组织财政收入，为各类企业创造公平的市场竞争环境，规范征管行为，对经济和社会的发展进行调节；会计制度的目的是为财务报告使用者提供与企业财务状况、经营成果、现金流量相关的会计信息，反映企业管理层受托责任履行情况，帮助财务报告使用者做出经济决策。这就造成了税收制度和会计制度的根本前提与遵循的原则存在差异。因此两者的逻辑体系是相互影响而又相对独立的。

会计制度和企业所得税税收法规差异的本质在于对资产、负债的确认、计量规则不同，即资产和负债计税基础与账面价值之间的差异。上述差异在税额计算中主要体现在确认收益实现和费用扣减的时间，以及费用的可扣减性。

《企业所得税法》第二十一条规定，在计算应纳税所得额时，企业财务、会计处理办法与税收法律、行政法规的规定不一致的，应当依照税收法律、行政法规的规定计算。

笔者认为，在纳税申报过程中，对纳税人而言，税会差异的调整实际包括两个层面：一是会计制度规定与税收制度规定之间固有的差异，二是企业实际会计处理与会计制度规定之间也可能存在差异。在税务鉴证实务及基层主管税务机关的日常管理中，一般会直接对“实际会计处理”和“税收制度规定”之间的差异做出调整，而较少干涉调整企业实际会计处理和会计制度规定之间的差异。

2014 版企业所得税年度纳税申报表“纳税调整”与“境外所得应纳税额计算”、“税收优惠计算”相分离，逻辑关系更加清晰。同时，在报表设置上，“纳税调整”部分与其余两者存在交叉。“纳税调整”与“境外所得应纳税额计算”的交叉点是 A105000《纳税调整项目明细表》第 28 行“境外所得分摊的共同支出”调整事项。“纳税调整”与“税收优惠计算”的交叉点是在 A105080《资产折旧、摊销情况及纳税调整明细表》中完成计算的“加速折旧”和在 A105050《职工薪酬纳税调整明细表》中完成计算的“职工教育经费扣除”两类优惠项目。

在具体项目设置上，相对 2008 版企业所得税年度纳税申报表，2014 版申报表根据企业所得税政策更新和精细化管理的需求，新增了部分差异项目，对部分原有差异项目进行了调整，对重要差异项目调整单独设置了附表，反映计算过程。

本章及随后的第 5 至第 13 章，对 2014 版企业所得税年度纳税申报表中

1张1级附表A105000《纳税调整项目明细表》及其12张2级附表、2张3级附表设置的税会差异调整事项进行梳理，辅以填报案例讨论每个调整事项的填报方法。《纳税调整项目明细表》中无2级附表的纳税调整项目在本章进行说明，有2级附表的纳税调整项目在随后的第5至第13章中分别进行说明。说明顺序为A105000《纳税调整项目明细表》列示的差异事项顺序。

4.2 无2级附表的纳税调整项目涉及的相关政策要点

在本章中说明的无2级附表的纳税调整项目如表4-1所示：

表4-1

章节序号	纳税调整项目名称	在表A105000中对应行次
4.2.1	按权益法核算长期股权投资对初始投资成本调整确认收益	第5行
4.2.2	交易性金融资产初始投资调整	第6行
4.2.3	公允价值变动净损益	第7行
4.2.4	销售折扣、折让和退回	第10行
4.2.5	业务招待费支出	第15行
4.2.6	利息支出	第18行
4.2.7	罚金、罚款和被没收财物的损失	第19行
4.2.8	税收滞纳金、加收利息	第20行
4.2.9	赞助支出	第21行
4.2.10	与未实现融资收益相关在当期确认的财务费用	第22行
4.2.11	佣金和手续费支出	第23行
4.2.12	跨期扣除项目	第26行
4.2.13	与取得收入无关的支出	第27行
4.2.14	境外所得分摊的共同支出	第28行
4.2.15	资产减值准备金	第32行

4.2.1 按权益法核算长期股权投资对初始投资成本调整确认收益（第5行）相关政策要点

表4-2　　按权益法核算长期股权投资对初始投资成本调整确认收益利润计算及纳税调整对照提示表

在利润总额计算中的位置	A101010《一般企业收入明细表》第26行“其他”
在纳税调整中的位置	A105000《纳税调整项目明细表》第5行“按权益法核算长期股权投资对初始投资成本调整确认收益”
风险管理提示	跨年度事项、时间性差异调整

关键点75 权益法核算的长期股权投资初始投资成本以历史成本为计税基础

《企业所得税法实施条例》第五十六条规定，企业的各项资产，包括固定资产、生物资产、无形资产、长期待摊费用、投资资产、存货等，以历史成本为计税基础。

前款所称历史成本，是指企业取得该项资产时实际发生的支出。

风险点5 权益法核算的长期股权投资调整成本时的税会差异

权益法核算的长期股权投资计税基础是长期股权投资的初始投资成本。不再根据被投资单位可辨认净资产公允价值进行调整。

（1）初始投资成本＜投资时应享有被投资单位可辨认净资产公允价值份额的，会计处理如下：

借：长期股权投资——成本

　贷：营业外收入（税会差异：营业外收入要做纳税调减）

但需要注意，长期股权投资处置时其计税基础确认应考虑上述差异。

（2）初始投资成本＞投资时应享有被投资单位可辨认净资产公允价值份额的，会计不调整已确认的初始投资成本（税会无差异）。

案例

案例1 权益法核算的长期股权投资初始投资成本调整收益填报案例

1. 情况说明。

A企业于2015年1月1日取得E公司40％的股权，支付价款6 000万元，取得投资时被投资单位可辨认净资产账面价值为20 000万元（假定被投资单位各项可辨认资产、负债的公允价值与其账面价值相同）。A取得E公司股权后，能够对E公司施加重大影响，对该投资采取权益法核算。

2. 会计处理（单位：万元）。

借：长期股权投资——成本　　8 000

　（被投资企业可辨认净资产公允价值份额20 000万元×40％）

　贷：银行存款　　6 000

　　营业外收入　　2 000

3. 填报方法。

计入取得投资当期的营业外收入的 2 000 万元作为纳税调减金额填写在表 A105000 第 5 行第 4 列。（具体填报见表 4-3）

表 4-3　　A105000　纳税调整项目明细表

行次	项目	账载金额	税收金额	调增金额	调减金额
		1	2	3	4
1	一、收入类调整项目（2＋3＋4＋5＋6＋7＋8＋10＋11）	*	*		
5	（四）按权益法核算长期股权投资对初始投资成本调整确认收益	*	*	*	20 000 000

4. 风险提示。

长期股权投资处置时其计税基础确认应考虑上述差异。

4.2.2 交易性金融资产初始投资调整（第 6 行）相关政策要点

表 4-4　交易性金融资产初始投资调整利润计算及纳税调整对照提示表

在利润总额计算中的位置	A100000《中华人民共和国企业所得税年度申报表（A 类）》第 9 行“投资收益”
在纳税调整中的位置	A105000《纳税调整项目明细表》第 6 行“交易性金融资产初始投资调整”
风险管理提示	时间性差异调整

关键点 76　交易性金融资产初始投资以历史成本为计税基础

《企业所得税法实施条例》第五十六条规定，企业的各项资产，包括固定资产、生物资产、无形资产、长期待摊费用、投资资产、存货等，以历史成本为计税基础。

前款所称历史成本，是指企业取得该项资产时实际发生的支出。

风险点 6　交易性金融资产初始投资计量的税会差异

购入交易性金融资产发生的交易费用，会计处理时记入“投资收益”科目，税法要求计入投资的计税基础。但交易性金融资产处置时的计税基础确认应考虑调回税会差异。

案例

案例2 交易性金融资产初始投资调整填报案例

1. 情况说明。

2015年5月6日，甲公司支付1 016万元（含交易费用1万元和已宣告发放的现金股利15万元），购入乙公司发行的股票200万股，甲公司将其划分为交易性金融资产。

2. 会计处理（单位：万元）。

2015年5月6日：

借：应收股利 15

交易性金融资产——成本 1 000

投资收益 1

贷：银行存款 1 016

3. 填报方法。

购入股票的交易费用1万元不得在本期税前扣除，应作为纳税调增金额填写在表A105000第6行第3列。（具体填报见表4-5）

表4-5 A105000 纳税调整项目明细表

行次	项目	账载金额	税收金额	调增金额	调减金额
		1	2	3	4
1	一、收入类调整项目（2+3+4+5+6+7+8+10+11）	*	*		
6	（五）交易性金融资产初始投资调整	*	*	10 000	*

4. 风险提示。

交易性金融资产处置时的计税基础确认应考虑上述税会差异。

4.2.3 公允价值变动净损益（第7行）相关政策要点

表4-6 公允价值变动净损益利润计算及纳税调整对照提示表

在利润总额计算中的位置	A100000《中华人民共和国企业所得税年度纳税申报表（A类）》第8行“公允价值变动收益”
在纳税调整中的位置	A105000《纳税调整项目明细表》第7行“公允价值变动净损益”
风险管理提示	跨年度事项、时间性差异调整

关键点 77 公允价值变动净损益以历史成本为计税基础

《企业所得税法实施条例》第五十六条规定，企业的各项资产，包括固定资产、生物资产、无形资产、长期待摊费用、投资资产、存货等，以历史成本为计税基础。

前款所称历史成本，是指企业取得该项资产时实际发生的支出。

企业持有各项资产期间资产增值或者减值，除国务院财政、税务主管部门规定可以确认损益外，不得调整该资产的计税基础。

风险点 7 公允价值变动净损益计量的税会差异

资产负债表日，交易性金融资产（负债）、指定为以公允价值计量且其变动计入当期损益的金融资产、公允价值模式计量的投资性房地产等，公允价值与其账面价值的差额记入“公允价值变动损益”科目，但税法不确认上述所得或损失，计算所得税时应做纳税调整。

公允价值变动损益事项不再单独设置附表，申报取数变得简单。但“公允价值变动净损益”作为跨年度事项存在风险（纳税调整金额、处置时的计税基础），需要实行动态管理。

资产处置环节应及时将公允价值变动损益结转至投资收益科目。

“公允价值变动净损益”项目可能隐藏未申报的资产损失。

案 例

案例 3 公允价值变动净损益填报案例

1. 情况说明。

2015 年 5 月 6 日，甲公司支付 1 016 万元（含交易费用 1 万元和已宣告发放的现金股利 15 万元），购入乙公司发行的股票 200 万股，甲公司将其划分为交易性金融资产。2015 年 6 月 30 日，该股票市价为每股 5.2 元，2015 年 12 月 31 日，甲公司仍持有该股票，当日，该股票市价为每股 4.8 元。

2. 会计处理（单位：万元）。

2015 年 6 月 30 日：

借：交易性金融资产——公允价值变动　　40

　贷：公允价值变动损益　　40

2015 年 12 月 31 日：

借：公允价值变动损益 80

贷：交易性金融资产——公允价值变动 80

3. 填报方法。

公允价值变动损益税法上不确认，公允价值变动损益期末借方余额为40万元（80－40＝40万元），即会计确认损失40万元，应调增应纳税所得额40万元，填写在表A105000第7行第3列。（具体填报见表4-7）

表4-7　　A105000　纳税调整项目明细表

行次	项目	账载金额	税收金额	调增金额	调减金额
		1	2	3	4
1	一、收入类调整项目（2＋3＋4＋5＋6＋7＋8＋10＋11）	*	*		
7	（六）公允价值变动净损益	－400 000	*	400 000	

4. 风险提示。

公允价值变动损益事项不再单独设置附表，申报取数变得简单。但“公允价值变动净损益”作为跨年度事项存在风险（纳税调整金额、处置时的计税基础），需要实行动态管理。

资产处置环节应及时将公允价值变动损益结转至投资收益科目。

“公允价值变动净损益”项目可能隐藏未申报的资产损失。

4.2.4 销售折扣、折让和退回（第10行）相关政策要点

表4-8　　销售折扣、折让和退回利润计算及纳税调整对照提示表

在利润总额计算中的位置	A101010《一般企业收入明细表》第3行“销售商品收入”
在纳税调整中的位置	A105000《纳税调整项目明细表》第10行“销售折扣、折让和退回”
风险管理提示	跨年度事项时间性差异调整

关键点78　销售折扣、折让和退回政策界定

国税函〔2008〕875号文件规定，企业为促进商品销售而在商品价格上给予的价格扣除属于商业折扣，商品销售涉及商业折扣的，应当按照扣除商业折扣后的金额确定销售商品收入金额。债权人为鼓励债务人在规定的期限内付款而向债务人提供的债务扣除属于现金折扣，销售商品涉及现金折扣的，

应当按扣除现金折扣前的金额确定销售商品收入金额，现金折扣在实际发生时作为财务费用扣除。企业因售出商品的质量不合格等原因而在售价上给予的减让属于销售折让；企业因售出商品质量、品种不符合要求等原因而发生的退货属于销售退回。企业已经确认销售收入的售出商品发生销售折让和销售退回，应当在发生当期冲减当期销售商品收入。

风险点 8　销售折扣、折让和退回税会差异

A105000《纳税调整项目明细表》填表说明规定，第 10 行"（八）销售折扣、折让和退回"：填报不符合税法规定的销售折扣和折让应进行纳税调整的金额，和发生的销售退回因会计处理与税法规定有差异需纳税调整的金额。

小企业会计准则对销售折扣、折让、退回的处理与税法规定一致。即企业已经确认销售商品收入，商品发生销售退回的，应在发生时冲减当期销售收入。

企业发生属于报告年度资产负债表日后调整事项的销售退回，应将留存收益调整确认在报告年度；税法上，企业发生的属于资产负债表日后调整事项的销售退回，所涉及的应纳税所得额的调整，不应在报告年度确认，应在销货退回实际发生年度确认。

上述所得确认时间上的差异，在某些情况下往往会造成应纳所得税额计征数的差异，如两个年度适用的所得税税率不一致，或者某个年度享受所得税的减免优惠等。

案例

案例 4　销货退回填报案例

1. 情况说明。

甲企业适用所得税税率为 25%，2015 年 11 月销售给丙企业一批货物，价款 250 万元（不含税），销售成本 200 万元，货款到年底尚未收到，该项应收账款没有计提坏账准备，甲企业 2015 年 12 月 25 日接到通知，丙企业在验收货物时发现质量问题需要协商退货。2016 年 2 月，双方协商同意退货，甲企业于 3 月 15 日收到丙企业退回的货物及增值税专用发票的发票联和抵扣联，甲企业按净利润的 10%提取盈余公积，假定甲企业 2015 年度财务报告于 2016 年 3 月 31 日对外报出。本例中涉及企业均为增值税一般纳税人，适用增值税税率为 17%。

2. 会计处理。

假定涉及事项可以调整甲企业 2015 年应交所得税，甲企业判断上述事项

属于调整事项，并根据调整事项的处理原则进行如下账务处理（单位：元）。

（1）调整以前年度损益：

借：以前年度损益调整　　2 500 000

　　应交税费——应交增值税（销项税额）　　425 000

　贷：应收账款　　2 925 000

借：库存商品　　2 000 000

　贷：以前年度损益调整　　2 000 000

（2）调整应交所得税：

借：应交税费——应交所得税　　125 000

　贷：以前年度损益调整　　125 000

（3）结转未分配利润：

借：利润分配——未分配利润　　375 000

　贷：以前年度损益调整　　375 000

（4）调整利润分配：

借：盈余公积——法定盈余公积　　37 500

　贷：利润分配——未分配利润　　37 500

调整 2015 年度会计报表相关项目的数字。

调整 2016 年 3 月份资产负债表相关项目的年初数。

（5）确认税会差异调整：

借：递延所得税资产　　125 000

　贷：应交税费——应交所得税　　125 000

3. 填报方法。

税法不认可会计对 2015 年该笔销售收入和成本进行冲减的处理，2015 年纳税申报要进行纳税调增，填写在表 A105000 第 10 行第 3 列，金额为 125 000 元。（具体填报见表 4-9）

表 4-9　　A105000　纳税调整项目明细表

行次	项目	账载金额	税收金额	调增金额	调减金额
		1	2	3	4
1	一、收入类调整项目（2＋3＋4＋5＋6＋7＋8＋10＋11）	*	*		
10	（八）销售折扣、折让和退回	125 000	0	125 000	

2016 年纳税申报要进行纳税调减，填写在表 A105000 第 10 行第 4 列，金额为 125 000 元。(具体填报见表 4-10)

表 4-10　　　　A105000　纳税调整项目明细表

行次	项目	账载金额	税收金额	调增金额	调减金额
		1	2	3	4
1	一、收入类调整项目（2+3+4+5+6+7+8+10+11）	*	*		
10	（八）销售折扣、折让和退回	0	125 000	0	125 000

4. 风险提示。

上述所得确认时间上的差异，在某些情况下往往会造成应纳所得税额计征数的差异，如两个年度适用的所得税税率不一致，或者某个年度享受所得税的减免优惠等。

4.2.5　业务招待费支出（第 15 行）相关政策要点

表 4-11　　　　业务招待费支出利润计算及纳税调整对照提示表

在利润总额计算中的位置	A104000《期间费用明细表》第 4 行“业务招待费”
在纳税调整中的位置	A105000《纳税调整项目明细表》第 15 行“业务招待费支出”
风险管理提示	永久性差异调整

关键点 79　业务招待费扣除比例和扣除限额

《企业所得税法实施条例》第四十三条规定，企业发生的与生产经营活动有关的业务招待费支出，按照发生额的 60%扣除，但最高不得超过当年销售（营业）收入的 5‰。

关键点 80　业务招待费扣除限额计算基数

1. 国税函〔2010〕79 号文件规定，对从事股权投资业务的企业（包括集团公司总部、创业投资企业等），其从被投资企业所分配的股息、红利以及股权转让收入，可以按规定的比例计算业务招待费扣除限额。

在政策执行实务中，笔者认为上述“从事股权投资业务的企业”指的是专门从事股权投资业务的企业，即企业除股权投资业务外，不从事其他营利性生产经营活动。纳税人在适用上述政策时应向主管税务机关确定相关政策执行口径，以避免造成申报涉税风险。

2. 国税函〔2009〕202号文件规定，企业在计算业务招待费、广告费和业务宣传费等费用扣除限额时，其销售（营业）收入额应包括《实施条例》第二十五条规定的视同销售（营业）收入额。

3. 京国税发〔2009〕92号文件规定，房地产开发企业通过正式签订《房地产销售合同》或《房地产预售合同》所取得的收入，可作为广告和业务宣传费、业务招待费的计算基数。

关键点81　筹建期业务招待费税前扣除

国家税务总局2012年第15号公告规定，企业在筹建期间，发生的与筹办活动有关的业务招待费支出，可按实际发生额的60%计入企业筹办费，并按有关规定在税前扣除；发生的广告费和业务宣传费，可按实际发生额计入企业筹办费，并按有关规定在税前扣除。

风险点9　业务招待费的完整归集

《企业会计准则》规定，企业发生的业务招待费，不论是哪个部门发生的，统一在“管理费用”科目核算。部分企业出于会计核算可理解性原则的要求，将专设的销售机构发生的业务招待费放在“销售费用”科目核算，将其余的业务招待费放在“管理费用”科目核算。因此，企业在进行纳税申报时必须要将散落在各科目中的“业务招待费”全部找到并加总填报到表A105000第15行。必要时在各含有业务招待费的科目下增设二级科目“业务招待费”。

风险点10　业务招待费填报要点

当年销售（营业）收入＝主表第1行＋视同销售表第1行＋视同销售表第23行－视同销售表第27行＋股息、红利以及股权转让收入（从事股权投资业务的企业）。

表A105000第15行第1列“账载金额”填报纳税人会计核算计入当期损益的业务招待费金额；如无特殊情况，与A104000《期间费用明细表》业务招待费（销售费用、管理费用）一致。企业以非货币性资产用于交际应酬形成业务招待费支出，在企业所得税上做视同销售处理，业务招待费支出可以按照视同销售收入进行调整，并相应反映在表A105000第15行第1列“账载金额”。

表 A105000 第 15 行第 2 列“税收金额”填报按照税法规定允许税前扣除的业务招待费支出的金额，即“本行第 1 列×60%”与“当年销售（营业）收入×5‰”的孰小值。

表 A105000 第 15 行第 3 列“调增金额”为第 1 列减第 2 列金额。

4.2.6 利息支出（第 18 行）相关政策要点

表 4-12 利息支出利润计算及纳税调整对照提示表

在利润总额计算中的位置	A104000《期间费用明细表》第 21 行“利息收支”
在纳税调整中的位置	A105000《纳税调整项目明细表》第 18 行“利息支出”
风险管理提示	永久性差异调整

关键点 82 税法允许扣除的利息支出

《企业所得税法实施条例》第二十八条规定，企业发生的支出应当区分收益性支出和资本性支出。收益性支出在发生当期直接扣除；资本性支出应当分期扣除或者计入有关资产成本，不得在发生当期直接扣除。

企业的不征税收入用于支出所形成的费用或者财产，不得扣除或者计算对应的折旧、摊销扣除。

《企业所得税法实施条例》第三十八条规定，企业在生产经营活动中发生的下列利息支出，准予扣除：

（一）非金融企业向金融企业借款的利息支出、金融企业的各项存款利息支出和同业拆借利息支出、企业经批准发行债券的利息支出；

（二）非金融企业向非金融企业借款的利息支出，不超过按照金融企业同期同类贷款利率计算的数额的部分。

《企业所得税法实施条例》第四十九条规定，企业之间支付的管理费、企业内营业机构之间支付的租金和特许权使用费，以及非银行企业内营业机构之间支付的利息，不得扣除。

关键点 83 资本化支出和费用化支出

国家税务总局 2012 年第 15 号公告规定，企业通过发行债券、取得贷款、吸收保户储金等方式融资而发生的合理的费用支出，符合资本化条件的，应计入相关资产成本；不符合资本化条件的，应作为财务费用，准予在企业所得税前据实扣除。

关键点 84　售后回购的利息支出

国税函〔2008〕875 号文件规定，采用售后回购方式销售商品的，销售的商品按售价确认收入，回购的商品作为购进商品处理。有证据表明不符合销售收入确认条件的，如以销售商品方式进行融资，收到的款项应确认为负债，回购价格大于原售价的，差额应在回购期间确认为利息费用。

关键点 85　融资性售后回租

国家税务总局 2010 年第 13 号公告规定，根据现行企业所得税法及有关收入确定规定，融资性售后回租业务中，承租人出售资产的行为，不确认为销售收入，对融资性租赁的资产，仍按承租人出售前原账面价值作为计税基础计提折旧。租赁期间，承租人支付的属于融资利息的部分，作为企业财务费用在税前扣除。

风险点 11　关于金融企业同期同类贷款利率确定问题

国家税务总局 2011 年第 34 号公告规定，根据《实施条例》第三十八条规定，非金融企业向非金融企业借款的利息支出，不超过按照金融企业同期同类贷款利率计算的数额的部分，准予税前扣除。鉴于目前我国对金融企业利率要求的具体情况，企业在按照合同要求首次支付利息并进行税前扣除时，应提供“金融企业的同期同类贷款利率情况说明”，以证明其利息支出的合理性。

“金融企业的同期同类贷款利率情况说明”中，应包括在签订该借款合同当时，本省任何一家金融企业提供同期同类贷款利率情况。该金融企业应为经政府有关部门批准成立的可以从事贷款业务的企业，包括银行、财务公司、信托公司等金融机构。“同期同类贷款利率”是指在贷款期限、贷款金额、贷款担保以及企业信誉等条件基本相同下，金融企业提供贷款的利率。既可以是金融企业公布的同期同类平均利率，也可以是金融企业对某些企业提供的实际贷款利率。

风险点 12　企业向自然人借款的利息支出

国税函〔2009〕777 号文件规定：

1. 企业向股东或其他与企业有关联关系的自然人借款的利息支出，应根据《中华人民共和国企业所得税法》（以下简称税法）第四十六条及《财政部 国家税务总局关于企业关联方利息支出税前扣除标准有关税收政策问题的通知》（财税〔2008〕121号）规定的条件，计算企业所得税扣除额。

2. 企业向除第一条规定以外的内部职工或其他人员借款的利息支出，其借款情况同时符合以下条件的，其利息支出在不超过按照金融企业同期同类贷款利率计算的数额的部分，根据税法第八条和税法实施条例第二十七条规定，准予扣除。

（1）企业与个人之间的借贷是真实、合法、有效的，并且不具有非法集资目的或其他违反法律、法规的行为；

（2）企业与个人之间签订了借款合同。

风险点13　企业投资者投资未到位而发生的利息支出

国税函〔2009〕312号文件规定，凡企业投资者在规定期限内未缴足其应缴资本额的，该企业对外借款所发生的利息，相当于投资者实缴资本额与在规定期限内应缴资本额的差额应计付的利息，其不属于企业合理的支出，应由企业投资者负担，不得在计算企业应纳税所得额时扣除。

具体计算不得扣除的利息，应以企业一个年度内每一账面实收资本与借款余额保持不变的期间作为一个计算期，每一计算期内不得扣除的借款利息按该期间借款利息发生额乘以该期间企业未缴足的注册资本占借款总额的比例计算，公式为：

$$\text{企业每一计算期不得扣除的借款利息}=\text{该期间借款利息额}\times\text{该期间未缴足注册资本额}\div\text{该期间借款额}$$

企业一个年度内不得扣除的借款利息总额为该年度内每一计算期不得扣除的借款利息额之和。

风险点14　混合性投资被投资企业利息支出

国家税务总局2013年第41号公告规定：

1. 企业混合性投资业务，是指兼具权益和债权双重特性的投资业务。同时符合下列条件的混合性投资业务，按本公告进行企业所得税处理：

（1）被投资企业接受投资后，需要按投资合同或协议约定的利率定期支付利息（或定期支付保底利息、固定利润、固定股息，下同）；

（2）有明确的投资期限或特定的投资条件，并在投资期满或者满足特定投资条件后，被投资企业需要赎回投资或偿还本金；

（3）投资企业对被投资企业净资产不拥有所有权；

（4）投资企业不具有选举权和被选举权；

（5）投资企业不参与被投资企业日常生产经营活动。

2. 符合本公告第一条规定的混合性投资业务，按下列规定进行企业所得税处理：对于被投资企业支付的利息，投资企业应于被投资企业应付利息的日期，确认收入的实现并计入当期应纳税所得额；被投资企业应于应付利息的日期，确认利息支出，并按税法和《国家税务总局关于企业所得税若干问题的公告》（国家税务总局公告 2011 年第 34 号）第一条的规定，进行税前扣除。

风险点 15　关联方借款利息扣除

《企业所得税法》第四十六条规定，企业从其关联方接受的债权性投资与权益性投资的比例超过规定标准而发生的利息支出，不得在计算应纳税所得额时扣除。

财税〔2008〕121 号文件规定，企业实际支付给关联方的利息支出，除符合本通知第二条规定外，其接受关联方债权性投资与其权益性投资比例为：

（1）金融企业，为 5∶1；

（2）其他企业，为 2∶1。

企业如果能够按照税法及其实施条例的有关规定提供相关资料，并证明相关交易活动符合独立交易原则的；或者该企业的实际税负不高于境内关联方的，其实际支付给境内关联方的利息支出，在计算应纳税所得额时准予扣除。

注意本规定中，关联方利息支出事项的调整，本质是对资本弱化问题进行的管理，属于特别纳税调整范畴，应当将纳税调整额填写在 A105000《纳税调整项目明细表》第 41 行“特别纳税调整应税所得”行次。

风险点 16　委托贷款利息支出扣除问题

委托贷款是由委托人提供合法来源的资金，委托业务银行根据委托人的贷款对象、用途、期限、利率等代为发放、监督使用并协助收回的贷款业务。借款人从银行取得的委托贷款，实质是委托人贷给借款人。因此，企业通过银行取得委托人为非金融企业的委托贷款，应按向非金融企业取得借款发生的利息支出进行税务处理，其不超过按照金融企业同期同类贷款利率计算数额部分的利息支出准予从税前扣除。

风险点 17　建造固定资产发生利息支出的扣除问题

按照《企业所得税法实施条例》第三十七条的规定，企业为购置、建造固定资产、无形资产和经过 12 个月以上的建造才能达到预定可销售状态的存货发生借款的，在有关资产购置、建造期间发生的合理的借款费用，应当作为资本性支出计入有关资产的成本。参照《企业会计准则》的规定，购建或者生产符合资本化条件的资产达到预定可使用或者可销售状态时，借款费用应当停止资本化。因此，企业借款发生的利息支出，在建造厂房期间发生的利息支出应资本化计入厂房的计税基础，厂房已达到预定使用状态时不需再将利息支出资本化，而应费用化，计入当期损益，在所得税前扣除。

风险点 18　企业向非金融企业借款发生的利息支出或资金占用费的扣除凭据问题

应凭发票作为扣除凭证，没有发票可以到税务局代开。企业应以相关协议作为支付利息的相关证明材料，协议中应明确约定利息所属时间、利息金额等内容。

关键点 86　利息支出填报方法

A105000《纳税调整项目明细表》第 18 行填表说明规定，第 18 行“（六）利息支出”：第 1 列“账载金额”填报纳税人向非金融企业借款，会计核算计入当期损益的利息支出的金额；第 2 列“税收金额”填报按照税法规定允许税前扣除的利息支出的金额；若第 1 列≥第 2 列，将第 1 列减第 2 列余额填入第 3 列“调增金额”，若第 1 列＜第 2 列，将第 1 列减第 2 列余额的绝对值填入第 4 列“调减金额”。

关键点 87　境内机构向我国银行的境外分行支付利息问题

国家税务总局以 2015 年第 47 号公告发布《关于境内机构向我国银行的境外分行支付利息扣缴企业所得税有关问题的公告》，明确境内机构向境外分行支付利息时，不代扣代缴企业所得税；境外分行从境内取得的利息如果属于代收性质，据以产生利息的债权属于境外非居民企业，境内机构向境外分行支付利息时，应代扣代缴企业所得税。

案例

案例5 股东未缴足出资利息支出纳税调整案例

企业在2013年12月19日注资，按章程及公司法规定两年内全部注册资本金到位，即2015年12月19日。而截止到2015年12月19日仍有部分注册资本金没有到位。2015年不允许企业所得税税前扣除的利息是：从2015年12月20日至2015年12月31日此10天的借款利息×该期间未缴足注册资本额÷该期间借款额（假设该10天的借款余额无变化）。如果2016年6月30日注册资本金全部到位，则2016年此半年期的借款利息×该期间未缴足注册资本额÷该期间借款额不得抵扣。

4.2.7 罚金、罚款和没收财产的损失（第19行）相关政策要点

表4-13 罚金、罚款和没收财产的损失利润计算及纳税调整对照提示表

在利润总额计算中的位置	A102010《一般企业成本明细表》第23行“罚没支出”
在纳税调整中的位置	A105000《纳税调整项目明细表》第19行“罚金、罚款和被没收财物的损失”
风险管理提示	永久性差异调整

关键点88 罚金、罚款和没收财产损失相关企业所得税政策要点

《企业所得税法》第十条规定，计算应纳税所得额时，下列支出不得扣除：

（1）向投资者支付的股息、红利等权益性投资收益款项；

（2）企业所得税税款；

（3）税收滞纳金；

（4）罚金、罚款和被没收财物的损失；

（5）本法第九条规定以外的捐赠支出；

（6）赞助支出；

（7）未经核定的准备金支出；

（8）与取得收入无关的其他支出。

关键点89 罚金、罚款和没收财产损失的填报说明

企业税前列支的罚金、罚款和没收财产损失，应在A105000《纳税调整

项目明细表》第 19 行"（七）罚金、罚款和被没收财物的损失"中，作为永久性税会差异全额调增。

4.2.8　税收滞纳金、加收利息（第 20 行）相关政策要点

表 4-14　　税收滞纳金、加收利息利润计算及纳税调整对照提示表

在利润总额计算中的位置	A102010《一般企业成本明细表》第 26 行"其他"
在纳税调整中的位置	A105000《纳税调整项目明细表》第 20 行"税收滞纳金、加收利息"
风险管理提示	永久性差异调整

关键点 90　税收滞纳金、加收利息相关企业所得税政策要点

《企业所得税法》第十条规定，计算应纳税所得额时，下列支出不得扣除：

（1）向投资者支付的股息、红利等权益性投资收益款项；

（2）企业所得税税款；

（3）税收滞纳金；

（4）罚金、罚款和被没收财物的损失；

（5）本法第九条规定以外的捐赠支出；

（6）赞助支出；

（7）未经核定的准备金支出；

（8）与取得收入无关的其他支出。

《企业所得税法实施条例》一百二十一条规定，税务机关根据税收法律、行政法规的规定，对企业做出的特别纳税调整的，应当对补征的税款，自税款所属纳税年度的次年 6 月 1 日起至补缴税款之日止的期间，按日加收利息。按该规定加收的利息不得在计算应纳税所得额时扣除。

关键点 91　税收滞纳金、加收利息的填报说明

税收滞纳金、加收利息应在 A105000《纳税调整项目明细表》第 20 行，作为永久性税会差异全额调增。

此处应区分，企业加工贸易保税货物未出口而转内销的，海关依法征收税款并加征的缓税利息近似于资金占用费，不属于税收滞纳金，可以从税前扣除，不属于本项目调整的内容。

4.2.9 赞助支出（第21行）相关政策要点

表4-15 赞助支出利润计算及纳税调整对照提示表

在利润总额计算中的位置	A102010《一般企业成本明细表》第22行“赞助支出”
在纳税调整中的位置	A105000《纳税调整项目明细表》第21行“赞助支出”
风险管理提示	永久性差异调整

关键点92 赞助支出相关企业所得税政策要点

《企业所得税法》第十条规定，计算应纳税所得额时，下列支出不得扣除：

（1）向投资者支付的股息、红利等权益性投资收益款项；

（2）企业所得税税款；

（3）税收滞纳金；

（4）罚金、罚款和被没收财物的损失；

（5）本法第九条规定以外的捐赠支出；

（6）赞助支出；

（7）未经核定的准备金支出；

（8）与取得收入无关的其他支出。

关键点93 赞助支出的填报说明

赞助支出应在A105000《纳税调整项目明细表》第20行“（八）税收滞纳金、加收利息”中，作为永久性税会差异全额调增。

4.2.10 未实现融资收益在当期确认的财务费用（第22行）相关政策要点

表4-16 未实现融资收益在当期确认的财务费用利润计算及纳税调整对照提示表

在利润总额计算中的位置	A104000《期间费用明细表》第21行“利息收支”或第24行“其他”
在纳税调整中的位置	A105000《纳税调整项目明细表》第22行“与未实现融资收益相关在当期确认的财务费用”
风险管理提示	时间性差异调整

关键点 94 未实现融资收益在当期确认的财务费用相关企业所得税政策要点

《企业所得税法实施条例》第二十三条规定，以分期收款方式销售货物的，按照合同约定的收款日期确认收入的实现。

第四十七条规定，以融资租赁方式租入固定资产发生的租赁费支出，按照规定构成融资租入固定资产价值的部分应当提取折旧费用，分期扣除。

第五十八条规定，融资租入的固定资产，以租赁合同约定的付款总额和承租人在签订租赁合同过程中发生的相关费用为计税基础，租赁合同未约定付款总额的，以该资产的公允价值和承租人在签订租赁合同过程中发生的相关费用为计税基础。

国税发〔2009〕31 号文件规定，采取分期收款方式销售开发产品的，应按销售合同或协议约定的价款和付款日确认收入的实现。付款方提前付款的，在实际付款日确认收入的实现。

案 例

案例 6 分期收（付）款销售（购进）商品填报案例

1. 情况说明。

2015 年 1 月 1 日，A 公司采用分期收款方式向 B 公司销售大型设备，合同价格 1 000 万元，分 5 年于每年年末收取，设备成本 600 万元。假定该设备不采用分期收款方式的销售价格为 800 万元，不考虑增值税。

2. 会计处理（单位：万元）。

(1) A 公司会计处理如下：

2015 年销售时：

借：长期应收款　　1 000

　贷：主营业务收入　　800

　　　未实现融资收益　　200

同时，结转成本：

借：主营业务成本　　600

　贷：库存商品　　600

2015 年末收款时：

借：银行存款　　200

　贷：长期应收款　　200

借：未实现融资收益　　63.44

　贷：财务费用　　63.44（实际利率法计算结果）

（2）B公司会计处理如下：

2015 年购入时：

借：固定资产　　800

　　未实现融资费用　　200

　贷：长期应付款　　1 000

2015 年末付款时：

借：长期应付款　　200

　贷：银行存款　　200

借：财务费用　　63.44（实际利率法计算结果）

　贷：未实现融资费用　　63.44

3. 填报方法。

（1）对 A 公司而言：

调整收入税会差异：会计当年确认收入 800 万元，税收按合同约定确认收入 200 万元，在表 A105020 第 6 行第 6 列调减 600 万元。以后每年在表 A105020 第 6 行第 6 列进行纳税调增 200 万元。

调整财务费用税会差异：会计确认的财务费用为－63.44 万元，税收为 0，应在表 A105000 第 22 行第 4 列“与未实现融资收益相关在当期确认的财务费用”调减 63.44 万元。（具体填报见表 4-17、表 4-18）

表 4-17　　A105020　未按权责发生制确认收入纳税调整明细表

行次	项目	合同金额（交易金额）	账载金额		税收金额		纳税调整金额
			本年	累计	本年	累计	
		1	2	3	4	5	6（4－2）
6	（一）分期收款方式销售货物收入	10 000 000	8 000 000		2 000 000		－6 000 000

表 4-18　　A105000　纳税调整项目明细表

行次	项目	账载金额	税收金额	调增金额	调减金额
		1	2	3	4
22	（十）与未实现融资收益相关在当期确认的财务费用	－634 400	0		634 400

（2）对B公司而言：

调整财务费用税会差异：会计确认的财务费用为63.44万元，税收为0，应在表A105000第22行第3列“与未实现融资收益相关在当期确认的财务费用”调增63.44万元。(具体填报见表4-19)

B公司购进的固定资产账面价值为800万元，计税基础为1 000万元。

表4-19　　A105000　纳税调整项目明细表

行次	项目	账载金额	税收金额	调增金额	调减金额
		1	2	3	4
22	（十）与未实现融资收益相关在当期确认的财务费用	634 400	0	634 400	

4.2.11　佣金和手续费支出（第23行）相关政策要点

表4-20　　佣金和手续费支出利润计算及纳税调整对照提示表

在利润总额计算中的位置	A104000《期间费用明细表》第6行“佣金和手续费”
在纳税调整中的位置	A105000《纳税调整项目明细表》第23行“佣金和手续费支出”
风险管理提示	有扣除限额的项目、永久性差异调整

关键点95　佣金和手续费支出相关企业所得税政策要点

财税〔2009〕29号文件规定，企业发生与生产经营有关的手续费及佣金支出，不超过以下规定计算限额以内的部分，准予扣除；超过部分，不得扣除。

（1）保险企业：财产保险企业按当年全部保费收入扣除退保金等后余额的15%（含本数，下同）计算限额；人身保险企业按当年全部保费收入扣除退保金等后余额的10%计算限额。

（2）其他企业：按与具有合法经营资格中介服务机构或个人（不含交易双方及其雇员、代理人和代表人等）所签订服务协议或合同确认的收入金额的5%计算限额。

国家税务总局2012年第15号公告规定，电信企业在发展客户、拓展业务等过程中（如委托销售电话入网卡、电话充值卡等），需向经纪人、代办商支付手续费及佣金的，其实际发生的相关手续费及佣金支出，不超过企业当年收入总额5%的部分，准予在企业所得税前据实扣除。

4.2.12 跨期扣除项目（第26行）相关政策要点

表4-21　　跨期扣除项目利润计算及纳税调整对照提示表

在利润总额计算中的位置	A101010《一般企业收入明细表》，A102010《一般企业成本支出明细表》，A104000《期间费用明细表》
在纳税调整中的位置	A105000《纳税调整项目明细表》第26行“跨期扣除项目”
风险管理提示	永久性差异调整、时间性差异调整

本项目填报维简费、安全生产费用、预提费用、预计负债等跨期扣除项目调整情况。

关键点96　跨期扣除项目相关企业所得税政策要点

《国家税务总局关于煤矿企业维简费和高危行业企业安全生产费用企业所得税税前扣除问题的公告》（国家税务总局公告2011年第26号）规定，煤矿企业实际发生的维简费支出和高危行业企业实际发生的安全生产费用支出，属于收益性支出的，可直接作为当期费用在税前扣除；属于资本性支出的，应计入有关资产成本，并按企业所得税法规定计提折旧或摊销费用在税前扣除。企业按照有关规定预提的维简费和安全生产费用，不得在税前扣除。

《国家税务总局关于企业维简费支出企业所得税税前扣除问题的公告》（国家税务总局公告2013年第67号）规定，企业实际发生的维简费支出，属于收益性支出的，可作为当期费用税前扣除；属于资本性支出的，应计入有关资产成本，并按企业所得税法规定计提折旧或摊销费用在税前扣除。企业按照有关规定预提的维简费，不得在当期税前扣除。

关键点97　跨期扣除项目会计处理

《企业会计准则解释第3号》规定，高危行业企业按照国家规定提取的安全生产费，应当计入相关产品的成本或当期损益，同时记入“专项储备”科目。

企业使用提取的安全生产费时，属于费用性支出的，直接冲减专项储备。企业使用提取的安全生产费形成固定资产的，应当通过“在建工程”科目归集所发生的支出，待安全项目完工达到预定可使用状态时确认为固定资产；同时，按照形成固定资产的成本冲减专项储备，并确认相同金额的累计折旧。该固定资产在以后期间不再计提折旧。

企业提取的维简费（“维持简单再生产资金”的简称）和其他具有类似性质的费用，比照上述规定处理。

4.2.13 与取得收入无关的支出（第27行）相关政策要点

表4-22　　与取得收入无关的支出利润计算及纳税调整对照提示表

在利润总额计算中的位置	A102010《一般企业成本支出表》,A104000《期间费用明细表》
在纳税调整中的位置	A105000《纳税调整项目明细表》第27行“与取得收入无关的支出”
风险管理提示	永久性差异调整

关键点98　与取得收入无关的支出相关企业所得税政策要点

《企业所得税法》第十条规定，在计算应纳税所得额时，下列支出不得扣除：

（一）向投资者支付的股息、红利等权益性投资收益款项；

（二）企业所得税税款；

（三）税收滞纳金；

（四）罚金、罚款和被没收财物的损失；

（五）本法第九条规定以外的捐赠支出；

（六）赞助支出；

（七）未经核定的准备金支出；

（八）与取得收入无关的其他支出。

关键点99　与取得收入无关的支出的填报说明

2014版企业所得税年度纳税申报表填表说明规定，A105000《纳税调整项目明细表》第27行“（十四）与取得收入无关的支出”：第1列“账载金额”填报纳税人会计核算计入当期损益的与取得收入无关的支出的金额。笔者认为，纳税申报时，此处“计入当期损益的与取得收入无关的支出”包括与取得收入无关、计入主营业务成本和其他业务成本的支出以及计入期间费用的支出。其中因固定资产折旧、无形资产和长期待摊费用摊销形成的支出，既可以在表A105000第27行进行调增，也可以在A105080《资产折旧、摊销情况及纳税调整明细表》通过确认相关资产计税基础和账面价值之间的差额进行纳税调增。

4.2.14 境外所得分摊的共同支出（第28行）相关政策要点

表4-23 境外所得分摊的共同支出利润计算及纳税调整对照提示表

在利润总额计算中的位置	A104000《期间费用明细表》
在纳税调整中的位置	A105000《纳税调整项目明细表》第28行“境外所得分摊的共同支出”
风险管理提示	重大事项

关键点100 境外所得分摊的共同支出相关企业所得税政策要点

本项目第3列“调增金额”为A108010《境外所得纳税调整后所得明细表》第10行第16+17列的金额（境外分支机构调整分摊扣除的有关成本费用+境外所得对应调整的相关成本费用）。具体调整政策及计算案例请参见本书境外所得部分内容。

4.2.15 资产减值准备金（第32行）相关政策要点

表4-24 资产减值准备金利润计算及纳税调整对照提示表

在利润总额计算中的位置	A100000《中华人民共和国企业所得税年度纳税申报表》第7行“资产减值损失”
在纳税调整中的位置	A105000《纳税调整项目明细表》第32行“资产减值准备金”
风险管理提示	跨年度事项、永久性差异调整

关键点101 资产减值准备金基本企业所得税政策要点

《企业所得税法实施条例》第五十六条规定，企业的各项资产，包括固定资产、生物资产、无形资产、长期待摊费用、投资资产、存货等，以历史成本为计税基础。

前款所称历史成本，是指企业取得该项资产时实际发生的支出。

企业持有各项资产期间资产增值或者减值，除国务院财政、税务主管部门规定可以确认损益外，不得调整该资产的计税基础。

关键点 102　资产减值准备金会计处理

表 4-25　　资产减值准备金的会计处理

企业会计准则规定允许计提资产减值准备金的资产	减值准备计提和转回
固定资产、无形资产、生产性生物资产、长期股权投资、成本模式计量的投资性房地产	按成本与可收回金额（公允价值减处置费用和预计未来现金流量现值较高者）进行比较计提减值，一经计提不得转回。
持有至到期投资	摊余成本与预计未来现金流量现值比较计提减值，减值可转回并计入当期损益。
可供出售金融资产	债权类：摊余成本与预计未来现金流量现值比较计提减值，减值可转回并计入当期损益。
	权益类：公允价值减去处置费用与成本进行比较计提减值，减值可转回但不能计入当期损益。
应收账款、预付账款、短期借款、长期借款	按可收回金额和入账价值比较计提减值，减值允许转回计入当期损益。
存货	按可变现净值减销售费用与成本比较计提减值，减值可转回计入当期损益。

关键点 103　资产减值准备金填报方法

表 A105000 第 32 行“资产减值准备金”：填报坏账准备、存货跌价准备、理赔费用准备金等不允许税前扣除的各类资产减值准备金纳税调整情况。第 1 列“账载金额”填报纳税人会计核算计入当期损益的资产减值准备金金额（因价值恢复等原因转回的资产减值准备金应予以冲回）；第 1 列，若≥0，填入第 3 列“调增金额”；若＜0，将绝对值填入第 4 列“调减金额”。

注意区分转回和转销的资产减值准备（转销的资产减值准备不能在“资产减值准备金”项目进行调减，而应在“资产损失”表 A105090 中进行调整）。

案 例

案例 7　资产减值准备金填报案例

1. 情况说明。

某企业 2017 年 12 月 31 日核销一笔坏账（对 X 公司的应收账款），该项应收账款初始入账金额为 10 000 元，企业 2015 年底针对该笔应收账款提取坏账准备 3 000 元，2016 年转回上述坏账准备 1 000 元，2017 年收回该笔应收账款5 000元，其余做损失处理。

2. 会计处理（单位：元）。

2015年计提坏账准备时：

借：资产减值损失　　3 000

　贷：坏账准备　　3 000

2016年转回上述坏账准备时：

借：坏账准备　　1 000

　贷：资产减值损失　　1 000

2017年对坏账进行核销时：

借：坏账准备　　2 000

　　营业外支出　　3 000

　　银行存款　　5 000

　贷：应收账款　　10 000

3. 填报方法。

2015年企业计提的坏账准备3 000元，已计入当期损益，资产减值损失借方发生额3 000元，则应在2015年度调增3 000元，填入表A105000第32行“资产减值准备金”第3列“调增金额”。(具体填报见表4-26)

表4-26　　纳税调整项目明细表

行次	项目	账载金额	税收金额	调增金额	调减金额
		1	2	3	4
32	（二）资产减值准备金	3 000	*	3 000	

2016年企业转回坏账准备1 000元，也已计入当期损益，资产减值损失贷方发生额1 000元，则应在2016年度调减1 000元，填入表A105000第32行“资产减值准备金”第4列“调减金额”。(具体填报见表4-27)

表4-27　　纳税调整项目明细表

行次	项目	账载金额	税收金额	调增金额	调减金额
		1	2	3	4
32	（二）资产减值准备金	—1 000	*	0	1 000

2017年因损失实际发生，企业核销了坏账，即进行“资产减值损失”转

销，坏账损失已计入当期损益，则应填写A105090《资产损失税前扣除及纳税调整明细表》及其附表。如果企业的实际情况符合税法关于资产损失税前扣除的规定，申报表应填列如下（见表4-28、表4-29）。

表4-28 A105091 资产损失（专项申报）税前扣除及纳税调整明细表

行次	项目	账载金额	处置收入	赔偿收入	计税基础	税收金额	纳税调整金额
	1	2	3	4	5	6（5—3—4）	7（2—6）
1	一、货币资产损失（2+3+4+5）	*	*				
2	对X公司的应收账款	3 000	0	0	3 000	3 000	0

表4-29 A105090 资产损失税前扣除及纳税调整明细表

行次	项目	账载金额	税收金额	纳税调整金额
		1	2	3（1—2）
9	二、专项申报资产损失（填写A105091）			
10	（一）货币资产损失（填写A105091）	3 000	3 000	0

CORPORATE INCOME TAX FINAL SETTLEMENT

Risk Tips & Key Points Analysis

第5章 视同销售和房地产开发企业特定业务政策及填报实务（A105010）

5.1 视同销售收入调整事项相关政策要点

《企业所得税法实施条例》第二十五条规定，企业发生非货币性资产交换，以及将货物、财产、劳务用于捐赠、偿债、赞助、集资、广告、样品、职工福利或者利润分配等用途的，应当视同销售货物、转让财产或提供劳务。

表 5-1　　视同销售收入利润计算及纳税调整对照提示表

在利润总额计算中的位置	A107020《一般企业成本支出明细表》第 21 行“捐赠支出”，A104000《期间费用明细表》第 4 行“业务招待费”，第 5 行“广告费和业务宣传费”
在纳税调整中的位置	A105010《视同销售和房地产开发企业特定业务纳税调整明细表》第 2 行“非货币性资产交换视同销售收入”、第 3 行“用于市场推广或销售视同销售收入”、第 4 行“用于交际应酬视同销售收入”、第 5 行“用于职工奖励或福利视同销售收入”、第 6 行“用于股息分配视同销售收入”、第 7 行“用于对外捐赠视同销售收入”、第 8 行“用于对外投资项目视同销售收入”、第 9 行“提供劳务视同销售收入”、第 10 行“其他”
风险管理提示	永久性差异调整

关键点 104　企业资产所有权属已发生改变的情形

国税函〔2008〕828 号文件规定，企业将资产移送他人的下列情形，因资产所有权属已发生改变而不属于内部处置资产，应按规定视同销售确定收入。

（一）用于市场推广或销售；

（二）用于交际应酬；

（三）用于职工奖励或福利；

（四）用于股息分配；

（五）用于对外捐赠；

（六）其他改变资产所有权属的用途。

关键点 105　视同销售计税价格的确定

企业发生国税函〔2008〕828 号文件第二条规定情形时，属于企业自制的资产，应按企业同类资产同期对外销售价格确定销售收入；属于外购的资产，可按购入时的价格确定销售收入。

关键点 106　视同销售影响部分扣除类调整项目的计算基数

国税函〔2009〕202 号文件规定，企业在计算业务招待费、广告费和业务宣传费等费用扣除限额时，其销售（营业）收入额应包括《实施条例》第二十五条规定的视同销售（营业）收入额。

京国税发〔2009〕92 号文件规定，房地产开发企业通过正式签订《房地产销售合同》或《房地产预售合同》所取得的收入，可作为广告和业务宣传费、业务招待费的计算基数。

关键点 107　视同销售对其他纳税调整项目的影响

允许纳税人按照视同销售收入对非货币性资产交换换入资产的计税基础、资产用于交际应酬、广告等形成的费用税前扣除金额进行调整。即将企业会计确认的计税基础和税前扣除金额与视同销售收入额之间的差额在表 A105000 第 29 行或 34 行进行调整。

对业务招待费、广告费等有税前扣除限额的项目，按照视同销售收入进行扣除金额调整后，表 A105000 第 15 行第 1 列“业务招待费账载金额”、表 A105060 第 1 行“本年广告费和业务宣传费支出”相应进行调整，即账载金额按照视同销售收入额进行调整。

关键点 108　处置固定资产、无形资产是否做视同销售处理的界定

视同销售收入构成广告费和业务宣传费、业务招待费的扣除限额计算基数。企业处置固定资产、无形资产取得的收入与资产净值之间的差额一般做“营业外收支”处理，处置固定资产、无形资产收入不作为费用扣除限额的计算基数。但如果纳税人处置资产做企业所得税视同销售处理，视同销售收入可作为费用扣除限额计算基数。

5.2　视同销售成本调整事项相关政策要点

表 5-2　　视同销售成本利润计算及纳税调整对照提示表

在利润总额计算中的位置	A107020《一般企业成本支出明细表》第 21 行“捐赠支出”，A104000《期间费用明细表》第 4 行“业务招待费”、第 5 行“广告费和业务宣传费”
在纳税调整中的位置	A105010《视同销售和房地产开发企业特定业务纳税调整明细表》第 12 行“非货币性资产交换视同销售成本”、第 13 行“用于市场推广或销售视同销售成本”、第 14 行“用于交际应酬视同销售成本”、第 15 行“用于职工奖励或福利视同销售成本”、第 16 行“用于股息分配视同销售成本”、第 17 行“用于对外捐赠视同销售成本”、第 18 行“用于对外投资项目视同销售成本”、第 19 行“提供劳务视同销售成本”、第 20 行“其他”
风险管理提示	永久性差异调整

风险点 19　视同销售成本应根据资产的计税基础进行确认

企业所得税视同销售成本应该根据资产的计税基础进行确认，应关注资产的计税基础和账面价值之间是否存在差异。例如关注非货币性资产交换的换出资产是否计提过资产减值准备。视同销售事项差异调整的具体情形及填报方法如表 5-3 所示。

表 5-3　　视同销售事项差异调整的具体情形及填报方法

表 A105010 各行	需要在表 A105010 各行进行税会差异调整的具体情形	纳税调整及填报方法
1. 非货币性资产交换视同销售收入	企业以现金、应收账款、应收票据、持有至到期投资以外的资产进行交换；支付货币性资产补价不高于 25%；不具有商业实质或者具有商业实质但是换入和换出资产的公允价值都不能可靠计量；换入资产账面价值为换出资产的账面价值减去补价，会计处理未确认所得	按政策规定，换入资产的计税基础应以历史成本（指企业取得该项资产时实际发生的支出）计量。换出资产处置的所得应为换出资产的视同销售收入（自产为销售收入，外购为购入价格）减去视同销售成本（换出资产的计税基础）
2. 用于市场推广或销售视同销售收入	资产用于广告、样品、赞助等，会计一般记入“销售费用”科目。若会计处理未视同销售确认资产的收入、成本、利得或损失，（存货对外投资体现在主营业务收入、成本，固定资产、无形资产对外投资表现为营业外收支，股权体现在投资收益）则在本行调整	1. 用于市场推广或销售资产处置的应税所得应为换出资产的视同销售收入（自产为销售收入，外购为购入价格）减去视同销售成本（换出资产的计税基础，考虑折旧、摊销、减值准备、公允价值变动等税会差异）； 2. 销售费用发生额根据视同销售收入确认金额进行调整
3. 用于交际应酬视同销售收入	资产用于交际应酬，会计记入“管理费用——业务招待费”科目。若会计处理未视同销售确认资产的收入、成本、利得或损失，（存货对外投资体现在主营业务收入、成本，固定资产、无形资产对外投资表现为营业外收支，股权体现在投资收益）则在本行调整	1. 用于交际应酬资产处置的应税所得应为换出资产的视同销售收入（自产为销售收入，外购为购入价格）减去视同销售成本（换出资产的计税基础，考虑折旧、摊销、减值准备、公允价值变动等税会差异）； 2. 业务招待费发生额按照视同销售收入确认金额进行调整

续表

表 A105010 各行	需要在表 A105010 各行进行税会差异调整的具体情形	纳税调整及填报方法
4. 用于职工奖励或福利视同销售收入	企业将资产用于职工奖励或福利，一般通过“应付职工薪酬”科目核算。若会计处理未视同销售确认资产的收入、成本、利得或损失，（存货对外投资体现在主营业务收入、成本，固定资产、无形资产对外投资表现为营业外收支）则在本行调整	1. 用于分配资产处置的应税所得应为换出资产的视同销售收入（自产为销售收入，外购为购入价格）减去视同销售成本（换出资产的计税基础，考虑折旧、摊销、减值准备、公允价值变动等税会差异）； 2. 职工的奖励和福利对应的成本确认、费用计提金额按照视同销售收入确认金额进行调整
5. 用于股息分配视同销售收入	企业将资产用于分配股息，一般通过“应付股利”科目核算。若会计处理未视同销售确认资产的收入、成本、利得或损失，（存货对外投资体现在主营业务收入、成本，固定资产、无形资产对外投资表现为营业外收支）则在本行调整	用于分配资产处置的应税所得应为换出资产的视同销售收入（自产为销售收入，外购为购入价格）减去视同销售成本（换出资产的计税基础，考虑折旧、摊销、减值准备、公允价值变动等税会差异）
6. 用于对外捐赠视同销售收入	捐赠的会计处理是借记“营业外支出”科目；贷记“库存商品”（固定资产清理、无形资产等）、“应交税费——应交增值税（销项税额）”科目，上述分录中的捐赠资产账面成本结转金额一般为账面价值	对外捐赠资产的应税所得应为换出资产的视同销售收入（自产为销售收入，外购为购入价格）减去视同销售成本（换出资产的计税基础，考虑折旧、摊销、减值准备、公允价值变动等税会差异），捐赠支出按照视同销售收入进行调整
7. 用于对外投资项目视同销售收入	对外投资会计处理的一般要求是视同销售确认投资资产的收入、成本、利得或损失。（存货对外投资体现在主营业务收入、成本，固定资产、无形资产对外投资表现为营业外收支，股权体现在投资收益）未进行上述会计处理（如同一控制下的企业合并等情形），且不按照财税〔2014〕116 号、财税〔2009〕59 号文件的相关规定延期确认所得的非货币性资产交换在本行调整	投资资产处置的应税所得应为换出资产的视同销售收入（自产为销售收入，外购为购入价格）减去视同销售成本（换出资产的计税基础，考虑折旧、减值准备、公允价值变动、权益法核算等税会差异）
8. 提供劳务视同销售收入	将劳务用于捐赠、偿债、赞助、集资、广告、样品、职工福利或者利润分配等用途，且未进行收入确认	应按照税收政策规定确认各类劳务收入，否则不允许扣除该项劳务相关的成本费用

续表

表 A105010 各行	需要在表 A105010 各行进行税会差异调整的具体情形	纳税调整及填报方法
9. 其他	1. 用非货币性资产进行交换且支付补价高于 25%，换入资产账面价值为换出资产的账面价值减去补价，会计处理未确认所得。 2. 用资产偿还债务未确认资产处置的利得或损失。 3. 其他情况	情况 1：参见非货币性资产交换处理方法。 情况 2：偿债资产处置的应税所得应为换出资产的视同销售收入（自产为销售收入，外购为购入价格）减去视同销售成本（换出资产的计税基础，考虑折旧、减值准备、公允价值变动、权益法核算等税会差异）

本部分仅给出非货币性资产交换视同销售处理的填报案例。资产用于捐赠和广告支出的填报案例请参照本书捐赠支出、广告费和业务宣传费支出调整部分。

案例

案例 8　视同销售调整事项填报案例

1. 情况说明。

A 公司拥有一台专有设备，该设备账面原价 450 万元，已计提折旧 330 万元。B 公司拥有一项长期股权投资，账面价值 90 万元，两项资产均未计提减值准备。

A 公司决定以其专有设备交换 B 公司的长期股权投资，该专有设备是生产某种产品必需的设备。由于专有设备系当时专门制造，性质特殊，其公允价值不能可靠计量；B 公司拥有的长期股权投资在活跃市场中没有报价，其公允价值也不能可靠计量。经双方商定，B 公司支付了 20 万元补价。假定交易中没有涉及相关税费。

2. 会计处理。

该项资产交换涉及收付货币性资产，即补价 20 万元。对 A 公司而言，收到的补价 20 万元÷换出资产账面价值 120 万元＝16.7%＜25%，因此，该项交换属于非货币性资产交换，B 公司的情况也相类似。

由于两项资产的公允价值不能可靠计量，因此，对于该项资产交换，换入资产的成本应当按照换出资产的账面价值确定。

长期股权投资的初始成本 100 万元＝换出资产账面价值 120 万元－收到的补价 20 万元

换出资产的账面价值 120 万元＝换出资产账面原价 450 万元－已计提折旧 330 万元

根据会计准则规定，尽管B公司支付了20万元补价，但由于整个非货币性资产交换是以账面价值为基础计量的，支付补价方和收到补价方均不确认损益。对A公司而言，换入资产是长期股权投资和银行存款20万元，换出资产是专有设备的账面价值减去货币性补价的差额，即100万元（120－20）；对B公司而言，换出资产是长期股权投资和银行存款20万元，换入资产专有设备的成本等于换出资产的账面价值，即110万元（90＋20）。由此可见，在以账面价值计量的情况下，发生的补价是用来调整换入资产的成本的，不涉及确认损益问题。

会计处理如下（单位：万元）：

借：固定资产清理　　120

　　累计折旧　　330

　贷：固定资产　　450

借：长期股权投资　　100

　　银行存款　　20

　贷：固定资产清理　　120

3. 填报方法。

根据国税函〔2008〕828号文件的相关规定，本案例中的非货币资产交换，因资产所有权属已发生改变而不属于内部处置资产，应按规定确认视同销售收入。

但在本案例中未注明资产的取得方式是自制还是外购，如果属于自制，根据国税函〔2008〕828号文件的规定，应按企业同类资产同期对外销售价格确定销售收入。调整方法为：按换出资产同期对外售价（假设为140万元），确认视同销售收入，填报在表A105010第2行；按换出资产的账面价值120万元（账面原价450万元－折旧330万元），确认视同销售成本，填报在表A105010第12行。（具体填报见表5-4）

表5-4　A105010　视同销售和房地产开发企业特定业务纳税调整明细表

行次	项目	税收金额	纳税调整金额
		1	2
1	一、视同销售（营业）收入（2＋3＋4＋5＋6＋7＋8＋9＋10）		
2	（一）非货币性资产交换视同销售收入	1 400 000	1 400 000
11	二、视同销售（营业）成本（12＋13＋14＋15＋16＋17＋18＋19＋20）		
12	（一）非货币性资产交换视同销售成本	1 200 000	－1 200 000

如果属于外购资产，根据国税函〔2008〕828号文件的规定，可按购入时的价格确定销售收入。调整方法为：按换出资产账面价值120万元（账面原价450万元一折旧330万元）确认视同销售收入，填报在表A105010第2行；按换出资产的账面价值120万元（账面原价450万元一折旧330万元），确认视同销售成本，填报在表A105010第12行。(具体填报见表5-5)

表5-5　A105010　视同销售和房地产开发企业特定业务纳税调整明细表

行次	项目	税收金额	纳税调整金额
		1	2
1	一、视同销售（营业）收入（2+3+4+5+6+7+8+9+10）		
2	（一）非货币性资产交换视同销售收入	1 200 000	1 200 000
11	二、视同销售（营业）成本（12+13+14+15+16+17+18+19+20）		
12	（一）非货币性资产交换视同销售成本	1 200 000	−1 200 000

5.3　房地产开发企业特定业务计算的纳税调整额事项相关政策要点

表5-6　房地产开发企业特定业务计算的纳税调整额利润计算及纳税调整对照提示表

在利润总额计算中的位置	A101010《一般企业收入明细表》第3行“销售商品收入”，A104000《期间费用明细表》各项税费
在纳税调整中的位置	A105010《视同销售和房地产开发企业特定业务纳税调整明细表》
风险管理提示	重点行业

风险点20　房地产开发企业销售未完工产品应计入当期应税所得额

国税发〔2009〕31号文件第九条规定，企业销售未完工开发产品取得的收入，应先按预计计税毛利率分季（或月）计算出预计毛利额，计入当期应纳税所得额。

$$\text{预计毛利额}=\text{销售未完工开发产品取得的收入}\times\text{当地税务机关规定的计税毛利率}$$

风险点21　房地产开发企业费用和税金的特殊填报方法

国税发〔2009〕31号文件第十二条规定，企业发生的期间费用、已销开发产品计税成本、营业税金及附加、土地增值税准予当期按规定扣除。

（1）房地产开发企业特定业务——销售未完工产品。

①关于表中税金扣除问题“实际发生的营业税金及附加、土地增值税”：在会计核算中未计入当期损益的金额才填报。（一般认为在会计核算时，当年预售收入不符合收入确认条件，按照预售收入计算的营业税金及附加、土地增值税，也不确认为当年的“营业税金及附加”科目，只暂时保留在“应交税费”科目中。）

②若在会计上已计入当期损益，则本行不填报，否则会造成税金的重复扣除。

（2）房地产开发企业特定业务——未完工产品结转完工产品。

①基本按销售未完工产品进行反向填报，消除重复计算问题。

②第27行“1. 销售未完工产品转完工产品确认的销售收入”填报说明：第1列“税收金额”填报房地产企业销售的未完工产品，此前年度已按预计毛利额征收所得税，本年度结转为完工产品，会计上符合收入确认条件，当年会计核算确认的销售收入金额。

风险点22　房地产开发企业的业务招待费核算

房地产开发企业经常将与开发项目相关的业务招待费，计入开发间接费。但根据国税发〔2009〕31号文件的规定，“开发间接费，指企业为直接组织和管理开发项目所发生的，且不能将其归属于特定成本对象的成本费用性支出。主要包括管理人员工资、职工福利费、折旧费、修理费、办公费、水电费、劳动保护费、工程管理费、周转房摊销以及项目营销设施建造费等。”其中并不包含业务招待费。而且开发间接费最终将转入产品成本在税前全额扣除。

因此，编制会计分录时不应将业务招待费计入“开发间接费”，而应计入“管理费——业务招待费”科目。如果分录已经计入“开发间接费”，则必须在表A105000《纳税调整项目明细表》第15行“业务招待费支出”中进行调整。

案 例

案例9　房地产开发预售填报案例

1. 情况说明。

某房地产开发企业，发生两个开发项目。

开发项目A：2012年、2013年预售收入7 000万元，2014年结转开发产品收入7 000万元，结转开发产品成本5 000万元，以前年度实际发生营业税金及附加525万元，会计上在2014年转入当期损益。

开发项目B：2014年新开发项目，当年预售收入8 000万元，实际发生营业税金及附加600万元，会计上在2014年计入应交税费科目，但未计入当期损益。（假定A、B开发项目的预计毛利率都为15%，不考虑土地增值税因素。）

2. 会计处理（单位：万元）。

（1）开发项目A。2014年结转开发产品收入、成本时：

借：预收账款 7 000
　贷：主营业务收入 7 000
借：主营业务成本 5 000
　贷：开发产品 5 000
借：营业税金及附加 525
　贷：应交税费 525

（2）开发项目B。2014年取得预售收入时：

借：银行存款 8 000
　贷：预收账款 8 000
借：应交税费 600
　贷：银行存款 600

3. 填报方法。

开发项目A：2014年结转完工产品收入、成本，对原已进行纳税调增的预计毛利额1 050万元（7 000×15%）在表A105010第28行进行纳税调减，对已转入当期损益的营业税金及附加525万元在表A105010第29行进行纳税调增。

开发项目B：2014年销售未完工产品，预计毛利额1 200万元（8 000×15%）在A105010表第24行进行纳税调增，其缴纳的600万元营业税金及附加在会计上未计入当期损益，在表A105010第25行进行纳税调减。（具体填报见表5-7）

表5-7　A105010　视同销售和房地产开发企业特定业务纳税调整明细表

行次	项目	税收金额	纳税调整金额
		1	2
21	三、房地产开发企业特定业务计算的纳税调整额（22－26）	75	75
22	（一）房地产企业销售未完工开发产品特定业务计算的纳税调整额（24－25）	600	600

续表

行次	项目	税收金额	纳税调整金额
		1	2
23	1. 销售未完工产品的收入	8 000	*
24	2. 销售未完工产品预计毛利额	1 200	1 200
25	3. 实际发生的营业税金及附加、土地增值税	600	600
26	（二）房地产企业销售的未完工产品转完工产品特定业务计算的纳税调整额（28－29）	525	525
27	1. 销售未完工产品转完工产品确认的销售收入	7 000	*
28	2. 转回的销售未完工产品预计毛利额	1 050	1 050
29	3. 转回实际发生的营业税金及附加、土地增值税	525	525

最后将表 A105010 中的数据，对应到表 A105000 中。（具体填报见表 5-8）

表 5-8　　A105000　纳税调整项目明细表

行次	项目	账载金额	税收金额	调增金额	调减金额
		1	2	3	4
39	（四）房地产开发企业特定业务计算的纳税调整额（填写 A105010）	*	75	75	

CORPORATE INCOME TAX FINAL SETTLEMENT

Risk Tips & Key Points Analysis

第6章 未按权责发生制原则确认的收入政策及填报实务（A105020）

《企业会计准则——基本准则》规定，企业会计的确认、计量和报告以权责发生制为基础，权责发生制基础要求，凡是当期实现的收入和已发生或应负担的费用，无论款项是否收付，都应当作为当期的收入和费用，计入利润表；凡是不属于当期的收入和费用，即使款项已在当期收付，也不应当作为当期的收入和费用。会计核算时强调收入与费用的因果配比和时间配比。

税收制度也要求企业遵循权责发生制原则。《企业所得税法实施条例》第九条规定，企业应纳税所得额的计算，以权责发生制为原则，属于当期的收入和费用，不论款项是否收付，均作为当期的收入和费用；不属于当期的收入和费用，即使款项已经在当期收付，均不作为当期的收入和费用。本条例和国务院财政、税务主管部门另有规定的除外。但同时，为保证财政收入的均衡性和防止避税，税法还兼顾了征管便利的原则。因此存在本部分讨论的会计按权责发生制确认收入，税务处理不按权责发生制确认收入的差异调整。

6.1 租金收入相关政策要点

《企业所得税法实施条例》第十九条规定，企业所得税法第六条第（六）项所称租金收入，是指企业提供固定资产、包装物或者其他有形资产的使用权取得的收入。租金收入，按照合同约定的承租人应付租金的日期确认收入的实现。

表 6-1　　租金收入利润计算及纳税调整对照提示表

在利润总额计算中的位置	A101010《一般企业收入明细表》第 7 行“让渡资产使用权收入”，第 12 行“出租固定资产收入”，第 13 行“出租无形资产收入”，第 14 行“出租包装物和商品收入”
在纳税调整中的位置	A105020《未按权责发生制确认收入纳税调整明细表》第 2 行“租金”
风险管理提示	时间性差异调整

关键点 109　租金收入确认时间

国税函〔2010〕79 号文件规定，根据《实施条例》第十九条的规定，企业提供固定资产、包装物或者其他有形资产的使用权取得的租金收入，应按交易合同或协议规定的承租人应付租金的日期确认收入的实现。其中，如果交易合同或协议中规定租赁期限跨年度，且租金提前一次性支付的，根据《实施条例》第九条规定的收入与费用配比原则，出租人可对上述已确认的收入，在租赁期内，分期均匀计入相关年度收入。

关键点 110 融资租赁业务中租金收入的税务处理

《企业所得税法实施条例》第四十七条规定，以融资租赁方式租入固定资产发生的租赁费支出，按照规定构成融资租入固定资产价值的部分应当提取折旧费用，分期扣除。

《企业所得税法实施条例》第五十八条规定，融资租入的固定资产，以租赁合同约定的付款总额和承租人在签订租赁合同过程中发生的相关费用为计税基础，租赁合同未约定付款总额的，以该资产的公允价值和承租人在签订租赁合同过程中发生的相关费用为计税基础。

经营租赁现行会计制度和税收政策规定基本不存在差异。融资租赁则存在税会差异。

案 例

案例 10 融资租赁填报案例

1. 情况说明。

2013 年 12 月 1 日，甲公司与乙公司签订了一份租赁合同，向乙公司租入塑钢机一台，合同规定租赁期为 2014 年 1 月 1 日至 2016 年 12 月 31 日，共 36 个月，自 2014 年 1 月 1 日起，每隔 6 个月于月末支付租金 150 000 元。该机器的保险、维护等费用均由甲公司负担，估计每年约 10 000 元。该机器在 2013 年 12 月 1 日公允价值为 700 000 元。租赁合同约定的利率为 7%，甲公司在租赁谈判和签订租赁合同过程中发生的可归属于租赁项目的手续费、佣金、差旅费为 1 000 元。该机器估计的使用年限为 8 年，已使用 3 年，期满无残值，承租人采用年限平均法计提折旧。甲公司每年按机器生产产品年销售收入的 5%向乙公司支付经营分享收入。

假设融资租赁固定资产账面价值为 700 000 元，出租人（乙公司）为签订该项租赁合同发生的初始直接费用为 10 000 元，已通过银行存款支付。

2. 会计处理（单位：元）。

(1) 承租人（甲公司）：

最低租赁付款额

=150 000×6(各期租金之和)+100(行使优先购买选择权支付的金额)

=900 100(元)

经计算，最低租赁付款额现值高于租赁资产公允价值。按照孰低原则将以公允价值和初始直接费用之和确认为租入资产账面价值。

2014 年 1 月 1 日：

借：固定资产——融资租入固定资产 701 000
　　未确认融资费用 200 100（900 100－700 000）
　贷：长期应付款——应付融资租赁款 900 100
　　　银行存款 1 000

2014 年 6 月 30 日，支付第一期租金：

借：长期应付款——应付融资租赁款 150 000
　贷：银行存款 150 000
借：财务费用 53 900
　贷：未确认融资费用 53900（按实际利率法计算）

2014 年 12 月 31 日，支付第二期租金：

借：长期应付款——应付融资租赁款 150 000
　贷：银行存款 150 000
借：财务费用 46 500
　贷：未确认融资费用 46 500（按实际利率法计算）

（2）出租人（乙公司）：

最低租赁收款额
＝150 000×6(各期租金之和)＋100(行使优先购买选择权支付的金额)
　＋10 000(初始直接费用)
＝910 100(元)

2014 年 1 月 1 日：

借：长期应收款——应收融资租赁款 910 100
　贷：银行存款 10 000
　　　融资租赁固定资产 700 000
　　　未确认融资费用 200 100（900 100－700 000）

2014 年 6 月 30 日，收到第一期租金：

借：银行存款 150 000
　贷：长期应收款——应收融资租赁款 150 000
借：未实现融资收益 51 404（按实际利率法计算）
　贷：租赁收入 51 404

2014年12月31日，收到第二期租金：

借：银行存款　　150 000

　贷：长期应收款——应收融资租赁款　　150 000

借：未实现融资收益　　44 265（按实际利率法计算）

　贷：租赁收入　　44 265

3. 填报方法。

(1) 承租人（甲公司）。

固定资产的计税基础

=150 000×6(各期租金之和)+100(行使优先购买选择权支付的金额)

+1 000(初始直接费用)

=901 100(元)

资产折旧差额在A105080《资产折旧、摊销情况及纳税调整明细表》调整。

财务费用税会差异调整为：会计确认的财务费用为100 400元（53 900+46 500），税收为0，应在A105000第22行第3列“与未实现融资收益相关在当期确认的财务费用”调增100 400元（53 900+46 500）。(具体填报见表6-2)

表6-2　　A105000　纳税调整项目明细表

行次	项目	账载金额	税收金额	调增金额	调减金额
		1	2	3	4
22	（十）与未实现融资收益相关在当期确认的财务费用	100 400	0	100 400	

(2) 出租人（乙公司）。

租金收入税会差异调整为：会计确认的租金收入为95 669元（51 404+44 265），填写在A105020《未按权责发生制确认收入纳税调整明细表》第2行“租金”第2列“账载金额”。税务处理应确认的租金收入为63 333元[150 000×2−(700 000+10 000)/3]。填写在A105020《未按权责发生制确认收入纳税调整明细表》第2行“租金”第4列“税收金额”。(具体填报见表6-3)

表 6-3　　A105020　未按权责发生制确认收入纳税调整明细表

行次	项目	合同金额（交易金额）	账载金额		税收金额		纳税调整金额
			本年	累计	本年	累计	
		1	2	3	4	5	6（4−2）
1	一、跨期收取的租金、利息、特许权使用费收入（2+3+4）						
2	（一）租金		95 669		63 333		−32 336

6.2　利息收入相关政策要点

《企业所得税法实施条例》第十八条规定，企业所得税法第六条第（五）项所称利息收入，是指企业将资金提供他人使用但不构成权益性投资，或者因他人占用本企业资金取得的收入，包括存款利息、贷款利息、债券利息、欠款利息等收入。

表 6-4　　利息收入利润计算及纳税调整对照提示表

在利润总额计算中的位置	A104000《期间费用明细表》第 21 行“利息收支”
在纳税调整中的位置	A105020《未按权责发生制确认收入纳税调整明细表》第 3 行“利息”
风险管理提示	时间性差异调整

关键点 111　利息收入的确认时间

利息收入，按照合同约定的债务人应付利息的日期确认收入的实现。

关键点 112　利息收入调整的填报方法

冲减财务费用的利息收入税会差异在表 A105020 调整，计入投资收益的利息收入税会差异也可在 A105030《投资收益纳税调整明细表》调整。

风险点 23　关联企业之间提供无息或低于银行同期贷款利率的借款，其利息收入低于银行同期贷款利息的部分将面临纳税调整的风险

6.3 特许权使用费收入相关政策要点

《企业所得税法实施条例》第二十条规定，企业所得税法第六条第（七）项所称特许权使用费收入，是指企业提供专利权、非专利技术、商标权、著作权以及其他特许权的使用权取得的收入。

表 6-5　　特许权使用费收入利润计算及纳税调整对照提示表

在利润总额计算中的位置	A101010《一般企业收入明细表》第 7 行“让渡资产使用权收入”
在纳税调整中的位置	A105020《未按权责发生制确认收入纳税调整明细表》第 4 行“特许权使用费”
风险管理提示	时间性差异调整

关键点 113　特许权使用费收入确认时间

特许权使用费收入，按照合同约定的特许权使用人应付特许权使用费的日期确认收入的实现。

6.4 分期确认收入相关政策要点

表 6-6　　分期收款方式销售货物收入利润计算及纳税调整对照提示表

在利润总额计算中的位置	A101010《一般企业收入明细表》第 1 行“销售商品收入”
在纳税调整中的位置	A105020《未按权责发生制确认收入纳税调整明细表》第 6 行“分期收款方式销售货物收入”
风险管理提示	时间性差异调整

关键点 114　分期收款方式销售货物收入确认时间

一般规定：《企业所得税法实施条例》第二十三条规定，企业的下列生产经营业务可以分期确认收入的实现：以分期收款方式销售货物的，按照合同约定的收款日期确认收入的实现。

房地产企业：国税发〔2009〕31 号文件规定，采取分期收款方式销售开发产品的，应按销售合同或协议约定的价款和付款日确认收入的实现。付款方提前付款的，在实际付款日确认收入的实现。

案例

案例11　分期收款方式销售货物填报案例

1. 情况说明。

2014年1月1日，A公司采用分期收款方式向B公司销售大型设备，合同价格1 000万元，分5年于每年年末收取，设备成本600万元。假定该设备不采用分期收款方式的销售价格为800万元，不考虑增值税。

2. 会计处理（单位：万元）。

A公司会计处理如下：

2014年销售时：

借：长期应收款　　1 000

　贷：主营业务收入　　800

　　　未实现融资收益　　200

同时，结转成本：

借：主营业务成本　　600

　贷：库存商品　　600

2014年末收款时：

借：银行存款　　200

　贷：长期应收款　　200

借：未实现融资收益　　63.44

　贷：财务费用　　63.44（实际利率法计算结果）

B公司会计处理如下：

2014年购入时：

借：固定资产　　800

　　未实现融资费用　　200

　贷：长期应付款　　1 000

2014年末付款时：

借：长期应付款　　200

　贷：银行存款　　200

借：财务费用　　63.44（实际利率法计算结果）

　贷：未实现融资费用　　63.44

3. 填报方法。

对A公司而言：

调整收入税会差异：会计当年确认收入800万元，税收按合同约定确认收入200万元，在表A105020第6行第6列调减600万元。以后每年在表A105020第6行第6列进行纳税调增200万元。（具体填报见表6-7）

表6-7　　A105020　未按权责发生制确认收入纳税调整明细表

行次	项目	合同金额（交易金额）	账载金额		税收金额		纳税调整金额
			本年	累计	本年	累计	
		1	2	3	4	5	6（4−2）
6	（一）分期收款方式销售货物收入		8 000 000		6 000 000		−2 000 000

调整财务费用税会差异：会计确认的财务费用为−63.44万元，税收为0，应在表A105000第22行第4列“与未实现融资收益相关在当期确认的财务费用”调减63.44万元。（具体填报见表6-8）

表6-8　　A105000　纳税调整项目明细表

行次	项目	账载金额	税收金额	调增金额	调减金额
		1	2	3	4
22	（十）与未实现融资收益相关在当期确认的财务费用	−634 400	0		634 400

对B公司而言：

调整财务费用税会差异：会计确认的财务费用为63.44万元，税收为0，应在A105000第22行第3列“与未实现融资收益相关在当期确认的财务费用”调增63.44万元。（具体填报见表6-9）

表6-9　　A105000　纳税调整项目明细表

行次	项目	账载金额	税收金额	调增金额	调减金额
		1	2	3	4
22	（十）与未实现融资收益相关在当期确认的财务费用	634 400	0	634 400	

B公司购进的固定资产账面价值为800万元，计税基础为1 000万元。（具体填报见表6-10）

表 6-10　　A105080　资产折旧、摊销情况及纳税调整明细表

行次	项目	账载金额			税收金额					纳税调整	
		资产账载金额	本年折旧、摊销额	累计折旧、摊销额	资产计税基础	按税收一般规定计算的本年折旧、摊销额	本年加速折旧额	其中：2014年及以后年度新增固定资产加速折旧额（填写A105081）	累计折旧、摊销额	金额	调整原因
		1	2	3	4	5	6	7	8	9 (2−5−6)	10
1	一、固定资产（2+3+4+5+6+7）										
2	（一）房屋、建筑物										
4	（二）飞机、火车、轮船、机器、机械和其他生产设备	8 000 000			10 000 000						

6.5　持续时间超过 12 个月的建造合同收入相关政策要点

《企业所得税法实施条例》第二十三条规定，企业受托加工制造大型机械设备、船舶、飞机，以及从事建筑、安装、装配工程业务或者提供其他劳务等，持续时间超过 12 个月的，按照纳税年度内完工进度或者完成的工作量确认收入的实现。

表 6-11　　持续时间超过 12 个月的建造合同收入（重点行业）利润计算及纳税调整对照提示表

在利润总额计算中的位置	A101010《一般企业收入明细表》第 3 行“建造合同收入”
在纳税调整中的位置	A105020《未按权责发生制确认收入纳税调整明细表》第 7 行“持续时间超过 12 个月的建造合同收入”
风险管理提示	时间性差异调整、永久性差异调整

关键点 115　持续时间超过 12 个月的建造合同收入确认方法

国税函〔2008〕875 号文件规定，企业在各个纳税期末，提供劳务交易的结果能够可靠估计的，应采用完工进度（完工百分比）法确认提供劳务收入。

（一）提供劳务交易的结果能够可靠估计，是指同时满足下列条件：

1. 收入的金额能够可靠地计量；

2. 交易的完工进度能够可靠地确定；

3. 交易中已发生和将发生的成本能够可靠地核算。

（二）企业提供劳务完工进度的确定，可选用下列方法：

1. 已完工作的测量；
2. 已提供劳务占劳务总量的比例；
3. 发生成本占总成本的比例。

风险点24　建造合同收入确认税会差异

对合同结果能够可靠估计的建造合同，企业所得税法与现行会计制度的规定一致。对合同结果不能可靠估计的建造合同，税法仍要求按完工百分比法确认收入，会计由于考虑“经济利益很可能流入企业”的收入确认原则，对预计能收回成本的合同按成本确认收入，对预计不能收回成本的，不确认合同收入。此时就需要企业在表A105020中进行相应的纳税调整。

6.6　政府补助递延收入相关政策要点

本事项调整的是不符合不征税收入确认条件或符合不征税收入确认条件但未按不征税收入处理的政府补助收入相关的税会差异。

表6-12　　政府补助递延收入利润计算及纳税调整对照提示表

在利润总额计算中的位置	A101010《一般企业收入明细表》第20行“政府补助利得”
在纳税调整中的位置	A105020《未按权责发生制确认收入纳税调整明细表》第10行“与收益相关的政府补助”、第11行“与资产相关的政府补助”、第12行“其他”
风险管理提示	时间性差异调整

关键点116　政府补助递延收入项目调整范围

财税〔2008〕151号文件规定，企业取得的各类财政性资金，除属于国家投资和资金使用后要求归还本金的以外，均应计入企业当年收入总额。

本部分内容应与不征税收入部分内容结合理解。

案例

案例12　政府补助递延收入填报案例

1. 情况说明。

某科技创新型企业2009年、2014年均从某县级科技主管部门取得技术改造专项资金。假设企业未将上述政府补助作为不征税收入处理。按照资金管理办法，2014年取得的资金60万元用于购置固定资产，剩余金额用于费用化支出。专项资金结余部分无须上缴相应部门，留企业自行支配使用。（假设计入本年损益的金额和本年费用化支出金额一致）（具体填报见表6-13）

表6-13　2009—2014年收入、支出情况　金额单位：万元

纳税年度		2009年	2014年
当年取得的财政性资金		350	200
取得财政性资金的具体时间		当年2月	当年9月
2009年资金使用情况	费用化支出	15	*
	资本化支出	20	*
2010年资金使用情况	费用化支出	20	*
	资本化支出	20	*
2011年资金使用情况	费用化支出	18	*
	资本化支出	20	*
2012年资金使用情况	费用化支出	30	*
	资本化支出	40	*
2013年资金使用情况	费用化支出	60	*
	资本化支出	40	*
2014年资金使用情况	费用化支出	45	45
	资本化支出	0	30

2. 会计处理（单位：万元）。

2009年2月，收到专项资金时：

借：银行存款　350

　贷：递延收益　350

2014年9月，收到专项资金时：

借：银行存款　200

　贷：递延收益　200

2014年使用2009年的资金时：

借：管理费用　45

　贷：银行存款　45

借：递延收益　45

　贷：营业外收入　45（2014年应做纳税调减）

2014年使用2014年的资金时，费用化的部分：

借：管理费用　　45

　贷：银行存款　　45

借：递延收益　　45

　贷：营业外收入　　45（2014年应做纳税调减）

资本化的部分：

借：固定资产（无形资产、在建工程等）　　30

　贷：银行存款　　30

借：递延收益　　30

　贷：营业外收入　　30（2014年应做纳税调减）

3. 填报方法。

符合税法规定的不征税收入调减且按不征税收入处理的政府补助不在本表填报，在A105040《专项用途财政性资金纳税调整明细表》中做纳税调整。

与收益相关的政府补助：

表A105020第10行第2列账载金额为90（45+45）；

表A105020第10行第4列税收金额为140；

表A105020第10行第6列纳税调整金额为50；

与资产相关的政府补助：

表A105020第11行第2列账载金额为30；

表A105020第11行第4列税收金额为60；

表A105020第11行第6列纳税调整金额为30。（具体填报见表6-14）

表6-14　A105020　未按权责发生制确认收入纳税调整明细表

行次	项目	合同金额（交易金额）	账载金额		税收金额		纳税调整金额
			本年	累计	本年	累计	
		1	2	3	4	5	6（4−2）
9	三、政府补助递延收入（10+11+12）						
10	（一）与收益相关的政府补助		900 000		1 400 000		500 000
11	（二）与资产相关的政府补助		300 000		600 000		300 000

CORPORATE INCOME TAX FINAL SETTLEMENT

Risk Tips & Key Points Analysis

投资收益政策及填报实务（A105030）

表 7-1　　投资收益利润计算及纳税调整对照提示表

在利润总额计算中的位置	A100000《中华人民共和国企业所得税年度申报表（A 类）》第 9 行“投资收益”
在纳税调整中的位置	A105030《投资收益纳税调整明细表》
风险管理提示	跨年度事项、重大事项，时间性差异调整，税收优惠单独填报

A105030《投资收益纳税调整明细表》调整的是在“投资收益”科目核算的事项会计处理与税务处理之间的差异。本表仅对投资资产持有及处置环节“投资收益”核算的税会差异进行调整，不涉及资产初始确认时的差异调整。另外应当注意的是，投资资产处置环节发生损失的，资产损失不在本表进行填报，在 A105090《资产损失税前扣除及纳税调整明细表》填报。投资资产涉及“国债利息收入免税”、“股息红利等权益性投资收益免税”的，免税收入优惠的计算在 A107010《免税、减记收入及加计扣除优惠明细表》进行填报。资产处置环节涉及重组事项的，无论重组事项适用一般性税务处理还是特殊性税务处理均不在本表进行填报，在 A105100《资产重组纳税调整明细表》进行填报。

7.1　债权性投资收益事项相关企业所得税政策要点

除国债以外的债权性投资收益所得税政策参见利息收入部分政策要点。

关键点 117　国债投资持有收益

企业投资国债从国务院财政部门（以下简称发行者）取得的国债利息收入，应以国债发行时约定应付利息的日期，确认利息收入的实现。（国家税务总局公告 2011 年第 36 号）

企业到期前转让国债、或者从非发行者投资购买的国债，利息收入计算方法参见免税政策。

关键点 118　国债投资处置收益

企业转让国债应在转让国债合同、协议生效的日期，或者国债移交时确认转让收入的实现。

企业投资购买国债，到期兑付的，应在国债发行时约定的应付利息的日期，确认国债转让收入的实现。

企业转让国债，应在国债转让收入确认时确认利息收入的实现。

企业转让或到期兑付国债取得的价款，减除其购买国债成本，并扣除其持有期间按照国家税务总局2011年第36号公告第一条计算的国债利息收入以及交易过程中相关税费后的余额，为企业转让国债收益（损失）。企业在不同时间购买同一品种国债的，其转让时的成本计算方法可在先进先出法、加权平均法、个别计价法中选用一种。计价方法一经选用，不得随意改变。

关键点119　国债利息免税政策

国家税务总局2011年第36号公告规定，根据企业所得税法第二十六条的规定，企业取得的国债利息收入，免征企业所得税。具体按以下规定执行：

（1）企业从发行者直接投资购买的国债持有至到期，其从发行者取得的国债利息收入，全额免征企业所得税。

（2）企业到期前转让国债、或者从非发行者投资购买的国债，其按下述计算的国债利息收入，免征企业所得税。

国债利息收入＝国债金额×（适用年利率÷365）×持有天数

上述公式中的“国债金额”，按国债发行面值或发行价格确定；“适用年利率”按国债票面年利率或折合年收益率确定；如企业不同时间多次购买同一品种国债的，“持有天数”可按平均持有天数计算确定。

风险点25　从非发行者处购买国债，产生利息收入的起算时点

国家税务总局2011年第36号公告规定，企业转让国债应在转让国债合同、协议生效的日期，或者国债移交时确认转让收入的实现。国债利息计算公式中的“持有天数”的起算时间也应当按照“转让国债合同、协议生效的日期，或者国债移交时确认”，但实际操作中纳税人在从非发行者手中购买国债时，一定要在合同中明确约定生效日期，尤其是无记名国债，否则很难确认其具体移交时间。只能以有效的合同约定为准，税收上确认转让收入和持有天数大多数时候也只能以此为依据。

案　例

案例13　国债投资收益填报案例

1. 情况说明。

A企业多次购买同一品种的国债，2014年1月1日购买面值1 000万元，

2014年2月1日购买面值300万元，2014年3月1日购买面值2 000万元。2014年5月转让面值1 500万元国债，取得转让收入2 000万元，发生手续费支出50万元；2014年6月1日转让剩余1 800万元国债，取得转让收入2 000万元，发生手续费支出50万元。该国债票面年利率为4%，到期日为2016年10月30日。A企业选择先进先出法确认转让成本。

2. 会计处理（单位：万元）。

取得国债的账务处理（2014年1月1日、2月1日、3月1日）为：

借：交易性金融资产——成本　　　　3 300（1 000+300+2 000）
　贷：银行存款　　　　3 300

转让国债的账务处理（2014年5月1日、6月1日）为：

(1) A企业2014年1—3月三次购买国债，并于5月、6月两次出售。由于未到资产负债表日，即不计算利息收入，也不需计量公允价值变动损益。

(2) 会计核算的国债处置收益（损失）。

$$(2\,000-1\,500-50)+(2\,000-1\,800-50)=600(\text{万元})$$

借：银行存款　　　　4 000（2 000+2 000）
　贷：交易性金融资产——成本　　　　3 300（1 500+1 800）
　　投资收益　　　　700
借：投资收益　　　　100
　贷：银行存款　　　　100（50+50）

3. 填报方法。

A企业2014年度的纳税申报处理（分三步）如下：

第一步：国债利息收入及转让收益的计算（2014年5月1日、6月1日）。

(1) 2014年5月1日转让面值1 500万元的国债时：

持有天数=(120+90+60)÷3=90(天)

转让成本=1 000+300+200=1 500(万元)

国债利息收入=1 500×(4%÷365)×90=14.79(万元)

国债转让收益=2 000−1 500−14.79−50=435.21(万元)

(2) 2014年6月1日转让面值1 800万元的国债时：

持有天数=90(天)

转让成本=1 800(万元)

国债利息收入=1 800×(4%÷365)×90=17.75(万元)

国债转让收益=2 000−1 800−17.75−50=132.25(万元)

A 企业国债利息收入为 32.54 万元（14.79+17.75）——免税收入。

A 企业国债转让收益为 567.46 万元（435.21+132.25）——并入应纳税所得额。

第二步：将国债利息收入及转让收益计入 A 企业当年度的应纳税所得。

（1）国债利息收入：A105020《未按权责发生制原则确认收入纳税调整明细表》第 3 行“利息”——“账载金额”填报 0；“税收金额”填报 32.54 万元；“调增金额”填报 32.54 万元。(具体填报见表 7-2)

表 7-2　　A105020　未按权责发生制确认收入纳税调整明细表

行次	项目	合同金额（交易金额）	账载金额		税收金额		纳税调整金额
			本年	累计	本年	累计	
		1	2	3	4	5	6（4−2）
1	一、跨期收取的租金、利息、特许权使用费收入（2+3+4）						
2	（一）租金						
2	（二）利息		0		325 400		325 400

（2）国债转让收益：主表第 9 行“投资收益”填报 600 万元，本年度应计入应纳税所得额的国债转让收益为 567.46 万元。(具体填报见表 7-3)

表 7-3　A100000　中华人民共和国企业所得税年度纳税申报表（A 类）

行次	类别	项目	金额
9		投资收益	6 000 000

A105000《纳税调整项目明细表》第 11 行收益类调整项目的“其他”——“账载金额”填报 600 万元；“税收金额”填报 567.46 万元；“调减金额”填报 32.54 万元。(具体填报见表 7-4)

表 7-4　　A105000　纳税调整项目明细表

行次	项目	账载金额	税收金额	调增金额	调减金额
		1	2	3	4
11	（九）其他	6 000 000	5 674 600		325 400

第三步：国债利息收入的免税申报。

A107010《免税、减计收入及加计扣除优惠明细表》第2行“国债利息收入”填报32.54万元。(具体填报见表7-5)

表7-5　　A107010　免税、减计收入及加计扣除优惠明细表

行次	项目	金额
1	一、免税收入（2+3+4+5）	
2	（一）国债利息收入	325 400

7.2　权益性投资收益事项相关企业所得税政策要点

关键点120　权益性投资持有收益的确认

《企业所得税法》第十九条规定，股息、红利等权益性投资收益和利息、租金、特许权使用费所得，以收入全额为应纳税所得额。

《企业所得税法实施条例》第十七条规定，股息、红利等权益性投资收益，除国务院财政、税务主管部门另有规定外，按照被投资方作出利润分配决定的日期确认收入的实现。

国税函〔2010〕79号文件规定，企业权益性投资取得股息、红利等收入，应以被投资企业股东会或股东大会作出利润分配或转股决定的日期，确定收入的实现。

被投资企业发生的经营亏损，由被投资企业按规定结转弥补；投资企业不得调整减低其投资成本，也不得将其确认为投资损失（按权益法核算）。

关键点121　权益性投资处置收益的确认

1. 清算分配。

《企业所得税法实施条例》第十一条规定，投资方企业从被清算企业分得的剩余资产，其中，相当于从被清算企业累计未分配利润和累计盈余公积中应当分得的部分，应当确认为股息所得；剩余资产减除上述股息所得后的余额，超过或者低于投资成本的部分，应当确认为投资资产转让所得或者损失[处置收益为负的权益性投资收益不填本表，而是填报A105091《资产损失（专项申报）税前扣除及纳税调整明细表》]。

财税〔2009〕60号文件规定，被清算企业的股东分得的剩余资产的金额，其中相当于被清算企业累计未分配利润和累计盈余公积中按该股东所占股份比例计算的部分，应确认为股息所得；剩余资产减除股息所得后的余额，超过或低于股东投资成本的部分，应确认为股东的投资转让所得或损失。

2. 股权转让。

国税函〔2010〕79号文件规定，企业转让股权收入，应于转让协议生效且完成股权变更手续时，确认收入的实现。转让股权收入扣除为取得该股权所发生的成本后，为股权转让所得。企业在计算股权转让所得时，不得扣除被投资企业未分配利润等股东留存收益中按该项股权所可能分配的金额。

3. 撤回或减少投资。

国家税务总局2011年第34号公告规定，投资企业从被投资企业撤回或减少投资，其取得的资产中，相当于初始出资的部分，应确认为投资收回；相当于被投资企业累计未分配利润和累计盈余公积按减少实收资本比例计算的部分，应确认为股息所得；其余部分确认为投资资产转让所得。

关键点122　权益性投资计税基础确认

国税函〔2010〕79号文件规定，被投资企业将股权（票）溢价所形成的资本公积转为股本的，不作为投资方企业的股息、红利收入，投资方企业也不得增加该项长期投资的计税基础。

根据《企业所得税法实施条例》第二十七条、第二十八条的规定，企业取得的各项免税收入所对应的各项成本费用，除另有规定者外，可以在计算企业应纳税所得额时扣除。

被投资企业发生的经营亏损，由被投资企业按规定结转弥补；投资企业不得调整减低其投资成本，也不得将其确认为投资损失（按权益法核算）。

风险点26　权益性投资免税政策

《企业所得税法实施条例》第八十三条规定，企业所得税法第二十六条第（二）项所称符合条件的居民企业之间的股息、红利等权益性投资收益，是指居民企业直接投资于其他居民企业取得的投资收益。企业所得税法第二十六条第（二）项和第（三）项所称股息、红利等权益性投资收益，不包括连续持有居民企业公开发行并上市流通的股票不足12个月取得的投资收益。

风险点 27　内地与香港基金互认有关税收政策

财税〔2015〕125 号文件规定，内地企业投资者通过基金互认买卖香港基金份额取得的转让差价所得，以及从香港基金分配取得的收益，均计入其收入总额，依法征收企业所得税。企业应当注意此类基金分红不能享受附表 A107011 中的优惠，转让差价所得和分红均应填写附表 A105030。

风险点 28　投资资产持有期间及处置环节税会差异调整

投资资产持有期间及处置环节税会差异调整如表 7-6 所示。

表 7-6　　投资资产持有期间及处置环节税会差异调整

执行的会计制度	核算科目	持有收益的税会差异及调整	处置收益的税会差异及调整（主要针对计税基础）
企业会计准则	交易性金融资产	被投资企业分配股票股利。会计不做账务处理，税法要求确认投资收益	计税基础不确认：持有期间公允价值变动对资产账面价值的影响。 计税基础确认：被投资企业分配股票股利影响计税基础
	可供出售金融资产	权益性：被投资企业分配股票股利	计税基础不确认： 1. 持有期间公允价值变动对资产账面价值的影响。 2. 持有期间计提减值对长期股权投资账面价值的影响 计税基础确认：被投资企业分配股票股利影响计税基础
		债权性：会计按实际利率计算确认投资收益，税法按合同约定的应付利息的时间和金额确认应税所得	计税基础不确认： 1. 持有期间应收利息和投资收益的差额对资产账面价值的影响。（折价购进逐期变大，溢价购进变小） 2. 持有期间计提减值对长期股权投资账面价值的影响
	持有至到期投资	会计按实际利率计算确认投资收益，税法按合同约定的应付利息的时间和金额确认应税所得	计税基础不确认： 1. 持有期间应收利息和投资收益的差额对资产账面价值的影响。（折价购进逐期变大，溢价购进变小） 2. 持有期间计提减值对长期股权投资账面价值的影响
	交易性金融负债		计税基础不确认：持有期间公允价值变动对资产账面价值的影响

续表

执行的会计制度	核算科目	持有收益的税会差异及调整	处置收益的税会差异及调整（主要针对计税基础）
企业、小企业会计准则	长期股权投资	1. 权益法核算资产负债表日被投资企业盈利或亏损时投资企业会计确认投资收益。 2. 权益法核算被投资企业做出分配股利决定时会计不确认投资收益。 3. 被投资企业分配股票股利	计税基础不确认： 1. 权益法核算依据被投资企业营业利润和其他综合收益对长期股权投资账面价值进行调整。 2. 持有期间计提减值对长期股权投资账面价值的影响。 计税基础确认：被投资企业分配股票股利影响长期股权投资计税基础
小企业会计准则	短期投资	被投资企业分配股票股利	被投资企业分配股票股利影响投资计税基础
	长期债券投资	会计按实际利率计算确认投资收益，税法按合同约定的应付利息的时间和金额确认应税所得	计税基础不确认： 持有期间应收利息和投资收益的差额对资产账面价值的影响（折价购进逐期变大，溢价购进变小）

CORPORATE INCOME TAX FINAL SETTLEMENT

Risk Tips & Key Points Analysis

第8章 不征税收入政策及填报实务（A105040）

表 8-1　　不征税收入利润计算及纳税调整对照提示表

在利润总额计算中的位置	A101010《一般企业收入明细表》第 20 行“政府补助利得”
在纳税调整中的位置	A105000《纳税调整项目明细表》第 8 行“不征税收入” A105040《专项用途财政性资金纳税调整明细表》
风险管理提示	跨年度事项、时间性差异调整、永久性差异调整

不征税收入用于支出形成的费用利润计算及纳税调整对照提示表

在利润总额计算中的位置	A104000《期间费用明细表》
在纳税调整中的位置	A105000《纳税调整项目明细表》第 24 行“不征税收入用于支出所形成的费用” A105040《专项用途财政性资金纳税调整明细表》
风险管理提示	跨年度事项、时间性差异调整

关键点 123　不征税收入的范围

根据《企业所得税法》第七条的规定，收入总额中的下列收入为不征税收入：

（1）财政拨款。

（财税〔2008〕151 号文件规定，纳入预算管理的事业单位、社会团体等组织按照核定的预算和经费报领关系收到的由财政部门或上级单位拨入的财政补助收入，准予作为不征税收入，在计算应纳税所得额时从收入总额中减除，但国务院和国务院财政、税务主管部门另有规定的除外。）

（2）依法收取并纳入财政管理的行政事业性收费和政府性基金。

（《企业所得税法实施条例》第二十六条规定，纳入不征税范围的行政事业性收费，是指依照法律法规等有关规定，按照国务院规定程序批准，在实施社会公共管理，以及在向公民、法人或者其他组织提供特定公共服务过程中，向特定对象收取并纳入财政管理的费用。）

（财税〔2008〕151 号文件规定，对企业依照法律、法规及国务院有关规定收取并上缴财政的政府性基金和行政事业性收费，准予作为不征税收入，于上缴财政的当年在计算应纳税所得额时从收入总额中减除；未上缴财政的部分，不得从收入总额中减除。）

（3）国务院规定的其他不征税收入。

（《企业所得税法实施条例》第二十六条规定，国务院规定的其他不征税收入，是指企业取得的，由国务院财政、税务主管部门规定专项用途并经国务院批准的财政性资金。）

关键点 124 专项用途财政性资金的确认条件和表现形式

1. 确认条件。财税〔2011〕70 号文件规定，企业从县级以上各级人民政府财政部门及其他部门取得的应计入收入总额的财政性资金，凡同时符合以下条件的，可以作为不征税收入，在计算应纳税所得额时从收入总额中减除：

（一）企业能够提供资金拨付文件，且文件中规定该资金的专项用途；

（二）财政部门或其他拨付资金的政府部门对该资金有专门的资金管理办法或具体管理要求；

（三）企业对该资金以及以该资金发生的支出单独进行核算。

2. 表现形式。财税〔2008〕151 号文件规定，本条所称财政性资金，是指企业取得的来源于政府及其有关部门的财政补助、补贴、贷款贴息，以及其他各类财政专项资金，包括直接减免的增值税和即征即退、先征后退、先征后返的各种税收，但不包括企业按规定取得的出口退税款。

关键点 125 两类不征税收入的具体情况

财税〔2012〕27 号文件规定，符合条件的软件企业按照《财政部 国家税务总局关于软件产品增值税政策的通知》（财税〔2011〕100 号）规定取得的即征即退增值税款，由企业专项用于软件产品研发和扩大再生产并单独进行核算，可以作为不征税收入，在计算应纳税所得额时从收入总额中减除。

财税〔2008〕136 号文件规定，对社保基金理事会、社保基金投资管理人管理的社保基金银行存款利息收入，社保基金从证券市场中取得的收入，包括买卖证券投资基金、股票、债券的差价收入，证券投资基金红利收入，股票的股息、红利收入，债券的利息收入及产业投资基金收益、信托投资收益等其他投资收入，作为企业所得税不征税收入。

风险点 29 不征税收入形成的支出不得税前扣除

财税〔2008〕151 号文件规定，企业的不征税收入用于支出所形成的费用，不得在计算应纳税所得额时扣除；企业的不征税收入用于支出所形成的资产，其计算的折旧、摊销不得在计算应纳税所得额时扣除。

“不征税收入用于支出所形成的费用”纳税调整项目的填报要点，请参见本章相关内容和研发费加计扣除案例。本项目需要填写表 A105040，并在表 A105000 第 24、25 行中进行纳税调增。

风险点 30 专项用途财政性资金事项相关税会差异

会计对企业取得的专项用途财政性资金按照政府补助准则进行核算，按权责发生制确认收入和支出。但按照税法规定此类收入和支出均不参与应纳税额的计算，收入应进行纳税调减，支出应进行纳税调增。此外，企业取得专项用途财政性资金五年（60个月）未支出也未上缴财政，要确认为应纳税收入，进行纳税调增。

风险点31　申报表表间关系提示

（1）“不征税收入”调整项目：表A105040第7行第4列中的金额等于表A105000第9行第4列中的“调减金额”。

（2）“不征税收入用于支出所形成的费用”调整项目：表A105040第7行第11列中的金额等于表A105000第25行第3列中的“调增金额”。

案例

案例14　专项用途财政性资金填报案例

1. 情况说明。

某科技创新型企业2010年和2015年均从某县级科技主管部门取得技术改造专项资金。假设该资金符合不征税收入条件，且企业已作为不征税收入处理。专项资金结余部分无须上缴相应部门，留企业自行支配使用。（假设计入本年损益的金额和本年费用化支出金额一致）（具体收支情况见表8-2）

表8-2　　2010—2015年收入、支出情况　　金额单位：万元

纳税年度		2010年	2015年
当年取得的财政性资金		350	200
取得财政性资金的具体时间		当年2月	当年9月
2010年资金使用情况	费用化支出	15	*
	资本化支出	20	*
2011年资金使用情况	费用化支出	20	*
	资本化支出	20	*
2012年资金使用情况	费用化支出	18	*
	资本化支出	20	*
2013年资金使用情况	费用化支出	30	*
	资本化支出	40	*
2014年资金使用情况	费用化支出	60	*
	资本化支出	40	*
2015年资金使用情况	费用化支出	45	45
	资本化支出	0	30

2. 会计处理（单位：万元）。

2010 年 2 月，收到专项资金时：

借：银行存款　350

　贷：递延收益　350

2015 年 9 月，收到专项资金时：

借：银行存款　200

　贷：递延收益　200

2015 年使用 2010 年的资金时：

借：管理费用

45（2015 年应做纳税调增，填入表 A105040 第 1 行第 11 列）

　贷：银行存款　45

借：递延收益　45

　贷：营业外收入

45（2015 年应做纳税调减，填入表 A105040 第 1 行第 4 列）

2015 年使用 2015 年的资金时，费用化的部分：

借：管理费用

45（2015 年应做纳税调增，填入表 A105040 第 6 行第 11 列）

　贷：银行存款　45

借：递延收益　45

　贷：营业外收入

45（2015 年应做纳税调减，填入表 A105040 第 6 行第 4 列）

资本化的部分：

借：固定资产（无形资产、在建工程等）　30

　贷：银行存款　30

借：递延收益　30

　贷：营业外收入

30（2015 年应做纳税调减，填入表 A105040 第 6 行第 4 列）

3. 填报方法。

表 A105040 第 1 行第 5 至 9 列填写 2010 年 2 月取得的专项资金，金额分别为表 8-2 中 2010 至 2015 年度的“费用化支出＋资本化支出”。

第 1 行第 14 列填写 2010 年 2 月取得的专项资金五年（60 个月）未支出也未上缴财政，要确认为应纳税收入的金额：350－35－40－38－70－100－45＝22（万元）。

表A105040第4列和第11列的填写见会计处理部分。(具体填报见表8-3、表8-4)

表8-3　　A105040　专项用途财政性资金纳税调整明细表　　单位：万元

行次	项目	取得年度	财政性资金	其中：符合不征税收入条件的财政性资金		以前年度支出情况					本年支出情况		本年结余情况		
				金额	其中：计入本年损益的金额	前五年度	前四年度	前三年度	前二年度	前一年度	支出金额	其中：费用化支出金额	结余金额	其中：上缴财政金额	应计入本年应税收入金额
		1	2	3	4	5	6	7	8	9	10	11	12	13	14
1	前五年度	2010	350	350	45	35	40	38	70	100	45	45	22	0	22
2	前四年度	2011				*									
3	前三年度	2012				*	*								
4	前二年度	2013				*	*	*							
5	前一年度	2014				*	*	*	*						
6	本　　年	2015	200	200	75	*	*	*	*	*	75	45	125		
7	合计(1+2+3+4+5+6)	*	550	550	120	*	*	*	*	*	120	90	147	0	22

表8-4　　A105000　纳税调整项目明细表　　单位：万元

行次	项目	账载金额	税收金额	调增金额	调减金额
		1	2	3	4
8	(七)不征税收入	*	*	22	120
9	其中：专项用途财政性资金(填写A105040)	*	*	22	120
24	(十二)不征税收入用于支出所形成的费用	*	*	90	*
25	其中：专项用途财政性资金用于支出所形成的费用(填写A105040)	*	*	90	*

CORPORATE INCOME TAX FINAL SETTLEMENT

Risk Tips & Key Points Analysis

第9章 职工薪酬政策及填报实务（A105050）

表 9-1 职工薪酬利润计算及纳税调整对照提示表

在利润总额计算中的位置	A104000《期间费用明细表》第 1 行“职工薪酬”
在纳税调整中的位置	A105050《职工薪酬纳税调整明细表》
风险管理提示	跨年度事项、时间性差异调整、永久性差异调整

职工薪酬纳税调整明细表整合了“工资薪金支出”及以“工资薪金支出”税收金额为扣除限额计算基数，且在“应付职工薪酬”科目核算的税前扣除项目，包括职工福利费支出、职工教育经费支出、工会经费支出、各类社会保障性缴款、住房公积金、补充养老保险及补充医疗保险。上述扣除类项目纳税申报调整概率相对较高。

9.1 工资薪金支出扣除相关政策要点

《企业所得税法实施条例》第三十四条规定，企业发生的合理的工资薪金支出，准予扣除。

前款所称工资薪金，是指企业每一纳税年度支付给在本企业任职或者受雇的员工的所有现金形式或者非现金形式的劳动报酬，包括基本工资、奖金、津贴、补贴、年终加薪、加班工资，以及与员工任职或者受雇有关的其他支出。

关键点 126 合理工资薪金税前扣除的口径问题

国税函〔2009〕3 号文件第一条规定，《实施条例》第三十四条所称的“合理工资薪金”，是指企业按照股东大会、董事会、薪酬委员会或相关管理机构制订的工资薪金制度规定实际发放给员工的工资薪金。税务机关在对工资薪金进行合理性确认时，可按以下原则掌握：

（一）企业制订了较为规范的员工工资薪金制度；

（二）企业所制订的工资薪金制度符合行业及地区水平；

（三）企业在一定时期所发放的工资薪金是相对固定的，工资薪金的调整是有序进行的；

（四）企业对实际发放的工资薪金，已依法履行了代扣代缴个人所得税义务；

（五）有关工资薪金的安排，不以减少或逃避税款为目的。

关键点 127 企业与工资薪金一起发放的福利性补贴问题

国家税务总局 2015 年第 34 号公告第一条规定，列入企业员工工资薪金

制度、固定与工资薪金一起发放的福利性补贴，符合国税函〔2009〕3号文件第一条规定的，可作为企业发生的工资薪金支出，按规定在税前扣除。不能同时符合上述条件的福利性补贴，应作为国税函〔2009〕3号文件第三条规定的职工福利费，按规定计算限额税前扣除。

关键点128 劳务派遣用工费用问题

国家税务总局2015年第34号公告第三条规定，企业接受外部劳务派遣用工所实际发生的费用，应分两种情况按规定在税前扣除：按照协议（合同）约定直接支付给劳务派遣公司的费用，应作为劳务费支出；直接支付给员工个人的费用，应作为工资薪金支出和职工福利费支出。其中属于工资薪金支出的费用，准予计入企业工资薪金总额的基数，作为计算其他各项相关费用扣除的依据。

关键点129 关于季节工、临时工等费用税前扣除问题

国家税务总局2012年第15号公告规定，企业因雇用季节工、临时工、实习生、返聘离退休人员以及接受外部劳务派遣用工（“劳务派遣用工”按上文国家税务总局2015年第34号公告第三条执行）所实际发生的费用，应区分为工资薪金支出和职工福利费支出，并按《企业所得税法》规定在企业所得税前扣除。其中属于工资薪金支出的，准予计入企业工资薪金总额的基数，作为计算其他各项相关费用扣除的依据。

关键点130 作为工资薪金计算扣除的股份支付

国家税务总局2012年第18号公告规定，上市公司按照《上市公司股权激励管理办法（试行）》（证监公司字〔2005〕151号，以下简称《管理办法》）建立的职工股权激励计划，其企业所得税的处理，按以下规定执行：对股权激励计划实行后立即可以行权的，上市公司可以根据实际行权时该股票的公允价格与激励对象实际行权支付价格的差额和数量，计算确定作为当年上市公司工资薪金支出，依照税法规定进行税前扣除。对股权激励计划实行后，需待一定服务年限或者达到规定业绩条件（以下简称等待期）方可行权的，上市公司等待期内会计上计算确认的相关成本费用，不得在对应年度计算缴纳企业所得税时扣除。在股权激励计划可行权后，上市公司方可根据该股票实际行权时的公允价格与当年激励对象实际行权支付价格的差额及数量，计算确定作为当年上市公司工资薪金支出，依照税法规定进行税前扣除。

本条所指股票实际行权时的公允价格，以实际行权日该股票的收盘价格确定。在我国境外上市的居民企业和非上市公司，凡比照《管理办法》的规定建立职工股权激励计划，且在企业会计处理上，也按我国会计准则的有关规定处理的，其股权激励计划有关企业所得税处理问题，可以按照上述规定执行。

风险点 32　工资薪金总额（各项费用扣除基数）问题

《企业所得税法实施条例》第四十、四十一、四十二条所称的“工资薪金总额”，是指企业按照国税函〔2009〕3 号文件第一条规定实际发放的工资薪金总和，不包括企业的职工福利费、职工教育经费、工会经费以及养老保险费、医疗保险费、失业保险费、工伤保险费、生育保险费等社会保险费和住房公积金。属于国有性质的企业，其工资薪金不得超过政府有关部门给予的限定数额；超过部分，不得计入企业工资薪金总额，也不得在计算企业应纳税所得额时扣除。因此，企业在计算职工福利费、职工教育经费、工会经费等费用扣除限额时，必须严格按照本条规定的工资薪金范围确定扣除基数。

风险点 33　不合理的工资薪金不能税前扣除

企业发放的工资薪金不符合国税函〔2009〕3 号文件关于“合理”规定的，不能税前扣除。如国税函〔2009〕3 号文件规定“企业对实际发放的工资薪金，已依法履行了代扣代缴个人所得税义务”；若企业未履行代扣代缴个人所得税义务，则不能税前扣除。

风险点 34　离退休人员工资和福利费不能税前扣除

按照《企业所得税法实施条例》第三十四条的规定，允许税前扣除的工资薪金是指企业每一纳税年度支付给在本企业任职或者受雇的员工的所有现金形式或者非现金形式的劳动报酬。离退人员已不在企业任职或者受雇，企业发生的支出，不属于税法规定可以税前扣除的工资薪金支出。

按照《企业所得税法》第八条和《企业所得税法实施条例》第二十七条的规定，与企业取得收入不直接相关的支出不得从税前扣除。企业发生的离退休人员工资和福利费等支出与企业取得收入不直接相关，不得在税前扣除。

风险点 35　关于次年发放上年工资问题

北京国税一直执行工资实际发放制，即 2009 年 1 月发放 2008 年 12 月的

工资，只能在2009年度扣除，而不能在2008年度扣除。国家税务总局2015年第34号公告第二条规定，企业在年度汇算清缴结束前向员工实际支付的已预提汇缴年度工资薪金，准予在汇缴年度按规定扣除。企业汇算清缴结束前实际支付汇缴年度的工资，可以在汇缴年度扣除。即2016年1月发放2015年12月的工资，也能在2015年度扣除。

9.2　职工福利费支出相关政策要点

《企业所得税法实施条例》第四十条规定，企业发生的职工福利费支出，不超过工资薪金总额14%的部分，准予扣除。

关键点131　职工福利费的范围

国税函〔2009〕3号文件规定，《实施条例》第四十条规定的企业职工福利费，包括以下内容：

（一）尚未实行分离办社会职能的企业，其内设福利部门所发生的设备、设施和人员费用，包括职工食堂、职工浴室、理发室、医务所、托儿所、疗养院等集体福利部门的设备、设施及维修保养费用和福利部门工作人员的工资薪金、社会保险费、住房公积金、劳务费等。

（二）为职工卫生保健、生活、住房、交通等所发放的各项补贴和非货币性福利，包括企业向职工发放的因公外地就医费用、未实行医疗统筹企业职工医疗费用、职工供养直系亲属医疗补贴、供暖费补贴、职工防暑降温费、职工困难补贴、救济费、职工食堂经费补贴、职工交通补贴等。

（三）按照其他规定发生的其他职工福利费，包括丧葬补助费、抚恤费、安家费、探亲假路费等。

风险点36　企业为职工报销通讯费不能税前扣除

企业为职工报销通讯费，按照北京国税局口径：个人报销的通讯费，其通讯工具的所有者为个人，发生的通讯费无法分清是用于个人使用还是用于企业经营，不能判断其支出是否与企业的收入有关，因此应作为与企业收入无关的支出，不予从税前扣除。如果企业每月定期向员工支付通讯费，且符合关键点126中对职工薪酬的各项要求，则允许将该通讯费计入职工薪酬代扣代缴个人所得税后，进行企业所得税税前扣除。

9.3 职工教育经费支出相关政策要点

《企业所得税法实施条例》第四十二条规定，除国务院财政、税务主管部门另有规定外，企业发生的职工教育经费支出，不超过工资薪金总额2.5%的部分，准予扣除；超过部分，准予在以后纳税年度结转扣除。

关键点132　职工教育经费超额扣除政策

财税〔2014〕59号文件规定，对经认定的技术先进型服务企业，其发生的职工教育经费按不超过企业工资总额8%的比例据实在企业所得税税前扣除超过部分，准予在以后纳税年度结转扣除。

财税〔2013〕14号文件规定，试点地区内的高新技术企业发生的职工教育经费支出不超过工资薪金总额8%的部分，准予在计算企业所得税应纳税所得额时扣除；超过部分，准予在以后纳税年度结转扣除。

财税〔2015〕63号文件规定，高新技术企业发生的职工教育经费支出，不超过工资薪金总额8%的部分，准予在计算企业所得税应纳税所得额时扣除；超过部分，准予在以后纳税年度结转扣除。（本文件是对财税〔2013〕14号文件的范围性扩展，全国适用）

风险点37　集成电路设计企业和符合条件软件企业的职工培训费用全额扣除

财税〔2012〕27号文件规定，集成电路设计企业和符合条件软件企业的职工培训费用，应单独进行核算并按实际发生额在计算应纳税所得额时扣除。集成电路设计企业和符合条件软件企业应准确划分职工教育经费中的职工培训费支出，对于不能准确划分的，以及准确划分后职工教育经费中扣除职工培训费用的余额，一律按照《实施条例》第四十二条规定的比例扣除。

风险点38　企业职员读MBA的学费不能在职工教育经费列支

根据《财政部 全国总工会 国家发改委 教育部 科技部 国防科工委 人事部 劳动保障部 国务院国资委 国家税务总局 全国工商联关于印发〈关于企业职工教育经费提取与使用管理的意见〉的通知》（财建〔2006〕317号）附件第三条第（九）款规定，企业职工参加社会上的学历教育以及个人为取得学位而参加的在职教育，所需费用应由个人承担，不能挤占企业的职工教育培训经费。因此，企业职员读 MBA 的学费不可以在职工教育经费列支。企业员工尤其是高管人员的深造费用，主要作用于员工本人，笔者认为属于与生产经营无关的支出，不得税前扣除。

9.4 工会经费支出相关政策要点

《企业所得税法实施条例》第四十一条规定，企业拨缴的工会经费，不超过工资薪金总额 2%的部分，准予扣除。

关键点 133 工会经费的扣除凭证

国家税务总局 2010 年第 24 号公告规定，自 2010 年 7 月 1 日起，企业拨缴的职工工会经费，不超过工资薪金总额 2%的部分，凭工会组织开具的《工会经费收入专用收据》在企业所得税税前扣除。

国家税务总局 2011 年第 30 号公告规定，自 2010 年 1 月 1 日起，在委托税务机关代收工会经费的地区，企业拨缴的工会经费，也可凭合法、有效的工会经费代收凭据依法在税前扣除。

风险点 39 工会经费必须实际支付上级工会组织

实践中有些集团企业的基层子公司计提的工会经费虽然取得了母公司的《工会经费收入专用收据》，但并未实际支付给母公司工会组织，而是计提之后放在应付款科目并未实际支付，或者支付给其他非母公司工会组织的部门。笔者认为这两种情况都可视为没有实际支付给上级工会组织，不得税前扣除。

9.5 各类基本社会保障性缴款相关政策要点

《企业所得税法实施条例》第三十五条规定，企业依照国务院有关主管部门或者省级人民政府规定的范围和标准为职工缴纳的基本养老保险费、基本医疗保险费、失业保险费、工伤保险费、生育保险费等基本社会保险费和住房公积金，准予扣除。

关键点 134 各类基本社会保险的扣除范围

企业为投资者或者职工支付的补充养老保险费、补充医疗保险费，在国务院财政、税务主管部门规定的范围和标准内，准予扣除。

《企业所得税法实施条例》第三十六条规定，除企业依照国家有关规定为特殊工种职工支付的人身安全保险费和国务院财政、税务主管部门规定可以扣除的其他商业保险费外，企业为投资者或者职工支付的商业保险费，不得扣除。

风险点 40　董事责任保险不得税前扣除

依据上述规定，企业为员工和高管支付的商业保险项目（符合规定的补充保险除外）不得税前扣除。目前随着我国资本市场运行的专业化和正规化，许多上市公司开始采用欧美的董事责任保险制度，即当企业的董事或经理由于经营不当导致股东权益受损时，董事和经理要承担一定的赔偿责任，而董事责任保险则为这种由董事或经理支付的赔偿提供了一定的经济支援，以鼓励管理层大胆经营。依照目前的税法规定，笔者认为这种企业为董事或经理个人支付的董事责任保险（商业险），性质上不属于财产保险，不应进行税前扣除。

9.6　住房公积金相关政策要点

《企业所得税法实施条例》第三十五条规定，企业依照国务院有关主管部门或者省级人民政府规定的范围和标准为职工缴纳的基本养老保险费、基本医疗保险费、失业保险费、工伤保险费、生育保险费等基本社会保险费和住房公积金，准予扣除。

9.7　补充养老保险相关政策要点

财税〔2009〕27 号文件规定，自 2008 年 1 月 1 日起，企业根据国家有关政策规定，为在本企业任职或者受雇的全体员工支付的补充养老保险费、补充医疗保险费，分别在不超过职工工资总额 5%标准内的部分，在计算应纳税所得额时准予扣除；超过的部分，不予扣除。

关键点 135　企业年金的税前扣除规则

企业年金属于补充养老保险的一种形式，应当依据财税〔2009〕27 号文件对补充养老保险税前扣除的规定执行。“自行管理的补充养老保险不允许税前扣除”。

关键点136 企业向保险公司补缴以前年度企业年金如何进行税前扣除

企业对补缴的以前年度企业年金，通过以前年度损益调整已进行会计处理的可以作为以前年度应扣未扣事项，按照国家税务总局2012年第15号公告的有关规定追补扣除。

风险点41 为全体员工支付的补充养老保险才可以税前扣除

依据财税〔2009〕27号文件的规定，企业为员工支付的补充养老保险费、补充医疗保险费，必须惠及全体员工，才能依照规定进行税前扣除。实践中，企业为管理层专门支付的各类医疗、养老等商业保险均不得税前扣除。

风险点42 企业为职工购买补充养老保险（商业保险）性质的判定

对于依法参加基本养老保险的企业，其通过商业保险公司为员工缴纳的具有补充养老性质的保险，可按照财税〔2009〕27号文件的有关规定从税前扣除。按照《人身保险公司保险条款和保险费率管理办法》（保监会令2011年第3号）的规定，补充养老保险的性质可以从保险产品的名称予以分析判定，年金养老保险的产品名称中有“养老年金保险”字样。

同时，笔者认为对于企业自行管理的补充养老保险，没有向第三方保险机构支付，资金的所有权仍保留在企业内部，因此不允许税前扣除。

9.8 补充医疗保险相关政策要点

财税〔2009〕27号文件规定，自2008年1月1日起，企业根据国家有关政策规定，为在本企业任职或者受雇的全体员工支付的补充养老保险费、补充医疗保险费，分别在不超过职工工资总额5%标准内的部分，在计算应纳税所得额时准予扣除；超过的部分，不予扣除。

风险点43 为全体员工支付的补充医疗保险才可以税前扣除

依据财税〔2009〕27号文件的规定，企业为员工支付的补充养老保险费、补充医疗保险费，必须惠及全体员工，才能依照规定进行税前扣除。实践中，企业为管理层专门支付的各类医疗、养老等商业保险均不得税前扣除。

案例

案例15 职工薪酬相关纳税调整综合填报案例

1. 情况说明。

某国有企业实行工效挂钩的工资税前扣除政策，2015年经批准可计提的工资基数为1 100万元。企业计提管理人员工资300万元，作为管理费用列支，至2015年12月31日实际发放280万元，计提销售人员工资220万元，至2015年12月31日实际发放220万元。计提生产车间工人工资580万元，至2015年12月31日实际发放510万元，其中10万元未履行代扣代缴个人所得税的义务。

企业2015年计提的管理人员工资300万元，销售人员工资220万元，生产车间工人工资580万元，在2016年1月已全部实际发放，且全部代扣代缴了个人所得税。

企业2015年按照1 100万元的工资薪金集体基数计算拨缴工会经费22万元，并实际取得了工会组织开具的《工会经费收入专用收据》。

企业2015年实际发生职工福利费支出100万元，其中80万元在2016年5月30日之前取得了合法有效的税前扣除凭证。

2015年企业计提了职工教育经费27.5万元，在管理费用中列支，实际支出了2014年计提未使用的职工教育经费5万元用于员工培训，实际支出了2015年计提的职工教育经费10万元用于购置教学设备。该设备当年计提折旧2万元。实际支出了2015年计提的职工教育经费8万元用于支付员工个人继续深造的学费。

企业2015年计提了自行管理的补充养老保险50万元。

2. 会计处理（单位：万元）。

企业对管理人员工资薪金的计提、发放进行如下会计处理：

借：管理费用——工资薪金 300

　贷：应付职工薪酬——管理人员工资 300

借：应付职工薪酬——管理人员工资 280

　贷：银行存款 280

企业对销售人员工资薪金的计提、发放进行如下会计处理：

借：销售费用——工资薪金 220

　贷：应付职工薪酬——销售人员工资 220

借：应付职工薪酬——销售人员工资 220

贷：银行存款 220

企业对生产车间工人工资薪金的计提、发放进行如下会计处理：

借：生产成本 580

贷：应付职工薪酬 580

借：应付职工薪酬 510

贷：银行存款 510

企业拨缴工会经费的会计处理如下：

借：管理费用——工会经费 22

贷：应付职工薪酬——工会经费 22

借：应付职工薪酬——工会经费 22

贷：银行存款 22

企业发生职工福利费支出的会计处理如下：

借：管理费用（销售费用、生产成本）——职工福利 100

贷：应付职工薪酬——职工福利 100

借：应付职工薪酬——职工福利 100

贷：银行存款 100

企业计提、支出职工教育经费并购买固定资产的会计处理如下：

借：管理费用——职工教育经费 27.5

贷：应付职工薪酬——职工教育经费 27.5

借：固定资产 10

贷：银行存款 10

借：应付职工薪酬——职工教育经费 15（5+8+2）

贷：累计折旧 2

银行存款 13

企业计提补充养老保险的会计处理如下：

借：管理费用——补充养老保险 50

贷：应付职工薪酬 50

3. 填报方法。

A105050《职工薪酬纳税调整明细表》第 1 行“工资薪金支出”第 1 列账载金额为：300＋220＋580＝1 100（万元）。第 4 列税收金额为：300＋220＋580＝1 100（万元）。第 5 列“纳税调整金额”为 0 万元，第 6 列“累计结转以后年度扣除额”为 0 万元。国家税务总局 2015 年第 34 号公告（以下简称34号公告）第二条规定，企业在年度汇算清缴结束前向员工实际支付的已预提汇缴年度工资薪金，准予在汇缴年度按规定扣除。34号公告发布之前，此处存在税会差异主要是考虑“未实际发放”。现在依据34号公告，企业于2016年1月已经实际发放的工资薪金可以在2015年度扣除。

从而得出作为费用扣除基数的“工资薪金总额”为“工资薪金”项目税收金额1 100万元。

A105050《职工薪酬纳税调整明细表》第3行“职工福利费支出”第1列账载金额为100万元。扣除限额为：1 100×14%=154（万元）。第4列税收金额为80万元。第5列“纳税调整金额”为20万元。税会差异主要考虑“按工资薪金总额14%计算的扣除限额”和“是否取得合法有效的税前扣除凭证”两项因素。实务中还应判断会计列支的福利费是否超出了税收政策规定的“职工福利费”的范围，以及是否可以并入工资薪金总额。

A105050《职工薪酬纳税调整明细表》第4行“职工教育经费支出”第1列账载金额为27.5万元。扣除限额为：1 100×2.5%=27.5（万元）。第4列税收金额为15万元（5+10）。第5列“纳税调整金额”为12.5万元。第6列“累计结转以后年度扣除额”为12.5万元。税会差异主要考虑“按照工资薪金总额的2.5%计算的扣除限额”和“实际且合理支出”两项因素。以前年度计提未支出的职工教育经费在本年实际支出的，应允许在本年通过纳税调减进行税前扣除。用于支付员工个人继续深造学费的8万元，属于与企业生产经营无关的不合理支出，不得税前扣除。

A105050《职工薪酬纳税调整明细表》第7行“工会经费支出”第1列账载金额为22万元。扣除限额为：1 100×2%=22（万元）。第4列税收金额为22万元。第5列“纳税调整金额”为0万元。税会差异主要考虑“按照工资薪金总额的2.5%计算的扣除限额”和“是否取得合法有效的税前扣除凭证”两项因素。

A105050《职工薪酬纳税调整明细表》第10行“补充养老保险”第1列账载金额为50万元。扣除限额为：1 100×5%=55（万元）。第4列税收金额为0。第5列“纳税调整金额”为50万元。税会差异主要考虑“按照工资薪金总额的5%计算的扣除限额”。同时，笔者认为对于企业自行管理的补充养老保险，没有向第三方保险机构支付的，资金的所有权仍保留在企业内部，因此不允许税前扣除。（具体填报见表9-2）

表 9-2　　A105050　职业薪酬纳税调整明细表

行次	项目	账载金额	税收规定扣除	以前年度累计结转扣除额	税收金额	纳税调整金额	累计结转以后年度扣除额
		1	2	3	4	5 (1−4)	6 (1+3−4)
1	一、工资薪金支出	11 000 000	*	*	11 000 000	0	*
2	其中：股权激励		*	*			*
3	二、职工福利费支出	1 000 000	14%	*	800 000	200 000	*
4	三、职工教育经费支出	275 000	*		150 000	125 000	125 000
5	其中：按税收规定比例扣除的职工教育经费	275 000	2.5%		150 000	125 000	125 000
6	按税收规定全额扣除的职工培训费用			*			*
7	四、工会经费支出	220 000	2%	*	220 000	0	*
8	五、各类基本社会保障性缴款		*	*			*
9	六、住房公积金		*	*			*
10	七、补充养老保险	500 000	5%	*	0	500 000	*
11	八、补充医疗保险			*			*
12	九、其他		*				
13	合计（1+3+4+7+8+9+10+11+12）		*				

CORPORATE INCOME TAX FINAL SETTLEMENT

Risk Tips & Key Points Analysis

第10章 广告费和业务宣传费支出政策及填报实务（A105060）

表 10-1　　　业务招待费支出利润计算及纳税调整对照提示表

在利润总额计算中的位置	A104000《期间费用明细表》第 4 行“业务招待费”
在纳税调整中的位置	A105000《纳税调整项目明细表》第 15 行“业务招待费支出”
风险管理提示	永久性差异调整

关键点 137　广告费和业务宣传费支出扣除限额

(1)《企业所得税法实施条例》第四十四条规定，企业发生的符合条件的广告费和业务宣传费支出，除国务院财政、税务主管部门另有规定外，不超过当年销售（营业）收入 15%的部分，准予扣除；超过部分，准予在以后纳税年度结转扣除。(注意此处的结转以后年度扣除无年数限制)

(2) 财税〔2012〕48 号文件规定，对化妆品制造与销售、医药制造和饮料制造（不含酒类制造，下同）企业发生的广告费和业务宣传费支出，不超过当年销售（营业）收入 30%的部分，准予扣除；超过部分，准予在以后纳税年度结转扣除。文件执行有效期为自 2011 年 1 月 1 日起至 2015 年 12 月 31 日止，目前尚无新文件出台，2015 年度的汇算依然执行本政策。

(3) 财税〔2012〕48 号文件规定，烟草企业的烟草广告费和业务宣传费支出，一律不得在计算应纳税所得额时扣除。(执行期限同上)

关键点 138　广告费和业务宣传费支出扣除限额计算基数

(1) 国税函〔2010〕79 号文件规定，对从事股权投资业务的企业（包括集团公司总部、创业投资企业等），其从被投资企业所分配的股息、红利以及股权转让收入，可以按规定的比例计算业务招待费扣除限额。

在政策执行实务中，笔者认为上述“从事股权投资业务的企业”指的是专门从事股权投资业务的企业，即企业除股权投资业务外，不从事其他营利性生产经营活动。纳税人在适用上述政策时应向主管税务机关确定相关政策执行口径，以避免造成申报涉税风险。

(2) 国税函〔2009〕202 号文件规定，企业在计算业务招待费、广告费和业务宣传费等费用扣除限额时，其销售（营业）收入额应包括《实施条例》第二十五条规定的视同销售（营业）收入额。

(3) 京国税发〔2009〕92 号文件规定，房地产开发企业通过正式签订《房地产销售合同》或《房地产预售合同》所取得的收入，可作为广告和业务宣传费、业务招待费的计算基数。

关键点 139　筹建期广告费和业务宣传费支出税前扣除

国家税务总局 2012 年第 15 号公告规定，企业在筹建期间，发生的与筹办活动有关的业务招待费支出，可按实际发生额的 60%计入企业筹办费，并按有关规定在税前扣除；发生的广告费和业务宣传费，可按实际发生额计入企业筹办费，并按有关规定在税前扣除。另根据《国家税务总局关于企业所得税若干税务事项衔接问题的通知》（国税函〔2009〕98 号）的规定，筹办费（开办费）可以在开始经营之日的当年一次性扣除，也可以按照新税法有关长期待摊费用的处理规定处理，但一经选定不得改变。

关键点 140　签订分摊协议的广告费和业务宣传费扣除

财税〔2012〕48 号文件规定，对签订广告费和业务宣传费分摊协议（以下简称分摊协议）的关联企业，其中一方发生的不超过当年销售（营业）收入税前扣除限额比例内的广告费和业务宣传费支出可以在本企业扣除，也可以将其中的部分或全部按照分摊协议归集至另一方扣除。另一方在计算本企业广告费和业务宣传费支出企业所得税税前扣除限额时，可将按照上述办法归集至本企业的广告费和业务宣传费不计算在内。

风险点 44　判断广告费和业务宣传费的实质性原则

实践中，广告和业务宣传活动的形式多样且日新月异。笔者认为，凡是实质上以宣传企业品牌、商品、文化价值或培养消费者消费习惯等为目的的行为，都应界定为广告和业务宣传活动，其产生的相关费用都应按照税法规定的比例进行税前扣除。例如，委托生产印有企业品牌标志的纪念品、体育赛事和娱乐节目的冠名赞助、在报刊杂志和网络平台上发布软文等行为都应属于广告和业务宣传活动。

风险点 45　资产用于市场推广、销售的视同销售处理

《企业所得税法实施条例》第二十五条规定，企业发生非货币性资产交换，以及将货物、财产、劳务用于捐赠、偿债、赞助、集资、广告、样品、职工福利或者利润分配等用途的，应当视同销售货物、转让财产或提供劳务。

国税函〔2008〕828 号文件第二条规定，企业将资产移送他人的下列情形，因资产所有权属已发生改变而不属于内部处置资产，应按规定视同销售确定收入。

（一）用于市场推广或销售；

（二）用于交际应酬；

（三）用于职工奖励或福利；

（四）用于股息分配；

（五）用于对外捐赠；

（六）其他改变资产所有权属的用途。

企业发生本通知第二条规定情形时，属于企业自制的资产，应按企业同类资产同期对外销售价格确定销售收入；属于外购的资产，可按购入时的价格确定销售收入。

详情可参见：第5章 视同销售（附表A105010）相关政策要点和下面的案例。

案 例

案例16　广告费、业务宣传费支出填报案例

1. 情况说明。

甲企业和乙企业是关联企业，根据分摊协议，甲企业在2015年发生的广告费和业务宣传费的30%归集至乙企业扣除。假设2015年甲企业销售收入为1 500万元，当年实际发生的广告费和业务宣传费以自产产品的形式对外支付，该批产品账面成本400万元，同类产品市场价格500万元（不含税）。乙企业销售收入为5 000万元，当年实际发生广告费和业务宣传费1 000万元，现金支付。甲企业2014年广告费超过扣除限额可结转以后年度扣除金额为50万元。假设甲企业当年无其他按税收政策规定应做视同销售处理的事项，用于广告支出的自产产品账面价值与计税基础相等。

2. 会计处理。

甲企业当年发生广告费和业务宣传费的会计处理如下（单位：万元）：

借：销售费用——广告费　485

　贷：库存商品　400

　　应交税费——应交增值税　85（500×17%）

3. 填报方法。

(1) 视同销售事项调整。

国税函〔2008〕828号文件第二条规定，企业将资产用于广告的，因资产所有权属已发生改变而不属于内部处置资产，应按规定视同销售确认收入。因此，当企业以非货币资产用于广告，且未作收入处理时，应在A105010

《视同销售和房地产开发企业特定业务纳税调整明细表》第 3 行“用于市场推广或销售视同销售收入”确认视同销售收入，在第 13 行“用于市场推广或销售视同销售成本”结转视同销售成本。同时在 A105000《纳税调整明细表》第 29 行“其他”按照视同销售收入确认金额对广告支出扣除金额进行调整。

本例中，甲企业纳税申报时应在表 A105010 第 3 行确认视同销售收入 500 万元，在第 13 行结转视同销售成本 400 万元。在表 A105000 第 29 行“其他”第 4 列调减金额，填写 100 万元。(具体填报见表 10-2、10-3)

表 10-2 A105010 视同销售和房地产开发企业特定业务纳税调整明细表

行次	项目	税收金额	纳税调整金额
		1	2
3	（二）用于市场推广或销售视同销售收入	5 000 000	5 000 000
13	（二）用于市场推广或销售视同销售成本	4 000 000	−4 000 000

表 10-3 A105000 纳税调整项目明细表

行次	项目	账载金额	税收金额	调增金额	调减金额
		1	2	3	4
29	（十六）其他				1 000 000

CORPORATE INCOME TAX FINAL SETTLEMENT

Risk Tips & Key Points Analysis

第 11 章 捐赠支出政策及填报实务（A105070）

表 11-1　　　　捐赠支出利润计算及纳税调整对照提示表

在利润总额计算中的位置	A102010《一般企业成本明细表》第 21 行“捐赠支出”
在纳税调整中的位置	A105070《捐赠支出纳税调整明细表》
风险管理提示	永久性差异调整

关键点 141　捐赠支出申报表填列基本规则

按照企业所得税政策的相关规定，非公益性捐赠支出不允许在企业所得税税前扣除，企业发生非公益性捐赠支出在表 A105070 第 6 列进行填报调整。部分允许全额扣除的公益性捐赠支出由税收政策进行具体规定，汇算清缴申报时不在表 A105070 进行税会差异调整。本部分内容主要对有扣除限额的公益性捐赠支出相关税前扣除政策进行梳理。有扣除限额的公益性捐赠支出税会差异调整在表 A105070 第 2 列至第 5 列进行填报。

关键点 142　公益性捐赠支出范围的界定

财税〔2010〕45 号、财税〔2008〕160 号文件关于“公益性捐赠支出”的定义如下：

用于公益事业的捐赠支出，是指《中华人民共和国公益事业捐赠法》规定的向公益事业的捐赠支出，具体范围包括：救助灾害、救济贫困、扶助残疾人等困难的社会群体和个人的活动；教育、科学、文化、卫生、体育事业；环境保护、社会公共设施建设；促进社会发展和进步的其他社会公共和福利事业。

关键点 143　公益性捐赠支出扣除限额

《企业所得税法实施条例》第五十三条规定，企业发生的公益性捐赠支出，不超过年度利润总额 12%的部分，准予扣除。年度利润总额，是指企业按照国家统一会计制度的规定计算的年度会计利润。《企业所得税法实施条例》第五十一条规定，公益性捐赠，是指企业通过公益性社会团体或者县级以上人民政府及其部门，用于《中华人民共和国公益事业捐赠法》规定的公益事业的捐赠。

财税〔2008〕160 号文件规定，企业通过公益性社会团体或者县级以上人民政府及其部门，用于公益事业的捐赠支出，在年度利润总额 12%以内的部分，准予在计算应纳所得额时扣除。年度利润总额，是指企业依照国家统一会计制度的规定计算的大于零的数额。

财税〔2009〕124 号文件规定，企业通过公益性群众团体用于公益事业的捐赠支出，在年度利润总额 12%以内的部分，准予在计算应纳税所得额时扣除。年度利润总额，是指企业依照国家统一会计制度的规定计算的大于零的数额。

关键点 144　可以全额扣除的公益性捐赠支出

特定时期，国家会专门发布文件对某类型公益性捐赠设置税收优惠。曾有文件规定：企业对四川汶川地震、甘肃玉树地震灾后重建以及上海世博会等特定事项的捐赠，可以全额在税前扣除。但需要注意文件中的条件和时效限制。填写申报表时，允许全额扣除的公益性捐赠支出，直接在表 A102010《一般企业成本支出明细表》第 21 行“捐赠支出”中填列，不需要在表 A105070 中进行税会差异调整。

特殊优惠政策，例如财税〔2008〕104 号文件，其中第四条规定：

关于鼓励社会各界支持抗震救灾和灾后恢复重建的税收政策措施

1. 自 2008 年 5 月 12 日起，对单位和个体经营者将自产、委托加工或购买的货物通过公益性社会团体、县级以上人民政府及其部门捐赠给受灾地区的，免征增值税、城市维护建设税及教育费附加。

2. 自 2008 年 5 月 12 日起，对企业、个人通过公益性社会团体、县级以上人民政府及其部门向受灾地区的捐赠，允许在当年企业所得税前和当年个人所得税前全额扣除。

本通知中的捐赠行为须符合《中华人民共和国公益事业捐赠法》和《国务院办公厅关于加强汶川地震抗震救灾捐赠款物管理使用的通知》（国办发〔2008〕39 号）的相关规定。

关键点 145　公益性社会团体捐赠支出税务处理实务

按照《中华人民共和国公益捐赠法》第十七条和第十八条的规定，作为受赠人的公益性社会团体应当将受赠财产用于资助符合其宗旨的活动和事业。其与捐赠人订立了捐赠协议的，应当按照协议约定的用途使用捐赠财产，不得擅自改变捐赠财产的用途。因此，对于公益性社会团体按照《中华人民共和国公益捐赠法》等相关规定发生的资助支出，属于公益性社会团体正常的支出，不受捐赠支出不得超过当年利润总额 12%的限制。

风险点 46　公益性捐赠支出税前扣除条件

按照财税〔2010〕45 号、财税〔2008〕160 号文件的相关规定，公益性捐赠税前扣除需满足下列条件：

（1）通过公益性社会团体、县级以上人民政府及其组成部门和直属机构、公益性群众团体进行捐赠。

企业或个人通过获得公益性捐赠税前扣除资格的公益性社会团体或县级以上人民政府及其组成部门和直属机构，用于公益事业的捐赠支出，可以按规定进行所得税税前扣除。

（2）公益性社会团体、公益性群众团体通过相关资格认定。

对获得公益性捐赠税前扣除资格的公益性社会团体，由财政部、国家税务总局和民政部以及省、自治区、直辖市、计划单列市财政、税务和民政部门每年分别联合公布名单。名单应当包括当年继续获得公益性捐赠税前扣除资格和新获得公益性捐赠税前扣除资格的公益性社会团体。企业或个人在名单所属年度内向名单内的公益性社会团体进行的公益性捐赠支出，可按规定进行税前扣除。

县级以上人民政府及其组成部门和直属机构的公益性捐赠税前扣除资格不需要认定。

对符合条件的公益性群众团体，按照上述管理权限，由财政部、国家税务总局和省、自治区、直辖市、计划单列市财政、税务部门分别每年联合公布名单。名单应当包括继续获得公益性捐赠税前扣除资格和新获得公益性捐赠税前扣除资格的群众团体，企业和个人在名单所属年度内向名单内的群众团体进行的公益性捐赠支出，可以按规定进行税前扣除。

（3）公益性社会团体、公益性群众团体的公益性捐赠税前扣除资格未超时限。

对于通过公益性社会团体发生的公益性捐赠支出，主管税务机关应对照财政、税务、民政部门联合公布的名单予以办理，即接受捐赠的公益性社会团体位于名单内的，企业或个人在名单所属年度向名单内的公益性社会团体进行的公益性捐赠支出可按规定进行税前扣除；接受捐赠的公益性社会团体不在名单内，或虽在名单内但企业或个人发生的公益性捐赠支出不属于名单所属年度的，不得扣除。

对符合条件的公益性群众团体，按照上述管理权限，由财政部、国家税务总局和省、自治区、直辖市、计划单列市财政、税务部门分别每年联合公布名单。名单应当包括继续获得公益性捐赠税前扣除资格和新获得公益性捐赠税前扣除资格的群众团体，企业和个人在名单所属年度内向名单内的群众团体进行的公益性捐赠支出，可以按规定进行税前扣除。

（4）取得合法有效的税前扣除凭证。

对于通过公益性社会团体发生的公益性捐赠支出，企业或个人应提供省级以上（含省级）财政部门印制并加盖接受捐赠单位印章的公益性捐赠票据，或加盖接受捐赠单位印章的《非税收入一般缴款书》收据联，方可按规定进行税前扣除。

公益性群众团体在接受捐赠时，应按照行政管理级次分别使用由财政部或省、自治区、直辖市财政部门印制的公益性捐赠票据或者《非税收入一般缴款书》收据联，并加盖本单位的印章。

风险点 47　北京市纳税人“公益性捐赠支出”税前扣除操作要求

京财税〔2009〕542 号文件规定，纳税人在我市开展公益性捐赠活动税前扣除时，需留存下列资料备查：北京市财政局、北京市国家税务局、北京市地方税务局和北京市民政局对公益性社会团体的捐赠税前扣除资格联合确认文件复印件；《北京市接收捐赠统一收据》；北京市民政局出具的相应年度的公益性社会团体年度检查证明资料复印件。

纳税人在我市以外地区开展公益性捐赠活动税前扣除时，需留存下列资料备查：财政部或省、自治区、直辖市财政部门印制的公益性捐赠票据；省、自治区、直辖市和计划单列市以上财政、税务、民政部门联合确认、公布的公益性捐赠税前扣除资格的文件复印件；省、自治区、直辖市和计划单列市以上民政部门出具的相应年度的公益性社会团体年度检查证明资料复印件。

风险点 48　资产用作对外捐赠视同销售相关政策

《企业所得税法实施条例》第二十五条规定，企业发生非货币性资产交换，以及将货物、财产、劳务用于捐赠、偿债、赞助、集资、广告、样品、职工福利或者利润分配等用途的，应当视同销售货物、转让财产或提供劳务。

国税函〔2008〕828 号文件第二条规定，企业将资产移送他人的下列情形，因资产所有权属已发生改变而不属于内部处置资产，应按规定视同销售确定收入。

（一）用于市场推广或销售；

（二）用于交际应酬；

（三）用于职工奖励或福利；

（四）用于股息分配；

（五）用于对外捐赠；

（六）其他改变资产所有权属的用途。

企业发生本通知第二条规定情形时，属于企业自制的资产，应按企业同类资产同期对外销售价格确定销售收入；属于外购的资产，可按购入时的价格确定销售收入。

风险点 49 受赠单位名称

笔者提醒：大家在填写表 A105070《捐赠支出纳税调整明细表》第 1 列“受赠单位名称”时，应当注意这里所填写的受赠单位应理解为，接受捐赠的县级以上人民政府及其组成部门和直属机构的具体名称，或由财政部、国家税务总局和民政部以及省、自治区、直辖市、计划单列市财政、税务和民政部门每年分别联合公布的公益性社会团体名单中接受企业捐赠的公益性社会团体的具体名称。（名单中的公益性社会团体即当年继续获得公益性捐赠税前扣除资格和新获得公益性捐赠税前扣除资格的公益性社会团体。）

案例

案例 17 有扣除限额的公益性捐赠填报案例

1. 情况说明。

A 企业 2015 年将一批自产货物通过政府 A 部门捐赠给贫困地区，该批货物账面成本 8 000 元，同类市场价格 10 000 元（不含税）。该企业 2015 年会计利润总额为 50 000 元。假设 A 企业 2015 年只发生了上述一笔捐赠支出，且该捐赠行为符合税法规定的公益性捐赠的确认条件。

2. 会计处理（单位：元）。

借：营业外支出——捐赠支出 9 700

贷：库存商品 8 000

应交税费——应交增值税（销项税额） 1 700

3. 填报方法。

（1）依据国税函〔2008〕828 号文件第二条的规定，企业将资产用于对外捐赠的，因资产所有权属已发生改变而不属于内部处置资产，应按规定视同销售确认收入。因此，当企业以非货币资产对外捐赠时，不论是公益性还是非公益性，税务处理中均应在 A105010《视同销售和房地产开发企业特定业务纳税调整明细表》第 7 行确认视同销售收入，在第 17 行结转视同销售成本。同时在 A105000《纳税调整明细表》第 29 行“其他”按照视同销售收入确认金额对捐赠支出扣除金额进行调整。

本例中，A 企业纳税申报时应在表 A105010 第 7 行确认视同销售收入 10 000 元，在第 17 行结转视同销售成本 8 000 元。在表 A105000 第 29 行"其他"填写 2 000 元。(具体填报见表 11-2、表 11-3)

表 11-2 A105010　视同销售和房地产开发企业特定业务纳税调整明细表

行次	项目	税收金额	纳税调整金额
		1	2
7	（六）用于对外损赠视同销售收入	10 000	10 000
17	（六）用于对外捐赠视同销售成本	8 000	－8 000

表 11-3　　　　A105000　纳税调整项目明细表

行次	项目	账载金额	税收金额	调增金额	调减金额
		1	2	3	4
29	（十六）其他	0	2 000		2 000

(2) 企业发生的非公益性捐赠支出不允许税前扣除，在 A105070《捐赠支出纳税调整明细表》第 6 列按受赠单位名称进行明细填报，第 6 列合计数参与纳税调增计算；一般情况下，主表第 13 行企业年度会计利润小于零时，A105070《捐赠支出纳税调整明细表》第 3 列"按税收规定的扣除限额"为 0，第 4 列"税收金额"为 0，第 2 列"账载金额"合计数全额参与纳税调增；年度会计利润大于零时，在年度利润总额 12%以内的公益性捐赠支出允许税前扣除，超过部分参与纳税调增。

本例中，A 企业纳税申报时应在表 A105070 第 2 列填写 10 000 元，第 3 列合计数为 6 000 元（50 000×12%），第 4 列合计数为 6 000 元，第 5 列和第 7 列合计数均为 4 000 元。(具体填报见表 11-4)

表 11-4　　　　A105070　捐赠支出纳税调整明细表

行次	受赠单位名称	公益性捐赠				非公益性捐赠	纳税调整金额
		账载金额	按税收规定计算的扣除限额	税收金额	纳税调整金额	账载金额	
	1	2	3	4	5（2－4）	6	7（5＋6）
1	政府 A 部门	10 000	6 000	6 000	4 000	0	4 000

（3）按照表间关系规定：

表 A105070 第 20 行第 2+6 列=表 A105000 第 17 行第 1 列；

表 A105070 第 20 行第 4 列=表 A105000 第 17 行第 2 列；

表 A105070 第 20 行第 7 列=表 A105000 第 17 行第 3 列。（具体填报见表 11-5）

表 11-5　　A105000　纳税调整项目明细表

行次	项目	账载金额	税收金额	调增金额	调减金额
		1	2	3	4
17	（五）捐赠支出（填写 A105070）	10 000	6 000	4 000	*

CORPORATE INCOME TAX FINAL SETTLEMENT

Risk Tips & Key Points Analysis

第12章

资产折旧、摊销政策及填报实务（A105080、A105081）

表 12-1　　资产折旧、摊销利润计算及纳税调整对照提示表

在利润总额计算中的位置	A102010《一般企业成本支出明细表》，A104000《期间费用明细表》第 7 行“资产折旧摊销费”
在纳税调整中的位置	A105080《资产折旧、摊销情况及纳税调整明细表》，A105081《固定资产加速折旧、扣除明细表》
风险管理提示	跨年度事项、永久性差异调整、时间性差异调整

12.1 资产折旧、摊销附表 A105080、A105081 情况概述

A105080《资产折旧、摊销情况及纳税调整明细表》应填写企业账面所有固定资产、无形资产、长期待摊费用等使用期限超过一个纳税年度的资产会计处理、税务处理的折旧、摊销情况。

本表发挥资产折旧、摊销汇总台账的作用。填报时：一是应注意无论单项资产的折旧摊销是否存在需在申报所属年度进行调整的税会差异，都要将其纳入本表填报范围，即本表信息采集范围是账面折旧、摊销资产“全口径”；二是本表按分类资产而不是单项资产采集数据信息，填报前需先通过底稿进行汇总计算。

本表与其附表 A105081《固定资产加速折旧、扣除明细表》同时发挥“固定资产缩短折旧年限、加速折旧、无形资产缩短摊销年限”等税收优惠申报表的作用，2014 版企业所得税年度纳税申报表在设计上将税会差异调整和税收优惠作为两个申报序列分别设置。而本表是将两者结合起来的特殊情况。2014 版企业所得税年度纳税申报表列示了“折旧年限”、“折旧方法”、“计提原值”三类调整原因。其中既包括税会差异形成的调整事项，也包括税收优惠形成的调整事项。

关键点 146　A105080《资产折旧、摊销情况及纳税调整明细表》与 A105081《固定资产加速折旧、扣除明细表》填报要点

资产折旧、摊销税会差异调整的一些常见情况在表 12-2 中进行了梳理列示，纳税人可对照自身实际情况作为参考。表中涉及的政策规定和表中未完全涵盖的政策规定，在本章各项关键点与风险点提示中进行了详细说明。

应特别注意的是，表 A105080 第 6 列“本年加速折旧额”填写按加速方法计算的折旧、摊销全额，而非按加速方法计算的折旧、摊销额和按税收一般规定计算的折旧、摊销额之间的差额。对同一项资产而言，在同一所属期间，A105080《资产折旧、摊销情况及纳税调整明细表》第 5 列“按税收一般

规定计算的本年折旧、摊销额”与第 6 列“本年加速折旧额”不同时填报。即一项资产在相同所属期间要么按税收一般规定计算折旧、摊销额，要么按加速方法计算折旧、摊销额，二者只能选择其一。

表 12-2　　　　资产折旧、摊销税会差异调整具体情况一览表

<table>
<tr><th>调整原因</th><th colspan="2">各类原因税会差异调整可能存在的具体情况</th></tr>
<tr><td rowspan="7">A. 折旧年限</td><td colspan="2">“除国务院财政、税务主管部门另有规定外”，会计估计按直线法对固定资产计提折旧的年限低于企业所得税法实施条例第六十条、第六十四条“固定资产计算折旧的最低年限”、“生产性生物资产最低折旧年限”。</td></tr>
<tr><td colspan="2">固定资产改扩建支出、大修理支出未按企业所得税法实施条例第六十八条的规定计算折旧年限。</td></tr>
<tr><td colspan="2">享受国税发〔2009〕81 号文件规定的关于固定资产折旧的税收优惠政策，缩短固定资产折旧年限。</td></tr>
<tr><td colspan="2">享受国家税务总局 2014 年第 64 号公告和 2015 年第 68 号公告关于固定资产折旧的税收优惠政策，缩短固定资产折旧年限。</td></tr>
<tr><td colspan="2">无形资产的摊销年限低于 10 年。</td></tr>
<tr><td colspan="2">长期待摊费用摊销年限不符合企业所得税法实施条例第六十八条（改扩建）、第六十九条（大修理）、第七十条（其他）的规定。</td></tr>
<tr><td colspan="2">享受财税〔2012〕27 号文件规定的企业外购软件和集成电力生产企业生产设备折旧的税收优惠政策，缩短折旧年限。</td></tr>
<tr><td rowspan="3">B. 折旧方法</td><td colspan="2">“除国务院财政、税务主管部门另有规定外”，会计估计未按直线法对固定资产、生产性生物资产计提折旧。</td></tr>
<tr><td colspan="2">享受国税发〔2009〕81 号文件规定的关于固定资产折旧的税收优惠政策，用双倍余额递减法或年数总和法加速折旧。</td></tr>
<tr><td colspan="2">享受国家税务总局 2014 年第 64 号公告和 2015 年第 68 号公告关于固定资产折旧的税收优惠政策，用双倍余额递减法或年数总和法加速折旧。</td></tr>
<tr><td rowspan="3">C. 计提原值</td><td>不得计提折旧</td><td>（一）房屋、建筑物以外未投入使用的固定资产；（二）以经营租赁方式租入的固定资产；（三）以融资租赁方式租出的固定资产；（四）已足额提取折旧仍继续使用的固定资产；（五）与经营活动无关的固定资产；（六）单独估价作为固定资产入账的土地；（七）其他不得计算折旧扣除的固定资产。</td></tr>
<tr><td>不得计算摊销</td><td>（一）自行开发的支出已在计算应纳税所得额时扣除的无形资产；（二）自创商誉；（三）与经营活动无关的无形资产；（四）其他不得计算摊销费用扣除的无形资产。</td></tr>
<tr><td>融资租入固定资产计税基础与账面价值差额</td><td>融资租入的固定资产，以租赁合同约定的付款总额和承租人在签订租赁合同过程中发生的相关费用为计税基础，租赁合同未约定付款总额的，以该资产的公允价值和承租人在签订租赁合同过程中发生的相关费用为计税基础。（参见与未实现融资收益相关的财务费用部分的融资租赁案例）</td></tr>
</table>

续表

调整原因	各类原因税会差异调整可能存在的具体情况
C. 计提原值	不征税收入资本化支出形成的固定资产、无形资产不允许计算扣除折旧、摊销。
	国家税务总局2012年第40号公告生效前已经签订搬迁协议且尚未完成搬迁清算的企业政策性搬迁项目，按国家税务总局2013年第11号公告规定，从搬迁收入中扣除购进资产成本，该项资产计税基础要扣除搬迁收入部分。
	不符合税收规定条件的利息费用资本化、计入资产成本的工资薪金形成的固定资产、无形资产不允许计算扣除折旧、摊销。
	企业持有各项资产期间资产增值或者减值，除国务院财政、税务主管部门规定可以确认损益外，不得调整该资产的计税基础。
	固定资产计税基础初始确认不符合企业所得税法实施条例第五十八条的规定。无形资产计税基础初始确认不符合企业所得税法实施条例第六十六条的规定。
	按照财税〔2010〕110号文件的规定，与对符合条件的节能服务公司签订节能效益分享型合同的用能企业按照能源管理合同实际支付给节能服务公司的合理支出，均可以在计算当期应纳税所得额时扣除，不再区分服务费用和资产价款进行税务处理；能源管理合同期满后，节能服务公司转让给用能企业的因实施合同能源管理项目形成的资产，按折旧或摊销期满的资产进行税务处理，用能企业从节能服务公司接受有关资产的计税基础也应按折旧或摊销期满的资产进行税务处理。

12.2 资产折旧、摊销政策要点

风险点50 不得计算折旧扣除的固定资产

《企业所得税法》第十一条规定，在计算应纳税所得额时，企业按照规定计算的固定资产折旧，准予扣除。

下列固定资产不得计算折旧扣除：

（一）房屋、建筑物以外未投入使用的固定资产；

（二）以经营租赁方式租入的固定资产；

（三）以融资租赁方式租出的固定资产；

（四）已足额提取折旧仍继续使用的固定资产；

（五）与经营活动无关的固定资产；

（六）单独估价作为固定资产入账的土地；

（七）其他不得计算折旧扣除的固定资产。

风险点 51　不得计算摊销扣除的无形资产

《企业所得税法》第十二条规定，在计算应纳税所得额时，企业按照规定计算的无形资产摊销费用，准予扣除。

下列无形资产不得计算摊销费用扣除：

（一）自行开发的支出已在计算应纳税所得额时扣除的无形资产；

（二）自创商誉；

（三）与经营活动无关的无形资产；

（四）其他不得计算摊销费用扣除的无形资产。

风险点 52　允许作为长期待摊费用计算摊销的扣除项目

《企业所得税法》第十三条规定，在计算应纳税所得额时，企业发生的下列支出作为长期待摊费用，按照规定摊销的，准予扣除：

（一）已足额提取折旧的固定资产的改建支出；

（二）租入固定资产的改建支出；

（三）固定资产的大修理支出；

（四）其他应当作为长期待摊费用的支出。

风险点 53　不征税收入对应的资本化支出不允许税前扣除

《企业所得税法》第二十八条规定，企业的不征税收入用于支出所形成的费用或者财产，不得扣除或者计算对应的折旧、摊销扣除。

风险点 54　融资租赁租入固定资产的折旧扣除

《企业所得税法》第四十七条规定，以融资租赁方式租入固定资产发生的租赁费支出，按照规定构成融资租入固定资产价值的部分应当提取折旧费用，分期扣除。

《企业所得税法实施条例》第五十八条规定，融资租入的固定资产，以租赁合同约定的付款总额和承租人在签订租赁合同过程中发生的相关费用为计税基础，租赁合同未约定付款总额的，以该资产的公允价值和承租人在签订租赁合同过程中发生的相关费用为计税基础。（参见与未实现融资收益相关的财务费用部分融资租赁案例）

风险点 55　融资性售后租回资产的折旧扣除

国家税务总局 2010 年第 13 号公告规定，根据现行企业所得税法及有关收入确定规定，融资性售后回租业务中，承租人出售资产的行为，不确认为销售收入，对融资性租赁的资产，仍按承租人出售前原账面价值作为计税基础计提折旧。租赁期间，承租人支付的属于融资利息的部分，作为企业财务费用在税前扣除。

风险点 56　资产价值变动对其计税基础的影响

企业持有各项资产期间资产增值或者减值，除国务院财政、税务主管部门规定可以确认损益外，不得调整该资产的计税基础。

关键点 147　固定资产计税基础的确定方法

《企业所得税法实施条例》第五十八条规定，固定资产按照以下方法确定计税基础：

（一）外购的固定资产，以购买价款和支付的相关税费以及直接归属于使该资产达到预定用途发生的其他支出为计税基础；

（二）自行建造的固定资产，以竣工结算前发生的支出为计税基础；

（三）融资租入的固定资产，以租赁合同约定的付款总额和承租人在签订租赁合同过程中发生的相关费用为计税基础，租赁合同未约定付款总额的，以该资产的公允价值和承租人在签订租赁合同过程中发生的相关费用为计税基础；

（四）盘盈的固定资产，以同类固定资产的重置完全价值为计税基础；

（五）通过捐赠、投资、非货币性资产交换、债务重组等方式取得的固定资产，以该资产的公允价值和支付的相关税费为计税基础；

（六）改建的固定资产，除企业所得税法第十三条第（一）项和第（二）项规定的支出外，以改建过程中发生的改建支出增加计税基础。

关键点 148　税收一般规定固定资产的折旧方法

《企业所得税法实施条例》第五十九条规定，固定资产按照直线法计算的折旧，准予扣除。

企业应当自固定资产投入使用月份的次月起计算折旧；停止使用的固定资产，应当自停止使用月份的次月起停止计算折旧。

企业应当根据固定资产的性质和使用情况，合理确定固定资产的预计净残值。固定资产的预计净残值一经确定，不得变更。

关键点 149　税收一般规定固定资产的折旧年限

《企业所得税法实施条例》第六十条规定，除国务院财政、税务主管部门另有规定外，固定资产计算折旧的最低年限如下：

（一）房屋、建筑物，为 20 年；

（二）飞机、火车、轮船、机器、机械和其他生产设备，为 10 年；

（三）与生产经营活动有关的器具、工具、家具等，为 5 年；

（四）飞机、火车、轮船以外的运输工具，为 4 年；

（五）电子设备，为 3 年。

关键点 150 无形资产计税基础的确定方法

《企业所得税法实施条例》第六十五条规定，企业所得税法第十二条所称无形资产，是指企业为生产产品、提供劳务、出租或者经营管理而持有的、没有实物形态的非货币性长期资产，包括专利权、商标权、著作权、土地使用权、非专利技术、商誉等。

《企业所得税法实施条例》第六十六条规定，无形资产按照以下方法确定计税基础：

（一）外购的无形资产，以购买价款和支付的相关税费以及直接归属于使该资产达到预定用途发生的其他支出为计税基础；

（二）自行开发的无形资产，以开发过程中该资产符合资本化条件后至达到预定用途前发生的支出为计税基础；

（三）通过捐赠、投资、非货币性资产交换、债务重组等方式取得的无形资产，以该资产的公允价值和支付的相关税费为计税基础。

关键点 151 税收一般规定无形资产的摊销方法

《企业所得税法实施条例》第六十七条规定，无形资产按照直线法计算的摊销费用，准予扣除。

关键点 152 税收一般规定无形资产的摊销年限

无形资产的摊销年限不得低于 10 年。

作为投资或者受让的无形资产，有关法律规定或者合同约定了使用年限的，可以按照规定或者约定的使用年限分期摊销。

关键点 153 外购商誉的扣除规定

外购商誉的支出，在企业整体转让或者清算时，准予扣除。

风险点 57 固定资产改扩建形成长期待摊费用的摊销扣除规定

《企业所得税法实施条例》第六十八条规定，企业所得税法第十三条第

（一）项和第（二）项所称固定资产的改建支出，是指改变房屋或者建筑物结构、延长使用年限等发生的支出。

《企业所得税法》第十三条第（一）项规定的支出，按照固定资产预计尚可使用年限分期摊销；第（二）项规定的支出，按照合同约定的剩余租赁期限分期摊销。

风险点58 非“租入、已提足折旧”两类情形的房屋、建筑物固定资产改扩建的税务处理

改建的固定资产延长使用年限的，除企业所得税法第十三条第（一）项和第（二）项规定外，应当适当延长折旧年限。

国家税务总局2011年第34号公告规定，企业对房屋、建筑物固定资产在未足额提取折旧前进行改扩建的，如属于推倒重置的，该资产原值减除提取折旧后的净值，应并入重置后的固定资产计税成本，并在该固定资产投入使用后的次月起，按照税法规定的折旧年限，一并计提折旧；如属于提升功能、增加面积的，该固定资产的改扩建支出，并入该固定资产计税基础，并从改扩建完工投入使用后的次月起，重新按税法规定的该固定资产折旧年限计提折旧，如该改扩建后的固定资产尚可使用的年限低于税法规定的最低年限的，可以按尚可使用的年限计提折旧。

风险点59 固定资产大修理支出形成长期待摊费用的摊销扣除规定

《企业所得税法实施条例》第六十九条规定，企业所得税法第十三条第（三）项所称固定资产的大修理支出，是指同时符合下列条件的支出：

（一）修理支出达到取得固定资产时的计税基础50%以上；

（二）修理后固定资产的使用年限延长2年以上。

《企业所得税法》第十三条第（三）项规定的支出，按照固定资产尚可使用年限分期摊销。

风险点60 其他长期待摊费用的摊销扣除规定

《企业所得税法实施条例》第七十条规定，企业所得税法第十三条第（四）项所称其他应当作为长期待摊费用的支出，自支出发生月份的次月起，分期摊销，摊销年限不得低于3年。

风险点61 “政策性搬迁”搬迁资产相关税务处理

国家税务总局2012年第40号公告第十一条规定，企业搬迁的资产，简单安装或不需要安装即可继续使用的，在该项资产重新投入使用后，就其净值按《企业所得税法》及其实施条例规定的该资产尚未折旧或摊销的年限，继续计提折旧或摊销。

第十二条规定，企业搬迁的资产，需要进行大修理后才能重新使用的，应就该资产的净值，加上大修理过程所发生的支出，为该资产的计税成本。在该项资产重新投入使用后，按该资产尚可使用的年限，计提折旧或摊销。

第十三条规定，企业搬迁中被征用的土地，采取土地置换的，换入土地的计税成本按被征用土地的净值，以及该换入土地投入使用前所发生的各项费用支出，为该换入土地的计税成本，在该换入土地投入使用后，按《企业所得税法》及其实施条例规定年限摊销。

第十四条规定，企业搬迁期间新购置的各类资产，应按《企业所得税法》及其实施条例等有关规定，计算确定资产的计税成本及折旧或摊销年限。企业发生的购置资产支出，不得从搬迁收入中扣除。

国家税务总局2013年第11号公告规定，企业政策性搬迁被征用的资产，采取资产置换的，其换入资产的计税成本按被征用资产的净值，加上换入资产所支付的税费（涉及补价，还应加上补价款）计算确定。

关键点154 新税法实施后固定资产预计净残值的调整确认

国税函〔2009〕98号文件规定，新税法实施前已投入使用的固定资产，企业已按原税法规定预计净残值并计提的折旧，不做调整。新税法实施后，对此类继续使用的固定资产，可以重新确定其残值，并就其尚未计提折旧的余额，按照新税法规定的折旧年限减去已经计提折旧的年限后的剩余年限，按照新税法规定的折旧方法计算折旧。新税法实施后，固定资产原确定的折旧年限不违背新税法规定原则的，也可以继续执行。

关键点155 技术进步、强震荡、高腐蚀造成的固定资产加速折旧

《企业所得税法实施条例》第三十二条规定，企业的固定资产由于技术进步等原因，确需加速折旧的，可以缩短折旧年限或者采取加速折旧的方法。

国税发〔2009〕81号文件规定，根据《企业所得税法》第三十二条及《实施条例》第九十八条的相关规定，企业拥有并用于生产经营的主要或关键的固定资产，由于以下原因确需加速折旧的，可以缩短折旧年限或者采取加速折旧的方法：

（一）由于技术进步，产品更新换代较快的；

（二）常年处于强震动、高腐蚀状态的。

企业过去没有使用过与该项固定资产功能相同或类似的固定资产，但有充分的证据证明该固定资产的预计使用年限短于《实施条例》规定的计算折旧最低年限的，企业可根据该固定资产的预计使用年限和本通知的规定，对该固定资产采取缩短折旧年限或者加速折旧的方法。企业在原有的固定资产未达到《实施条例》规定的最低折旧年限前，使用功能相同或类似的新固定资产替代旧固定资产的，企业可根据旧固定资产的实际使用年限和本通知的规定，对新替代的固定资产采取缩短折旧年限或者加速折旧的方法。

对于采取缩短折旧年限的固定资产，足额计提折旧后继续使用而未进行处置（包括报废等情形）超过 12 个月的，今后对其更新替代、改造改建后形成的功能相同或者类似的固定资产，不得再采取缩短折旧年限的方法。

关键点 156　固定资产缩短折旧年限的折旧扣除计算方法

企业采取缩短折旧年限方法的，对其购置的新固定资产，最低折旧年限不得低于《实施条例》第六十条规定的折旧年限的 60%；若为购置已使用过的固定资产，其最低折旧年限不得低于《实施条例》规定的最低折旧年限减去已使用年限后剩余年限的 60%。最低折旧年限一经确定，一般不得变更。

关键点 157　固定资产加速折旧扣除的计算方法

固定资产采取加速折旧方法的，可以采用双倍余额递减法或者年数总和法。加速折旧方法一经确定，一般不得变更。

双倍余额递减法，是指在不考虑固定资产预计净残值的情况下，根据每期期初固定资产原值减去累计折旧后的金额和双倍的直线法折旧率计算固定资产折旧的一种方法。应用这种方法计算折旧额时，由于每年年初固定资产净值没有减去预计净残值，所以在计算固定资产折旧额时，应在其折旧年限到期前的两年期间，将固定资产净值减去预计净残值后的余额平均摊销。计算公式如下：

年折旧率＝2÷预计使用寿命(年)×100%

月折旧率＝年折旧率÷12

月折旧额＝月初固定资产账面净值×月折旧率

年数总和法，又称年限合计法，是指将固定资产的原值减去预计净残值后的余额，乘以一个以固定资产尚可使用寿命为分子、以预计使用寿命逐年数字之和为分母的逐年递减的分数计算每年的折旧额。计算公式如下：

年折旧率＝尚可使用年限÷预计使用寿命的年数总和×100％
月折旧率＝年折旧率÷12
月折旧额＝(固定资产原值－预计净残值)×月折旧率

12.3 资产折旧、摊销税务处理实务探讨

关键点 158 未及时取得发票的固定资产计税基础的确认

公司 2010 年 5 月已投入使用的固定资产，当时未取得发票也未入账，2013 年 6 月份取得了发票并入账，那么，公司可以补提 2010 年 5 月至 2013 年 6 月的固定资产折旧吗？

《企业所得税法实施条例》第五十九条规定，固定资产按照直线法计算的折旧，准予扣除。企业应当自固定资产投入使用月份的次月起计算折旧；停止使用的固定资产，应当自停止使用月份的次月起停止计算折旧。

《国家税务总局关于企业所得税应纳税所得额若干税务处理问题的公告》（国家税务总局公告 2012 年第 15 号）第六条规定，根据《中华人民共和国税收征收管理法》的有关规定，对企业发现以前年度实际发生的、按照税收规定应在企业所得税前扣除而未扣除或者少扣除的支出，企业做出专项申报及说明后，准予追补至该项目发生年度计算扣除，但追补确认期限不得超过 5 年。

笔者认为，如果符合以上规定，公司可以补提 2010 年 5 月至 2013 年 6 月的固定资产折旧。

《国家税务总局关于贯彻落实企业所得税法若干税收问题的通知》（国税函〔2010〕79 号）第五条规定，企业固定资产投入使用后，由于工程款项尚未结清未取得全额发票的，可暂按合同规定的金额计入固定资产计税基础计提折旧，待发票取得后进行调整。但该项调整应在固定资产投入使用后 12 个月内进行。对于上述在固定资产投入使用 12 个月后取得发票的情况，笔者认为应参照《企业会计准则》的规定，为避免税会差异，可调整固定资产的计税基础，但对已计提的折旧不再调整。固定资产的净值（计税基础－已计提折旧）按剩余期限计算折旧从税前扣除。

关键点 159 装修支出的税务处理

企业租入房屋，发生装修，未改变房屋的结构也不会延长房屋的使用年限，其发生的装修支出如何进行税务处理？是否必须按合同约定的剩余租赁

期限分期摊销？还是按受益期进行摊销？

《企业所得税法实施条例》第六十八条规定，租入固定资产的改建支出按合同约定的剩余租赁期限分期摊销，固定资产的改建支出应改变房屋或者建筑物结构、延长使用年限。对于企业租入房屋未改变房屋结构且未延长房屋使用年限的，不属于固定资产改建支出，应按照装修的受益期确认摊销时限。

风险点 62　税法对二手固定资产预计折旧年限的认定

税法规定，固定资产可以计算折旧从税前扣除是为了补偿固定资产因使用而造成自身价值的损耗，《企业所得税法实施条例》规定的最短折旧年限是对未使用过的固定资产明确的损耗补偿最低年限，对于使用过的固定资产（二手固定资产），应当按尚可使用年限合理确认损耗的补偿年限，即折旧年限。实务中为了防范企业利用此政策避税，一般情况下，该固定资产的已使用期限和尚可使用期限之和不得低于《企业所得税法实施条例》规定的最短折旧年限。

风险点 63　建筑企业"临时设施"税前扣除的实务处理

考虑到目前财务会计制度和税法均未明确活动板房的处理，有的计入当期支出，有的计入长期待摊费用，有的计入固定资产，因此对于施工企业的临时设施，《企业所得税法实施条例》第二十八条规定，企业发生的支出应当区分收益性支出和资本性支出。收益性支出在发生当期直接扣除；资本性支出应当分期扣除或者计入有关资产成本，不得在发生当期直接扣除。

《企业所得税法实施条例》还规定，受益期在 12 个月以内的可视为收益性支出，在发生当期一次性扣除；受益期超过 12 个月的属于资本性支出，发生当期不得一次性扣除，应按受益期扣除。因此，建筑企业在对"临时设施"进行会计计量时应先考虑该设施的受益期。

12.4　A105081《固定资产加速折旧、扣除明细表》填报要点

本表主要适用于国家税务总局 2014 年第 64 号公告规定的"六大行业"税收优惠政策（适用于 2014 年及以后纳税年度），和**国家税务总局 2015 年第 68 号公告规定的"四个领域重点行业"税收优惠政策（适用于 2015 年及以后纳税年度）。**

关键点 160　"六大行业＋四个领域重点行业"加速折旧税收优惠

对生物药品制造业，专用设备制造业，铁路、船舶、航空航天和其他运输设备制造业，计算机、通信和其他电子设备制造业，仪器仪表制造业，信息传输、软件和信息技术服务业等行业企业（以下简称六大行业），2014 年 1 月 1 日后购进的固定资产（包括自行建造），允许缩短折旧年限或采取加速折旧方法。

对轻工、纺织、机械、汽车等四个领域重点行业（以下简称四个领域重点行业）企业 2015 年 1 月 1 日后新购进的固定资产（包括自行建造，下同），允许缩短折旧年限或采取加速折旧方法。

关键点 161　六大行业和四个领域重点行业中的小型微利企业研发和生产经营共用的仪器、设备一次性扣除和缩短折旧年限或采取加速折旧税收优惠

六大行业中的小型微利企业研发和生产经营共用的仪器、设备，企业在 2014 年 1 月 1 日后购进用于研发活动的仪器、设备，单位价值不超过 100 万元的，可以一次性在计算应纳税所得额时扣除；单位价值超过 100 万元的，允许缩短折旧年限或采取加速折旧方法。

对四个领域重点行业小型微利企业 2015 年 1 月 1 日后新购进的研发和生产经营共用的仪器、设备，单位价值不超过 100 万元（含）的，允许在计算应纳税所得额时一次性全额扣除；单位价值超过 100 万元的，允许缩短折旧年限或采取加速折旧方法。

小型微利企业，是指企业所得税法第二十八条规定的小型微利企业。

关键点 162　"六大行业"和"四个领域重点行业"企业的确认标准

六大行业按照国家统计局《国民经济行业分类与代码（GB/4754—2011）》确定。今后国家有关部门更新国民经济行业分类与代码，从其规定。

四个领域重点行业按照财税〔2015〕106 号文件附件"轻工、纺织、机械、汽车四个领域重点行业范围"确定。今后国家有关部门更新国民经济行业分类与代码，从其规定。

（注：目前可享受本表格中税收优惠的行业代码详见下文表 12-3。）

六大行业和四个领域重点行业企业是指以上述行业业务为主营业务，其固定资产投入使用当年主营业务收入占企业收入总额 50%（不含）以上的企业。所称收入总额，是指企业所得税法第六条规定的收入总额。主管税务机

关应对适用本公告规定优惠政策的企业加强后续管理，对预缴申报时享受了优惠政策的企业，年终汇算清缴时应对企业全年主营业务收入占企业收入总额的比例进行重点审核。

关键点 163 研发专用仪器、设备一次性扣除和缩短折旧年限或采取加速折旧税收优惠

企业在 2014 年 1 月 1 日后购进并专门用于研发活动的仪器、设备，单位价值不超过 100 万元的，可以一次性在计算应纳税所得额时扣除。设备单位价值超过 100 万元的，允许缩短折旧年限或采取加速折旧方法。

用于研发活动的仪器、设备范围口径，按照《国家税务总局关于印发〈企业研究开发费用税前扣除管理办法（试行）〉的通知》（国税发〔2008〕116 号）或《科学技术部 财政部 国家税务总局关于印发〈高新技术企业认定管理工作指引〉的通知》（国科发火〔2008〕362 号）规定执行。**（由于国家税务总局 2015 年第 97 号公告最后一条明确："八、执行时间，本公告适用于 2016 年度及以后年度企业所得税汇算清缴。"因此，已经开始的 2015 年度汇算清缴不能适用财税〔2015〕119 号和总局 2015 年第 97 号公告中规定的研发费加计扣除新政策，仍然适用国税发〔2008〕116 号和财税〔2013〕70 号文件。）**

风险点 64 研发专用仪器设备可以同时享受固定资产加速折旧和研发费加计扣除优惠政策

企业专门用于研发活动的仪器、设备已享受上述优惠政策的，在享受研发费加计扣除时，按照《国家税务总局关于印发〈企业研发费用税前扣除管理办法（试行）〉的通知》（国税发〔2008〕116 号）、《财政部 国家税务总局关于研究开发费用税前加计扣除有关政策问题的通知》（财税〔2013〕70 号）的规定，就已经进行会计处理的折旧、费用等金额进行加计扣除。**（2015 年研发费加计扣除新政策适用情况同上）**

企业需要注意的是，加速折旧政策并不要求税会一致，但如果加速折旧的部分要享受研发费加计扣除政策，就必须保证税会一致，即会计上也要按照国家税务总局 2014 年第 64 号和 2015 年第 68 号公告口径进行处理，才能享受研发费加计扣除的税收优惠。

关键点 164 单位价值不超过 5 000 元的固定资产一次性扣除税收优惠

企业持有的固定资产，单位价值不超过 5 000 元的，可以一次性在计算应纳税所得额时扣除。企业在 2013 年 12 月 31 日前持有的单位价值不超过 5 000 元的固定资产，其折余价值部分，2014 年 1 月 1 日以后可以一次性在计算应纳税所得额时扣除。

风险点 65　企业享受优惠时固定资产加速折旧的最低折旧年限

企业采取缩短折旧年限方法的，对其购置的新固定资产，最低折旧年限不得低于《企业所得税法实施条例》第六十条规定的折旧年限的 60%；企业购置已使用过的固定资产，其最低折旧年限不得低于实施条例规定的最低折旧年限减去已使用年限后剩余年限的 60%，最低折旧年限一经确定，一般不得变更。

风险点 66　企业享受优惠时加速折旧方法的适用

企业的固定资产采取加速折旧方法的，可以采用双倍余额递减法或者年数总和法。加速折旧方法一经确定，一般不得变更。所称双倍余额递减法或者年数总和法，按照《国家税务总局关于企业固定资产加速折旧所得税处理有关问题的通知》（国税发〔2009〕81 号）第四条的规定执行。

风险点 67　同时符合不同税收优惠政策文件中规定的加速折旧优惠标准，只可执行其一，且一经选定不得变更

企业的固定资产既符合本公告优惠政策条件，同时又符合《国家税务总局关于企业固定资产加速折旧所得税处理有关问题的通知》（国税发〔2009〕81 号）、《财政部 国家税务总局关于进一步鼓励软件产业和集成电路产业发展企业所得税政策的通知》（财税〔2012〕27 号）中相关加速折旧政策条件的，可由企业选择其中最优惠的政策执行，且一经选择，不得改变。

风险点 68　填写 A105081《固定资产加速折旧、扣除明细表》的程序性要求

企业应将购进固定资产的发票、记账凭证等有关资料留存备查，并建立台账，准确反映税法与会计差异情况。

A105081《固定资产加速折旧、扣除明细表》是国家税务总局 2014 年第 64 号和 2015 年第 68 号公告规定的具体表达，填表过程中容易因理解偏差，出现不符合申报要求的错误数据、无效数据，给纳税人带来修改申报的麻烦。笔者认为纳税人在申报填写该表时，应注意以下几点内容：

（一）表格基本用途提示。

本表第 1 至 14 行适用于按照国家税务总局 2014 年第 64 号和 2015 年第 68 号公告等规定，享受固定资产加速折旧和一次性扣除优惠政策的查账征税纳税人填报。

本表第 15 至 28 行适用于按照国税发〔2009〕81 号、财税〔2012〕27 号文件规定，由享受技术进步、更新换代、强震动、高腐蚀固定资产加速折旧，以及外购软件、集成电路企业生产设备加速折旧或摊销的查账征税纳税人填报，主要用于享受加速折旧、摊销优惠政策的备案。

本表不承担纳税调整职责，主要任务包括：一是对纳税人享受优惠政策情况进行统计（第 1 至 14 行）；二是由汇算清缴享受国税发〔2009〕81 号和财税〔2012〕27 号文件规定固定资产加速折旧政策企业填写本表，以此履行固定资产加速折旧备案手续（第 15 至 28 行）。

（二）填写口径要求。

1. 享受加速折旧政策的纳税人，填报本表即视为履行备案程序。

2. 本年度内税法折旧额大于会计折旧额（或正常折旧额，下同）的填写本表，税法折旧小于会计折旧的金额不再填写本表。

某项资产某月税法折旧额小于会计折旧额后，该项固定资产从当月起至年度末的会计折旧额和税法折旧额均不再填写计入本表，仅填报本年度内税法折旧额大于会计折旧额月份的数据。例如，A 汽车公司享受固定资产加速折旧政策，2018 年 5 月，某项固定资产税法折旧额开始小于会计折旧额（其 4 月前税法折旧大于会计折旧），2018 年度汇算清缴时，“税收折旧（扣除）额”除“原值”以外其他列次填写到 4 月份数额，“原值”据实填写。在以后年度汇算清缴时，该项资产不再填写本表，其此后年度的折旧、摊销额纳税调增填写表 A105080。

税法折旧额小于会计折旧额的主要情形如下：

（1）会计采取正常折旧方法，税法采取缩短折旧年限方法，按税法规定折旧完毕的。

（2）会计采取正常折旧方法，税法采取年数总和法或者双倍余额递减法，税法折旧金额小于会计折旧金额的。

（3）会计和税法均加速折旧，但税法与会计处理金额不一致，且税法折旧金额小于会计折旧金额的。

（4）会计和税法均加速折旧，该类固定资产税会处理一致，且税法折旧金额小于正常折旧金额的。

(5) 税法采取一次性扣除后，年度内剩余月份。

3. 一次性扣除的固定资产，会计上未一次性扣除的资产，会计折旧额按首月折旧额填报。此处会计折旧额仅供统计，不影响纳税调整。

4. 对会计和税法均加速折旧、但其税会折旧金额不一致的资产，在“税会处理不一致”行填报。

5. 有“*”号的单元格不需填写。

（三）重点“行”、“列”填报说明。

1. 第 2 行和第 3 行，由企业按照不同税会处理方式，填写固定资产加速折旧情况。“税会处理不一致”包括税法和会计都加速折旧，但税会折旧方法不一致的情况。

2. 第 1 至 12 列各类固定资产原值、折旧额。

(1) 原值：填写固定资产计税基础。对于年度内只要有 1 个月税法折旧额大于会计折旧额的，其原值填入对应“原值”列。对于全年所有月份税法折旧额都小于会计折旧额的固定资产，其原值不填本表。

(2) 税收折旧（扣除）额：当税法折旧额大于会计折旧额时，填报该项固定资产本年度税法折旧额。

对于本年度某些月份税法折旧额大于会计折旧额、某些月份税法折旧额小于会计折旧额的，只填报税法折旧额大于会计折旧额状态下的税法折旧额。

3. 第 13 至 18 列“税收折旧（扣除）额合计”填报本年度税法折旧额大于会计折旧额情况下，固定资产加速折旧的纳税调整（此处只用于统计，不实际调整）和估算的加速折旧优惠统计额。

第 13 列“原值”：等于第 1、3、5、7、9、11 列之和。

第 14 列“会计折旧额”：税收加速折旧、会计未加速折旧的，或者会计与税法均加速折旧但折旧方法不一致的，本列填固定资产会计实际账载折旧额。会计与税法均加速折旧且折旧方法一致的，不填写本列。

第 15 列“正常折旧额”：会计与税法均加速折旧且折旧方法一致的，为统计企业享受优惠情况，假定该资产未享受加速折旧政策，本列填报该固定资产视同按照税法规定最低折旧年限用直线法估算折旧额，当估算的“正常折旧额”大于税法折旧额时，不再填报。

第 16 列“税收加速折旧额”：税法折旧额大于会计折旧额状态下，填报税法加速折旧额。等于第 2、4、6、8、10、12 列之和。

第 17 列“纳税减少额”：填报税收上加速折旧额与会计折旧额的差额，本行用于统计，不实际进行纳税调减。第 17 列＝第 16 列－14 列。

第 18 列“加速折旧优惠统计额”：填报会计与税法对固定资产均加速折旧且折旧方法一致的，以税法实际加速折旧额减去假定未加速折旧估算的“正常折旧额”，据此统计加速折旧情况。第 18 列＝第 16 列－15 列。

（四）表间关系。

第 1 行第 16 列＝表 A105080 第 1 行第 7 列。

第 1 行第 2 列＝表 A105080 第 2 行第 7 列。

第 1 行第 4 列＝表 A105080 第 3 行第 7 列。

第 1 行第 6 列＝表 A105080 第 4 行第 7 列。

第 1 行第 8 列＝表 A105080 第 5 行第 7 列。

第 1 行第 10 列＝表 A105080 第 6 行第 7 列。

第 1 行第 12 列＝表 A105080 第 7 行第 7 列。

（五）可供选择的行业代码表。（见表 12-3）

表 12-3　　重要领域（行业）固定资产加速折旧行业代码表

代码				类别名称	文件依据	领域/行业
门类	大类	中类	小类			
	13			农副食品加工业	财税〔2015〕106 号	轻工
		131	1310	谷物磨制		
		132	1320	饲料加工		
		133		植物油加工		
		134	1340	制糖业		
		135		屠宰及肉类加工		
		136		水产品加工		
		137		蔬菜、水果和坚果加工		
		139		其他农副食品加工		
	14			食品制造业	财税〔2015〕106 号	轻工
		141		焙烤食品制造		
		142		糖果、巧克力及蜜饯制造		
		143		方便食品制造		
		144	1440	乳制品制造		
		145		罐头食品制造		
		146		调味品、发酵制品制造		
		149		其他食品制造		

续表

代码				类别名称	文件依据	领域/行业
门类	大类	中类	小类			
	17			纺织业	财税〔2015〕106 号	纺织
		171		棉纺织及印染精加工		
		172		毛纺织及染整精加工		
		173		麻纺织及染整精加工		
		174		丝绢纺织及印染精加工		
		175		化纤织造及印染精加工		
		176		针织或钩针编织物及其制品制造		
		177		家用纺织制成品制造		
		178		非家用纺织制成品制造		
	18			纺织服装、服饰业	财税〔2015〕106 号	纺织
		181	1810	机织服装制造		
		182	1820	针织或钩针编织服装制造		
		183	1830	服饰制造		
	19			皮革、毛皮、羽毛及其制品和制鞋业	财税〔2015〕106 号	轻工
		191	1910	皮革鞣制加工		
		192		皮革制品制造		
		193		毛皮鞣制及制品加工		
		194		羽毛（绒）加工及制品制造		
		195		制鞋业		
	20			木材加工和木、竹、藤、棕、草制品业	财税〔2015〕106 号	轻工
		201		木材加工		
		202		人造板制造		
		203		木制品制造		
		204		竹、藤、棕、草等制品制造		
	21			家具制造业	财税〔2015〕106 号	轻工
		211	2110	木质家具制造		
		212	2120	竹、藤家具制造		
		213	2130	金属家具制造		
		214	2140	塑料家具制造		
		219	2190	其他家具制造		
	22			造纸和纸制品业	财税〔2015〕106 号	轻工
		221		纸浆制造		
		222		造纸		
		223		纸制品制造		

续表

代码				类别名称	文件依据	领域/行业
门类	大类	中类	小类			
	23			印刷和记录媒介复制业	财税〔2015〕106号	轻工
		231		印刷		
		232	2320	装订及印刷相关服务		
		233	2330	记录媒介复制		
	24			文教、工美、体育和娱乐用品制造业	财税〔2015〕106号	轻工
		241		文教办公用品制造		
		242		乐器制造		
		243		工艺美术品制造		
		244		体育用品制造		
		245	2450	玩具制造		
		268		日用化学产品制造	财税〔2015〕106号	轻工
			2681	肥皂及合成洗涤剂制造		
			2682	化妆品制造		
			2683	口腔清洁用品制造		
			2684	香料、香精制造		
			2689	其他日用化学产品制造		
	27			医药制造业	财税〔2015〕106号	轻工
		271	2710	化学药品原料药制造		
		272	2720	化学药品制剂制造		
		273	2730	中药饮片加工		
		274	2740	中成药生产		
		275	2750	兽用药品制造		
		277	2770	卫生材料及医药用品制造		
		276	2760	生物药品制造	财税〔2014〕75号	生物药品制造
	28			化学纤维制造业	财税〔2015〕106号	纺织
		281		纤维素纤维原料及纤维制造		
		282		合成纤维制造		

续表

代码				类别名称	文件依据	领域/行业
门类	大类	中类	小类			
		292		塑料制品业	财税〔2015〕106 号	轻工
			2921	塑料薄膜制造		
			2922	塑料板、管、型材制造		
			2923	塑料丝、绳及编织品制造		
			2924	泡沫塑料制造		
			2925	塑料人造革、合成革制造		
			2926	塑料包装箱及容器制造		
			2927	日用塑料制品制造		
			2928	塑料零件制造		
			2929	其他塑料制品制造		
	33			金属制品业	财税〔2015〕106 号	机械
		331		结构性金属制品制造		
		332		金属工具制造		
		333		集装箱及金属包装容器制造		
		334	3340	金属丝绳及其制品制造		
		335		建筑、安全用金属制品制造		
		336	3360	金属表面处理及热处理加工		
		337		搪瓷制品制造		
		338		金属制日用品制造		
		339		其他金属制品制造		
	34			通用设备制造业	财税〔2015〕106 号	机械
		341		锅炉及原动设备制造		
		342		金属加工机械制造		
		343		物料搬运设备制造		
		344		泵、阀门、压缩机及类似机械制造		
		345		轴承、齿轮和传动部件制造		
		346		烘炉、风机、衡器、包装等设备制造		
		347		文化、办公用机械制造		
		348		通用零部件制造		
		349	3490	其他通用设备制造业		

续表

代码				类别名称	文件依据	领域/行业
门类	大类	中类	小类			
	35			专用设备制造业	财税〔2014〕75号	专用设备制造业
		351		采矿、冶金、建筑专用设备制造		
		352		化工、木材、非金属加工专用设备制造		
		353		食品、饮料、烟草及饲料生产专用设备制造		
		354		印刷、制药、日化及日用品生产专用设备制造		
		355		纺织、服装和皮革加工专用设备制造		
		356		电子和电工机械专用设备制造		
		357		农、林、牧、渔专用机械制造		
		358		医疗仪器设备及器械制造		
		359		环保、社会公共服务及其他专用设备制造		
	36			汽车制造业	财税〔2015〕106号	汽车
		361	3610	汽车整车制造		
		362	3620	改装汽车制造		
		363	3630	低速载货汽车制造		
		364	3640	电车制造		
		365	3650	汽车车身、挂车制造		
		366	3660	汽车零部件及配件制造		
	37			铁路、船舶、航空航天和其他运输设备制造业	财税〔2014〕75号	铁路、船舶、航空航天和其他运输设备制造业
		371		铁路运输设备制造		
		372	3720	城市轨道交通设备制造		
		373		船舶及相关装置制造		
		374		航空、航天器及设备制造		
		375		摩托车制造		
		376		自行车制造		
		377	3770	非公路休闲车及零配件制造		
		379		潜水救捞及其他未列明运输设备制造		
	38			电气机械和器材制造业	财税〔2015〕106号	机械
		381		电机制造		
		382		输配电及控制设备制造		
		383		电线、电缆、光缆及电工器材制造		
		384		电池制造		
		385		家用电力器具制造		
		386		非电力家用器具制造		
		387		照明器具制造		
		389		其他电气机械及器材制造		

续表

代码				类别名称	文件依据	领域/行业
门类	大类	中类	小类			
	39			计算机、通信和其他电子设备制造业	财税〔2014〕75 号	计算机、通信和其他电子设备制造业
		391		计算机制造		
		392		通信设备制造		
		393		广播电视设备制造		
		394	3940	雷达及配套设备制造		
		395		视听设备制造		
		396		电子器件制造		
		397		电子元件制造		
		399	3990	其他电子设备制造		
	40			仪器仪表制造业	财税〔2014〕75 号	仪器仪表制造业
		401		通用仪器仪表制造		
		402		专用仪器仪表制造		
		403	4030	钟表与计时仪器制造		
		404		光学仪器及眼镜制造		
		409	4090	其他仪器仪表制造业		
I				信息传输、软件和信息技术服务业	财税〔2014〕75 号	信息传输、软件和信息技术服务业
	63			电信、广播电视和卫星传输服务		
		631		电信		
		632		广播电视传输服务		
		633	6330	卫星传输服务		
	64			互联网和相关服务		
		641	6410	互联网接入及相关服务		
		642	6420	互联网信息服务		
		649	6490	其他互联网服务		
	65			软件和信息技术服务业		
		651	6510	软件开发		
		652	6520	信息系统集成服务		
		653	6530	信息技术咨询服务		
		654	6540	数据处理和存储服务		
		655	6550	集成电路设计		
		659		其他信息技术服务业		

12.5 2014年固定资产加速折旧新政策热点答疑

12366热点——固定资产加速折旧政策（第1期）

1. 企业在预缴时放弃享受固定资产加速折旧优惠，汇算清缴时能否申请享受？

答：纳税人预缴申报时未享受该优惠，不影响年度汇算清缴时申请享受固定资产加速折旧政策。但为了保证及时、准确地享受税收优惠，充分发挥政策效应，建议符合条件的企业在预缴申报时享受固定资产加速折旧优惠。

2. 企业是否必须填报《固定资产加速折旧（扣除）预缴情况统计表》?

答：《固定资产加速折旧（扣除）预缴情况统计表》是必填表，如您的企业不涉及相关业务，请在该表中全部填零，保存时系统会提示“您是否放弃享受固定资产加速折旧企业所得税优惠?”点击“是”后继续填报其他报表。

3. 分支机构是否需要填写《固定资产加速折旧（扣除）预缴情况统计表》?

答：实行跨地区经营汇总纳税企业的分支机构预缴不填报此表，由其总机构向其所在地主管税务机关备案享受该优惠；视同独立纳税人计算并就地缴纳企业所得税的分支机构，需要填报该表。

4. 预缴申报时可以享受加速折旧税收优惠吗?

答：企业在预缴时就可以享受加速折旧政策。企业在预缴申报时，由于无法取得主营业务收入占收入总额的比重数据，可以由企业合理预估，先行享受。到年底时如果不符合规定比例，则在汇算清缴时一并进行纳税调整。

为了便于税务机关能够及时准确了解企业享受此项优惠政策的实际情况，要求企业在预缴申报时，应报送《固定资产加速折旧（扣除）预缴情况统计表》。

5. 如何在预缴申报时填报报表，享受固定资产加速折旧政策?

答：企业会计税收上都采取加速折旧方式的，预缴申报时根据企业会计利润直接填列。

企业会计上正常折旧，税收上采取加速折旧方式的，预缴申报时将会计与税收的差异暂填列在预缴申报表第8行“减征、免征的应纳税所得额”栏次。

12366热点——固定资产加速折旧政策（第2期）

1. 对允许一次性扣除的价值不超过5 000元的固定资产，其预计净残值能否在计算应纳税所得额时扣除？

答：企业持有的固定资产，单位价值不超过5 000元的，允许一次性扣除是指全部单位价值可一次性在税前扣除，不需考虑会计上是否设定了预计净残值。

2. 享受加速折旧税收优惠需要税务机关审批吗？

答：为方便纳税人，企业享受此项加速折旧企业所得税优惠不需要税务机关审批，而是实行事后备案管理。总、分机构汇总纳税的企业对所属分支机构享受加速折旧政策的，由其总机构向其所在地主管税务机关备案。

纳税人事后备案后，发票等原始凭证、记账凭证等无须报送税务机关，留存企业备查即可。同时，为加强管理，企业应建立台账，准确核算税法与会计差异情况。

3. 新购进的固定资产中“新”和“购进”如何理解？

答：这里“新购进”中的“新”字，只是区别于原已购进的固定资产，不是规定非要购进全新的固定资产，即包括企业2014年以后购进的已使用过的固定资产。公告明确的“购进”是指以货币购进的固定资产和自行建造的固定资产。

4. 新购进固定资产的时间点如何把握？

答：新购进的固定资产，是指2014年1月1日以后购买，并且在此后投入使用。设备购置时间应以设备发票开具时间为准。采取分期付款或赊销方式取得设备的，以设备到货时间为准。企业自行建造的固定资产，其购置时间点原则上应以建造工程竣工决算的时间点为准。

5. 会计处理上未加速折旧，是否影响企业享受加速折旧税收优惠政策？

答：《国家税务总局关于企业所得税应纳税所得额若干问题的公告》（国家税务总局公告2014年第29号）规定，企业按税法规定实行加速折旧的，其按加速折旧办法计算的折旧额可全额在税前扣除。也就是说，企业会计处理上是否采取加速折旧方法，不影响企业享受加速折旧税收优惠政策，企业在享受加速折旧税收优惠政策时，不需要会计上也同时采取与税收上相同的折旧方法。

6. 企业新购进的可以一次性扣除的固定资产，可否购进当年不享受，以后年度再扣除？

答：对于《财政部 国家税务总局关于完善固定资产加速折旧企业所得税政策的通知》（财税〔2014〕75号）规定的可以一次性扣除的情形，纳税人可以自行选择是否享受一次性扣除优惠。但如果选择享受一次性扣除优惠的，在 2014 年 1 月 1 日以后新购进的固定资产需在购进当年一次性扣除。

12366 热点——固定资产加速折旧政策（第 3 期）

1. 企业购进的可以一次性扣除的固定资产，其成本费用是允许在购入当月还是固定资产使用的次月一次性扣除？（如在 2014 年 12 月购入的固定资产，是在 2014 年 12 月扣除还是 2015 年 1 月扣除?）

答：在 2014 年 1 月 1 日以后新购进的固定资产符合一次性扣除条件的，在购进当年一次性扣除，如企业在 2014 年 12 月购进的固定资产，应在 2014 年度扣除。

2. 企业在 2013 年 12 月 31 日前持有的价值不超过 5 000 元的固定资产，能否在 2014 年仍然计提折旧，以后年度再一次性扣除?

答：企业可以自行选择是否享受一次性扣除优惠，但如果选择享受一次性扣除优惠的，企业在 2013 年 12 月 31 日前持有的单位价值不超过 5 000 元的固定资产，应在 2014 年将余额一次性扣除。

3. 企业持有两个单位价值不超过 5 000 元的固定资产，可以一个享受一次性扣除另一个仍旧按照直线法计算折旧扣除吗?

答：固定资产加速折旧属于税收优惠项目，企业可以选择放弃。

4. 企业在 2014 年 1 月 1 日后购进并专门用于研发活动的设备，当年一次性税前扣除，如以后改变用途不再用于研发，应如何处理?

答：考虑到政策鼓励企业研发的本意，企业购进的固定资产改变用途，不再用于研发的，不得享受固定资产加速折旧税收优惠政策，应从购进资产并投入使用的当年开始调整，按照税法规定的最低折旧年限采用直线折旧法计提折旧。

5. 事业单位能否适用“三、对所有行业企业持有的单位价值不超过 5 000 元的固定资产，允许一次性计入当期成本费用在计算应纳税所得额时扣除，不再分年度计算折旧”的规定?

答：凡是固定资产产权属于事业单位且符合《财政部 国家税务总局关于完善固定资产加速折旧企业所得税政策的通知》（财税〔2014〕75 号）和《国家税务总局关于固定资产加速折旧税收政策有关问题的公告》（国家税务总局公告 2014 年第 64 号）规定条件的，可以享受固定资产加速折旧税收优惠政策。凡是固定资产产权不属于事业单位的，不得享受固定资产加速折旧税收优惠政策。

CORPORATE INCOME TAX FINAL SETTLEMENT

Risk Tips & Key Points Analysis

第13章 资产损失政策及填报实务（A105090、A105091）

表 13-1　　资产损失利润计算及纳税调整对照提示表

在利润总额计算中的位置	A102010《一般企业成本支出明细表》第 17 行“非流动资产处置损失”，第 18 行“非货币性资产交换损失”，第 19 行“债务重组损失”，第 20 行“非常损失”，第 24 行“坏账损失”，第 25 行“无法收回的债券股权投资损失”，A104000《期间费用明细表》第 8 行“财产损耗、盘亏及毁损损失”
在纳税调整中的位置	A105090《资产损失税前扣除及纳税调整明细表》 A105091《资产损失（专项申报）税前扣除及纳税调整明细表》
风险管理层级	重大事项、永久性差异调整、时间性差异调整

关键点 165　资产损失（附表 A105090、A105091）填报基本要求

A105090《资产损失税前扣除及纳税调整明细表》作为 2014 版《企业所得税年度纳税申报表》纳税调整系列的例外，不论是否存在纳税调整，发生资产损失税前扣除事项（包括清单申报、专项申报）都要在本表及其附表 A105091《资产损失（专项申报）税前扣除及纳税调整明细表》进行填写申报。

同时应关注的是，国家税务总局 2011 年第 25 号公告规定，企业在进行企业所得税年度汇算清缴申报时，可将资产损失申报材料和纳税资料作为企业所得税年度纳税申报表的附件一并向税务机关报送。属于清单申报的资产损失，企业可按会计核算科目进行归类、汇总，然后再将汇总清单报送税务机关，有关会计核算资料和纳税资料留存备查；属于专项申报的资产损失，企业应逐项（或逐笔）报送申请报告，同时附送会计核算资料及其他相关的纳税资料。

企业在填写 2014 版《企业所得税年度纳税申报表》进行纳税申报之前，应先与主管税务机关沟通了解资产损失证据资料报送、留存的时间及程序要求。

关键点 166　资产损失税前扣除企业所得税专项政策梳理

资产损失税前申报扣除的企业所得税专项政策文件包括：《财政部 国家税务总局关于企业资产损失税前扣除政策的通知》（财税〔2009〕57 号）、《国家税务总局关于发布〈企业资产损失所得税税前扣除管理办法〉的公告》（国家税务总局公告 2011 年第 25 号）、《国家税务总局关于商业零售企业存货损失税前扣除问题的公告》（国家税务总局公告 2014 年第 3 号）、《国家税务总局关于企业因国务院决定事项形成的资产损失税前扣除问题的公告》（国家税

务总局公告 2014 年第 18 号）。以下是对几个资产损失税前扣除政策执行中的问题的梳理和总结。

关键点 167　金融企业涉农贷款和中小企业贷款损失税前扣除问题

《国家税务总局关于金融企业涉农贷款和中小企业贷款损失税前扣除问题的公告》（国家税务总局公告 2015 年第 25 号）规定：

金融企业涉农贷款、中小企业贷款逾期 1 年以上，经追索无法收回，应依据涉农贷款、中小企业贷款分类证明，按下列规定计算确认贷款损失进行税前扣除：

（1）单户贷款余额不超过 300 万元（含 300 万元）的，应依据向借款人和担保人的有关原始追索记录（包括司法追索、电话追索、信件追索和上门追索等原始记录之一，并由经办人和负责人共同签章确认），计算确认损失进行税前扣除。

（2）单户贷款余额超过 300 万元至 1 000 万元（含 1 000 万元）的，应依据有关原始追索记录（应当包括司法追索记录，并由经办人和负责人共同签章确认），计算确认损失进行税前扣除。

（3）单户贷款余额超过 1 000 万元的，仍按《国家税务总局关于发布〈企业资产损失所得税税前扣除管理办法〉的公告》（国家税务总局公告 2011 年第 25 号）有关规定计算确认损失进行税前扣除。

风险点 69　不得作为资产损失在企业所得税税前扣除的股权和债权

纳税人应特别注意，以下债权和股权损失不允许税前扣除：债务人或者担保人有经济偿还能力，未按期偿还的企业债权；违反法律、法规的规定，以各种形式、借口逃废或悬空的企业债权；行政干预逃废或悬空的企业债权；企业未向债务人和担保人追偿的债权；企业发生非经营活动的债权；其他不应当核销的企业债权和股权。

风险点 70　不按出资比例和持股比例分配清算剩余财产造成资产损失问题

《中华人民共和国公司法》第一百八十六条规定，清算组在清理公司财产、编制资产负债表和财产清单后，应当制定清算方案，并报股东会、股东大会或者人民法院确认。

公司财产在分别支付清算费用、职工的工资、社会保险费用和法定补偿金，缴纳所欠税款，清偿公司债务后的剩余财产，有限责任公司按照股东的出资比例分配，股份有限公司按照股东持有的股份比例分配。

不按出资比例和持股比例分配清算剩余财产，造成纳税人分得的被投资人清算剩余资产少于按照公司法规定的应分得的金额，从而形成资产损失，不应当在企业所得税税前进行扣除。

风险点 71　投资人撤回、减少投资造成的股权投资损失

《中华人民共和国公司法》第一百七十七条规定，公司需要减少注册资本时，必须编制资产负债表及财产清单。

公司应当自做出减少注册资本决议之日起十日内通知债权人，并于三十日内在报纸上公告。债权人自接到通知书之日起三十日内，未接到通知书的自公告之日起四十五日内，有权要求公司清偿债务或者提供相应的担保。

国家税务总局 2012 年第 25 号公告未对纳税人撤回、减少投资造成股权投资损失做出具体规定，笔者认为纳税人在申报相关资产损失时，应事先与主管税务机关沟通。

风险点 72　企业境外所得中包含的资产损失税前扣除问题

财税〔2009〕57 号文件规定，企业境内、境外营业机构发生的资产损失应分开核算，对境外营业机构由于发生资产损失而产生的亏损，不得在计算境内应纳税所得额时扣除。

纳税人境外经营产生的资产损失，包括参与境外分支机构营业利润计算资产损失，被投资企业所在地为境外的股权投资损失，债务人在境外的债权投资损失，应收及预付款损失，应收票据、各类垫款、往来款损失，固定资产所在地为境外的固定资产损失等。

按照现行申报表的逻辑结构，纳税人境外所得为负数时，应在主表第 14 行“境外所得”填写负数，与境内应纳税所得额计算相分离。其中形成分支机构亏损的损失以“分国不分项”的原则进行弥补，境内机构的上述股权投资、债权投资、应收预付款、财产转让损失不能用境内所得弥补，目前也没有明确的申报受理标准。实务操作中，纳税人对该部分损失进行申报前，应与主管税务机关进行沟通，确认是否予以受理。

关键点 168　汇总纳税企业发生资产损失的申报扣除

总机构及二级分支机构发生的资产损失，除应按专项申报和清单申报的

有关规定各自向所在地主管税务机关申报外，二级分支机构还应同时上报总机构；三级及以下分支机构发生的资产损失不需向所在地主管税务机关申报，应并入二级分支机构，由二级分支机构统一申报。

总机构对各分支机构上报的资产损失，除税务机关另有规定外，应以清单申报的形式向所在地主管税务机关申报。

总机构将分支机构所属资产捆绑打包转让所发生的资产损失，由总机构向所在地主管税务机关专项申报。

关键点 169　应进行“清单申报”的资产损失在当年度未申报扣除的处理办法

根据《国家税务总局关于发布〈企业资产损失所得税税前扣除管理办法〉的公告》（国家税务总局公告 2011 年第 25 号）第六条的规定，企业以前年度发生的资产损失未能在当年税前扣除的，可以按照本办法的规定，向税务机关说明并进行专项申报扣除。企业以前年度发生的应进行清单申报的资产损失在当年度未申报扣除的，在以后年度进行申报扣除时应进行专项申报。考虑到以前年度属于清单申报的资产损失均情况简单、损失金额易确定，因此纳税人可与主管税务机关沟通，在以后年度采取专项申报时能否仅报送《申请报告》和《专项申报表》，有关会计核算等证据资料留存企业备查，不需报送。在填报 A105091《资产损失（专项申报）税前扣除及纳税调整明细表》时，纳税人可将以前年度未申报扣除的上述资产损失归类在“其他”项目中。

风险点 73　“存货正常损失”不包含不得抵扣的增值税进项税额

《国家税务总局关于商业零售企业存货损失税前扣除问题的公告》（国家税务总局公告 2014 年第 3 号）中规定的“存货正常损失”是否包含不得抵扣的增值税进项税额？

根据《财政部 国家税务总局关于企业资产损失税前扣除政策的通知》（财税〔2009〕57 号）第十条的规定，企业因存货盘亏、毁损、报废、被盗等原因不得从增值税销项税额中抵扣的进项税额，可以与存货损失一起在计算应纳税所得额时扣除。因此，企业因存货盘亏、毁损、报废、被盗等原因不得从增值税销项税额中抵扣的进项税额不属于资产损失，国家税务总局 2014 年第 3 号公告中规定的存货正常损失不包括不得抵扣的增值税进项税额。

案例

案例18 坏账损失填报案例

1. 情况说明。

某企业2017年12月31日核销一笔坏账（对X公司的应收账款），该项应收账款初始入账金额为10 000元，企业2015年底针对该笔应收账款提取坏账准备3 000元，2016年转回上述坏账准备1 000元，2017年收回该笔应收账款5 000元，其余做损失处理。

2. 会计处理（单位：元）。

2015年计提坏账准备时：

借：资产减值损失 3 000

贷：坏账准备 3 000

2016年转回上述坏账准备时：

借：坏账准备 1 000

贷：资产减值损失 1 000

2017年对坏账进行核销时：

借：坏账准备 2 000

营业外支出 3 000

银行存款 5 000

贷：应收账款 10 000

3. 填报方法。

2015年企业计提的坏账准备3 000元，已计入当期损益，资产减值损失借方发生额3 000元，则应在2015年度调增3 000元。填入表A105000第32行“资产减值准备金”第3列“调增金额”。（具体填报见表13-2）

表13-2 纳税调整项目明细表

行次	项目	账载金额	税收金额	调增金额	调减金额
		1	2	3	4
32	（二）资产减值准备金	3 000	*	3 000	

2016年企业转回坏账准备1 000元，也已计入当期损益，资产减值损失贷方发生额1 000元，则应在2016年度调减1 000元。填入表A105000第32行“资产减值准备金”第4列“调减金额”。（具体填报见表13-3）

表 13-3　　　　　　　　　　纳税调整项目明细表

行次	项目	账载金额	税收金额	调增金额	调减金额
		1	2	3	4
32	（二）资产减值准备金	−1 000	*	0	1 000

2017 年因损失实际发生，企业核销了坏账，即进行“资产减值损失”转销，坏账损失已计入当期损益，则应填写 A105090《资产损失税前扣除及纳税调整明细表》及其附表。如果企业的实际情况符合税法关于资产损失税前扣除的规定，申报表应填列如下：（具体填报见表 13-4、表 13-5）

表 13-4　A105091　资产损失（专项申报）税前扣除及纳税调整明细表

行次	项目	账载金额	处置收入	赔偿收入	计税基础	税收金额	纳税调整金额
	1	2	3	4	5	6（5−3−4）	7（2−6）
1	一、货币资产损失（2+3+4+5）						
2	对 X 公司的应收账款	3 000	0	0	3 000	3 000	0

表 13-5　　　　A105090　资产损失税前扣除及纳税调整明细表

行次	项目	账载金额	税收金额	纳税调整金额
		1	2	3（1−2）
9	二、专项申报资产损失（填写 A105091）			
10	（一）货币资产损失（填写 A105091）	3 000	3 000	0

CORPORATE INCOME TAX FINAL SETTLEMENT

Risk Tips & Key Points Analysis

第14章 企业重组政策及填报实务（A105100）

14.1 企业重组业务概述

表 14-1 企业重组利润计算及纳税调整对照提示表

在利润总额计算中的位置	A101010《一般企业收入明细表》第 19 行“债务重组利得”，第 26 行“其他”，A100000《中华人民共和国企业所得税年度纳税申报表（A 类）》第 9 行“投资收益”
在纳税调整中的位置	A105100《企业重组纳税调整明细表》
风险管理层级	跨年度事项、重大事项、高风险事项

关键点 170 企业重组涉及政策文件

企业重组涉及政策文件包含：国税函〔2009〕1 号、财税〔2009〕59 号、国家税务总局 2010 年第 4 号公告、财税〔2013〕91 号、国家税务总局 2014 年第 29 号公告、财税〔2014〕109 号、财税〔2014〕116 号、**国家税务总局 2015 年第 33 号公告、国家税务总局 2015 年第 40 号公告、国家税务总局 2015 年第 48 号公告。**

风险点 74 各重组政策文件之间的脉络关系

目前的重组政策文件可分为三类：以财税〔2009〕59 号文件为框架的重组政策、股权或资产划转政策以及非货币性资产投资政策。这三类政策所调整的企业经济行为既有区别又有重叠。因此，企业在适用重组政策时要谨慎分析自身经济行为的性质，选择合适的税收政策。笔者认为需要注意的是，依据《国家税务总局关于非货币性资产投资企业所得税有关征管问题的公告》（国家税务总局公告 2015 年第 33 号）第三条规定的精神，企业只能在三者之中任选其一进行特殊性税务处理，且一经选定，不得改变。

（一）以财税〔2009〕59 号文件为框架的重组政策包含：财税〔2009〕59 号、国家税务总局 2010 年第 4 号公告、财税〔2014〕109 号和国家税务总局 2015 年第 48 号公告。

（二）股权或资产划转主要政策包含：国家税务总局 2014 年第 29 号公告第一条和第二条、财税〔2014〕109 号文件第三条和国家税务总局 2015 年第 40 号公告。

（三）非货币性资产投资主要政策包含：财税〔2014〕116 号和国家税务总局 2015 年第 33 号公告。

关键点 171　企业重组的各项基本概念

（一）企业重组，是指企业在日常经营活动以外发生的法律结构或经济结构重大改变的交易，包括企业法律形式改变、债务重组、股权收购、资产收购、合并、分立等。

企业法律形式改变，是指企业注册名称、住所以及企业组织形式等的简单改变。

债务重组，是指在债务人发生财务困难的情况下，债权人按照其与债务人达成的书面协议或者法院裁定书，就其债务人的债务做出让步的事项。

股权收购，是指一家企业（以下称为收购企业）购买另一家企业（以下称为被收购企业）的股权，以实现对被收购企业控制的交易。

资产收购，是指一家企业（以下称为受让企业）购买另一家企业（以下称为转让企业）实质经营性资产的交易。

合并，是指一家或多家企业（以下称为被合并企业）将其全部资产和负债转让给另一家现存或新设企业（以下称为合并企业），实现两个或两个以上企业的依法合并。

分立，是指一家企业（以下称为被分立企业）将部分或全部资产分离转让给现存或新设的企业（以下称为分立企业），实现企业的依法分立。

（二）企业重组的当事各方。

依据国家税务总局 2015 年第 48 号公告第一条规定，企业重组的当事各方是指：

1. 债务重组中当事各方，即债务人、债权人。

2. 股权收购中当事各方，即收购方、转让方及被收购企业。

3. 资产收购中当事各方，即收购方、转让方。

4. 合并中当事各方，即合并企业、被合并企业及被合并企业股东。

5. 分立中当事各方，即分立企业、被分立企业及被分立企业股东。

上述重组交易中，股权收购中转让方、合并中被合并企业股东和分立中被分立企业股东，可以是自然人。

当事各方中的自然人应按个人所得税的相关规定进行税务处理。

（三）重组主导方。

依据国家税务总局 2015 年第 48 号公告第二条规定，重组当事各方企业适用特殊性税务处理的（指重组业务符合财税〔2009〕59 号文件和财税〔2014〕109 号文件第一条、第二条规定条件并选择特殊性税务处理的，下同），应按如下规定确定重组主导方：

1. 债务重组，主导方为债务人。

2. 股权收购，主导方为股权转让方，涉及两个或两个以上股权转让方，由转让被收购企业股权比例最大的一方作为主导方（转让股权比例相同的可协商确定主导方）。

3. 资产收购，主导方为资产转让方。

4. 合并，主导方为被合并企业，涉及同一控制下多家被合并企业的，以净资产最大的一方为主导方。

5. 分立，主导方为被分立企业。

（四）企业重组日。

依据国家税务总局2015年第48号公告第三条规定，财税〔2009〕59号文件第十一条所称重组业务完成当年，是指重组日所属的企业所得税纳税年度。企业重组日的确定，按以下规定处理：

1. 债务重组，以债务重组合同（协议）或法院裁定书生效日为重组日。

2. 股权收购，以转让合同（协议）生效且完成股权变更手续日为重组日。关联企业之间发生股权收购，转让合同（协议）生效后12个月内尚未完成股权变更手续的，应以转让合同（协议）生效日为重组日。

3. 资产收购，以转让合同（协议）生效且当事各方已进行会计处理的日期为重组日。

4. 合并，以合并合同（协议）生效、当事各方已进行会计处理且完成工商新设登记或变更登记日为重组日。按规定不需要办理工商新设或变更登记的合并，以合并合同（协议）生效且当事各方已进行会计处理的日期为重组日。

5. 分立，以分立合同（协议）生效、当事各方已进行会计处理且完成工商新设登记或变更登记日为重组日。

关键点172　企业重组税务处理涉及的主要问题

1. 资产负债事项的原所有者在重组环节需确认的应税损益。资产负债，既包括重组事项的标的，也包括为标的支付的对价。

2. 重组事项发生后，资产负债事项的新所有者对资产负债计税基础的确认。资产负债，既包括重组事项的标的，也包括为标的支付的对价。

3. 合并、分立事项，且被合并、分立企业的亏损能否在重组后新成立或存续企业继续弥补。

4. 合并、分立事项，且合并、分立后存续企业的税收优惠事项能否在重组完成后继续享受。

风险点 75　企业重组的特殊性税务处理不是税收优惠

企业重组的特殊性税务处理不是税收优惠，而是意在维持税收中性。其原因之一是部分重组事项不实现经济效益。对最终控制方不发生改变的重组事项（如同一控制下的企业合并）而言，重组的目的通常在于优化资源配置，分拆、整合上市，减少内部竞争等，而不是处置资产负债获利，财务核算采用权益结合法，标的资产负债的对价以原账面价值计量。原因之二是企业重组可能涉及股份支付对价，不产生现金流。对改变资产负债最终控制方的重组事项（如非同一控制下的企业合并）而言，财务核算采用购买法，按标的资产负债的公允价值计算交易对价，但对价的股份支付部分不产生现金流。如果要求纳税人在重组环节就资产负债公允价值与计税基础之间的差额计算缴纳税款，征税金额可能非常大，从而阻碍企业重组。特殊性税务处理打破上述阻碍，维持税收中性，手段是纳税义务的递延。

企业所得税制度的一般规定是，资产负债从一个法人主体转移至另一个法人主体，纳税人应就资产负债计税基础与公允价值之间的差额计算应纳税所得额履行纳税义务。重组事项涉及上述纳税义务，并不因特殊性税务处理而免除，只可能是部分纳税义务从由重组日所属纳税年度递延到以后纳税年度（主要涉及债务重组债务人的纳税义务、非货币性资产投资投资者的纳税义务），或者纳税义务由重组环节递延到下一个交易环节，从一个法人主体转移到另一个法人主体（主要涉及股权收购、资产收购、企业合并、企业分立）。

国家税务总局 2010 年第 4 号公告规定，同一重组业务的当事各方应采取一致税务处理原则，即统一按一般性或特殊性税务处理。该文件进一步明确了特殊性税务处理不导致纳税义务的免除。

关键点 173　财税〔2009〕59 号文件规范的企业重组的一般性税务处理

一般性税务处理相对特殊性税务处理而言，不涉及纳税义务的递延。对不符合特殊性税务处理条件，或未按要求履行特殊性税务处理备案手续的重组事项，都应按照一般性税务处理进行申报纳税。

1. 应进行一般性税务处理股权收购，视同被收购企业股东将被收购企业股权转让给收购企业，被收购企业股东将股权公允价值与计税基础之间的差额确认为应税所得。收购企业按被收购企业股权公允价值确认该项股权的计税基础。

2. 应进行一般性税务处理债务重组，对债权债务计税基础与重组确认金额之间的差额，债务人确认为应税所得，债权人确认为资产损失。该资产损失申报及税会差异调整不在表 A105100 中进行填写，而是在 A105090《资产损失税前扣除及纳税调整明细表》中进行申报调整。

3. 应进行一般性税务处理资产收购，视同被收购企业将资产转让给收购企业，被收购企业将资产公允价值与计税基础之间的差额确认为应税所得。收购企业按被收购企业资产公允价值确认资产的计税基础。

4. 应进行一般性税务处理的企业合并，视同被合并企业进行清算税务处理，将资产负债转让给合并企业，重组环节被合并企业应将资产负债公允价值与原计税基础之间的差额确认为应税所得。合并企业按标的资产负债公允价值确认资产负债的计税基础。一般性税务处理被合并企业的亏损不得在合并企业结转弥补。在企业吸收合并中，合并后的存续企业性质及适用税收优惠的条件未发生改变的，可以继续享受合并前该企业剩余期限的税收优惠，其优惠金额按存续企业合并前一年的应纳税所得额（亏损计为零）计算。

5. 应进行一般性税务处理的企业分立，视同被分立企业将资产负债转让给分立企业，重组环节应将资产负债公允价值与原计税基础之间的差额确认为应税所得。如果被分立企业不再存续，那么应进行清算税务处理，确认清算的资产处置与负债清偿所得，并履行纳税义务。分立企业按标的资产负债公允价值确认资产负债的计税基础。一般性税务处理企业分立相关企业的亏损不得相互结转弥补。在企业存续分立中，分立后的存续企业性质及适用税收优惠的条件未发生改变的，可以继续享受分立前该企业剩余期限的税收优惠，其优惠金额按该企业分立前一年的应纳税所得额（亏损计为零）乘分立后存续企业资产占分立前该企业全部资产的比例计算。

6. 企业法律形式改变，是指未同时符合上述债务重组、股权收购、资产收购、企业合并、企业分立的情形的，企业注册名称、住所以及企业组织形式等的简单改变。企业法律形式改变的一般性税务处理主要应注意法律形式的改变是否造成了企业所得税应税主体的消失。我国企业所得税纳税主体包括境内成立或境外成立但实际管理机构在境内的企业（即居民企业），个人独资企业和合伙企业所得不属于企业所得税的征税范围。因此当企业由法人转变为个人独资企业、合伙企业等非法人组织，或将登记注册地转移至中华人民共和国境外（包括港澳台地区），应视同企业进行清算、分配，股东重新投资成立新企业。企业的全部资产以及股东投资的计税基础均应以公允价值为基础确定。企业发生其他法律形式简单改变的，可直接变更税务登记，除另有规定外，有关企业所得税纳税事项（包括亏损结转、税收优惠等权利和义务）由变更后企业承继。企业法律形式改变不涉及特殊性税务处理。

根据上述规定，实务中经常遇到的是国有企业股份制改革的问题。企业组织形式发生变化时，比如由全民所有制企业改制为股份有限公司，需要进行资产评估。当资产评估增值导致企业注册资本变化时，一般而言，股份制改革导致资产评估增值，纳税人会按评估价值调整资产负债的账面价值。但进行税务处理时如果未将评估增值额确认为应税所得，又未能保持评估前后资产负债计税基础确认的延续性，会造成较大的涉税风险。笔者认为，此处纳税人在进行“应税所得确认”和“计税基础调整”时，税务处理应保持一致。

关键点 174　企业股权或资产划转的税务处理

按照国家税务总局 2014 年第 29 号公告第一条和二条的规定，政府部门对企业划转资产，属于权益性投入的，划入企业按政府规定的接收价值确认资产计税基础。政府无偿划入企业的资产（不属于权益性或债权性投入的），划入企业应按政府规定的接收价格（没有规定接收价格按公允价值）确认收入。其中符合不征税收入税务处理条件的，可按照不征税收入进行税务处理。股东划入企业的资产，属于权益性投入的，划入企业按公允价值确认资产计税基础。股东划入企业的资产做收入处理的，划入企业按公允价值确认收入和资产的计税基础。

“100％直接控制的居民企业之间，以及受同一或相同多家居民企业 100％直接控制的居民企业之间按账面净值划转股权或资产”的情况需要适用，财税〔2014〕109 号文件第三条和国家税务总局 2015 年第 40 号公告中的具体规定。

关键点 175　非货币性资产投资的税务处理

按照财税〔2014〕116 号文件的规定，企业以非货币性资产对外投资，应对非货币性资产进行评估并按评估后的公允价值扣除计税基础后的余额，计算确认非货币性资产转让所得。**按照国家税务总局 2015 年第 33 号公告的规定，实行查账征收的居民企业（以下简称企业）以非货币性资产对外投资确认的非货币性资产转让所得，可自确认非货币性资产转让收入年度起不超过连续 5 个纳税年度的期间内，分期均匀计入相应年度的应纳税所得额，按规定计算缴纳企业所得税。**

企业选择适用国家税务总局 2015 年第 33 号公告第一条规定进行税务处

理的，应在非货币性资产转让所得递延确认期间每年企业所得税汇算清缴时，填报《中华人民共和国企业所得税年度纳税申报表》（A类，2014年版）中A105100《企业重组纳税调整明细表》第13行“其中：以非货币性资产对外投资”的相关栏目，并向主管税务机关报送《非货币性资产投资递延纳税调整明细表》。

关键点176　财税〔2009〕59号文件规范的企业重组的特殊性税务处理

特殊性税务处理相对一般性税务处理而言，主要涉及纳税义务在不同纳税年度、不同交易环节、不同法人主体之间递延。对符合特殊性税务处理条件，纳税人选择进行特殊性税务处理，并向主管税务机关履行了特殊性税务处理备案手续的重组事项，可以按特殊性税务处理申报纳税。

财税〔2009〕59号文件规定，本通知所称股权支付，是指企业重组中购买、换取资产的一方支付的对价中，以本企业或其控股企业的股权、股份作为支付的形式。

股权收购中收购企业以其自身股权对被收购企业股东进行支付，对被收购股权而言，股权支付部分仍受被收购企业股东控制，最终控制权未发生改变。资产收购中收购企业以其自身股权对被收购企业进行支付，对被收购资产而言，股权支付部分仍受被收购企业控制，最终控制权未发生改变。但如果收购企业以其控股企业股权、股份进行支付，股权收购中被收购企业股东对标的股权不再具有控制能力，资产收购中被收购企业对标的资产也不再具有控制能力。重组事项导致标的资产不再具有“权益连续性”。实务中，该规定较易造成政策执行者的疑惑，笔者认为，不应排除后续税收政策会对上述问题进行进一步的规范和明确。因此纳税人在进行相关重组事项的筹划安排时，应注意做好风险防范。

1. 可进行特殊性税务处理债务重组，债权债务计税基础与重组确认金额之间的差额对债务人而言，债务重组确认的应纳税所得额占该企业当年应纳税所得额50%以上，可以在5个纳税年度内，均匀计入各年度的应纳税所得额。税会差异主要是债务重组利得确认的时间性差异，一般在债务重组当年，进行纳税调减，以后年度逐年调增。债权人确认为资产损失。该资产损失申报及税会差异调整不在表A105100进行填写，在A105090《资产损失税前扣除及纳税调整明细表》中进行申报调整。

2. 可进行特殊性税务处理股权收购，收购股权不低于被收购企业全部股权的50%，且股权支付金额不低于其交易支付总额的85%，被收购企业的股东取得收购企业股权的计税基础，以被收购股权的原有计税基础确定。收购企业取得被收购企业股权的计税基础，以被收购股权的原有计税基础确定。

3. 可进行特殊性税务处理资产收购，受让企业收购的资产不低于转让企业全部资产的 50%，且受让企业在该资产收购发生时的股权支付金额不低于其交易支付总额的 85%，转让企业取得受让企业股权的计税基础，以被转让资产的原有计税基础确定。受让企业取得转让企业资产的计税基础，以被转让资产的原有计税基础确定。

应当注意的是，对可进行特殊性税务处理的资产收购，政策规定要求"受让企业收购的资产不低于转让企业全部资产的 50%，且股权支付金额不低于其交易支付总额的 85%"，在实务操作中，"净资产收购"的情况较为常见，纳税人往往按照被收购企业"净资产"（即资产减去负债），而非"资产总额"的 50%作为上述比例的计算标准。"交易支付总额"应按"净资产价值"计算还是应按"资产总额价值"计算的问题，笔者认为，政策规定的"全部资产"按"净资产"进行计算确认，能够满足"收购企业获得被收购企业控制权"的政策意图。而"全部资产"按照"资产总额"进行计算确认，则会使特殊性税务处理的确认条件变得更加苛刻，对部分纳税人来说很难达成。但在政策进一步做出明确规定之前，纳税人还是应与主管税务机关就上述问题进行充分沟通，以规避涉税风险。

4. 可进行特殊性税务处理企业合并，是指企业股东在该企业合并发生时取得的股权支付金额不低于其交易支付总额的 85%，以及同一控制下且不需要支付对价的企业合并。被合并企业股东取得合并企业股权的计税基础，以其原持有的被合并企业股权的计税基础确定。合并企业接受被合并企业资产和负债的计税基础，以被合并企业的原有计税基础确定。

在企业吸收合并中，合并后的存续企业性质及适用税收优惠的条件未发生改变的，可以继续享受合并前该企业剩余期限的税收优惠，其优惠金额按存续企业合并前一年的应纳税所得额（亏损计为零）计算。

5. 可进行特殊性税务处理企业分立，被分立企业所有股东按原持股比例取得分立企业的股权，分立企业和被分立企业均不改变原来的实质经营活动，且被分立企业股东在该企业分立发生时取得的股权支付金额不低于其交易支付总额的 85%。

分立企业接受被分立企业资产和负债的计税基础，以被分立企业的原有计税基础确定。

被分立企业的股东取得分立企业的股权（以下简称“新股”），如需部分或全部放弃原持有的被分立企业的股权（以下简称“旧股”），“新股”的计税基础应以放弃“旧股”的计税基础确定。如不需放弃“旧股”，则其取得“新股”的计税基础可从以下两种方法中选择确定：①直接将“新股”的计税基础确定为零；②以被分立企业分立出去的净资产占被分立企业全部净资产的比例先调减原持有的“旧股”的计税基础，再将调减的计税基础平均分配到“新股”上。

上述政策是基于企业分立的实际情形规定的。企业分立有两种基本类型，即存续分立和新设分立。

存续分立主要采取让产分股式分立和让产赎股式分立两种技术方式。

让产分股式分立，是指将公司没有法人资格部分营业机构分立出去，成立给新公司或转让给现存公司，将接受资产的公司的股权分给全部股东；让产赎股式分立是指将公司没有法人资格的部分营业机构分立出去成立新的子公司或转让给现存公司，将接受资产的公司的股权分配给部分股东，换回股东持有的原公司股权。

在企业存续分立中，分立后的存续企业性质及适用税收优惠的条件未发生改变的，可以继续享受分立前该企业剩余期限的税收优惠，其优惠金额按该企业分立前一年的应纳税所得额（亏损计为零）乘分立后存续企业资产占分立前该企业全部资产的比例计算。

新设分立采用的技术方式主要是股本分割式分立。

股本分割式分立，是指将公司分割组成两家以上的新公司，公司解散。股本分割的两种典型做法，一是被分立企业全部股东按原持股比例均衡地同时取得全部分立企业的股权，原被分立企业的股票依法注销，被分立企业依公司法规定只解散不清算；二是被分立企业的几个股东集团分别取得几个分立企业的股票，被分立企业依公司法规定只解散不清算，被分立企业股票依法注销。

被分立企业未超过法定弥补期限的亏损额可按分立资产占全部资产的比例进行分配，由分立企业继续弥补。

14.2 企业重组税务处理的关注要点

关键点 177　国家税务总局 2015 年第 40 号公告对资产划转税务处理的具体规定

“100％直接控制的居民企业之间，以及受同一或相同多家居民企业 100％

直接控制的居民企业之间按账面净值划转股权或资产”的具体处理需要遵循国家税务总局 2015 年第 40 号公告的规定。

（一）将 100%直接控制居民企业间的资产划转分为四种情况

1. 100%直接控制的母子公司之间，母公司向子公司按账面净值划转其持有的股权或资产，母公司获得子公司 100%的股权支付。母公司按增加长期股权投资处理，子公司按接受投资（包括资本公积，下同）处理。母公司获得子公司股权的计税基础以划转股权或资产的原计税基础确定。

2. 100%直接控制的母子公司之间，母公司向子公司按账面净值划转其持有的股权或资产，母公司没有获得任何股权或非股权支付。母公司按冲减实收资本（包括资本公积，下同）处理，子公司按接受投资处理。

3. 100%直接控制的母子公司之间，子公司向母公司按账面净值划转其持有的股权或资产，子公司没有获得任何股权或非股权支付。母公司按收回投资处理，或按接受投资处理，子公司按冲减实收资本处理。母公司应按被划转股权或资产的原计税基础，相应调减持有子公司股权的计税基础。

4. 受同一或相同多家母公司 100%直接控制的子公司之间，在母公司主导下，一家子公司向另一家子公司按账面净值划转其持有的股权或资产，划出方没有获得任何股权或非股权支付。划出方按冲减所有者权益处理，划入方按接受投资处理。

（二）明确了股权或资产划转完成日

财税〔2014〕109 号第三条所称“股权或资产划转后连续 12 个月内不改变被划转股权或资产原来实质性经营活动”，是指自股权或资产划转完成日起连续 12 个月内不改变被划转股权或资产原来实质性经营活动。

股权或资产划转完成日，是指股权或资产划转合同（协议）或批复生效，且交易双方已进行会计处理的日期。

（三）明确了股权或资产划转的“计税基础”

《通知》第三条所称“划入方企业取得被划转股权或资产的计税基础，以被划转股权或资产的原账面净值确定”，是指划入方企业取得被划转股权或资产的计税基础，以被划转股权或资产的原计税基础确定。

《通知》第三条所称“划入方企业取得的被划转资产，应按其原账面净值计算折旧扣除”，是指划入方企业取得的被划转资产，应按被划转资产的原计税基础计算折旧扣除或摊销。

（四）明确了股权或资产划转的进行特殊性税务处理时的程序

交易双方应在企业所得税年度汇算清缴时，分别向各自主管税务机关报送《居民企业资产（股权）划转特殊性税务处理申报表》（详见附件）和相关资料（一式两份）。

相关资料包括：

1. 股权或资产划转总体情况说明，包括基本情况、划转方案等，并详细说明划转的商业目的；

2. 交易双方或多方签订的股权或资产划转合同（协议），需有权部门（包括内部和外部）批准的，应提供批准文件；

3. 被划转股权或资产账面净值和计税基础说明；

4. 交易双方按账面净值划转股权或资产的说明（需附会计处理资料）；

5. 交易双方均未在会计上确认损益的说明（需附会计处理资料）；

6. 12个月内不改变被划转股权或资产原来实质性经营活动的承诺书。

交易双方应在股权或资产划转完成后的下一年度的企业所得税年度申报时，各自向主管税务机关提交书面情况说明，以证明被划转股权或资产自划转完成日后连续12个月内，没有改变原来的实质性经营活动。

交易一方在股权或资产划转完成日后连续12个月内发生生产经营业务、公司性质、资产或股权结构等情况变化，致使股权或资产划转不再符合特殊性税务处理条件的，发生变化的交易一方应在情况发生变化的30日内报告其主管税务机关，同时书面通知另一方。另一方应在接到通知后30日内将有关变化报告其主管税务机关。

关键点178　国家税务总局2015年第33号公告对非货币性资产投资税务处理的具体规定

（一）明确了非货币性资产投资“资产转让所得”的确认方法

企业以非货币性资产对外投资，应对非货币性资产进行评估并按评估后的公允价值扣除计税基础后的余额，计算确认非货币性资产转让所得。

企业以非货币性资产对外投资，应于投资协议生效并办理股权登记手续时，确认非货币性资产转让收入的实现。

（二）明确了非货币性资产投资的“计税基础”

企业以非货币性资产对外投资而取得被投资企业的股权，应以非货币性资产的原计税成本为计税基础，加上每年确认的非货币性资产转让所得，逐年进行调整。

被投资企业取得非货币性资产的计税基础，应按非货币性资产的公允价值确定。

（三）明确了非货币性资产投资递延纳税政策的终止条件

企业在对外投资 5 年内转让上述股权或投资收回的，应停止执行递延纳税政策，并就递延期内尚未确认的非货币性资产转让所得，在转让股权或投资收回当年的企业所得税年度汇算清缴时，一次性计算缴纳企业所得税；企业在计算股权转让所得时，可按本通知第三条第一款规定将股权的计税基础一次调整到位。

企业在对外投资 5 年内注销的，应停止执行递延纳税政策，并就递延期内尚未确认的非货币性资产转让所得，在注销当年的企业所得税年度汇算清缴时，一次性计算缴纳企业所得税。

（四）明确了关联企业之间发生的非货币性资产投资行为的纳税义务发生时间

关联企业之间发生的非货币性资产投资行为，投资协议生效后 12 个月内尚未完成股权变更登记手续的，于投资协议生效时，确认非货币性资产转让收入的实现。

关键点 179　特殊性税务处理非股权支付部分的损益确认

使用特殊性税务处理的股权收购、资产收购、企业合并、企业分立等重组事项，对交易支付总额中的非股权支付部分，非股权支付仍应在交易当期确认相应的资产转让所得或损失，并调整相应资产的计税基础。

$$\text{非股权支付对应的资产转让所得或损失}=\left(\text{被转让资产的公允价值}-\text{被转让资产的计税基础}\right)\times\frac{\text{非股权支付金额}}{\text{被转让资产的公允价值}}$$

关键点 180　股权收购一般性税务处理被收购方股东股权转让形成的资产损失

股权收购或资产收购以收购方控股企业股权作为对价进行股权支付，无论采用一般性税务处理还是特殊性税务处理，对收购方而言，该项股权的账面价值和计税基础之间都可能存在差异，且会计处理和税务处理对交易价格的确认也可能存在差异。因此，作为股权或资产收购方的纳税人应同时分析确认处置该项股权的应税所得。在一般性税务处理中，如果用于支付对价股权的计税基础大于其处置金额，而形成了资产损失，应在 A105090《资产损失税前扣除及纳税调整明细表》中进行填报，且应在 A105091《资产损失

（专项申报）税前扣除及纳税调整明细表》中进行填报。

风险点 76　企业重组交易事项跨年的税务处理

企业在重组发生前后连续 12 个月内分步对其资产、股权进行交易，应根据实质重于形式原则将上述交易作为一项企业重组交易进行处理。

国家税务总局 2015 年第 48 号公告第七条规定，若同一项重组业务涉及在连续 12 个月内分步交易，且跨两个纳税年度，当事各方在首个纳税年度交易完成时预计整个交易符合特殊性税务处理条件，经协商一致选择特殊性税务处理的，可以暂时适用特殊性税务处理，并在当年企业所得税年度申报时提交书面申报资料。

在下一纳税年度全部交易完成后，企业应判断是否适用特殊性税务处理。如适用特殊性税务处理的，当事各方应按本公告要求申报相关资料；如适用一般性税务处理的，应调整相应纳税年度的企业所得税年度申报表，计算缴纳企业所得税。

风险点 77　企业重组特殊性税务处理程序更新提示

《国家税务总局关于企业重组业务企业所得税征收管理若干问题的公告》（国家税务总局公告 2015 年第 48 号）于 2015 年 6 月 24 日颁布实施，对企业重组特殊性税务处理程序做出了新的规定。原国家税务总局 2010 年第 4 号公告中规定的企业重组特殊性税务处理程序也随之失效。

依据国家税务总局 2015 年第 48 号公告第四条规定，企业重组业务适用特殊性税务处理的，除财税〔2009〕59 号文件第四条第（一）项所称企业发生其他法律形式简单改变情形外，重组各方应在该重组业务完成当年，办理企业所得税年度申报时，分别向各自主管税务机关报送《企业重组所得税特殊性税务处理报告表及附表》和申报资料。合并、分立中重组一方涉及注销的，应在尚未办理注销税务登记手续前进行申报。

重组主导方申报后，其他当事方向其主管税务机关办理纳税申报。申报时还应附送重组主导方经主管税务机关受理的《企业重组所得税特殊性税务处理报告表及附表》（复印件）。

第五条规定，企业重组业务适用特殊性税务处理的，申报时，应从以下方面逐条说明企业重组具有合理的商业目的：

（一）重组交易的方式；

（二）重组交易的实质结果；

（三）重组各方涉及的税务状况变化；

（四）重组各方涉及的财务状况变化；

（五）非居民企业参与重组活动的情况。

第六条规定，企业重组业务适用特殊性税务处理的，申报时，当事各方还应向主管税务机关提交重组前连续 12 个月内有无与该重组相关的其他股权、资产交易情况的说明，并说明这些交易与该重组是否构成分步交易，是否作为一项企业重组业务进行处理。

第十二条规定，本公告适用于 2015 年度及以后年度企业所得税汇算清缴。《国家税务总局关于发布〈企业重组业务企业所得税管理办法〉的公告》（国家税务总局公告 2010 年第 4 号）第三条、第七条、第八条、第十六条、第十七条、第十八条、第二十二条、第二十三条、第二十四条、第二十五条、第二十七条、第三十二条同时废止。本公告施行时企业已经签订重组协议，但尚未完成重组的，按本公告执行。

风险点 78　企业重组特殊性税务处理的后续管理

国家税务总局 2015 年第 48 号公告第十条规定，适用特殊性税务处理的企业，在以后年度转让或处置重组资产（股权）时，应在年度纳税申报时对资产（股权）转让所得或损失情况进行专项说明，包括特殊性税务处理时确定的重组资产（股权）计税基础与转让或处置时的计税基础的比对情况，以及递延所得税负债的处理情况等。

适用特殊性税务处理的企业，在以后年度转让或处置重组资产（股权）时，主管税务机关应加强评估和检查，将企业特殊性税务处理时确定的重组资产（股权）计税基础与转让或处置时的计税基础及相关的年度纳税申报表比对，发现问题的，应依法进行调整。

笔者在此提示，重组各方都应为重组事项建立专门档案，并由专人进行妥善保管，以减少未来处置重组资产时的税收风险。

关键点 181　公司法对合并分立的相关规定

公司合并，应当由合并各方签订合并协议，并编制资产负债表及财产清单。公司应当自做出合并决议之日起十日内通知债权人，并于三十日内在报纸上公告。债权人自接到通知书之日起三十日内，未接到通知书的自公告之日起四十五日内，可以要求公司清偿债务或者提供相应的担保。公司合并时，合并各方的债权、债务，应当由合并后存续的公司或者新设的公司承继。

公司分立，其财产作相应的分割。公司分立，应当编制资产负债表及财产清单。公司应当自做出分立决议之日起十日内通知债权人，并于三十日内在报纸上公告。公司分立前的债务由分立后的公司承担连带责任。但是，公司在分立前与债权人就债务清偿达成的书面协议另有约定的除外。

公司合并或者分立，登记事项发生变更的，应当依法向公司登记机关办理变更登记；公司解散的，应当依法办理公司注销登记；设立新公司的，应当依法办理公司设立登记。

根据《公司法》第一百八十条的规定，公司因下列原因解散：

（一）公司章程规定的营业期限届满或者公司章程规定的其他解散事由出现；

（二）股东会或者股东大会决议解散；

（三）因公司合并或者分立需要解散；

（四）依法被吊销营业执照、责令关闭或者被撤销；

（五）人民法院依照本法第一百八十三条的规定予以解散。

公司因第（一）项、第（二）项、第（四）项、第（五）项规定而解散的，应当在解散事由出现之日起十五日内成立清算组，开始清算。

综上所述，因合并、分立造成的公司解散，公司法不要求对公司的剩余财产进行清算。但财税〔2009〕59号文件规定企业重组适用一般性税务处理时，被合并企业及其股东都应按清算进行所得税处理；被分立企业不再继续存在时，被分立企业及其股东都应按清算进行所得税处理。企业重组适用特殊性税务处理时，被合并企业合并前的相关所得税事项由合并企业承继，被分立企业已分立出去资产相应的所得税事项由分立企业承继，则不需要进行企业所得税清算处理。

案 例

案例19 股权收购填报案例

1．情况说明。

甲企业向乙企业收购B公司75%的股权，交易支付总额为600万元。其中现金支付60万元，其余部分以甲企业持有的A公司股权支付。重组发生时，甲企业持有A公司100%的股权，计税基础为200万元，账面价值为300万元，公允价值为1 000万元。乙企业持有B公司100%股权，计税基础为400万元，账面价值为500万元，公允价值为600万元。假设除上述事项外，重组事项符合特殊性税务处理的其他确认条件。假设甲企业和乙企业对上述股权收购事项的会计核算采用购买法。

上述案例中股份支付金额占交易支付总额的比例为：(600－60)/600＝90%，大于特殊性税务处理要求的85%，重组事项可进行一般性税务处理，也可进行特殊性税务处理。

2. 会计处理（单位：万元）。

甲企业的会计处理如下：

借：长期股权投资——B 公司　　600

　贷：银行存款　　60

　　　长期股权投资——A 公司　　162（300×540/1 000）

　　　投资收益　　378

乙企业的会计处理如下：

借：长期股权投资——A 公司　　540

　　银行存款　　60

　贷：长期股权投资——B 公司　　375（500×75%）

　　　投资收益　　225

3. 一般性税务处理申报表填写方法。

对乙企业而言，A105100《企业重组纳税调整明细表》第4行第1列“一般性税务处理——账载金额”填写会计核算确认的重组损益金额为：600－500×75%＝225（万元），第4行第2列“一般性税务处理——税收金额”填写税务处理确认的重组所得金额为：600－400×75%＝300（万元）。第4行第3列“一般性税务处理——纳税调整金额”填写税收金额与账载金额之间的差额（2列－1列）为：300－225＝75（万元）。

乙企业确认甲企业用于支付对价的A公司股权的计税基础为：600－60＝540（万元）。(具体填报见表14-2)

表 14-2　　A105100　企业重组纳税调整明细表

行次	项目	一般性税务处理			特殊性税务处理			纳税调整金额
		账载金额	税收金额	纳税调整金额	账载金额	税收金额	纳税调整金额	
		1	2	3（2－1）	4	5	6（5－4）	7（3＋6）
4	二、股权收购	2 250 000	3 000 000	750 000				750 000

对甲企业而言，A105100《企业重组纳税调整明细表》第4行第1列“一

般性税务处理——账载金额”填写会计核算确认的重组损益金额为：600－60－300×540/1 000＝378（万元），第4行第2列“一般性税务处理——税收金额”填写税务处理确认的重组所得金额为：600－60－200×540/1 000＝432（万元）。第4行第3列“一般性税务处理——纳税调整金额”填写税收金额与账载金额之间的差额（2列－1列）为：432－378＝54（万元）。

A企业确认收购B公司股权的计税基础为600万元。(具体填报见表14-3)

表14-3　　A105100　企业重组纳税调整明细表

行次	项目	一般性税务处理			特殊性税务处理			纳税调整金额
		账载金额	税收金额	纳税调整金额	账载金额	税收金额	纳税调整金额	
		1	2	3（2－1）	4	5	6（5－4）	7（3＋6）
4	二、股权收购	3 780 000	4 320 000	540 000				540 000

4．特殊性税务处理申报表填写方法。

对乙企业而言，A105100《企业重组纳税调整明细表》第4行第4列“特殊性税务处理——账载金额”填写会计核算确认的重组损益金额为：600－500×75%＝225（万元），第4行第5列“特殊性税务处理——税收金额”填写税务处理确认的重组所得金额为：(600－400×75%)×60/600＝30（万元）。第4行第6列“特殊性税务处理——纳税调整金额”填写税收金额与账载金额之间的差额（5列－4列）为：30－225＝－195（万元）。

乙企业确认甲企业用于支付对价的A公司股权的计税基础为：60＋400×75%×(1－60/600)＝330（万元）。(具体填报见表14-4)

表14-4　　A105100　企业重组纳税调整明细表

行次	项目	一般性税务处理			特殊性税务处理			纳税调整金额
		账载金额	税收金额	纳税调整金额	账载金额	税收金额	纳税调整金额	
		1	2	3（2－1）	4	5	6（5－4）	7（3＋6）
4	二、股权收购				2 250 000	300 000	－1 950 000	－1 950 000

对甲企业而言，A105100《企业重组纳税调整明细表》第4行第4列“特殊性税务处理——账载金额”填写会计核算确认的重组损益金额为：600－60－300×540/1 000＝378（万元），第4行第5列“特殊性税务处理——税收金额”填写税务处理确认的重组所得金额为：400×75%－60－200×540/1 000＝132（万元）。第4行第6列“一般性税务处理——纳税调整金额”填

写税收金额与账载金额之间的差额为：132－378＝－246（万元）。

A 企业确认收购 B 公司股权的计税基础为：60＋400×75%×(1－60/600)＝330（万元）。（具体填报见表 14-5）

表 14-5　　　　A105100　企业重组纳税调整明细表

行次	项目	一般性税务处理			特殊性税务处理			纳税调整金额
		账载金额	税收金额	纳税调整金额	账载金额	税收金额	纳税调整金额	
		1	2	3（2－1）	4	5	6（5－4）	7（3＋6）
4	二、股权收购				3 780 000	1 320 000	－2 460 000	－2 460 000

CORPORATE INCOME TAX FINAL SETTLEMENT

Risk Tips & Key Points Analysis

第15章 政策性搬迁和特殊行业准备金政策及填报实务（A105110、A105120）

15.1 《政策性搬迁纳税调整明细表》(A105110)

表 15-1　　　　政策性搬迁利润计算及纳税调整对照提示表

在利润总额计算中的位置	A101010《一般企业收入明细表》第 17 行“非流动资产处置利得”、第 18 行“非货币性资产交换利得”、第 20 行“政府补助利得”，A102010《一般企业成本支出明细表》第 17 行“非流动资产处置损失”、第 18 行“非货币性资产交换损失”
在纳税调整中的位置	A105110《政策性搬迁纳税调整明细表》
风险管理提示	跨年度事项、时间性差异调整

关键点 182　政策性搬迁政策要点（跨年度事项）

A105110《政策性搬迁纳税调整明细表》适用于发生政策性搬迁纳税调整项目的纳税人在完成搬迁年度及以后进行损失分期扣除的年度填报。

A105110《政策性搬迁纳税调整明细表》第 1 行至第 17 行填报按照税收政策规定应确认的搬迁收入和搬迁支出，并核算得出搬迁所得或损失。调整的内容包括：一是政策性搬迁完成，进行清算时搬迁所得确认的税会差异；二是搬迁损失递延确认的税会差异。第 18 行至第 23 行填报搬迁结束年度及以后年度税务处理和会计处理分别确认的搬迁所得或损失，并进行税会差异调整。本表参与申报年度应纳税额计算的行次为第 24 行“纳税调整金额”，其他行次的申报数据为纳税调整金额的计算依据。

按照会计制度进行账务处理的“政策性搬迁”事项在搬迁过程中一般不产生需调整的税会差异。特殊情况例如搬迁过程中某一纳税年度搬迁处置资产形成损益时，在 A105000《纳税调整项目明细表》的“其他”行次进行税会差异调整。

“搬迁资产”相关的税会差异调整在 A105080《资产折旧、摊销情况及纳税调整明细表》进行填报。

政策性搬迁相关的政策文件主要包括：《国家税务总局关于发布〈企业政策性搬迁所得税管理办法〉的公告》（国家税务总局公告 2012 年第 40 号）、《国家税务总局关于企业政策性搬迁所得税有关问题的公告》（国家税务总局公告 2013 年第 11 号）。

本部分内容主要对政策性搬迁相关企业所得税政策要点进行梳理，并结合案例对国家税务总局 2013 年第 11 号公告规定的搬迁购置资产的两种税务处理方法进行探讨。

关键点 183　政策性搬迁税务处理的征管要求

1. 政策性搬迁应报送的相关材料。

国家税务总局 2012 年第 40 号公告第二十二条规定，企业应当自搬迁开始年度，至次年 5 月 31 日前，向主管税务机关（包括迁出地和迁入地）报送政策性搬迁依据、搬迁规划等相关材料。逾期未报的，除特殊原因并经主管税务机关认可外，按非政策性搬迁处理，不得执行本办法的规定。

第二十三条规定，企业应向主管税务机关报送的政策性搬迁依据、搬迁规划等相关材料，包括：

（一）政府搬迁文件或公告；

（二）搬迁重置总体规划；

（三）拆迁补偿协议；

（四）资产处置计划；

（五）其他与搬迁相关的事项。

第二十四条规定，企业迁出地和迁入地主管税务机关发生变化的，由迁入地主管税务机关负责企业搬迁清算。

第二十五条规定，企业搬迁完成当年，其向主管税务机关报送企业所得税年度纳税申报表时，应同时报送《企业政策性搬迁清算损益表》及相关材料。

2. 政策性搬迁的界定。

政策性搬迁，是指由于社会公共利益的需要，在政府主导下企业进行整体搬迁或部分搬迁。企业由于下列需要之一，提供相关文件证明资料的，属于政策性搬迁：

（一）国防和外交的需要；

（二）由政府组织实施的能源、交通、水利等基础设施的需要；

（三）由政府组织实施的科技、教育、文化、卫生、体育、环境和资源保护、防灾减灾、文物保护、社会福利、市政公用等公共事业的需要；

（四）由政府组织实施的保障性安居工程建设的需要；

（五）由政府依照《中华人民共和国城乡规划法》有关规定组织实施的对危房集中、基础设施落后等地段进行旧城区改建的需要；

（六）法律、行政法规规定的其他公共利益的需要。

3. 政策性搬迁结束年度的判断。

国家税务总局 2012 年第 40 号公告规定，企业的搬迁收入，扣除搬迁支出后的余额，为企业的搬迁所得。企业应在搬迁完成年度，将搬迁所得计入当年度企业应纳税所得额计算纳税。下列情形之一的，为搬迁完成年度，企业应进行搬迁清算，计算搬迁所得：

（一）从搬迁开始，5 年内（包括搬迁当年度）任何一年完成搬迁的。

（二）从搬迁开始，搬迁时间满 5 年（包括搬迁当年度）的年度。

企业同时符合下列条件的，视为已经完成搬迁：

（一）搬迁规划已基本完成。

（二）当年生产经营收入占规划搬迁前年度生产经营收入 50%以上。

企业边搬迁、边生产的，搬迁年度应从实际开始搬迁的年度计算。

4. 政策性搬迁损失的递延。

企业搬迁收入扣除搬迁支出后为负数的，应为搬迁损失。搬迁损失可在下列方法中选择其一进行税务处理：

（一）在搬迁完成年度，一次性作为损失进行扣除。

（二）自搬迁完成年度起分 3 个年度，均匀在税前扣除。

上述方法由企业自行选择，但一经选定，不得改变。

关键点 184　政策性搬迁的税务处理

1. 政策性搬迁中搬迁收入的确认。

企业的搬迁收入，包括搬迁过程中从本企业以外（包括政府或其他单位）取得的搬迁补偿收入，以及本企业搬迁资产处置收入等。企业取得的搬迁补偿收入，是指企业由于搬迁取得的货币性和非货币性补偿收入。具体包括：

（一）对被征用资产价值的补偿；

（二）因搬迁、安置而给予的补偿；

（三）对停产停业形成的损失而给予的补偿；

（四）资产搬迁过程中遭到毁损而取得的保险赔款；

（五）其他补偿收入。

企业搬迁资产处置收入，是指企业由于搬迁而处置企业各类资产所取得的收入。企业由于搬迁处置存货而取得的收入，应按正常经营活动取得的收入进行所得税处理，不作为企业搬迁收入。

2. 政策性搬迁中搬迁支出的确认。

企业的搬迁支出，包括搬迁费用支出以及由于搬迁所发生的企业资产处置支出。搬迁费用支出，是指企业搬迁期间所发生的各项费用，包括安置职工实际发生的费用、停工期间支付给职工的工资及福利费、临时存放搬迁资产而发生的费用、各类资产搬迁安装费用以及其他与搬迁相关的费用。资产处置支出，是指企业由于搬迁而处置各类资产所发生的支出，包括变卖及处置各类资产的净值、处置过程中所发生的税费等支出。

企业由于搬迁而报废的资产，如无转让价值，其净值作为企业的资产处置支出。

3. 购置资产支出扣除的税务处理。

对 2012 年 10 月 1 日以前已经签订搬迁协议且尚未完成搬迁清算的企业政策性搬迁项目，发生的企业购置资产支出，《国家税务总局关于企业政策性搬迁所得税有关问题的公告》（国家税务总局公告 2013 年第 11 号）规定了两种税务处理方法。

一是“企业在重建或恢复生产过程中购置的各类资产，可以作为搬迁支出，从搬迁收入中扣除。”填报在 A105110《政策性搬迁纳税调整明细表》第 16 行“（二）搬迁资产处置支出”。购置的上述资产，应剔除该搬迁补偿收入后，作为该资产的计税基础，并按规定计算折旧或费用摊销，在 A105080《资产折旧、摊销情况及纳税调整明细表》进行税会差异调整。

此外，纳税人也可选择执行国家税务总局 2012 年第 40 号公告的有关规定，即企业搬迁期间新购置的各类资产，应按《企业所得税法》及其实施条例等有关规定，计算确定资产的计税成本及折旧或摊销年限。企业发生的购置资产支出，不得从搬迁收入中扣除。

对 2012 年 10 月 1 日以前已经签订搬迁协议且尚未完成搬迁清算的企业政策性搬迁项目，发生的企业购置资产支出，则只能按国家税务总局 2012 年第 40 号公告有关规定执行。

关键点 185　政策性搬迁的会计处理方法探讨

《财政部关于印发企业会计准则解释第 3 号的通知》（财会〔2009〕8 号）对搬迁补偿的会计处理方法做出了具体规定：

四、企业收到政府给予的搬迁补偿款应当如何进行会计处理。

答：企业因城镇整体规划、库区建设、棚户区改造、沉陷区治理等公共利益进行搬迁，收到政府从财政预算直接拨付的搬迁补偿款，应作为专项应付款处理。其中，属于对企业在搬迁和重建过程中发生的固定资产和无形资产损失、有关费用性支出、停工损失及搬迁后拟新建资产进行补偿的，应自专项应付款转入递延收益，并按照《企业会计准则第 16 号——政府补助》进行会计处理。企业取得的搬迁补偿款扣除转入递延收益的金额后如有结余的，应当作为资本公积处理。

企业收到除上述之外的搬迁补偿款，应当按照《企业会计准则第 4 号——固定资产》、《企业会计准则第 16 号——政府补助》等会计准则进行处理。

财会〔2009〕8 号文件是对企业会计准则适用的解释。上述文件引用内容对企业收到政府给予的搬迁补偿款，分别两种情况进行会计处理的要求进行了说明。

第一种情况是企业"收到政府从财政预算直接拨付的搬迁补偿款"，作为专项应付款处理。

第二种情况是"除上述之外的搬迁补偿款"，按固定资产、政府补助准则进行处理。

按照会计准则相关规定，专项应付款科目的核算范围是"企业取得政府作为企业所有者投入的具有专项或特定用途的款项"。

根据《企业会计准则第 16 号——政府补助》第三条的规定，政府补助分为与资产相关的政府补助和与收益相关的政府补助。与资产相关的政府补助，是指企业取得的、用于购建或以其他方式形成长期资产的政府补助。与收益相关的政府补助，是指除与资产相关的政府补助之外的政府补助。

第七条规定，与资产相关的政府补助，应当确认为递延收益，并在相关资产使用寿命内平均分配，计入当期损益。

同时，《〈企业会计准则第 16 号——政府补助〉应用指南》指出，政府资本性投入不属于政府补助。政府以投资者身份向企业投入资本，享有企业相应的所有权，企业有义务向投资者分配利润，政府与企业之间是投资者与被投资者的关系。政府拨入的投资补助等专项拨款中，国家相关文件规定作为"资本公积"处理的，也属于资本性投入的性质。政府的资本性投入无论采用何种形式，均不属于政府补助。

会计处理方法如下：

（1）第一种情况：政府财政直接拨付，应作为专项应付款核算的搬迁补偿收入。

对"属于企业在搬迁和重建过程中发生的固定资产和无形资产损失、有关费用性支出、停工损失及搬迁后拟新建资产进行补偿的"：

借：专项应付款

　贷：递延收益

上述损失、费用实际发生时：

借：管理费用（或其他损益类科目）

贷：银行存款

借：递延收益

贷：营业外收入

实际发生新建资产时：

借：固定资产

贷：银行存款

固定资产折旧时：

借：管理费用

贷：累计折旧

与之相匹配的是：

借：递延收益

贷：营业外收入

扣除转入递延收益的部分有结余时：

借：专项应付款

贷：资本公积

未转入递延收益的专项应付款需返还时：

借：专项应付款

贷：银行存款

（2）第二种情况：非政府财政直接拨付的搬迁补偿款。

收到补偿款时：

借：银行存款

贷：递延收益

损失、费用实际发生时：

借：管理费用（或其他损益类科目）

贷：银行存款

借：递延收益

贷：营业外收入

购置设备、建造厂房、购买土地使用权时：

借：固定资产（在建工程、无形资产）

贷：银行存款

资产使用过程中，分期对资产计提折旧、摊销，并按照上述折旧、摊销年限，将搬迁补偿款用于资产重置的部分对应的递延收益匹配结转至营业外收入。

借：累计折旧（累计摊销）
　贷：固定资产（无形资产）
借：营业外收入
　贷：递延收益

风险点 79　不能与商业性搬迁混淆

企业要严格区分政策性搬迁和商业性搬迁，不能混淆搬迁性质逃避纳税义务。因此，符合政策性搬迁规定的企业，要及时收集政府搬迁文件或公告、搬迁重置总体规划、资产处置计划和拆迁补偿协议等相关资料，并在规定的时间内向税务机关报送相关材料。

风险点 80　单独建账核算搬迁业务

企业必须就政策性搬迁过程中涉及的搬迁收入、搬迁支出、搬迁资产税务处理、搬迁所得等所得税征收管理事项，单独进行税务管理和核算。不能单独进行税务管理和核算的，应视为企业自行搬迁或商业性搬迁等非政策性搬迁进行所得税处理。

案例

案例 20　政策性搬迁购置资产两种税务处理填报案例

1. 情况说明。

2012 年 8 月，A 公司进行政府政策性搬迁，按当月签订的《搬迁补偿协议》约定，2012 年 9 月收到政府拨付的 5 000 万元用于异地重建，土地使用权由政府收回。2012 年 11 月，A 公司被搬迁当月固定资产账面原值 1 500 万元，累计折旧 500 万元；无形资产（土地使用权）账面价值 600 万元（按税法规定摊销后的余额）；处置相关资产取得收入 50 万元。按照企业重建计划，A 公司在实施搬迁过程中，2012 年 12 月共购置管理部门使用固定资产 2 000 万元投入使用，预计使用 10 年，按直线法计提折旧（不考虑残值）；2014 年 1 月新购置土地使用权 500 万元，50 年摊销。2012 年 12 月支付职工安置费 100 万元。2014 年 12 月搬迁完成。

2. 会计处理（单位：万元）。

(1) 2012 年 8 月，收到政府补偿款时：

借：银行存款　　5 000
　贷：专项应付款　　5 000

(2) 2012 年 11 月，处置被搬迁资产时：

将固定资产转入清理：

借：固定资产清理 1 000

累计折旧 500

贷：固定资产 1 500

收到处置资产收入 50 万元：

借：银行存款 50

贷：固定资产清理 50

结转固定资产处置净损失：

借：营业外支出 950

贷：固定资产清理 950

处置无形资产时：

借：营业外支出 600

贷：无形资产 600

对搬迁过程中发生的资产损失，自专项应付款转入递延收益：

借：专项应付款 1 550

贷：递延收益 1 550

借：递延收益 1 550

贷：营业外收入 1 550

(3) 2012 年 12 月支付职工安置费：

借：管理费用 100

贷：银行存款 100

将搬迁中有关费用性支出自专项应付款转入递延收益：

借：专项应付款 100

贷：递延收益 100

借：递延收益 100

贷：营业外收入 100

(4) 2012 年 12 月购置固定资产：

借：固定资产 2 000

贷：银行存款 2 000

借：专项应付款 2 000

贷：递延收益 2 000

2013 年计提折旧时：

借：管理费用 200

贷：累计折旧 200

结转递延收益时：

借：递延收益 200

贷：营业外收入 200

(5) 2014 年 1 月购置土地使用权：

借：无形资产 500

贷：银行存款 500

同时，结转专项应付款：

借：专项应付款 500

贷：递延收益 500

(6) 2014 年计提固定资产折旧（无形资产摊销）：

借：管理费用 210

贷：累计折旧 200

累计摊销 10

递延收益金额在相关资产使用期间内平均摊销：

借：递延收益 210

贷：营业外收入 210

(7) 2014 年搬迁完成，企业将专项应付款转入资本公积：

借：专项应付款 850

贷：资本公积 850

3. 填报方法。

上述案例中，对于在国家税务总局 2012 年第 40 号公告生效前已经签订搬迁协议且尚未完成搬迁清算的企业政策性搬迁项目，企业在重建或恢复生产过程中购置的各类资产，可以作为搬迁支出，从搬迁收入中扣除。但购置的各类资产，应剔除该搬迁补偿收入后作为该资产的计税基础，并按规定计算折旧或费用摊销。

在 2014 年完成搬迁的年度，对搬迁收入和支出进行汇总清算。相关数据填报如表 15-2 所示。

搬迁收入＝政府拨付的 5 000 万元＋处置相关资产取得收入 50 万元
＝5 050(万元)

$$搬迁支出=\frac{处置固定资产}{损失1\,000万元}+\frac{处置无形资产}{损失600万元}+\frac{安置职工}{费用100万元}+\frac{购置固定资产}{支出2\,000万元}+\frac{购置土地使用权}{支出500万元}=4\,200(万元)$$

因此，搬迁所得=5 050－4 200=850（万元），搬迁所得应计入 2014 年度企业所得税应纳税所得额计算纳税。

表 15-2　　　　A105110　政策性搬迁纳税调整明细表

行次	项目	金额
1	一、搬迁收入（2+8）	5 050
2	（一）搬迁补偿收入（3+4+5+6+7）	5 000
3	1. 对被征用资产价值的补偿	5 000
4	2. 因搬迁、安置而给予的补偿	
5	3. 对停产停业形成的损失而给予的补偿	
6	4. 资产搬迁过程中遭到毁损而取得的保险赔款	
7	5. 其他补偿收入	
8	（二）搬迁资产处置收入	50
9	二、搬迁支出（10+16）	4 200
10	（一）搬迁费用支出（11+12+13+14+15）	100
11	1. 安置职工实际发生的费用	100
12	2. 停工期间支付给职工的工资及福利费	
13	3. 临时存放搬迁资产而发生的费用	
14	4. 各类资产搬迁安装费用	
15	5. 其他与搬迁相关的费用	
16	（二）搬迁资产处置支出	4 100
17	三、搬迁所得或损失（1－9）	850
18	四、应计入本年应纳税所得额的搬迁所得或损失（19+20+21）	850
19	其中：搬迁所得	850
20	搬迁损失一次性扣除	
21	搬迁损失分期扣除	
22	五、计入当期损益的搬迁收益或损失	
23	六、以前年度搬迁损失当期扣除金额	
24	七、纳税调整金额（18－22－23）	850

在本案中，如果企业按照国家税务总局 2012 年第 40 号公告的规定执行，则企业搬迁期间新购置的各类资产，应按《企业所得税法》及其实施条例等有关规定，计算确定资产的计税成本及折旧或摊销年限。企业发生的购置资产支出，不得从搬迁收入中扣除。

在2014年完成搬迁的年度，对搬迁收入和支出进行汇总清算。相关数据填报如图表15-3所示。

搬迁收入＝政府拨付的5 000万元＋处置相关资产取得收入50万元
＝5 050（万元）

搬迁支出＝处置固定资产损失1 000万元＋处置无形资产损失600万元＋安置职工费用100万元
＝1 700（万元）

因此，搬迁所得＝5 050－1 700＝3 350（万元），搬迁所得应计入2014年度企业所得税应纳税所得额计算纳税。

表15-3　　A105110　政策性搬迁纳税调整明细表

行次	项目	金额
1	一、搬迁收入（2＋8）	5 050
2	（一）搬迁补偿收入（3＋4＋5＋6＋7）	5 000
3	1. 对被征用资产价值的补偿	5 000
4	2. 因搬迁、安置而给予的补偿	
5	3. 对停产停业形成的损失而给予的补偿	
6	4. 资产搬迁过程中遭到毁损而取得的保险赔款	
7	5. 其他补偿收入	
8	（二）搬迁资产处置收入	50
9	二、搬迁支出（10＋16）	1 700
10	（一）搬迁费用支出（11＋12＋13＋14＋15）	100
11	1. 安置职工实际发生的费用	100
12	2. 停工期间支付给职工的工资及福利费	
13	3. 临时存放搬迁资产而发生的费用	
14	4. 各类资产搬迁安装费用	
15	5. 其他与搬迁相关的费用	
16	（二）搬迁资产处置支出	1 600
17	三、搬迁所得或损失（1－9）	3 350
18	四、应计入本年应纳税所得额的搬迁所得或损失（19＋20＋21）	3 350
19	其中：搬迁所得	3 350
20	搬迁损失一次性扣除	
21	搬迁损失分期扣除	
22	五、计入当期损益的搬迁收益或损失	
23	六、以前年度搬迁损失当期扣除金额	
24	七、纳税调整余额（18－22－23）	3 350

15.2 《特殊行业准备金纳税调整明细表》(A105120)

表 15-4 特殊行业准备金利润计算及纳税调整对照提示表

在利润总额计算中的位置	A100000《中华人民共和国企业所得税年度纳税申报表（A类）》第 7 行“资产减值损失”
在纳税调整中的位置	A105120《特殊行业准备金纳税调整明细表》
风险管理提示	永久性差异调整

15.2.1 金融企业贷款损失准备金支出

依据：《财政部 国家税务总局关于金融企业贷款损失准备金企业所得税税前扣除有关政策的通知》(财税〔2015〕9 号)

关键点 186 于税前提取贷款损失准备金的贷款资产范围

1. 贷款（含抵押、质押、担保等贷款）;

2. 银行卡透支、贴现、信用垫款（含银行承兑汇票垫款、信用证垫款、担保垫款等)、进出口押汇、同业拆出、应收融资租赁款等各项具有贷款特征的风险资产;

3. 由金融企业转贷并承担对外还款责任的国外贷款，包括国际金融组织贷款、外国买方信贷、外国政府贷款、日本国际协力银行不附条件贷款和外国政府混合贷款等资产。

关键点 187 金融企业准予当年税前扣除的贷款损失准备金计算公式

$$\begin{array}{c}\text{准予当年税前扣除的}\\\text{贷款损失准备金}\end{array}=\begin{array}{c}\text{本年末准予提取贷款损失}\\\text{准备金的贷款资产余额}\end{array}\times 1\%-\begin{array}{c}\text{截至上年末已在税前扣除的}\\\text{贷款损失准备金的余额}\end{array}$$

风险点 81 负数调增

金融企业按上述公式计算的数额如为负数，应当相应调增当年应纳税所得额。

风险点 82　不得提取贷款损失准备金的资产

金融企业的委托贷款、代理贷款、国债投资、应收股利、上交央行准备金以及金融企业剥离的债权和股权、应收财政贴息、央行款项等不承担风险和损失的资产，不得提取贷款损失准备金在税前扣除。

15.2.2　保险公司准备金支出

依据：《财政部 国家税务总局关于保险公司准备金支出企业所得税税前扣除有关政策问题的通知》（财税〔2012〕45 号）

关键点 188　保险公司准备金支出税前扣除比例

1. 非投资型财产保险业务，不得超过保费收入的 0.8%；投资型财产保险业务，有保证收益的，不得超过业务收入的 0.08%，无保证收益的，不得超过业务收入的 0.05%。

2. 有保证收益的人寿保险业务，不得超过业务收入的 0.15%；无保证收益的人寿保险业务，不得超过业务收入的 0.05%。

3. 短期健康保险业务，不得超过保费收入的 0.8%；长期健康保险业务，不得超过保费收入的 0.15%。

4. 非投资型意外伤害保险业务，不得超过保费收入的 0.8%；投资型意外伤害保险业务，有保证收益的，不得超过业务收入的 0.08%，无保证收益的，不得超过业务收入的 0.05%。

保险公司按国务院财政部门的相关规定提取的未到期责任准备金、寿险责任准备金、长期健康险责任准备金、已发生已报案未决赔款准备金和已发生未报案未决赔款准备金，准予在税前扣除。

风险点 83　保险保障基金不得在税前扣除的情形

保险公司有下列情形之一的，其缴纳的保险保障基金不得在税前扣除：

（1）财产保险公司的保险保障基金余额达到公司总资产 6%的。

（2）人身保险公司的保险保障基金余额达到公司总资产 1%的。

15.2.3　证券行业准备金支出

依据：《财政部 国家税务总局关于证券行业准备金支出企业所得税税前

扣除有关政策问题的通知》（财税〔2012〕11 号）

关键点 189 证券类准备金支出税前扣除比例

（一）证券交易所风险基金。

上海、深圳证券交易所依据《证券交易所风险基金管理暂行办法》（证监发〔2000〕22 号）的有关规定，按证券交易所交易收取经手费的 20%、会员年费的 10%提取的证券交易所风险基金，在各基金净资产不超过 10 亿元的额度内，准予在企业所得税税前扣除。

（二）证券结算风险基金。

1. 中国证券登记结算公司所属上海分公司、深圳分公司依据《证券结算风险基金管理办法》（证监发〔2006〕65 号）的有关规定，按证券登记结算公司业务收入的 20%提取的证券结算风险基金，在各基金净资产不超过 30 亿元的额度内，准予在企业所得税税前扣除。

2. 证券公司依据《证券结算风险基金管理办法》（证监发〔2006〕65 号）的有关规定，作为结算会员按人民币普通股和基金成交金额的十万分之三、国债现货成交金额的十万分之一、1 天期国债回购成交额的千万分之五、2 天期国债回购成交额的千万分之十、3 天期国债回购成交额的千万分之十五、4 天期国债回购成交额的千万分之二十、7 天期国债回购成交额的千万分之五十、14 天期国债回购成交额的十万分之一、28 天期国债回购成交额的十万分之二、91 天期国债回购成交额的十万分之六、182 天期国债回购成交额的十万分之十二逐日交纳的证券结算风险基金，准予在企业所得税税前扣除。

（三）证券投资者保护基金。

1. 上海、深圳证券交易所依据《证券投资者保护基金管理办法》（证监会令第 27 号）的有关规定，在风险基金分别达到规定的上限后，按交易经手费的 20%缴纳的证券投资者保护基金，准予在企业所得税税前扣除。

2. 证券公司依据《证券投资者保护基金管理办法》（证监会令第 27 号）的有关规定，按其营业收入 0.5%～5%缴纳的证券投资者保护基金，准予在企业所得税税前扣除。

关键点 190 期货类准备金支出税前扣除比例

（一）期货交易所风险准备金。

大连商品交易所、郑州商品交易所和中国金融期货交易所依据《期货交易管理条例》（国务院令第 489 号）、《期货交易所管理办法》（证监会令第 42

号）和《商品期货交易财务管理暂行规定》（财商字〔1997〕44号）的有关规定，上海期货交易所依据《期货交易管理条例》（国务院令第489号）、《期货交易所管理办法》（证监会令第42号）和《关于调整上海期货交易所风险准备金规模的批复》（证监函〔2009〕407号）的有关规定，分别按向会员收取手续费收入的20%计提的风险准备金，在风险准备金余额达到有关规定的额度内，准予在企业所得税税前扣除。

（二）期货公司风险准备金。

期货公司依据《期货公司管理办法》（证监会令第43号）和《商品期货交易财务管理暂行规定》（财商字〔1997〕44号）的有关规定，从其收取的交易手续费收入减去应付期货交易所手续费后的净收入的5%提取的期货公司风险准备金，准予在企业所得税税前扣除。

（三）期货投资者保障基金。

1. 上海期货交易所、大连商品交易所、郑州商品交易所和中国金融期货交易所依据《期货投资者保障基金管理暂行办法》（证监会令第38号）的有关规定，按其向期货公司会员收取的交易手续费的3%缴纳的期货投资者保障基金，在基金总额达到有关规定的额度内，准予在企业所得税税前扣除。

2. 期货公司依据《期货投资者保障基金管理暂行办法》（证监会令第38号）的有关规定，从其收取的交易手续费中按照代理交易额的千万分之五至千万分之十的比例缴纳的期货投资者保障基金，在基金总额达到有关规定的额度内，准予在企业所得税税前扣除。

风险点84　准备金发生清算、退还应补缴税款

上述准备金如发生清算、退还，应按规定补缴企业所得税。

15.2.4　关于中小企业信用担保机构准备金支出

依据：《财政部 国家税务总局关于中小企业信用担保机构有关准备金企业所得税税前扣除政策的通知》（财税〔2012〕25号）

关键点191　中小企业信用担保机构准备金支出税前扣除比例

1. 符合条件的中小企业信用担保机构按照不超过当年年末担保责任余额1%的比例计提的担保赔偿准备，允许在企业所得税税前扣除，同时将上年度计提的担保赔偿准备余额转为当期收入。

2. 符合条件的中小企业信用担保机构按照不超过当年担保费收入 50%的比例计提的未到期责任准备，允许在企业所得税税前扣除，同时将上年度计提的未到期责任准备余额转为当期收入。

3. 中小企业信用担保机构实际发生的代偿损失，符合税收法律法规关于资产损失税前扣除政策规定的，应冲减已在税前扣除的担保赔偿准备，不足冲减部分据实在企业所得税税前扣除。

关键点 192　中小企业信用担保机构条件

符合条件的中小企业信用担保机构，必须同时满足以下条件：

1. 符合《融资性担保公司管理暂行办法》（银监会等七部委令 2010 年第 3 号）相关规定，并具有融资性担保机构监管部门颁发的经营许可证；

2. 以中小企业为主要服务对象，当年新增中小企业信用担保和再担保业务收入占新增担保业务收入总额的 70%以上（上述收入不包括信用评级、咨询、培训等收入）；

3. 中小企业信用担保业务的平均年担保费率不超过银行同期贷款基准利率的 50%；

4. 财政、税务部门规定的其他条件。

关键点 193　报送资料

申请享受财税〔2012〕25 号文件规定的准备金税前扣除政策的中小企业信用担保机构，在汇算清缴时，需报送法人执照副本复印件、融资性担保机构监管部门颁发的经营许可证复印件、具有资质的中介机构鉴证的年度会计报表和担保业务情况（包括担保业务明细和风险准备金提取等），以及财政、税务部门要求提供的其他材料。

15.2.5　关于金融企业涉农和中小企业贷款损失准备金支出

依据：《财政部 国家税务总局关于金融企业涉农贷款和中小企业贷款损失准备金税前扣除有关问题的通知》（财税〔2015〕3 号）

关键点 194　涉农贷款和中小企业贷款损失准备金支出比例

金融企业根据《贷款风险分类指引》（银监发〔2007〕54 号），对其涉农贷款和中小企业贷款进行风险分类后，按照以下比例计提的贷款损失准备金，准予在计算应纳税所得额时扣除：

（1）关注类贷款，计提比例为2%；

（2）次级类贷款，计提比例为25%；

（3）可疑类贷款，计提比例为50%；

（4）损失类贷款，计提比例为100%。

金融企业发生的符合条件的涉农贷款和中小企业贷款损失，应先冲减已在税前扣除的贷款损失准备金，不足冲减部分可据实在计算应纳税所得额时扣除。

关键点195　涉农贷款和中小企业贷款条件

1. 涉农贷款，是指《涉农贷款专项统计制度》（银发〔2007〕246号）统计的以下贷款：

（1）农户贷款；

（2）农村企业及各类组织贷款。

本条所称农户贷款，是指金融企业发放给农户的所有贷款。农户贷款的判定应以贷款发放时的承贷主体是否属于农户为准。农户，是指长期（一年以上）居住在乡镇（不包括城关镇）行政管理区域内的住户，还包括长期居住在城关镇所辖行政村范围内的住户和户口不在本地而在本地居住一年以上的住户，国有农场的职工和农村个体工商户。位于乡镇（不包括城关镇）行政管理区域内和在城关镇所辖行政村范围内的国有经济的机关、团体、学校、企事业单位的集体户；有本地户口，但举家外出谋生一年以上的住户，无论是否保留承包耕地均不属于农户。农户以户为统计单位，既可以从事农业生产经营，也可以从事非农业生产经营。

本条所称农村企业及各类组织贷款，是指金融企业发放给注册地位于农村区域的企业及各类组织的所有贷款。农村区域，是指除地级及以上城市的城市行政区及其市辖建制镇之外的区域。

2. 中小企业贷款，是指金融企业对年销售额和资产总额均不超过2亿元的企业的贷款。

15.2.6　关于保险公司提取农业巨灾风险准备金支出

依据：《财政部 国家税务总局关于保险公司农业巨灾风险准备金企业所得税税前扣除政策的通知》（财税〔2012〕23号）

关键点 196 巨灾风险准备金计算公式

保险公司经营财政给予保费补贴的种植业险种（以下简称补贴险种）的，按不超过补贴险种当年保费收入 25%的比例计提的巨灾风险准备金，准予在企业所得税前据实扣除。具体计算公式如下：

$$\text{本年度扣除的巨灾风险准备金}=\text{本年度保费收入}\times 25\%-\text{上年度已在税前扣除的巨灾风险准备金结存余额}$$

补贴险种是指各级财政部门根据财政部关于种植业保险保费补贴管理的相关规定确定，且各级财政部门补贴比例之和不低于保费 60%的种植业险种。

关键点 197 报送资料

保险公司应当按专款专用原则建立健全巨灾风险准备金管理使用制度。在向主管税务机关报送企业所得税纳税申报表时，同时附送巨灾风险准备金提取、使用情况的说明和报表。

风险点 85 负数调增

保险公司按上述公式计算的数额如为负数，应调增当年应纳税所得额。

CORPORATE INCOME TAX FINAL SETTLEMENT

Risk Tips & Key Points Analysis

第16章 企业所得税弥补亏损政策及填报实务（A106000）

风险点 86 “纳税调整后所得”的填报口径

第 2 列“纳税调整后所得”填报口径如下：

（1）2008 版企业所得税年度纳税申报表《弥补亏损明细表》对应列名称为“盈利额或亏损额”，2014 版申报表修改为“纳税调整后所得”。

（2）本列以前年度（前五年度至前一年度）行取数为 2008 版企业所得税年度纳税申报表主表第 23 行（2013 纳税年度前）或 2014 版企业所得税年度纳税申报表以前年度表 A106000 第 2 列第 6 行（2014 纳税年度后）“纳税调整后所得”的金额（亏损额以“－”号表示）。

（3）本列“本年度”填报金额为主表中纳税调整后所得相关数据的计算值。不能直接引自主表。

表 A100000 第 19 行“纳税调整后所得”＞0，第 20 行“所得减免”＞0，则本表第 2 列第 6 行＝本年度表 A100000 第 19－20－21 行，且减至 0 止。

第 20 行“所得减免”＜0，填报此处时，填写负数。

表 A100000 第 19 行“纳税调整后所得”＜0，则本表第 2 列第 6 行＝本年度表 A100000 第 19 行。

风险点 87 抵扣应纳税所得额和弥补亏损的先后次序问题

2014 版企业所得税年度纳税申报表的相关填报说明规定，表 A100000 第 19 行“纳税调整后所得”＞0，第 20 行“所得减免”＞0，A106000《企业所得税纳税弥补亏损明细表》第 2 列第 6 行“纳税调整后所得”＝本年度表 A100000 第 19－20－21 行，且减至 0 止。A107030《抵扣应纳税所得额明细表》第 6 行“本年可用于抵扣的应纳税所得额”填报表 A100000 第 19 行“纳税调整后所得”－20 行“所得减免”－22 行“弥补以前年度亏损”的金额，若金额小于 0，则填报 0。企业同时通过有限合伙创业投资企业间接投资中小高新技术企业的，本行填报表 A100000 第 19 行－20 行－22 行－本表第 13 行“本年实际抵扣应分得的应纳税所得额”的金额；若金额小于 0，则填报 0。

具体政策为：《企业所得税法》第五条规定，企业每一纳税年度的收入总额，减除不征税收入、免税收入、各项扣除以及允许弥补的以前年度亏损后的余额，为应纳税所得额。

第十八条规定，企业纳税年度发生的亏损，准予向以后年度结转，用以后年度的所得弥补，但结转年限最长不得超过五年。

第三十一条规定，创业投资企业从事国家需要重点扶持和鼓励的创业投资，可以按投资额的一定比例抵扣应纳税所得额。企业纳税年度发生的亏损，准予向以后年度结转，用以后年度的所得弥补，但结转年限最长不得超过五年。

《企业所得税法实施条例》第九十七条规定，企业所得税法第三十一条所称抵扣应纳税所得额，是指创业投资企业采取股权投资方式投资于未上市的中小高新技术企业 2 年以上的，可以按照其投资额的 70%在股权持有满 2 年的当年抵扣该创业投资企业的应纳税所得额；当年不足抵扣的，可以在以后纳税年度结转抵扣。

关键点 198　企业弥补亏损期限不得超过五年

《企业所得税法》第十八条规定，企业纳税年度发生的亏损，准予向以后年度结转，用以后年度的所得弥补，但结转年限最长不得超过五年。

（一）在纳税人多次发生年度亏损的情况下，其亏损可以连续用从亏损年度的次年起 5 年内的所得弥补。

（二）在纳税人既有盈利年度又有亏损年度的情况下，根据税法规定，亏损弥补的最长年限为 5 年，在 5 年内，不论是盈利，还是亏损，都作为实际弥补年限计算。先亏先补，按顺序计算弥补期。

（三）超过五年弥补期仍未弥补完，则不能再用以后年度的应纳税所得额弥补，只能在税后弥补或用盈余公积金弥补。

关键点 199　免税收入、减计收入以及减征、免征所得额项目不得用于弥补应税亏损

应税项目与减免税项目不得“互相调剂”，而应各自纳税与弥亏，免税项目不得弥补应税项目的亏损。《国家税务总局关于做好 2009 年度企业所得税汇算清缴工作的通知》（国税函〔2010〕148 号）第二条第（六）款进一步规定，对企业取得的免税收入、减计收入以及减征、免征所得额项目，也不得用当期和以后纳税年度应税项目所得弥补。这里需要注意的是，目前《国家税务总局关于做好 2009 年度企业所得税汇算清缴工作的通知》（国税函〔2010〕148 号）已经废止，但笔者认为就此事项的文件精神还在，并且新申报表的填报规则也是依据此观点设置。企业在遇到此事项时可与主管税务机关沟通再确认。

关键点 200　查补的应纳税所得额可以弥补亏损

企业以前年度纳税情况进行检查时调增的应纳税所得额，可以弥补以前

年度发生亏损、且该亏损属于企业所得税法规定允许弥补的。国家税务总局2010年第20号公告规定，自2010年12月1日起，根据《中华人民共和国企业所得税法》（以下简称企业所得税法）第五条的规定，税务机关对企业以前年度纳税情况进行检查时调增的应纳税所得额，凡企业以前年度发生亏损、且该亏损属于企业所得税法规定允许弥补的，应允许调增的应纳税所得额弥补该亏损。弥补该亏损后仍有余额的，按照企业所得税法规定计算缴纳企业所得税。对检查调增的应纳税所得额应根据其情节，依照《中华人民共和国税收征收管理法》有关规定进行处理或处罚。

关键点201　企业筹办期间不计算为亏损年度

企业从事生产经营之前进行筹办活动期间发生筹办费用支出，不得计算为当期的亏损。《国家税务总局关于贯彻落实企业所得税法若干税收问题的通知》（国税函〔2010〕79号）规定，企业自开始生产经营的年度，为开始计算企业损益的年度。企业从事生产经营之前进行筹办活动期间发生筹办费用支出，不得计算为当期的亏损，应按照《国家税务总局关于企业所得税若干税务事项衔接问题的通知》（国税函〔2009〕98号）第九条规定执行。

国税函〔2009〕98号文件第九条规定，新税法中开（筹）办费未明确列作长期待摊费用，企业可以在开始经营之日的当年一次性扣除，也可以按照新税法有关长期待摊费用的处理规定处理，但一经选定，不得改变。

关键点202　资产损失造成亏损应弥补所属年度

《国家税务总局关于发布〈企业资产损失所得税税前扣除管理办法〉的公告》（国家税务总局公告2011年第25号）规定，企业实际资产损失发生年度扣除追补确认的损失后出现亏损的，应先调整资产损失发生年度的亏损额，再按弥补亏损的原则计算以后年度多缴的企业所得税税款。追补确认期限一般不得超过5年。

关键点203　合并、分立转入（转出）可弥补的亏损额

分立，是指一家企业（以下称为被分立企业）将部分或全部资产分离转让给现存或新设的企业（以下称为分立企业），被分立企业股东换取分立企业的股权或非股权支付，实现企业的依法分立。

企业分立，一般性税务处理情况下，企业分立相关企业的亏损不得相互结转弥补。特殊性税务处理情况下，被分立企业未超过法定弥补期限的亏损

额可按分立资产占全部资产的比例进行分配，由分立企业继续弥补。

合并，是指一家或多家企业（以下称为被合并企业）将其全部资产和负债转让给另一家现存或新设企业（以下称为合并企业），被合并企业股东换取合并企业的股权或非股权支付，实现两个或两个以上企业的依法合并。

企业合并，一般性税务处理情况下，被合并企业的亏损不得在合并企业结转弥补。特殊性税务处理情况下，可由合并企业弥补的被合并企业亏损的限额＝被合并企业净资产公允价值×截至合并业务发生当年年末国家发行的最长期限的国债利率。

关键点 204　政策性搬迁停止生产经营期间弥补亏损年限计算

政策搬迁期间，停止生产经营活动年度从法定亏损结转弥补年限中减除。国家税务总局 2012 年第 40 号公告规定，企业以前年度发生尚未弥补的亏损的，凡企业由于搬迁停止生产经营无所得的，从搬迁年度次年起，至搬迁完成年度前一年度止，可作为停止生产经营活动年度，从法定亏损结转弥补年限中减除。

关键点 205　清算期间可依法弥补亏损

《财政部 国家税务总局关于企业清算业务企业所得税处理若干问题的通知》（财税〔2009〕60 号）规定，企业清算中应依法弥补亏损，确定清算所得，企业应将整个清算期作为一个独立的纳税年度计算清算所得。《企业所得税法》第五十三条规定，企业依法清算时，应当以清算期间作为一个纳税年度。

CORPORATE INCOME TAX FINAL SETTLEMENT

Risk Tips & Key Points Analysis

第17章 收入、扣除优惠政策及填报实务（A107010—A107014）

17.1 《免税、减计收入及加计扣除优惠明细表》(A107010)

17.1.1 国债利息收入

关键点 206 国债投资持有收益、处置收益、免税政策

国债投资持有收益、处置收益、免税政策详见第7章。

关键点 207 留存备查资料

1. 国债净价交易交割单;
2. 购买、转让国债的证明,包括持有时间,票面金额,利率等相关材料;
3. 应收利息(投资收益)科目明细账或按月汇总表;
4. 减免税计算过程的说明。

风险点 88 非持有中国中央政府发行的国债取得的利息收入不免税

免税的国债利息收入不包括持有外国政府国债取得的利息收入,也不包括持有企业发行的债券取得的利息收入,而仅限于持有中国中央政府发行的国债取得的利息收入。

风险点 89 二级市场转让国债收入不免税

企业购买国债,不论是在一级市场(发行市场)还是在二级市场(流通市场)购买,其利息收入均享受免税优惠。国债净价交易时,交割单上列示的国债利息收入,可作为企业取得的免税收入处理。但需要注意的是,对于企业在二级市场转让国债获得的收入,即成交金额与国债面值、利息的差额,应作为转让财产收入计算缴纳企业所得税。

风险点 90 国债利息收入与其他投资收益区分

除有些金融企业外,一般企业的债券投资无论是利息收入还是转让所得,都通过"投资收益"科目来核算,在计算征免税收入时要注意进行区分。

案例:国债投资收益填报案例(详见第7章案例)

17.1.2 非营利组织收入

关键点 208 优惠待遇

《企业所得税法》第二十六条规定,符合条件的非营利组织收入免征企业所得税。

《企业所得税法实施条例》第八十四条规定，企业所得税法第二十六条第（四）项所称符合条件的非营利组织，是指同时符合下列条件的组织：

（一）依法履行非营利组织登记手续；

（二）从事公益性或者非营利性活动；

（三）取得的收入除用于与该组织有关的、合理的支出外，全部用于登记核定或者章程规定的公益性或者非营利性事业；

（四）财产及其孳息不用于分配；

（五）按照登记核定或者章程规定，该组织注销后的剩余财产用于公益性或者非营利性目的，或者由登记管理机关转赠给与该组织性质、宗旨相同的组织，并向社会公告；

（六）投入人对投入该组织的财产不保留或者享有任何财产权利；

（七）工作人员工资福利开支控制在规定的比例内，不变相分配该组织的财产。

前款规定的非营利组织的认定管理办法由国务院财政、税务主管部门会同国务院有关部门制定。

关键点 209　符合条件的非营利组织免税收入的范围

《财政部 国家税务总局关于非营利组织企业所得税免税收入问题的通知》（财税〔2009〕122 号）规定，根据《中华人民共和国企业所得税法》第二十六条及《中华人民共和国企业所得税法实施条例》（国务院令第 512 号）第八十五条的规定，现将符合条件的非营利组织企业所得税免税收入范围明确如下：

非营利组织的下列收入为免税收入：

（一）接受其他单位或者个人捐赠的收入；

（二）除《中华人民共和国企业所得税法》第七条规定的财政拨款以外的其他政府补助收入，但不包括因政府购买服务取得的收入；

（三）按照省级以上民政、财政部门规定收取的会费；

（四）不征税收入和免税收入孳生的银行存款利息收入；

（五）财政部、国家税务总局规定的其他收入。

关键点 210　留存备查资料

1. 非营利组织资格有效认定文件或其他相关证明；

2. 登记管理机关出具的事业单位、社会团体、基金会、民办非企业单位对应汇缴年度的检查结论（新设立非营利组织不需提供）；

3. 应纳税收入及其有关的成本、费用、损失，与免税收入及其有关的成本、费用、损失分别核算的情况说明；

4. 取得各类免税收入的情况说明。

风险点 91　非营利组织要经过政府相关部门的认定

非营利组织应同时符合税法规定的条件，并且要经过政府相关部门的认定。

风险点 92　区分免税收入和非免税收入

非营利组织收入为免税收入，收入免征企业所得税，对应的费用可以税前扣除，优惠力度很大。因此非营利组织应严格区分免税收入和非免税收入，不能混淆。

17.1.3　证券投资基金相关免税收入

关键点 211　证券投资基金相关知识

《财政部 国家税务总局关于企业所得税若干优惠政策的通知》（财税〔2008〕1号）规定，对证券投资基金从证券市场中取得的收入，包括买卖股票、债券的差价收入，股权的股息、红利收入，债券的利息收入及其他收入，暂不征收企业所得税。对证券投资基金管理人运用基金买卖股票、债券的差价收入，暂不征收企业所得税。对投资者从证券投资基金分配中取得的收入，暂不征收企业所得税。

（1）采用封闭式运作方式的基金（简称封闭式基金），是指经核准的基金份额总额在基金合同期限内固定不变，基金份额可以在依法设立的证券交易场所交易，但基金份额持有人不得申请赎回的基金。

封闭式基金的基金份额，经基金管理人申请，国务院证券监督管理机构核准，可以在证券交易所上市交易。

国务院证券监督管理机构可以授权证券交易所依照法定条件和程序核准基金份额上市交易。

（2）采用开放式运作方式的基金（简称开放式基金），是指基金份额总额不固定，基金份额可以在基金合同约定的时间和场所申购或者赎回的基金。

开放式基金的基金份额的申购、赎回和登记，由基金管理人负责办理；基金管理人可以委托经国务院证券监督管理机构认定的其他机构代为办理。

（3）基金管理人由依法设立的基金管理公司担任。担任基金管理人，应当经国务院证券监督管理机构核准。

基金管理人以管理费为主要收入来源。管理费一般按照基金合同中约定的比例（一般按基金净值的一定比例）及方式进行提取、支付。

（4）基金托管人由依法设立并取得基金托管资格的商业银行担任。基金托管人与基金管理人不得为同一人，不得相互出资或者持有股份。

（5）基金管理人运用基金财产进行证券投资，应当采用资产组合的方式。资产组合的具体方式和投资比例，依照本法和国务院证券监督管理机构的规定在基金合同中约定。基金财产及运用基金进行投资所获收益属于基金份额持有人（即投资人）。

关键点 212　证券投资基金免税实务问题探讨

目前很多企业以货币基金形式进行投资，基金根据每日基金收益情况，以每万份基金已实现收益为基准，"每日分配、按日支付"形式为投资人每日计算当日收益并分配，且每日进行支付。基金根据每日收益情况，将当日收益全部分配，若当日已实现收益大于零时，为投资人记正收益；若当日已实现收益小于零时，为投资人记负收益；若当日已实现收益等于零时，当日投资人不记收益。基金每日进行收益计算并分配时，每日收益支付方式只采用红利再投资（即红利转基金份额）方式，投资人可通过赎回基金份额获得现金收益；投资人在当日收益支付时，若当日净收益大于零时，则增加投资人基金份额；若当日净收益等于零时，则保持投资人基金份额不变；基金管理人将采取必要措施尽量避免基金净收益小于零，若当日净收益小于零时，不缩减投资人基金份额，待其后累计净收益大于零时，即增加投资人基金份额。

企业投资货币基金，对于采用红利再投资方式取得的收益应在什么时点确认缴纳企业所得税，以及是否可以享受免税优惠政策？

企业投资于证券投资基金，从证券投资基金分配中取得的收入应参照《国家税务总局关于贯彻落实企业所得税法若干税收问题的通知》（国税函〔2010〕79 号）第四条的规定，在证券投资基金做出分配决定时确认收入的实现。具体到上述案例，应在每日分配时确认收入。

"每日分配、按日支付"属于特殊的分配、投资形式，其分配的收入为从基金分配中取得的收入。上述案例中的货币基金为证券投资基金的，按照

《财政部 国家税务总局关于企业所得税若干优惠政策的通知》（财税〔2008〕1 号）的规定，投资者从基金分配中取得的收入，暂不征收企业所得税。

关键点 213　留存备查资料

1. 有关购买证券投资基金记账凭证；
2. 证券投资基金分配公告。

17.1.4　安置残疾人员工资加计扣除

关键点 214　享受残疾人员工资加计扣除条件

《财政部 国家税务总局关于安置残疾人员就业有关企业所得税优惠政策问题的通知》（财税〔2009〕70 号）规定，企业安置残疾人员的，在按照支付给残疾职工工资据实扣除的基础上，可以在计算应纳税所得额时按照支付给残疾职工工资的 100%加计扣除。残疾人员的范围适用《中华人民共和国残疾人保障法》的有关规定。企业享受安置残疾职工工资 100%加计扣除应同时具备如下条件：依法与安置的每位残疾人签订了 1 年以上（含 1 年）的劳动合同或服务协议，并且安置的每位残疾人在企业实际上岗工作。为安置的每位残疾人按月足额缴纳了企业所在区县人民政府根据国家政策规定的基本养老保险、基本医疗保险、失业保险和工伤保险等社会保险。定期通过银行等金融机构向安置的每位残疾人实际支付了不低于企业所在区县适用的经省级人民政府批准的最低工资标准的工资。具备安置残疾人上岗工作的基本设施。已安置残疾职工应具备《中华人民共和国残疾人证》或《中华人民共和国残疾军人证（1 至 8 级）》。

关键点 215　留存备查资料

1. 为安置的每位残疾人按月足额缴纳了企业所在区县人民政府根据国家政策规定的基本养老保险、基本医疗保险、失业保险和工伤保险等社会保险证明资料；
2. 通过非现金方式支付工资薪酬的证明；
3. 安置残疾职工名单及其《残疾人证》或《残疾军人证》；
4. 与残疾人员签订的劳动合同或服务协议。

风险点 93　不符合条件不能加计扣除

不同时符合财税〔2009〕70 号文件规定的五个条件的残疾人员工资，不得加计扣除。

风险点 94 预缴时不能加计扣除

企业支付给残疾职工的工资，企业所得税预缴申报时不得加计扣除，在年度终了进行企业所得税年度申报和汇算清缴时，再计算加计扣除。

17.2 《符合条件的居民企业之间的股息、红利等权益性投资收益优惠明细表》（A107011）

关键点 216 居民企业股息、红利等权益性投资收益

1. 连续持有居民企业公开发行并上市流通的股票，不足 12 个月取得的投资收益在持有期限满 12 个月后能否免税？

《企业所得税法实施条例》第八十三条规定，企业所得税法所称股息、红利等权益性投资收益，不包括连续持有居民企业公开发行并上市流通的股票不足 12 个月取得的投资收益。实务中纳税人对于连续持有居民企业公开发行并上市流通的股票不足 12 个月时取得的投资收益不得作为免税的股息红利收入，但笔者认为纳税人应与主管税务机关沟通，待连续持有该企业股票满 12 个月后，能否再将此部分股息红利收入作为免税收入，以保障自身利益。

2. 企业从"新三板"购买的股票是否属于"公开上市发行"？取得分回的股息红利是否可以按照居民企业间免税收益处理？

"新三板"上市需要满足的要求之一为：新三板上市公司必须是非上市股份有限公司，不属于《企业所得税法实施条例》第八十三条规定的"公开发行并上市流通"的情形。企业投资于新三板挂牌企业所取得的股息红利，符合《企业所得税法》第二十六条第二项及《企业所得税法实施条例》第八十三条规定的，可以作为免税收入，享受税收优惠。

3. "沪港通"相关股息红利权益性投资收益免税优惠的申报。

"沪港通"是指上海证券交易所和香港联合交易所允许两地投资者通过当地证券公司（或经纪商）买卖规定范围内的对方交易所上市的股票。包括沪股通和港股通两部分。正式启动时间为 2014 年 11 月 17 日。试点初期，香港证监会要求参与港股通的境内投资者仅限于机构投资者，以及证券账户和资金账户余额不低于 50 万元的个人投资者。对参与沪股通的香港投资者不设准入条件。

境内证券交易所包括上海证券交易所和深圳证券交易所（创业板）。

A股：人民币普通股票，境内上市交易，只允许本国投资者以人民币认购（2005年底，特批的境外机构也可以认购）。

B股：人民币特种股票，境内上市交易，境外投资者以外币认购（沪市以美元计价、深市以港币计价）。

H股：境内公司在香港证券交易所上市，以港币计价。

4. “港股通”涉及的企业所得税问题。

“港股通”的实质是权益性（股票）投资，股息红利、转让所得“遵从一般原理”。

《财政部 国家税务总局证监会关于沪港股票市场交易互联互通机制试点有关税收政策的通知》（财税〔2014〕81号）第一条第（二）项规定，对内地企业投资者通过沪港通投资香港联交所上市股票取得的转让差价所得，计入其收入总额，依法征收企业所得税。

第一条第（四）项规定：

①对内地企业投资者通过沪港通投资香港联交所上市股票取得的股息红利所得，计入其收入总额，依法计征企业所得税。其中，内地居民企业连续持有H股满12个月取得的股息红利所得，依法免征企业所得税。

②香港联交所上市H股公司应向中国结算提出申请，由中国结算向H股公司提供内地企业投资者名册，H股公司对内地企业投资者不代扣股息红利所得税款，应纳税款由企业自行申报缴纳。

③内地企业投资者自行申报缴纳企业所得税时，对香港联交所非H股上市公司已代扣代缴的股息红利所得税，可依法申请税收抵免。

关键点217 清算的注意事项

企业在经营期的经营或投资行为，为企业在清算期所带来的所得，应该仍然适用相关优惠政策。如处于清算期的企业，在未处置其对外的长期股权投资前，其源自被投资方分配的股息红利，清算组应确认为权益性投资收益。如果该权益性投资收益符合《企业所得税法》第二十六条规定的免税收入的条件，即使企业处于清算期，仍然应享受免税收入的税收优惠政策。

关键点218 撤资的注意事项

《国家税务总局关于企业所得税若干问题的公告》（国家税务总局公告2011年第34号）第五条规定，投资企业从被投资企业撤回或减少投资，其取得的资产中，相当于初始出资的部分，应确认为投资收回；相当于被投资企业累计未分配利润和累计盈余公积按减少实收资本比例计算的部分，应确认为股息所得，符合条件的为免税收入；其余部分确认为投资资产转让所得。

关键点 219　留存备查资料

1. 相关记账凭证、本公司持股比例以及持股时间超过 12 个月的情况说明；
2. 被投资企业董事会（或股东大会）利润分配决议。

风险点 95　居民企业直接投资于其他居民企业

居民企业直接投资于其他居民企业取得的股息、红利才是免税收入。这里注意三个要点：一是居民企业，二是直接投资，间接投资取得的股息、红利不能免税，三是投资于其他居民企业，投资的不是居民企业的（非居民企业、个人独资企业、合伙企业）不能免税。

风险点 96　12 个月的规定

连续持有上市公司股票不足 12 个月取得的投资收益不能免税。

风险点 97　股权转让所得不能扣除被投资企业股东留存收益

股权转让中，被投资企业未分配利润等股东留存收益中按该项股权所可能分配的金额不能扣除。《国家税务总局关于贯彻落实企业所得税法若干税收问题的通知》（国税函〔2010〕79 号）第三条规定，企业在计算股权转让所得时，不得扣除被投资企业未分配利润等股东留存收益中按该项股权所可能分配的金额。

案 例

案例 21　股权转让所得、从被投资企业分回清算所得、从被投资企业撤回或减少投资三种处理方法的差异填报案例

（1）股权转让：A 企业将控股 30%的 B 企业以 800 万元的价格转让给 C 企业，其中 B 企业有 1 000 万元的累计未分配利润。A 企业的投资成本为 600万元，股权转让所得＝800－600＝200（万元）。

（2）收回被清算企业资产：B 企业清算，A 企业分回清算资产同上，即：

清算所得（损失）＝800－（1 000×30%）－600＝－100（万元）

A107011《符合条件的居民企业之间的股息、红利等权益性投资收益优惠情况明细表》相关项目的填写如下：

第 7 列"分得的被投资企业清算剩余资产"：800 万元；

第 8 列"被清算企业累计未分配利润和累计盈余公积应享有部分"：300 万元；

第 9 列"应确认的股息所得"：300 万元。

(3) 撤资收回资产：A 企业从控股 30%的 B 企业撤资，A 企业收回投资 800 万元，其中，B 企业有 1 000 万元的累计未分配利润。A 企业的投资成本为 600 万元。

①A 企业首先确认收回成本为 600 万元；

②再考虑 800 万元中相当于 B 企业累计未分配利润的 200 万元（800－600＜1 000×30%）；

③撤回投资的股权转让所得（损失）＝800－600－200＝0。

A107011《符合条件的居民企业之间的股息、红利等权益性投资收益优惠情况明细表》相关项目的填写如下：

第 10 列"从被投资企业撤回或减少投资取得的资产"：800 万元；

第 11 列"减少投资比例"：100%；

第 12 列"收回初始投资成本"：600 万元；

第 13 列"取得资产中超过收回初始投资成本部分"：200 万元；

第 14 列"撤回或减少投资应享有被投资企业累计未分配利润和累计盈余公积"：300 万元；

第 15 列"应确认的股息所得"：200 万元。(具体填报见表 17-1)

表 17-1　　A107011　符合条件的居民企业之间的股息、红利等权益性投资收益优惠情况明细表

行次	被投资企业	投资性质	投资成本	投资比例	被投资企业利润分配确认金额		被投资企业清算确认金额			撤回或减少投资确认金额						合计
					被投资企业做出利润分配或转股决定时间	依决定归属于本公司的股息、红利等权益性投资收益金额	分得的被投资企业清算剩余资产	被清算企业累计未分配利润和累计盈余公积应享有部分	应确认的股息所得	从被投资企业撤回或减少投资取得的资产	减少投资比例	收回初始投资成本	取得资产中超过收回初始投资成本部分	撤回或减少投资应享有被投资企业累计未分配利润和累计盈余公积	应确认的股息所得	
	1	2	3	4	5	6	7	8	9 (7与8孰小)	10	11	12 (3×11)	13 (10－12)	14	15 (13与14孰小)	16 (6＋9＋15)
1							800	300	300	800	100%	600	200	300	200	

17.3 《综合利用资源生产产品取得的收入优惠明细表》（A107012）

关键点 220 资源综合利用税收优惠条件

按照《国家税务总局关于资源综合利用企业所得税优惠管理问题的通知》（国税函〔2009〕185 号）的规定，资源综合利用企业所得税优惠，是指企业自 2008 年 1 月 1 日起以《资源综合利用企业所得税优惠目录（2008 年版）》（以下简称《目录》）规定的资源作为主要原材料，生产国家非限制和非禁止并符合国家及行业相关标准的产品取得的收入，减按 90%计入企业当年收入总额。

国税函〔2009〕185 号文件规定，企业应取得《资源综合利用认定证书》，方可享受减记收入优惠。现主管部门已取消了资源综合利用认定，企业按照留存备查资料享受相关优惠即可。

关键点 221 留存备查资料

1. 企业实际资源综合利用情况（包括综合利用的资源、技术标准、产品名称等）的说明；
2. 省税务机关规定的其他资料。

风险点 98 取得《资源综合利用认定证书》

企业应取得《资源综合利用认定证书》，方可享受减记收入优惠。

风险点 99 没有分开核算不得享受税收优惠

企业从事非资源综合利用项目取得的收入与生产资源综合利用产品取得的收入没有分开核算的，不得享受资源综合利用企业所得税优惠。

17.4 《金融、保险等机构取得的涉农利息、保费收入优惠明细表》（A107013）

关键点 222 涉农利息、保费收入优惠条件

《财政部 国家税务总局关于延续并完善支持农村金融发展有关税收政策的通知》（财税〔2014〕102 号）规定，自 2014 年 1 月 1 日至 2016 年 12 月 31 日，对金融机构农户小额贷款的利息收入，在计算应纳税所得额时，按 90%

计入收入总额；自2014年1月1日至2016年12月31日，对保险公司为种植业、养殖业提供保险业务取得的保费收入，在计算应纳税所得额时，按90%计入收入总额。

《财政部 国家税务总局关于中国扶贫基金会小额信贷试点项目继续参照执行农村金融有关税收政策的通知》（财税〔2015〕12号）规定，自2014年1月1日至2016年12月31日，对中合农信项目管理有限公司和中国扶贫基金会举办的农户自立服务社（中心）以及中合农信项目管理有限公司独资成立的小额贷款公司从事农户小额贷款取得的利息收入，在计算应纳税所得额时，按90%计入收入总额。

关键点223　留存备查资料

1. 相关保费收入、利息收入的核算情况；
2. 相关保险合同、贷款合同；
3. 省税务机关规定的其他资料。

风险点100　未单独核算不得享受优惠

符合条件的农户小额贷款利息收入进行单独核算，不能单独核算的不得享受优惠政策；小额贷款公司应对符合条件的农户小额贷款利息收入进行单独核算，不能单独核算的不得享受优惠政策。

17.5 《研发费用加计扣除优惠明细表》（A107014）

表17-2　　研发费用加计扣除利润计算及纳税调整对照提示表

在利润总额计算中的填报位置	A104000《期间费用明细表》第19行“研究费用”
可能存在的税会差异在纳税调整中的位置	A105040《专项用途财政性资金纳税调整明细表》
	A105080《资产折旧、摊销情况及纳税调整明细表》
在加计扣除优惠计算中的位置	A107014《研发费用加计扣除优惠明细表》

2015年汇算清缴仍然适用《国家税务总局关于印发〈企业研究开发费用税前扣除管理办法（试行）〉的通知》（国税发〔2008〕116号）和《财政部 国家税务总局关于研究开发费用税前加计扣除有关政策问题的通知》（财税〔2013〕70号），2016年1月1日起适用《财政部 国家税务总局 科技部关于

完善研究开发费用税前加计扣除政策的通知》（财税〔2015〕119 号）和《国家税务总局关于企业研究开发费用税前加计扣除政策有关问题的公告》（国家税务总局公告 2015 年第 97 号），详见第 22 章。

关键点 224　研究开发活动符合规定的范围

研究开发活动是指企业为获得科学与技术（不包括人文、社会科学）新知识，创造性运用科学技术新知识，或实质性改进技术、工艺、产品（服务）而持续进行的具有明确目标的研究开发活动。

创造性运用科学技术新知识，或实质性改进技术、工艺、产品（服务），是指企业通过研究开发活动在技术、工艺、产品（服务）方面的创新取得了有价值的成果，对本地区（省、自治区、直辖市或计划单列市）相关行业的技术、工艺领先具有推动作用，不包括企业产品（服务）的常规性升级或对公开的科研成果直接应用等活动（如直接采用公开的新工艺、材料、装置、产品、服务或知识等）。

关键点 225　可加计扣除的研究开发费用范围

（1）新产品设计费、新工艺规程制定费以及与研发活动直接相关的技术图书资料费、资料翻译费。

（2）从事研发活动直接消耗的材料、燃料和动力费用。

（3）在职直接从事研发活动人员的工资、薪金、奖金、津贴、补贴。

（4）专门用于研发活动的仪器、设备的折旧费或租赁费。

（5 专门用于研发活动的软件、专利权、非专利技术等无形资产的摊销费用。

（6）专门用于中间试验和产品试制的模具、工艺装备开发及制造费。

（7）勘探开发技术的现场试验费。

（8）研发成果的论证、评审、验收费用。

（9）企业依照国务院有关主管部门或者省级人民政府规定的范围和标准为在职直接从事研发活动人员缴纳的基本养老保险费、基本医疗保险费、失业保险费、工伤保险费、生育保险费和住房公积金。

（10）专门用于研发活动的仪器、设备的运行维护、调整、检验、维修等费用。

不构成固定资产的样品、样机及一般测试手段购置费。

新药研制的临床试验费。

研发成果的鉴定费用。

关键点 226　对企业共同合作开发的项目，凡符合上述条件的，由合作各方就自身承担的研发费用分别按照规定计算加计扣除

对委托开发的项目，受托方应向委托方提供该研发项目的费用支出明细情况，否则，该委托开发项目的费用支出不得实行加计扣除。

关键点 227　企业根据财务会计核算和研发项目的实际情况，对发生的研发费用进行收益化或资本化处理的，可按下述规定计算加计扣除

（1）研发费用计入当期损益未形成无形资产的，允许再按其当年研发费用实际发生额的 50%，直接抵扣当年的应纳税所得额。

（2）研发费用形成无形资产的，按照该无形资产成本的 150%在税前摊销。除法律另有规定外，摊销年限不得低于 10 年。

（3）法律、行政法规和国家税务总局规定不允许企业所得税前扣除的费用和支出项目，均不允许计入研究开发费用。

关键点 228　有关研发费加计扣除和固定资产加速折旧政策的衔接

国家税务总局 2014 年第 64 号公告规定，企业在 2014 年 1 月 1 日后购进并专门用于研发活动的仪器、设备，单位价值不超过 100 万元的，可以一次性在计算应纳税所得额时扣除；单位价值超过 100 万元的，允许按不低于企业所得税法规定折旧年限的 60%缩短折旧年限，或选择采取双倍余额递减法或年数总和法进行加速折旧。

企业专门用于研发活动的仪器、设备享受国家税务总局 2014 年第 64 号公告规定的优惠政策的，在享受研发费加计扣除时，按照国税发〔2008〕116 号、财税〔2013〕70 号等文件的规定，就已经进行会计处理的折旧、费用等金额进行加计扣除。此处应特别注意的是，国税发〔2008〕116 号文件第四条明确了允许在计算应纳税所得额时按照规定实行加计扣除的研发费用应该是在一个纳税年度中实际发生的费用支出。

关键点 229　有关企业集团集中研究开发项目分摊研究开发费用的特殊规定

企业集团根据生产经营和科技开发的实际情况，对技术要求高、投资数额大，需要由集团公司进行集中开发的研究开发项目，其实际发生的研究开发费，可以按照合理的分摊方法在受益集团成员公司间进行分摊。

企业集团采取合理分摊研究开发费的，企业集团应提供集中研究开发项目的协议或合同，该协议或合同应明确规定参与各方在该研究开发项目中的权利和义务、费用分摊方法等内容。如不提供协议或合同，研究开发费不得加计扣除。

企业集团采取合理分摊研究开发费的，企业集团集中研究开发项目实际发生的研究开发费，应当按照权利和义务、费用支出和收益分享一致的原则，合理确定研究开发费用的分摊方法。

企业集团采取合理分摊研究开发费的，企业集团母公司负责编制集中研究开发项目的立项书、研究开发费用预算表、决算表和决算分摊表。

税企双方对企业集团集中研究开发费的分摊方法和金额有争议的，如企业集团成员公司设在不同省、自治区、直辖市和计划单列市的，企业按照国家税务总局的裁决意见扣除实际分摊的研究开发费；企业集团成员公司在同一省、自治区、直辖市和计划单列市的，企业按照省税务机关的裁决意见扣除实际分摊的研究开发费。

关键点 230　注意以委托、合作等研发形式而形成的无形资产的所有权归属问题，如相互之间支付特许权使用费，则不得享受加计扣除政策

关键点 231　企业在一个纳税年度内进行多个研究开发活动的，应按照不同开发项目分别归集可加计扣除的研究开发费用额

风险点 101　超范围的研发支出不得加计扣除

超过政策列举范围的研发支出不得加计扣除，如劳务派遣人员的工资、薪金、奖金、津贴、补贴、五险一金不得加计扣除。

需要注意的是，财税〔2015〕119 号文件增加了劳务派遣人员支出，但该文件自 2016 年 1 月 1 日起执行，2015 年度汇算清缴时仍然适用国税发〔2008〕116 号文件，仍不包括劳务派遣人员支出，详见第 22 章。

风险点 102　非“专门”用于研发活动的仪器、设备不能加计扣除

“专门”用于研发活动的仪器、设备的相关费用才能加计扣除，研发与生产经营共用的仪器、设备的相关费用不能加计扣除。

需要注意的是，财税〔2015〕119 号文件取消了“专门”，研发与生产经营共用的仪器、设备的相关费用也可以加计扣除，该文件自 2016 年 1 月 1 日起执行，2015 年度汇算清缴时仍然适用国税发〔2008〕116 号文件，非“专门”用于研发活动的仪器、设备不能加计扣除，详见第 22 章。

风险点 103 受托方不得加计扣除

对企业委托给外单位进行开发的研发费用，由委托方按照规定计算加计扣除，受托方不得再进行加计扣除。

风险点 104 不征税收入不得加计扣除

如果研发经费符合不征税收入的政策规定且在计算企业所得税时按不征税收入处理的，不得在税前扣除及加计扣除。形成无形资产的也不能扣除。

案例

案例 22 研发费用加计扣除填报案例

1. 情况说明。

A 企业 2014 年进行某一研发项目的研制开发活动，A 企业共投入 85 万元。其中：直接消耗的材料费用 10 万元，直接从事研发活动的本企业在职人员工资 30 万元，专门用于研发活动的有关折旧费 15 万元，专门用于研发活动的无形资产摊销费 10 万元，中间试验费用 20 万元。以前年度研发费用资本化本年结转无形资产的金额为 55 万元，其中 20 万元符合不征税收入条件且已做不征税收入处理，本年度研发费用资本化本年结转无形资产的金额为 45 万元，本年费用化支出 40 万元。

本年项目总投入 85 万元。其中财政拨款 40 万元符合不征税条件并且已做不征税收入处理，且 40 万元财政拨款中，10 万元资本化并结转形成无形资产，30 万元进行了费用化处理。2011 年研发形成的无形资产 200 万元，每年摊销 20 万元，已摊销 3 年。A 企业研发形成的无形资产按直线法分 10 年摊销。

2. 会计处理（单位：万元）。

（1）发生研发支出。

借：研发支出——费用化支出	40
——资本化支出	45
贷：原材料	10
应付职工薪酬	30
固定资产折旧	15
无形资产摊销	10
中间试验费用	20

(2) 期末计入费用或达到预计可使用状态。

借：管理费用　40

　贷：研发支出——费用化支出　40

借：无形资产　100

　贷：研发支出——资本化支出　100

(3) 2014 年摊销无形资产。

借：管理费用　30 [(100÷10)+20]

　贷：累计摊销　30

3. 填报方法。

(1) 加计扣除额的填报。

第一步，计算本年度可扣除的研发费用：

表 A107014 第 2 列“研发活动直接消耗的材料、燃料和动力费用”：10 万元；

表 A107014 第 3 列“直接从事研发活动的本企业在职人员费用”：30 万元；

表 A107014 第 4 列“专门用于研发活动的有关折旧费、租赁费、运行维护费”：15 万元；

表 A107014 第 5 列“专门用于研发活动的有关无形资产摊销费”：10 万元；

表 A107014 第 6 列“中间试验和产品试制的有关费用，样品、样机及一般测试手段购置费”：20 万元；

表 A107014 第 10 列“年度研发费用合计”：85 万元；

表 A107014 第 11 列“减：作为不征税收入处理的财政性资金用于研发的部分”：40 万元（包括本年不征税收入用于研发在“研发支出——资本化支出”和“研发支出——费用化支出”科目核算的金额，不包括以前年度不征税收入用于研发在“研发支出——资本化支出”科目核算本年结转形成无形资产的部分）；

表 A107014 第 12 列“可加计扣除的研发费用合计”：45 万元（85—40）。

第二步，本年度研发支出费用化的加计扣除额：

研发支出费用化计入“管理费用”40 万元中的 30 万元属于不征税收入对应的支出不得税前扣除。

表 A107014 第 13 列“计入本年损益的金额”：10 万元（40—30），即第 13 列≤第 12 列；

表 A107014 第 14 列“计入本年研发费用加计扣除额”：5 万元（10×50%）。

第三步，本年度研发支出资本化的加计扣除额：

研发支出资本化计入“无形资产”100 万元中的 30 万元属于不征税收入对应的支出不得税前扣除。

表 A107014 第 15 列“本年形成无形资产的金额”：70 万元（45－10＋55－20）（注意此处要剔除以前年度不征税收入用于研发在“研发支出——资本化支出”科目核算本年结转形成无形资产的部分）；

表 A107014 第 16 列“本年形成无形资产加计摊销额”：3.5 万元（70÷10×50%）；

表 A107014 第 17 列“以前年度形成无形资产本年加计摊销额”：10 万元（20×50%）；

表 A107014 第 18 列“无形资产本年加计摊销额”：13.5 万元（3.5＋10）。

第四步，计算本年度可扣除的研发费用加计扣除合计：

第 19 列“本年研发费用加计扣除额合计”：18.5 万元（5＋13.5）。（具体填报见表 17-3）

表 17-3　　A107014　研发费用加计扣除优惠明细表

行次	研发项目	本年研发费用明细									减：作为不征税收入处理的财政性资金用于研发的部分	可加计扣除的研发费用合计	费用化部分		资本化部分				本年研发费用加计扣除额合计
		研发活动直接消耗的材料、燃料和动力费用	直接从事研发活动的本企业在职人员费用	专门用于研发活动的有关折旧费、租赁费、运行维护费	专门用于研发活动的有关无形资产摊销费	中间试验和产品试制的有关费用，样品、样机及一般测试手段购置费	研发成果论证、评审、验收、鉴定费用	勘探开发技术的现场试验费，新药研制的临床试验费	设计、制定、资料和翻译费用	年度研发费用合计			计入本年损益的金额	计入本年研发费用加计扣除额	本年形成无形资产的金额	本年形成无形资产加计摊销额	以前年度形成无形资产本年加计摊销额	无形资产本年加计摊销额	
	1	2	3	4	5	6	7	8	9	10 (2+3+4+5+6+7+8+9)	11	12 (10－11)	13	14 (13×50%)	15	16	17	18 (16+17)	19 (14+18)
1	×××	10	30	15	10	20				85	40	45	10	5	70	3.5	10	13.5	18.5

则 A107010《免税、减计收入及加计扣除优惠明细表》第 22 行：18.5 万元。（具体填报见表 17-4）

表 17-4　　**A107010　免税、减计收入及加计扣除优惠明细表**

行次	项目	金额
1	一、免税收入（2＋3＋4＋5）	
22	（一）开发新技术、新产品、新工艺发生的研究开发费用加计扣除（填写 A107014）	18.5

（2）对本年度损益的调整。

当年度计入“管理费用”的研发费用为 70 万元（40＋20＋10）。

其中，属于不征税收入对应支出形成的费用为 33 万元［30＋(30÷10)］。

则 A105000《纳税调整项目明细表》第 24 行“不征税收入用于支出所形成的费用”的第 3 列“调增金额”：30 万元。（具体填报见表 17-5）

表 17-5　　**A105000　纳税调整项目明细表**

行次	项目	账载金额	税收金额	调增金额	调减金额
		1	2	3	4
1	一、收入类调整项目（2＋3＋4＋5＋6＋7＋8＋10＋11）	*	*		
24	（十二）不征税收入用于支出所形成的费用	*	*	30	*

该项无形资产对应项目的填报如下：

表 A105080 第 2 列“资产账载金额”：100 万元；

表 A105080 第 4 列“资产计税基础”：70 万元；

表 A105080 第 9 列“纳税调整金额”：3 万元；

表 A105080 第 10 列调整原因为：计提原值。

调整后：

①A 企业 2014 年当期实际在税前扣除的研发支出为 37 万元（70—33）；

②加计扣除额为 18.5 万元。

CORPORATE INCOME TAX FINAL SETTLEMENT

Risk Tips & Key Points Analysis

应纳税所得额优惠政策及填报实务（A107020、A107030）

18.1 《所得减免优惠明细表》(A107020)

18.1.1 农、林、牧、渔业项目

关键点 232 农、林、牧、渔业减免税

《企业所得税法实施条例》第八十六条规定，企业所得税法第二十七条第（一）项规定的企业从事农、林、牧、渔业项目的所得，可以免征、减征企业所得税，是指：

（一）企业从事下列项目的所得，免征企业所得税：

1. 蔬菜、谷物、薯类、油料、豆类、棉花、麻类、糖料、水果、坚果的种植；

2. 农作物新品种的选育；

3. 中药材的种植；

4. 林木的培育和种植；

5. 牲畜、家禽的饲养；

6. 林产品的采集；

7. 灌溉、农产品初加工、兽医、农技推广、农机作业和维修等农、林、牧、渔服务业项目；

8. 远洋捕捞。

（二）企业从事下列项目的所得，减半征收企业所得税：

1. 花卉、茶以及其他饮料作物和香料作物的种植；

2. 海水养殖、内陆养殖。

企业从事国家限制和禁止发展的项目，不得享受本条规定的企业所得税优惠。

关键点 233 农产品初加工减免税

农产品初加工享受减免税应符合《财政部 国家税务总局关于发布享受企业所得税优惠政策的农产品初加工范围（试行）的通知》（财税〔2008〕149号)、《财政部 国家税务总局关于享受企业所得税优惠的农产品初加工有关范围的补充通知》（财税〔2011〕26 号）和《国家税务总局关于实施农林牧渔业项目企业所得税优惠问题的公告》（国家税务总局公告 2011 年第 48 号）相关规定。

关键点 234　“公司＋农户”减免税

根据《国家税务总局关于“公司＋农户”经营模式企业所得税优惠问题的公告》（国家税务总局公告 2010 年第 2 号）的规定，企业采取“公司＋农户”经营模式从事牲畜、家禽的饲养，公司与农户签订委托养殖合同，向农户提供畜禽苗、饲料、兽药及疫苗等［所有权（产权）仍属于公司］，农户将畜禽养大成为成品后交付公司回收。对此类以“公司＋农户”经营模式从事农、林、牧、渔业项目生产的企业，可以享受减免企业所得税优惠政策。

关键点 235　留存备查资料

1. 有效期内的远洋渔业企业资格证书（从事远洋捕捞业务的）；
2. 从事农作物新品种选育的认定证书（从事农作物新品种选育的）；
3. 与农户签订的委托养殖合同（“公司＋农户”经营模式的企业）；
4. 与家庭承包户签订的内部承包合同（国有农场实行内部家庭承包经营）；
5. 农产品初加工项目及工艺流程说明（二个或二个以上的分项目说明）；
6. 同时从事适用不同企业所得税待遇项目的，每年度单独计算减免税项目所得的计算过程及其相关账册，期间费用合理分摊的依据和标准；
7. 省税务机关规定的其他资料。

风险点 105　免税项目和减半项目不能混同

农、林、牧、渔业项目既有免税项目又有减半项目，企业应区分清楚，不可把减半项目混同于免税项目。

风险点 106　单独核算，合理分摊

企业同时从事农、林、牧、渔业项目及其他不享受减免税项目的，其农、林、牧、渔业项目应当单独计算所得，并合理分摊企业的期间费用；没有单独计算的，不得享受企业所得税优惠。期间共同费用的合理分摊比例可以按照投资额、销售收入、资产额、人员工资等参数确定。上述比例一经确定，不得随意变更。凡特殊情况需要改变的，需报主管税务机关核准。

2014 版企业所得税年度纳税申报表填表说明规定，A107020《所得减免优惠明细表》第 4 列“应分摊期间费用”：填报享受所得减免企业所得税优惠的企业，该项目合理分摊的期间费用。合理分摊比例可以按照投资额、销售

收入、资产额、人员工资等参数确定。上述比例一经确定，不得随意变更。

18.1.2 公共基础设施项目优惠

关键点 236 优惠类型

《企业所得税法实施条例》第八十七条规定，企业所得税法第二十七条第（二）项所称国家重点扶持的公共基础设施项目，是指《公共基础设施项目企业所得税优惠目录》规定的港口码头、机场、铁路、公路、城市公共交通、电力、水利等项目。企业从事前款规定的国家重点扶持的公共基础设施项目的投资经营的所得，自项目取得第一笔生产经营收入所属纳税年度起，第一年至第三年免征企业所得税，第四年至第六年减半征收企业所得税。企业承包经营、承包建设和内部自建自用本条规定的项目，不得享受本条规定的企业所得税优惠。

公共基础设施项目减免所得额优惠相关的政策文件包括：《财政部 国家税务总局关于执行公共基础设施项目企业所得税优惠目录有关问题的通知》（财税〔2008〕46 号）、《财政部 国家税务总局 国家发展改革委关于公布公共基础设施项目企业所得税优惠目录（2008 年版）的通知》（财税〔2008〕116 号）、《国家税务总局关于实施国家重点扶持的公共基础设施项目企业所得税优惠问题的通知》（国税发〔2009〕80 号）、《财政部 国家税务总局关于公共基础设施项目和环境保护节能节水项目企业所得税优惠政策问题的通知》（财税〔2012〕10 号）、《财政部 国家税务总局关于支持农村饮水安全工程建设运营税收政策的通知》（财税〔2012〕30 号）、《国家税务总局关于电网企业电网新建项目享受所得税优惠政策问题的公告》（国家税务总局公告 2013 年第 26 号）《财政部 国家税务总局关于公共基础设施项目享受企业所得税优惠政策问题的补充通知》（财税〔2014〕55 号）等。

关键点 237 优惠的享受期间

国税发〔2009〕80 号文件规定，对居民企业（以下简称企业）经有关部门批准，从事符合《公共基础设施项目企业所得税优惠目录》（以下简称《目录》）规定范围、条件和标准的公共基础设施项目的投资经营所得，自该项目取得第一笔生产经营收入所属纳税年度起，第一年至第三年免征企业所得税，第四年至第六年减半征收企业所得税。

“公共基础设施项目投资经营所得减免所得优惠”针对的是项目投资者获

得的经营回报。项目立项、建设时期是投资项目的投入期，单独核算项目纳税调整后所得很大可能是负数。因此政策规定项目优惠的优惠期间并不是从项目批准、建设开始。而是从项目取得第一笔生产经营收入开始。财税〔2008〕46 号文件规定，第一笔生产经营收入，是指公共基础设施项目已建成并投入运营后所取得的第一笔收入。

关键点 238　优惠对象界定

一是享受优惠的是投资经营主体，而不是承包经营、承包建设主体。

企业从事承包经营、承包建设和内部自建自用《目录》规定项目的所得，不得享受前款规定的企业所得税优惠。

承包经营，是指与从事该项目经营的法人主体相独立的另一法人经营主体，通过承包该项目的经营管理而取得劳务性收益的经营活动。

承包建设，是指与从事该项目经营的法人主体相独立的另一法人经营主体，通过承包该项目的工程建设而取得建筑劳务收益的经营活动。

二是强调公共基础设施项目，而不是自用项目。

内部自建自用，是指项目的建设仅作为本企业主体经营业务的设施，满足本企业自身的生产经营活动需要，而不属于向他人提供公共服务业务的公共基础设施建设项目。

三是减免所得额指的是纳税调整后所得。

即在会计核算口径收入减去成本费用，得出项目利润额基础上，对所得计算中的收入、扣除项目税会差异进行调整，得到纳税调整后所得，作为免税所得或减半计入应税所得。

关键点 239　一次核准分批次建设的公共基础设施项目优惠

财税〔2014〕55 号文件规定，企业投资经营符合《公共基础设施项目企业所得税优惠目录》规定条件和标准的公共基础设施项目，采用一次核准、分批次（如码头、泊位、航站楼、跑道、路段、发电机组等）建设的，凡同时符合以下条件的，可按每一批次为单位计算所得，并享受企业所得税“三免三减半”优惠：

（一）不同批次在空间上相互独立；

（二）每一批次自身具备取得收入的功能；

（三）以每一批次为单位进行会计核算，单独计算所得，并合理分摊期间费用。

关键点 240　留存备查资料

1. 有关部门批准该项目文件；

2. 公共基础设施项目建成并投入运行后取得的第一笔生产经营收入凭证（原始凭证及账务处理凭证）；

3. 公共基础设施项目完工验收报告；

4. 公共基础设施项目投资额验资报告；

5. 同时从事适用不同企业所得税待遇项目的，每年度单独计算减免税项目所得的计算过程及其相关账册，合理分摊期间共同费用的核算办法；

6. 项目权属变动情况及转让方已享受优惠情况的说明及证明资料（优惠期间项目权属发生变动时准备）；

7. 省税务机关规定的其他资料。

风险点 107　减免税起始期的确定

税法规定，自项目取得第一笔生产经营收入所属纳税年度起，第一年至第三年免征企业所得税，第四年至第六年减半征收企业所得税。即自公共基础设施项目取得第一笔生产经营收入所属纳税年度起开始享受减免税。

风险点 108　单独核算，合理分摊

国税发〔2009〕80 号文件规定，企业同时从事不在《目录》范围的生产经营项目取得的所得，应与享受优惠的公共基础设施项目经营所得分开核算，并合理分摊企业的期间共同费用；没有单独核算的，不得享受上述企业所得税优惠。

期间共同费用的合理分摊比例可以按照投资额、销售收入、资产额、人员工资等参数确定。上述比例一经确定，不得随意变更。凡特殊情况需要改变的，需报主管税务机关核准。

风险点 109　优惠期限内税收优惠在不同纳税主体之间的转移

国税发〔2009〕80 号文件规定，企业在减免税期限内转让所享受减免税优惠的项目，受让方承续经营该项目的，可自受让之日起，在剩余优惠期限内享受规定的减免税优惠；减免税期限届满后转让的，受让方不得就该项目重复享受减免税优惠。

18.1.3 符合条件的环境保护、节能节水项目

关键点 241 优惠类型

《企业所得税法实施条例》第八十八条规定，企业所得税法第二十七条第（三）项所称符合条件的环境保护、节能节水项目，包括公共污水处理、公共垃圾处理、沼气综合开发利用、节能减排技术改造、海水淡化等。项目的具体条件和范围由国务院财政、税务主管部门商国务院有关部门制订，报国务院批准后公布施行。

企业从事前款规定的符合条件的环境保护、节能节水项目的所得，自项目取得第一笔生产经营收入所属纳税年度起，第一年至第三年免征企业所得税，第四年至第六年减半征收企业所得税。

符合条件的环境保护、节能节水项目优惠相关政策文件包括《财政部 国家税务总局 国家发展改革委关于公布环境保护节能节水项目企业所得税优惠目录（试行）的通知》（财税〔2009〕166 号）、《财政部 国家税务总局关于公共基础设施项目和环境保护、节能节水项目企业所得税优惠政策问题的通知》（财税〔2012〕10 号）。

关键点 242 2008 年以前的项目

企业从事符合《公共基础设施项目企业所得税优惠目录》规定、于 2007 年 12 月 31 日前已经批准的公共基础设施项目投资经营的所得，以及从事符合《环境保护、节能节水项目企业所得税优惠目录》规定、于 2007 年 12 月 31 日前已经批准的环境保护、节能节水项目的所得，可在该项目取得第一笔生产经营收入所属纳税年度起，按新税法规定计算的企业所得税“三免三减半”优惠期间内，自 2008 年 1 月 1 日起享受其剩余年限的减免企业所得税优惠。

关键点 243 留存备查资料

1. 该项目符合《环境保护、节能节水项目企业所得税优惠目录》的相关证明；

2. 环境保护、节能节水项目取得的第一笔生产经营收入凭证；

3. 环境保护、节能节水项目所得单独核算资料，以及合理分摊期间共同费用的核算资料；

4. 项目权属变动情况及转让方已享受优惠情况的说明及证明资料（优惠期间项目权属发生变动）；

5. 省税务机关规定的其他资料。

风险点 110　减免税起始期的确定

税法规定，自项目取得第一笔生产经营收入所属纳税年度起，第一年至第三年免征企业所得税，第四年至第六年减半征收企业所得税。即自公共基础设施项目取得第一笔生产经营收入所属纳税年度起开始享受减免税。

风险点 111　单独核算，合理分摊

国税发〔2009〕80 号文件规定，企业同时从事不在《目录》范围的生产经营项目取得的所得，应与享受优惠的公共基础设施项目经营所得分开核算，并合理分摊企业的期间共同费用；没有单独核算的，不得享受上述企业所得税优惠。

期间共同费用的合理分摊比例可以按照投资额、销售收入、资产额、人员工资等参数确定。上述比例一经确定，不得随意变更。凡特殊情况需要改变的，需报主管税务机关核准。

风险点 112　优惠期限内税收优惠在不同纳税主体之间的转移

在享受公共基础设施项目减免税期限内转让的，受让方自受让之日起，可以在剩余期限内享受规定的减免税优惠；减免税期限届满后转让的，受让方不得就该项目重复享受减免税优惠。

18.1.4　符合条件的技术转让项目

关键点 244　优惠形式

《企业所得税法》第九十条规定，企业所得税法第二十七条第（四）项所称符合条件的技术转让所得免征、减征企业所得税，是指一个纳税年度内，居民企业技术转让所得不超过 500 万元的部分，免征企业所得税；超过 500 万元的部分，减半征收企业所得税。

技术转让所得减免优惠相关的政策文件包括《国家税务总局关于技术转让所得减免企业所得税有关问题的通知》（国税函〔2009〕212 号）、《财政部 国家税务总局关于居民企业技术转让有关企业所得税政策问题的通知》（财税

〔2010〕111 号）、《国家税务总局关于技术转让所得减免企业所得税有关问题的公告》（国家税务总局公告 2013 年第 62 号）、《国家税务总局关于许可使用权技术转让所得企业所得税有关问题的公告》（国家税务总局公告 2015 年第 82 号）。

关键点 245 技术转让条件

根据上述文件规定，享受减免企业所得税优惠的技术转让应同时符合以下条件：

（1）享受优惠的技术转让主体是企业所得税法规定的居民企业。

（2）技术转让属于财政部、国家税务总局规定的范围。

财税〔2010〕111 号文件规定，技术转让的范围，包括居民企业转让专利技术、计算机软件著作权、集成电路布图设计权、植物新品种、生物医药新品种，以及财政部和国家税务总局确定的其他技术。其中：专利技术，是指法律授予独占权的发明、实用新型和非简单改变产品图案的外观设计。

（3）技术转让所得须经认定登记或审批。

技术转让应签订技术转让合同。境内的技术转让须经省级以上（含省级）科技部门认定登记，企业发生境内技术转让，应具备以下证据资料：①技术转让合同（副本）；②省级以上科技部门出具的技术合同登记证明。

跨境的技术转让须经省级以上（含省级）商务部门认定登记，企业向境外转让技术，应具备以下证据资料：①技术出口合同（副本）；②省级以上商务部门出具的技术出口合同登记证书或技术出口许可证；③技术出口合同数据表。

涉及财政经费支持产生技术的转让，需省级以上（含省级）科技部门审批。

（4）国务院税务主管部门规定的其他条件。

居民企业技术出口应由有关部门按照商务部、科技部发布的《中国禁止出口限制出口技术目录》（商务部、科技部令 2008 年第 12 号）进行审查。居民企业取得禁止出口和限制出口技术转让所得，不享受技术转让减免企业所得税优惠政策。

关键点 246 非独占许可使用权注意转让时间

财税〔2010〕111 号文件规定，技术转让，是指居民企业转让其拥有符合本通知第一条规定技术的所有权或 5 年以上（含 5 年）全球独占许可使用权的行为。

国家税务总局2015年第82号公告对此做出修改，规定自2015年10月1日起，全国范围内的居民企业转让5年（含，下同）以上非独占许可使用权取得的技术转让所得，纳入享受企业所得税优惠的技术转让所得范围。将“全球独占许可使用权”放宽为“非独占许可使用权”。

《国家税务总局关于修改企业所得税年度纳税申报表（A类，2014年版）部分申报表的公告》（国家税务总局公告2016年第3号）规定，《所得减免优惠明细表》（A107020）第33行“四、符合条件的技术转让项目”填报说明中，删除“全球独占许可”内容。

需要注意的是，国家税务总局2015年第82号公告规定，自2015年10月1日起，全国范围内的居民企业转让5年以上非独占许可使用权取得的技术转让所得才可以享受优惠，之前仍然是全球独占许可使用权。

关键点247　符合条件的技术转让所得的计算方法

技术转让所得＝技术转让收入－技术转让成本－相关税费

技术转让收入是指当事人履行技术转让合同后获得的价款，不包括销售或转让设备、仪器、零部件、原材料等非技术性收入。不属于与技术转让项目密不可分的技术咨询、技术服务、技术培训等收入，不得计入技术转让收入。

国家税务总局2013年第62号公告规定，可以计入技术转让收入的技术咨询、技术服务、技术培训收入，是指转让方为使受让方掌握所转让的技术投入使用、实现产业化而提供的必要的技术咨询、技术服务、技术培训所产生的收入，并应同时符合以下条件：在技术转让合同中约定的与该技术转让相关的技术咨询、技术服务、技术培训；技术咨询、技术服务、技术培训收入与该技术转让项目收入一并收取价款。

技术转让成本是指转让的无形资产的净值，即该无形资产的计税基础减除在资产使用期间按照规定计算的摊销扣除额后的余额。

相关税费是指技术转让过程中实际发生的有关税费，包括除企业所得税和允许抵扣的增值税以外的各项税金及其附加、合同签订费用、律师费等相关费用及其他支出。

关键点248　留存备查资料

1. 所转让的技术产权证明；

2. 企业发生境内技术转让：

(1) 技术转让合同（副本）；

（2）省级以上科技部门出具的技术合同登记证明；

（3）技术转让所得归集、分摊、计算的相关资料；

（4）实际缴纳相关税费的证明资料。

3. 企业向境外转让技术：

（1）技术出口合同（副本）；

（2）省级以上商务部门出具的技术出口合同登记证书或技术出口许可证；

（3）技术出口合同数据表；

（4）技术转让所得归集、分摊、计算的相关资料；

（5）实际缴纳相关税费的证明资料；

（6）有关部门按照商务部、科技部发布的《中国禁止出口限制出口技术目录》出具的审查意见。

4. 转让技术所有权的，其成本费用情况；转让使用权的，其无形资产摊销费用情况；

5. 技术转让年度，转让双方股权关联情况。

风险点 113　技术转让所得不包括的项目

计算技术转让所得时，不包括销售或转让设备、仪器、零部件、原材料等非技术性收入；不属于与技术转让项目密不可分的技术咨询、技术服务、技术培训等收入，也不得计入技术转让收入。

风险点 114　从 100%关联方取得的技术转让所得不得享受优惠

居民企业从直接或间接持有股权之和达到 100%的关联方取得的技术转让所得，不享受技术转让减免企业所得税优惠政策。

风险点 115　单独核算，合理分摊

享受技术转让所得减免企业所得税优惠的企业，应单独计算技术转让所得，并合理分摊企业的期间费用；没有单独计算的，不得享受技术转让所得企业所得税优惠。

18.1.5　实施清洁发展机制项目

关键点 249　清洁发展机制项目减免税条件

《财政部 国家税务总局关于中国清洁发展机制基金及清洁发展机制项目

实施企业有关企业所得税政策问题的通知》（财税〔2009〕30号）规定：

一、关于中国清洁发展机制基金取得的下列收入，免征企业所得税：

（一）CDM项目温室气体减排量转让收入上缴国家的部分；

（二）国际金融组织赠款收入；

（三）基金资金的存款利息收入、购买国债的利息收入；

（四）国内外机构、组织和个人的捐赠收入。

二、关于清洁发展机制项目（CDM项目）实施企业的企业所得税政策：

（一）CDM项目实施企业按照《清洁发展机制项目运行管理办法》（发展改革委、科技部、外交部、财政部令第37号）的规定，将温室气体减排量的转让收入，按照以下比例上缴给国家的部分，准予在计算应纳税所得额时扣除：

1. 氢氟碳化物（HFC）和全氟碳化物（PFC）类项目，为温室气体减排量转让收入的65%；

2. 氧化亚氮（N2O）类项目，为温室气体减排量转让收入的30%；

3.《清洁发展机制项目运行管理办法》第四条规定的重点领域以及植树造林项目等类清洁发展机制项目，为温室气体减排量转让收入的2%。

（二）对企业实施的将温室气体减排量转让收入的65%上缴给国家的HFC和PFC类CDM项目，以及将温室气体减排量转让收入的30%上缴给国家的N2O类CDM项目，其实施该类CDM项目的所得，自项目取得第一笔减排量转让收入所属纳税年度起，第一年至第三年免征企业所得税，第四年至第六年减半征收企业所得税。企业实施CDM项目的所得，是指企业实施CDM项目取得的温室气体减排量转让收入扣除上缴国家的部分，再扣除企业实施CDM项目发生的相关成本、费用后的净所得。

关键点250　留存备查资料

1. 清洁发展机制项目立项有关文件；

2. 企业将温室气体减排量转让的HFC和PFC类CDM项目，及将温室气体减排量转让的N20类CDM项目的证明材料；

3. 将温室气体减排量转让收入上缴给国家的证明资料；

4. 清洁发展机制项目第一笔减排量转让收入凭证；

5. 清洁发展机制项目所得单独核算资料，以及合理分摊期间共同费用的核算资料。

风险点116　单独核算，合理分摊

企业应单独核算其享受优惠的CDM项目的所得，并合理分摊有关期间费

用，没有单独核算的，不得享受上述企业所得税优惠政策。

18.1.6 符合条件的节能服务公司实施合同能源管理项目

关键点 251 节能服务公司实施合同能源管理项目优惠条件

节能服务公司实施合同能源管理项目所得减免优惠相关的政策文件包括：《财政部 国家税务总局关于促进节能服务产业发展增值税营业税和企业所得税政策问题的通知》（财税〔2010〕110 号）、《国家税务总局 国家发展改革委关于落实节能服务企业合同能源管理项目企业所得税优惠政策有关征收管理问题的公告》（国家税务总局、国家发展改革委公告 2013 年第 77 号）。

对符合条件的节能服务公司实施合同能源管理项目，符合企业所得税税法有关规定的，自项目取得第一笔生产经营收入所属纳税年度起，第一年至第三年免征企业所得税，第四年至第六年按照 25％的法定税率减半征收企业所得税。该类项目应具备查账征收条件，实行核定征收的不得享受优惠政策。

关键点 252 留存备查资料

1. 能源管理合同；

2. 国家发展改革委、财政部公布的第三方机构出具的合同能源管理项目情况确认表，或者政府节能主管部门出具的合同能源管理项目确认意见；

3. 项目转让合同、项目原享受优惠的备案文件（项目发生转让的，受让节能服务企业）；

4. 项目第一笔收入的发票及作收入处理的会计凭证；

5. 合同能源管理项目应纳税所得额计算表；

6. 合同能源管理项目所得单独核算资料，以及合理分摊期间共同费用的核算资料；

7. 省税务机关规定的其他资料。

风险点 117 单独核算，合理分摊

节能服务企业应分别核算各项目的成本费用支出额。对在合同约定的效益分享期内发生的期间费用划分不清的，应合理进行分摊，期间费用的分摊应按照项目投资额和销售（营业）收入额两个因素计算分摊比例，两个因素的权重各为 50％。

18.1.7 减免项目与应税项目纳税调整后所得的亏损结转弥补

风险点 118 减免项目与应税项目亏损不得互相弥补

《企业所得税法实施条例》第一百零二条规定，企业同时从事适用不同企业所得税待遇的项目的，其优惠项目应当单独计算所得，并合理分摊企业的期间费用；没有单独计算的，不得享受企业所得税优惠。

目前，2014 版企业所得税年度纳税申报表的逻辑和数据信息采集口径仍与国税函〔2010〕148 号文件（自 2015 年 1 月 1 日起被国家税务总局公告 2014 年第 63 号全文废止）相关规定一致，即：对企业取得的免税收入、减计收入以及减征、免征所得额项目，不得弥补当期及以前年度应税项目亏损；当期形成亏损的减征、免征所得额项目，也不得用当期和以后纳税年度应税项目所得抵补。

当减免项目纳税调整后所得为负数时，主表 A100000 第 20 行填写负数，要求纳税人对负数进行调增处理。即不允许应税项目所得弥补减免项目亏损。当应税项目纳税调整后所得为负数，减免项目纳税调整后所得为正数时，主表 A100000 第 20 行可以填写正数。即不要求用减免项目所得弥补应税项目亏损。

18.2 《抵扣应纳税所得额优惠明细表》（A107030）

关键点 253 创业投资企业

1. 创业投资企业税收优惠待遇。

创业投资企业采取股权投资方式投资于未上市的中小高新技术企业 2 年（24 个月）以上，凡符合以下条件的，可以按照其对中小高新技术企业投资额的 70%，在股权持有满 2 年的当年抵扣该创业投资企业的应纳税所得额；当年不足抵扣的，可以在以后纳税年度结转抵扣。

2. 享受优惠的创业投资企业应满足的条件。

创业投资企业是指依照《创业投资企业管理暂行办法》（国家发展和改革委员会等 10 部委令 2005 年第 39 号，以下简称《暂行办法》）和《外商投资创业投资企业管理规定》（商务部等 5 部委令 2003 年第 2 号）在中华人民共和国境内设立的专门从事创业投资活动的企业或其他经济组织。经营范围符合《暂行办法》规定，且工商登记为“创业投资有限责任公司”、“创业投资股份有限公司”等专业性法人创业投资企业，按照《暂行办法》规定的条件和程序完成备案，经备案管理部门年度检查核实，投资运作符合《暂行办法》的有关规定。

3. 被投资的中小高新技术企业应满足的条件。

创业投资企业投资的中小高新技术企业，除应按照《科技部 财政部 国家税务总局关于印发〈高新技术企业认定管理办法〉的通知》（国科发火〔2008〕172 号）和《科技部 财政部 国家税务总局关于印发〈高新技术企业认定管理工作指引〉的通知》（国科发火〔2008〕362 号）的规定，通过高新技术企业认定以外，还应符合职工人数不超过 500 人，年销售（营业）额不超过 2 亿元，资产总额不超过 2 亿元的条件。中小企业接受创业投资之后，经认定符合高新技术企业标准的，应自其被认定为高新技术企业的年度起，计算创业投资企业的投资期限。该期限内中小企业接受创业投资后，企业规模超过中小企业标准，但仍符合高新技术企业标准的，不影响创业投资企业享受有关税收优惠。

关键点 254　有限合伙制创业投资企业法人合伙人

1. 有限合伙制创业投资企业法人合伙人税收优惠待遇。

有限合伙制创业投资企业采取股权投资方式投资于未上市的中小高新技术企业满 2 年（24 个月，下同）的，其法人合伙人可按照对未上市中小高新技术企业投资额的 70%抵扣该法人合伙人从该有限合伙制创业投资企业分得的应纳税所得额，当年不足抵扣的，可以在以后纳税年度结转抵扣。有限合伙制创业投资企业优惠相关的政策文件为《国家税务总局关于有限合伙制创业投资企业法人合伙人企业所得税有关问题的公告》（国家税务总局公告 2015 年第 81 号）。

2. 享受优惠的有限合伙制创业投资企业应满足的条件。

有限合伙制创业投资企业是指依照《中华人民共和国合伙企业法》、《创业投资企业管理暂行办法》（国家发展和改革委员会令第 39 号）和《外商投资创业投资企业管理规定》（外经贸部、科技部、工商总局、税务总局、外汇管理局令 2003 年第 2 号）设立的专门从事创业投资活动的有限合伙企业。

有限合伙制创业投资企业的法人合伙人，是指依照《中华人民共和国企业所得税法》及其实施条例以及相关规定，实行查账征收企业所得税的居民企业。

满2年是指2015年10月1日起，有限合伙制创业投资企业投资于未上市中小高新技术企业的实缴投资满2年，同时，法人合伙人对该有限合伙制创业投资企业的实缴出资也应满2年。

如果法人合伙人投资于多个符合条件的有限合伙制创业投资企业，可合并计算其可抵扣的投资额和应分得的应纳税所得额。当年不足抵扣的，可结转以后纳税年度继续抵扣；当年抵扣后有结余的，应按照企业所得税法的规定计算缴纳企业所得税。

3. 有限合伙制创业投资企业法人合伙人投资额的条件。

有限合伙制创业投资企业的法人合伙人对未上市中小高新技术企业的投资额，按照有限合伙制创业投资企业对中小高新技术企业的投资额和合伙协议约定的法人合伙人占有限合伙制创业投资企业的出资比例计算确定。其中，有限合伙制创业投资企业对中小高新技术企业的投资额按实缴投资额计算；法人合伙人占有限合伙制创业投资企业的出资比例按法人合伙人对有限合伙制创业投资企业的实缴出资额占该有限合伙制创业投资企业的全部实缴出资额的比例计算。

关键点255　填报说明修改

《国家税务总局关于修改企业所得税年度纳税申报表（A类，2014年版）部分申报表的公告》（国家税务总局公告2016年第3号）规定，“《抵扣应纳税所得额明细表》（A107030）及其填报说明废止，以修改后的《抵扣应纳税所得额明细表》（A107030）及填报说明（见附件2）替代，表间关系作相应调整”。《抵扣应纳税所得额明细表》（A107030）增加了“通过有限合伙制创业投资企业投资未上市中小高新企业按一定比例抵扣分得的应纳税所得额”。

关键点256　留存备查资料

1. 创业投资企业按投资额的一定比例抵扣应纳税所得额：

（1）创业投资企业经备案管理部门核实后出具的年检合格通知书；

（2）中小高新技术企业投资合同或章程、实际所投资金验资报告等相关材料；

（3）由省、自治区、直辖市和计划单列市高新技术企业认定管理机构出具的中小高新技术企业有效的高新技术企业证书复印件（注明“与一致”，并加盖公章）；

（4）中小高新技术企业基本情况（包括企业职工人数、年销售（营业）

额、资产总额等）说明；

（5）关于创业投资企业投资运作情况的说明；

（6）省税务机关规定的其他资料。

2. 有限合伙制创业投资企业法人合伙人按投资额的一定比例抵扣应纳税所得额：

（1）创业投资企业年检合格通知书；

（2）中小高新技术企业投资合同或章程、实际所投资金的验资报告等相关材料；

（3）省、自治区、直辖市和计划单列市高新技术企业认定管理机构出具的中小高新技术企业有效的高新技术企业证书复印件（注明“与原件一致”，并加盖公章）；

（4）中小高新技术企业基本情况（职工人数、年销售（营业）额、资产总额等）说明；

（5）《法人合伙人应纳税所得额抵扣情况明细表》；

（6）《有限合伙制创业投资企业法人合伙人应纳税所得额分配情况明细表》；

（7）省税务机关规定的其他资料。

风险点 119　中小高新技术企业应符合标准

中小高新技术企业除通过高新技术企业认定以外，还应符合职工人数不超过 500 人、年销售（营业）额不超过 2 亿元、资产总额不超过 2 亿元的条件。

风险点 120　抵扣的应纳税所得额是弥补以前年度亏损后的金额

创业投资企业抵扣的是应纳税所得额，是“纳税调整后所得－所得减免－弥补以前年度亏损”后的金额，企业不能忘记弥补以前年度亏损。

CORPORATE INCOME TAX FINAL SETTLEMENT

Risk Tips & Key Points Analysis

应纳税额优惠政策及填报实务（A107040—A107050）

19.1 《减免所得税优惠明细表》(A107040)

19.1.1 小型微利企业税收优惠

关键点 257 小型微利企业条件

小微企业税收优惠、与 A000000《企业基础信息表》的关联性表现在:“103 所属行业”、“104 从业人数”、“105 资产总额”。

《企业所得税法》第二十八条规定,符合条件的小型微利企业,减按 20%的税率征收企业所得税。

《企业所得税法实施条例》第九十二条规定,企业所得税法第二十八条第一款所称符合条件的小型微利企业,是指从事国家非限制和禁止行业,并符合下列条件的企业:工业企业,年度应纳税所得额不超过 30 万元,从业人数不超过 100 人,资产总额不超过 3 000 万元;其他企业,年度应纳税所得额不超过 30 万元,从业人数不超过 80 人,资产总额不超过 1 000 万元。

关键点 258 小型微利企业减半征收

2015 年 1 月 1 日至 2015 年 9 月 30 日,年应纳税所得额低于 20 万元(含 20 万元)的小型微利企业,其所得减按 50%计入应纳税所得额,按 20%的税率缴纳企业所得税。

自 2015 年 10 月 1 日起,年应纳税所得额低于 30 万元(含 30 万元)的小型微利企业,其所得减按 50%计入应纳税所得额,按 20%的税率缴纳企业所得税。(详见 2015 年新政策讲解章)

关键点 259 核定征收企业可以享受小型微利企业优惠

查账征收和核定征收方式的企业均可按照规定享受小型微利企业所得税优惠政策。

关键点 260 自行享受,无须备案

符合规定条件的小型微利企业,在预缴和年度汇算清缴企业所得税时,可以按照规定自行享受小型微利企业所得税优惠政策,无须税务机关审核批准。在办理 2014 年及以后年度企业所得税汇算清缴时,通过填报 A000000《基础信息表》中的“104 从业人数”、“105 资产总额(万元)”栏次,履行备

案手续，不再另行备案。

风险点 121 劳务派遣人员属于小型微利企业从业人数

财税〔2015〕34 号文件第二条规定，企业所得税法实施条例第九十二条第（一）项和第（二）项所称从业人数，包括与企业建立劳动关系的职工人数和企业接受的劳务派遣用工人数。

风险点 122 2015 年需要分段计算

2015 年应纳税所得额在 20 万元至 30 万元（含）之前的小型微利企业，须分段计算应纳税额。详见 2015 年新政策讲解章。

风险点 123 建筑业不按工业企业标准享受小型微利企业优惠

根据《国家税务总局关于修改企业所得税年度纳税申报表（A 类，2014 年版）部分申报表的公告》（国家税务总局公告 2016 年第 3 号）的规定，建筑业不属于工业企业，因此建筑业企业不能按照工业企业标准享受小型微利企业优惠政策，而应按照其他企业标准享受。

19.1.2 经营性文化事业单位转制企业免税

关键点 261 减免税优惠规定

《财政部 国家税务总局 中宣部关于继续实施文化体制改革中经营性文化事业单位转制为企业若干税收政策的通知》（财税〔2014〕84 号）规定，转制为经营性文化事业单位转制为企业，自转制注册之日起免征企业所得税。

年度纳税申报表填报：将 A100000《中华人民共和国企业所得税年度纳税申报表（A 类）》第 23 行“应纳税所得额”乘 25%的金额填报在减免所得税明细表第 6 行“经营性文化事业单位转制企业”中。

关键点 262 经营性文化事业单位转制企业资产损失

财税〔2009〕31 号文件规定，企业的出版、发行单位处置库存呆滞出版物形成的损失，允许按照税收法律法规的规定在企业所得税前扣除。

年度纳税申报表填报：资产损失填报 A105090《资产损失税前扣除及纳税调整明细表》第 2 行“正常经营管理活动中，按照公允价格销售、转让、变卖非货币资产的损失”，同时填报 A105000《纳税调整明细表》第 33 行“资产损失”。

关键点 263　转制企业评估增值、转让、划转规定

对经营性文化事业单位转制中资产评估增值、资产转让或划转涉及的企业所得税、增值税、营业税、城市维护建设税、印花税、契税等，符合现行规定的享受相应税收优惠政策。

关键点 264　经营性文化事业单位的界定

经营性文化事业单位，是指从事新闻出版、广播影视和文化艺术的事业单位。转制包括整体转制和剥离转制。其中，整体转制包括：（图书、音像、电子）出版社、非时政类报刊出版单位、新华书店、艺术院团、电影制片厂、电影（发行放映）公司、影剧院、重点新闻网站等整体转制为企业；剥离转制包括：新闻媒体中的广告、印刷、发行、传输网络等部分，以及影视剧等节目制作与销售机构，从事业体制中剥离出来转制为企业。

关键点 265　转制注册之日的界定

转制注册之日，是指经营性文化事业单位转制为企业并进行工商注册之日。对于经营性文化事业单位转制前已进行企业法人登记，则按注销事业单位法人登记之日或核销事业编制的批复之日（转制前未进行事业单位法人登记的）起确定转制完成并享受本通知所规定的税收优惠政策。

关键点 266　享受经营性文化事业单位转制企业税收优惠需符合的条件

享受税收优惠政策的转制文化企业应同时符合以下条件：

（一）根据相关部门的批复进行转制。

（二）转制文化企业已进行企业工商注册登记。

（三）整体转制前已进行事业单位法人登记的，转制后已核销事业编制、注销事业单位法人。

（四）已同在职职工全部签订劳动合同，按企业办法参加社会保险。

（五）转制文化企业引入非公有资本和境外资本的，须符合国家法律法规和政策规定；变更资本结构依法应经批准的，需经行业主管部门和国有文化资产监管部门批准。

19.1.3 技术先进型服务企业减免税优惠

关键点 267 技术先进型服务企业减免税优惠政策要点

《财政部 国家税务总局 商务部 科技部 国家发展改革委关于完善技术先进型服务企业有关企业所得税政策问题的通知》（财税〔2014〕59 号）规定，对经认定的技术先进型服务企业，减按 15%的税率征收企业所得税。

经认定的技术先进型服务企业发生的职工教育经费支出，不超过工资薪金总额 8%；超过部分，准予在以后纳税年度结转扣除。

技术先进型服务企业条件——与财税〔2010〕65 号（自 2014 年 1 月 1 日起废止）文件比较：

取消了财税〔2010〕65 号文件的规定：近两年在进出口管理、财务管理、税收管理、外汇管理、海关管理等方面无违法行为。

将财税〔2010〕65 号文件规定的从事离岸服务外包取得的收入不低于企业当年总收入的 50%调整为 35%。

享受技术先进型服务业减免税优惠政策的企业必须同时符合以下条件：

（1）从事《技术先进型服务业务认定范围（试行）》（详见财税〔2014〕59 号文件附件）中的一种或多种技术先进型服务业务，采用先进技术或具备较强的研发能力；

（2）企业的注册地及生产经营地在示范城市（含所辖区、县、县级市等全部行政区划）内；

（3）企业具有法人资格；

（4）具有大专以上学历的员工占企业职工总数的 50%以上；

（5）从事《技术先进型服务业务认定范围（试行）》中的技术先进型服务业务取得的收入占企业当年总收入的 50%以上；

（6）从事离岸服务外包业务取得的收入不低于企业当年总收入的 35%。

从事离岸服务外包业务取得的收入，是指企业根据境外单位与其签订的委托合同，由本企业或其直接转包的企业为境外单位提供《技术先进型服务业务认定范围（试行）》中所规定的信息技术外包服务（ITO）、技术性业务流程外包服务（BPO）和技术性知识流程外包服务（KPO），而从上述境外单位取得的收入。

关键点 268　技术先进型服务企业减免税优惠纳税申报表填报

（1）减免所得税额：将 A100000《中华人民共和国企业所得税年度纳税申报表（A 类）》第 23 行“应纳税所得额”计算的减征 10%企业所得税金额填报在 A107040《减免所得税优惠明细表》第 11 行“技术先进型服务企业”。

（2）职工教育经费：职工教育经费填报在 A105050《职工薪酬纳税调整明细表》第 5 行“按税收规定比例扣除的职工教育经费”，其中，税收规定扣除率填报 8%，税收金额填报工资薪金支出税收金额乘 8%的金额，其他行次按逻辑关系填写。

风险点 124　不符合标准不能享受优惠

企业大专以上学历的员工比例、技术先进型服务业务取得收入比例、离岸服务外包业务取得收入比例等符合相关条件。

19.1.4　支持和促进重点群体创业就业限额减征企业所得税

关键点 269　支持和促进重点群体创业就业限额减税政策要点

《财政部 国家税务总局 人力资源社会保障部关于继续实施支持和促进重点群体创业就业有关税收政策的通知》（财税〔2015〕77 号）规定，对商贸企业、服务型企业、劳动就业服务企业中的加工型企业和街道社区具有加工性质的小型企业实体，在新增加的岗位中，当年新招用在人力资源社会保障部门公共就业服务机构登记失业半年以上且持《就业失业登记证》（注明“企业吸纳税收政策”）人员，与其签订半年以上期限劳动合同并依法缴纳社会保险费的，在 3 年内按实际招用人数予以定额依次扣减营业税、城市维护建设税、教育费附加、地方教育附加和企业所得税优惠。定额标准为每人每年 4 000 元，最高可上浮 30%（北京市标准为每人每年 5 200 元）。

按上述标准计算的税收扣减额应在企业当年实际应缴纳的营业税、城市维护建设税、教育费附加、地方教育附加和企业所得税税额中扣减，当年扣减不足的，不得结转下年使用。

服务型企业是指从事现行营业税“服务业”税目规定经营活动的企业以及按照《民办非企业单位登记管理暂行条例》（国务院令第 251 号）登记成立的民办非企业单位。

本通知的执行期限为 2014 年 1 月 1 日至 2016 年 12 月 31 日。本通知规定

的税收优惠政策按照备案减免税管理，纳税人应向主管税务机关备案。税收优惠政策在 2016 年 12 月 31 日未享受满 3 年的，可继续享受至 3 年期满为止。《财政部 国家税务总局关于支持和促进就业有关税收政策的通知》（财税〔2010〕84 号）所规定的税收优惠政策在 2013 年 12 月 31 日未享受满 3 年的，可继续享受至 3 年期满为止。

关键点 270　自主就业退役士兵创业就业限额减税政策要点

《财政部 国家税务总局 民政部关于调整完善扶持自主就业退役士兵创业就业有关税收政策的通知》（财税〔2014〕42 号）规定，对商贸企业、服务型企业、劳动就业服务企业中的加工型企业和街道社区具有加工性质的小型企业实体，在新增加的岗位中，当年新招用自主就业退役士兵，与其签订 1 年以上期限劳动合同并依法缴纳社会保险费的，在 3 年内按实际招用人数予以定额依次扣减营业税、城市维护建设税、教育费附加、地方教育附加和企业所得税优惠。定额标准为每人每年 4 000 元，最高可上浮 50%（北京市标准为每人每年 6 000 元）。

纳税年度终了，如果企业实际减免的营业税、城市维护建设税、教育费附加和地方教育附加小于核定的减免税总额，企业在企业所得税汇算清缴时扣减企业所得税。当年扣减不足的，不再结转以后年度扣减。

自主就业退役士兵是指依照《退役士兵安置条例》（国务院、中央军委令第 608 号）的规定退出现役并按自主就业方式安置的退役士兵。

本通知的执行期限为 2014 年 1 月 1 日至 2016 年 12 月 31 日。本通知规定的税收优惠政策按照备案减免税管理，纳税人应向主管税务机关备案。税收优惠政策在 2016 年 12 月 31 日未享受满 3 年的，可继续享受至 3 年期满为止。《财政部 国家税务总局关于扶持城镇退役士兵自谋职业有关税收优惠政策的通知》（财税〔2004〕93 号）自 2014 年 1 月 1 日起停止执行，其所规定的税收优惠政策在 2013 年 12 月 31 日未享受满 3 年的，可继续享受至 3 年期满为止。

如果企业招用的自主就业退役士兵既适用本通知规定的税收优惠政策，又适用其他扶持就业的税收优惠政策，企业可选择适用最优惠的政策，但不能重复享受。

风险点 125　不得重复享受税收优惠政策

如果企业的就业人员既适用财税〔2014〕42 号文件规定的税收优惠政策，又适用其他扶持就业的税收优惠政策，企业可选择适用最优惠的政策，但不能重复享受。

19.1.5 项目所得按法定税率减半征收不得叠加享受减免税优惠

关键点 271 项目所得按法定税率减半征收企业所得税叠加享受减免税优惠政策要点

纳税人从事农林牧渔业项目、国家重点扶持的公共基础设施项目、符合条件的环境保护、节能节水项目、符合条件的技术转让、其他专项优惠等形成的项目所得应减半计入应纳税所得额，并按 25%的法定税率计算缴税。

当纳税人在同一纳税年度申报享受了上述减免所得优惠，又同时符合条件的小型微利企业、国家需要重点扶持的高新技术企业、技术先进型服务企业、集成电路线宽小于 0.25 微米或投资额超过 80 亿元人民币的集成电路生产企业、国家规划布局内重点软件企业和集成电路设计企业、设在西部地区的鼓励类产业企业、中关村国家自主创新示范区从事文化产业支撑技术等领域的高新技术企业等可享受税率优惠的企业时，由于申报表填报顺序，会造成享受了减半征收优惠的所得额按优惠税率而非法定税率计算应纳税额，从而叠加享受了减免所得优惠和减免税优惠。

风险点 126 企业享受减半征收的应按法定税率减半，而不能按优惠税率减半

《国家税务总局关于进一步明确企业所得税过渡期优惠政策执行口径问题的通知》（国税函〔2010〕157 号）第一条第三款规定："居民企业取得中华人民共和国企业所得税法实施条例第八十六条、第八十七条、第八十八条和第九十条规定可减半征收企业所得税的所得，是指居民企业应就该部分所得单独核算并依照 25%的法定税率减半缴纳企业所得税。"因此，企业享受减半征收的部分应按照法定税率减半计算应纳税额，而不能按照优惠税率减半计算应纳税额。

案 例

案例 23 税收优惠政策叠加享受的填报案例

1. 情况说明。

C 公司 2014 年经认定为高新技术企业，当年取得符合条件的技术转让所得 700 万元，其他应纳税所得额为 1 000 万元。

2. 填报过程。

企业取得的700万元技术转让所得中的500万元部分免税，另外200万元技术转让所得减半征收，企业计算应纳税所得额为1 100万元（1 000＋700－500－100）。

（1）按主表填报顺序，据法定税率25％计算的应纳税额为275万元（1 100×25％），不考虑所得减免法定税率还原问题，减免税为110万元［1 100×（25％－15％）］，应纳税额为165万元（275－110）。

（2）考虑所得减免法定税率还原问题，应纳税额为175万元（1 000×15％＋200×50％×25％），减免所得税为100万元（275－175）。

其中，高新技术企业优惠为110万元［1 100×（25％－15％）］，按法定税率减半12.5％和按高新优惠税率减半7.5％之间的差额10万元［200×50％×（25％－15％）］需要从上述高新技术企业优惠税额中减除，因此合计减免所得税100万元（110－10）。（具体填报见表19-1）

表19-1　　A107040　减免所得税优惠明细表

行次	项目	金额
1	一、符合条件的小型微利企业	
2	二、国家需要重点扶持的高新技术企业（填写A107041）	110
28	五、减：项目所得额按法定税率减半征收企业所得税叠加享受减免税优惠	10
29	合计（1＋2＋3＋4－28）	100

19.2 《高新技术企业优惠情况及明细表》（A107041）

2015年汇算清缴仍然适用《高新技术企业认定管理办法》（国科发火〔2008〕172号），2016年1月1日起适用新的《高新技术企业认定管理办法》（国科发火〔2016〕32号），详见第22章。

关键点272　高新技术企业条件

高新技术企业认定须同时满足以下条件：

（一）在中国境内（不含港、澳、台地区）注册的企业，近三年内通过自主研发、受让、受赠、并购等方式，或通过5年以上的独占许可方式，对其主要产品（服务）的核心技术拥有自主知识产权；

（二）产品（服务）属于《国家重点支持的高新技术领域》规定的范围；

（三）具有大学专科以上学历的科技人员占企业当年职工总数的30%以上，其中研发人员占企业当年职工总数的10%以上；

（四）企业为获得科学技术（不包括人文、社会科学）新知识，创造性运用科学技术新知识，或实质性改进技术、产品（服务）而持续进行了研究开发活动，且近三个会计年度的研究开发费用总额占销售收入总额的比例符合如下要求：

1. 最近一年销售收入小于5 000万元的企业，比例不低于6%；

2. 最近一年销售收入在5 000万元至20 000万元的企业，比例不低于4%；

3. 最近一年销售收入在20 000万元以上的企业，比例不低于3%。

其中，企业在中国境内发生的研究开发费用总额占全部研究开发费用总额的比例不低于60%。企业注册成立时间不足三年的，按实际经营年限计算；

（五）高新技术产品（服务）收入占企业当年总收入的60%以上。

关键点273 “基本信息”及“关键指标情况”填报要点

(1) 第1行“高新技术企业证书编号”：填报纳税人高新技术企业证书上的编号；“高新技术企业证书取得时间”：填报纳税人高新技术企业证书上的取得时间。

关注点：上述“高新技术企业证书”指的是科技、财政、税务部门共同颁发的“高新技术企业证书”。纳税人在其取得的高新技术企业证书有限期内，可以享受该政策，证书有效期为三年。复审后取得高新技术企业证书的，可以继续享受。

(2) 第2行“产品（服务）属于《国家重点支持的高新技术领域》规定的范围”：填报纳税人产品（服务）属于《国家重点支持的高新技术领域》中的具体范围名称，填报至三级明细；“是否发生重大安全、质量事故”：纳税人按实际情况选择“是”或者“否”。

关注点：一是享受高新技术企业减免税优惠必须满足“产品（服务）属于《国家重点支持的高新技术领域》规定的范围”；二是“是否发生重大安全、质量事故”纳税人应选择“否”才能享受高新技术企业减免税优惠政策。

(3) 第3行“是否有环境等违法、违规行为，受到有关部门处罚的”、“是否发生偷骗税行为”：纳税人按实际情况选择“是”或者“否”。

关注点："是否有环境等违法、违规行为，受到有关部门处罚的"、"是否发生偷骗税行为"：纳税人应选择"否"才能享受高新技术企业税收优惠政策。

（4）第 5 行"一、本年高新技术产品（服务）收入"：填报第 6＋7 行的金额。

（5）第 6 行"其中：产品（服务）收入"：填报纳税人本年符合《国家重点支持的高新技术领域》要求的产品（服务）收入。

（6）第 7 行"技术性收入"：填报纳税人本年符合《国家重点支持的高新技术领域》要求的技术性收入的总和。

（7）第 8 行"二、本年企业总收入"：填报纳税人本年以货币形式和非货币形式从各种来源取得的收入，为税法第六条规定的收入总额。包括：销售货物收入，提供劳务收入，转让财产收入，股息、红利等权益性投资收益，利息收入，租金收入，特许权使用费收入，接受捐赠收入，其他收入。

（8）第 9 行"三、本年高新技术产品（服务）收入占企业总收入的比例"：填报第 5÷8 行的比例。

关注点：享受高新技术企业减免税优惠需满足高新技术产品（服务）收入占企业当年总收入的 60％以上。

（9）第 10 行"四、本年具有大学专科以上学历的科技人员数"：填报纳税人具有大学专科以上学历的，且在企业从事研发活动和其他技术活动的，本年累计实际工作时间在 183 天以上的人员数。包括直接科技人员及科技辅助人员。

（10）第 11 行"五、本年研发人员数"：填报纳税人本年研究人员、技术人员和辅助人员三类人员合计数，具体包括企业内主要从事研究开发项目的专业人员；具有工程技术、自然科学和生命科学中一个或一个以上领域的技术知识和经验，在研究人员指导下参与部分工作（包括关键资料的收集整理、编制计算机程序、进行实验、测试和分析、为实验、测试和分析准备材料和设备、记录测量数据、进行计算和编制图表、从事统计调查等）的人员；参与研究开发活动的熟练技工。

（11）第 12 行"六、本年职工总数"：填报纳税人本年职工总数。

（12）第 13 行"七、本年具有大学专科以上学历的科技人员占企业当年职工总数的比例"：填报第 10÷12 行的比例。

关注点：享受高新技术企业减免税优惠需满足具有大学专科以上学历的科技人员占企业当年职工总数的 30％以上，其中研发人员占企业当年职工总数的10%以上。

(13) 第14行“八、本年研发人员占企业当年职工总数的比例”：填报第11÷12行的比例。

享受高新技术企业减免税优惠需满足具有大学专科以上学历的科技人员占企业当年职工总数的30%以上，其中研发人员占企业当年职工总数的10%以上。

(14) 第15行“九、本年归集的高新研发费用金额”：填报第16＋25行的金额。

(15) 第16行“(一) 内部研究开发投入”：填报第17＋18＋19＋20＋21＋22＋24行的金额。

(16) 第17行“1. 人员人工”：填报纳税人从事研究开发活动人员（也称研发人员）全年工资薪金，包括基本工资、奖金、津贴、补贴、年终加薪、加班工资以及与其任职或者受雇有关的其他支出。

(17) 第18行“2. 直接投入”：填报纳税人为实施研究开发项目而购买的原材料等相关支出。如：水和燃料（包括煤气和电）使用费等；用于中间试验和产品试制达不到固定资产标准的模具、样品、样机及一般测试手段购置费、试制产品的检验费等；用于研究开发活动的仪器设备的简单维护费；以经营租赁方式租入的固定资产发生的租赁费等。

(18) 第19行“3. 折旧费用与长期待摊费用”：填报纳税人为执行研究开发活动而购置的仪器和设备以及研究开发项目在用建筑物的折旧费用，包括研发设施改建、改装、装修和修理过程中发生的长期待摊费用。

(19) 第20行“4. 设计费用”：填报纳税人为新产品和新工艺的构思、开发和制造，进行工序、技术规范、操作特性方面的设计等发生的费用。

(20) 第21行“5. 装备调试费”：填报纳税人工装准备过程中研究开发活动所发生的费用（如研制生产机器、模具和工具，改变生产和质量控制程序，或制定新方法及标准等）。需特别注意的是，为大规模批量化和商业化生产所进行的常规性工装准备和工业工程发生的费用不能计入。

(21) 第22行“6. 无形资产摊销”：填报纳税人因研究开发活动需要购入的专有技术（包括专利、非专利发明、许可证、专有技术、设计和计算方法等）所发生的费用摊销。

(22) 第23行“7. 其他费用”：填报纳税人为研究开发活动所发生的其他费用，如办公费、通讯费、专利申请维护费、高新科技研发保险费等。

(23) 第24行“其中：可计入研发费用的其他费用”：填报纳税人为研究

开发活动所发生的其他费用中不超过研究开发总费用的10%的金额。

（24）第25行“（二）委托外部研究开发费用”：填报第26+27行的金额。

（25）第26行“1. 境内的外部研发费”：填报纳税人委托境内的企业、大学、转制院所、研究机构、技术专业服务机构等进行的研究开发活动所支出的费用，按照委托外部研究开发费用发生额的80%计入研发费用总额。其中，企业在中国境内发生的研究开发费用总额占全部研究开发费用总额的比例不低于60%。

（26）第27行“2. 境外的外部研发费”：填报纳税人委托境外机构完成的研究开发活动所发生的费用，按照委托外部研究开发费用发生额的80%计入研发费用总额。

（27）第28行“十、本年研发费用占销售（营业）收入比例”：填报纳税人本年研发费用占销售（营业）收入的比例。

关注点：享受高新技术企业减免税优惠需满足企业为获得科学技术（不包括人文、社会科学）新知识，创造性运用科学技术新知识，或实质性改进技术、产品（服务）而持续进行了研究开发活动，且近三个会计年度的研究开发费用总额占销售收入总额的比例符合如下要求：

①最近一年销售收入小于5 000万元的企业，比例不低于6%；

②最近一年销售收入在5 000万元至20 000万元的企业，比例不低于4%；

③最近一年销售收入在20 000万元以上的企业，比例不低于3%。

其中，企业在中国境内发生的研究开发费用总额占全部研究开发费用总额的比例不低于60%。企业注册成立时间不足三年的，按实际经营年限计算。

（28）第29行“减免税金额”：填报按照表A100000第23行应纳税所得额计算的减征10%企业所得税金额。

风险点127 不符合高新技术企业条件

若高新技术企业不拥有核心技术自主知识产权，产品（服务）不属于《国家重点支持的高新技术领域》规定的范围，科技人员、研发费用、高新技术产品（服务）收入达不到规定比例等，则不能享受15%税率优惠。

风险点128 总收入为税法第六条规定的所有收入

高新技术产品（服务）收入占企业当年总收入的60%以上，按照填报说明，总收入为《企业所得税法》第六条规定的全部收入，包括营业外收入、股息、红利收入等。但目前各地执行口径不一，建议咨询主管税务机关。

风险点 129　存在偷税等违法行为

高新技术企业存在偷税等违法行为，将被取消资格。

19.3 《软件、集成电路企业税收优惠情况及明细表》(A107042)

关键点 274　集成电路和软件企业税收优惠政策要点

2008 年新税法实施以来，新办集成电路设计企业和符合条件的软件企业税收优惠先后由新旧两个税收优惠政策文件即财税〔2008〕1 号、财税〔2012〕27 号进行规定。根据现行企业所得税优惠管理规定，软件和集成电路企业所得税优惠均采用备案管理方式，其核心备案资料就是取得相关部门的软件和集成电路企业认定资格证书。与税收优惠政策文件相适应，软件和集成电路企业资格认定分别有新旧两个认定管理办法。下文将对由此产生的适用政策的不同情形进行梳理。

集成电路设计企业和符合条件的软件企业“新旧税收优惠政策文件”、“新旧资格认定管理办法”的衔接如下：

第一种情形：财税〔2012〕27 号文件规定，在 2010 年 12 月 31 日前依法在中国境内成立，依照《财政部 国家税务总局关于企业所得税若干优惠政策的通知》(财税〔2008〕1 号）第一条规定，经认定并可享受原定期减免税优惠的企业，自获利年度起，第一年和第二年免征企业所得税，第三年至第五年减半征收企业所得税。可在 2011 年 1 月 1 日以后继续享受到期满为止。

第二种情形：国家税务总局 2013 年第 43 号公告规定，2010 年 12 月 31 日以前依法在中国境内成立但尚未认定的软件企业，仍按照《财政部 国家税务总局关于企业所得税若干优惠政策的通知》（财税〔2008〕1 号）第一条的规定以及《软件企业认定标准及管理办法（试行)》（信部联产〔2000〕968 号）的认定条件，办理相关手续，并继续享受到期满为止。优惠期间内，亦按照信部联产〔2000〕968 号的认定条件进行年审。

第三种情形：财税〔2012〕27 号文件规定，2011 年 1 月 1 日后依法在中国境内成立的法人企业，经国家规定的软件企业认定机构按照软件企业认定管理的有关规定进行认定并取得软件企业认定证书。在 2017 年 12 月 31 日前自获利年度起计算优惠期，第一年至第二年免征企业所得税，第三年至第五年按照25%的法定税率减半征收企业所得税，并享受至期满为止。2011年1月1日以后成立的集成电路设计企业和符合条件的软件企业，《集成电路设计企业认定管理办法》、《软件企业认定管理办法》由工业和信息化部、发展改革委、财政部、税务总局会同有关部门另行制定。

由于财税〔2012〕27号文件刚刚下发时，新的《集成电路设计企业认定管理办法》（后由工信部联电子〔2013〕487号文件发布）、《软件企业认定管理办法》（后由工信部联软〔2013〕64号文件发布）尚未制定完成，为妥善解决软件和集成电路企业享受符合财税〔2012〕27号文件规定的企业所得税减免税优惠问题，避免出现政策及管理真空，切实维护纳税人的合法权益，总局以公告的形式对有关新旧认定管理办法如何衔接等操作管理问题做出了规定：国家税务总局2012年第19号公告规定，对符合财税〔2012〕27号文件规定条件的软件和集成电路企业，可提供依照原相关认定办法，即《财政部国家税务总局关于企业所得税若干优惠政策的通知》（财税〔2008〕1号）第一条的规定以及《软件企业认定标准及管理办法（试行）》（信部联产〔2000〕968号），取得的有效资格证书向主管税务机关办理2011年度企业所得税汇算清缴减免税手续。待符合财税〔2012〕27号文件规定的新认定管理办法出台后，已办理2011年度企业所得税汇算清缴减免税手续的软件和集成电路企业，若不能依照新办法申请认定并取得相关资格证书，应按法定适用税率重新计算申报缴纳企业所得税。

关键点275 “关键指标情况”填报要点

第1行“企业成立日期”：填报纳税人办理工商登记日期；“软件企业证书取得日期”：填报纳税人软件企业证书上的取得日期。并参照上述三种情形分别计算享受优惠政策。

第2行“软件企业认定证书编号”：填报纳税人软件企业证书上的软件企业认定编号；“软件产品登记证书编号”：填报纳税人软件产品登记证书上的产品登记证号。

财税〔2012〕27号文件规定的享受优惠的条件要求：主营业务拥有自主知识产权，其中软件产品拥有省级软件产业主管部门认可的软件检测机构出具的检测证明材料和软件产业主管部门颁发的《软件产品登记证书》。

第3行“计算机信息系统集成资质等级认定证书编号”：填报纳税人的计算机信息系统集成资质等级认定证号；“集成电路生产企业认定文号”：填报纳税人集成电路生产企业认定的文号。

第4行“集成电路设计企业认定证书编号”：填报纳税人集成电路设计企业认定证书编号。

A107042《软件、集成电路企业税收优惠情况及明细表》“关键指标情况”第6至29行由2011年1月1日以后成立企业填报。

第6行“一、企业本年月平均职工总人数”：填报A000000《企业基础信息表》“104从业人数”。

第7行“其中：签订劳动合同关系且具有大学专科以上学历的职工人数”：填报纳税人本年签订劳动合同关系且具有大学专科以上学历的职工人数。

第8行“二、研究开发人员人数”：填报纳税人本年研究开发人员人数。

第9行“三、签订劳动合同关系且具有大学专科以上学历的职工人数占企业本年月平均职工总人数的比例”：填报第7÷6行的比例。

财税〔2012〕27号文件规定的享受优惠的条件要求：签订劳动合同关系且具有大学专科以上学历的职工人数占企业当年月平均职工总人数的比例不低于40%。

第10行“四、研究开发人员占企业本年月平均职工总数的比例”：填报第8÷6行的比例。

财税〔2012〕27号文件规定的享受优惠的条件要求：研究开发人员占企业当年月平均职工总数的比例不低于20%。

第11行“五、企业收入总额”：填报纳税人本年以货币形式和非货币形式从各种来源取得的收入，为税法第六条规定的收入总额。包括：销售货物收入，提供劳务收入，转让财产收入，股息、红利等权益性投资收益，利息收入，租金收入，特许权使用费收入，接受捐赠收入，其他收入。

第12行“六、集成电路制造销售（营业）收入”：填报纳税人本年集成电路企业制造销售（营业）收入。

第13行“七、集成电路制造销售（营业）收入占企业收入总额的比例”：填报第12÷11行的比例。

财税〔2012〕27号文件规定的享受优惠的条件要求：拥有核心关键技术，并以此为基础开展经营活动，且当年度的研究开发费用总额占企业销售（营业）收入总额的比例不低于6%。

第14行“八、集成电路设计销售（营业）收入”：填报纳税人本年集成电路设计销售（营业）收入。

财税〔2012〕27号文件规定，集成电路设计销售（营业）收入，是指集成电路企业从事集成电路（IC）功能研发、设计并销售的收入。

第15行“其中：集成电路自主设计销售（营业）收入”：填报纳税人本年集成电路自主设计销售（营业）收入。

第16行“九、集成电路设计企业的集成电路设计销售（营业）收入占企业收入总额的比例”：填报第14÷11行的比例。

财税〔2012〕27号文件规定的享受优惠的条件要求：集成电路设计企业的集成电路设计销售（营业）收入占企业收入总额的比例不低于60%。

第17行“十、集成电路自主设计销售（营业）收入占企业收入总额的比例”：填报第15÷11行的比例。

财税〔2012〕27号文件规定的享受优惠的条件要求：集成电路自主设计销售（营业）收入占企业收入总额的比例不低于50%。

第18行“十一、软件产品开发销售（营业）收入”：填报纳税人本年软件产品开发销售（营业）收入。

财税〔2012〕27号文件规定，软件产品开发销售（营业）收入，是指软件企业从事计算机软件、信息系统或嵌入式软件等软件产品开发并销售的收入，以及信息系统集成服务、信息技术咨询服务、数据处理和存储服务等技术服务收入。

第19行“其中：嵌入式软件产品和信息系统集成产品开发销售（营业）收入”：填报纳税人本年嵌入式软件产品和信息系统集成产品开发销售（营业）收入。

第20行“十二、软件产品自主开发销售（营业）收入”：填报纳税人本年软件产品自主开发销售（营业）收入。

第21行“其中：嵌入式软件产品和信息系统集成产品自主开发销售（营业）收入”：填报纳税人本年嵌入式软件产品和信息系统集成产品自主开发销售（营业）收入。

第22行“十三、软件企业的软件产品开发销售（营业）收入占企业收入总额的比例”：填报第18÷11行的比例。

财税〔2012〕27号文件规定的享受优惠的条件要求：软件企业的软件产品开发销售（营业）收入占企业收入总额的比例一般不低于50%。

第23行“十四、嵌入式软件产品和信息系统集成产品开发销售（营业）收入占企业收入总额的比例”：填报第19÷11行的比例。

财税〔2012〕27号文件规定的享受优惠的条件要求：嵌入式软件产品和信息系统集成产品开发销售（营业）收入占企业收入总额的比例不低于40%。

第24行“十五、软件产品自主开发销售（营业）收入占企业收入总额的比例”：填报第20÷11行的比例。

财税〔2012〕27号文件规定的享受优惠的条件要求：软件产品自主开发销售（营业）收入占企业收入总额的比例一般不低于40%。

第25行“十六、嵌入式软件产品和信息系统集成产品自主开发销售（营业）收入占企业收入总额的比例”：填报第21÷11行的比例。

财税〔2012〕27号文件规定的享受优惠的条件要求：嵌入式软件产品和信息系统集成产品开发销售（营业）收入占企业收入总额的比例不低于30%。

第26行“十七、研究开发费用总额”：填报纳税人本年按照《国家税务总局关于印发〈企业研究开发费用税前扣除管理办法（试行）〉的通知》（国税发〔2008〕116号）归集的研究开发费用总额。

此处应特别注意的是，归集的研究开发费用总额不包括财税〔2013〕70号文件列举的研究开发费用归集项目。

第27行“其中：企业在中国境内发生的研究开发费用金额”：填报纳税人本年在中国境内发生的研究开发费用金额。

第28行“十八、研究开发费用总额占企业销售（营业）收入总额的比例”：填报纳税人本年研究开发费用总额占企业销售（营业）收入总额的比例。

财税〔2012〕27号文件规定的享受优惠的条件要求：拥有核心关键技术，并以此为基础开展经营活动，且当年度的研究开发费用总额占企业销售（营业）收入总额的比例不低于6%。

第29行“十九、企业在中国境内发生的研究开发费用金额占研究开发费用总额的比例”：填报第27÷26行的比例。

财税〔2012〕27号文件规定的享受优惠的条件要求：企业在中国境内发生的研究开发费用金额占研究开发费用总额的比例不低于60%。

A107042《软件、集成电路企业税收优惠情况及明细表》“关键指标情况”第31至40行由2011年1月1日以前成立企业填报。2011年以后新成立的集成电路设计企业和符合条件的软件企业，优惠计算指标由财税〔2012〕27号文件明确规定。不同的是，2011年12月31日以前成立的企业，适用的税收政策未对符合优惠享受条件的关键计算指标进行明确。下述计算指标来自《软件企业认定标准及管理办法（试行）》（信部联产〔2000〕968号）。

第31行“二十、企业职工总数”：填报纳税人本年职工总数。

第32行“二十一、从事软件产品开发和技术服务的技术人员”：填报纳税人本年从事软件产品开发和技术服务的技术人员人数。

第 33 行“二十二、从事软件产品开发和技术服务的技术人员占企业职工总数的比例”：填报第 32÷31 行的比例。

信部联产〔2000〕968 号文件规定的认定条件：从事软件产品开发和技术服务的技术人员占企业职工总数的比例不低于 50%。

第 34 行“二十三、企业年总收入”：填报纳税人本年以货币形式和非货币形式从各种来源取得的收入，为税法第六条规定的收入总额。包括：销售货物收入，提供劳务收入，转让财产收入，股息、红利等权益性投资收益，利息收入，租金收入，特许权使用费收入，接受捐赠收入，其他收入。

第 35 行“其中：企业年软件销售收入”：填报纳税人本年软件销售收入。

第 36 行“其中：自产软件销售收入”：填报纳税人本年销售自主开发软件取得的收入。

第 37 行“二十四、软件销售收入占企业年总收入比例”：填报第 35÷34 行的比例。

信部联产〔2000〕968 号文件规定的认定条件：年软件销售收入占企业年总收入的 35%以上，其中，自产软件收入占软件销售收入的 50%以上。

第 38 行“二十五、自产软件收入占软件销售收入比例”：填报第 36÷35 行的比例。

第 39 行“二十六、软件技术及产品的研究开发经费”：填报纳税人本年用于软件技术及产品的研究开发经费。

第 40 行“二十七、软件技术及产品的研究开发经费占企业年软件收入比例”：填报第 39÷35 行的金额。

信部联产〔2000〕968 号文件规定的认定条件：软件技术及产品的研究开发经费占企业年软件收入 8%以上。

第 41 行“减免税金额”：填报按照表 A100000 第 23 行应纳税所得额计算的免征、减征企业所得税金额。

风险点 130　不符合相关条件

不符合相关条件的不能享受软件、集成电路企业税收优惠。

风险点 131　获利年度

软件企业所得税优惠政策适用于经认定并实行查账征收方式的软件企业。软件企业的获利年度，是指软件企业开始生产经营后，第一个应纳税所得额大于零的纳税年度，包括对企业所得税实行核定征收方式的纳税年度。

19.4 《税额抵免优惠明细表》(A107050)

关键点 276　购置用于环境保护、节能节水、安全生产等专用设备的投资额抵免

企业购置并实际使用《环境保护专用设备企业所得税优惠目录》、《节能节水专用设备企业所得税优惠目录》和《安全生产专用设备企业所得税优惠目录》规定的环境保护、节能节水、安全生产等专用设备的，该专用设备的投资额的10%可以从企业当年的应纳税额中抵免；当年不足抵免的，可以在以后5个纳税年度结转抵免。

关键点 277　包括融资租赁方式租入的专用设备

购置并实际使用的环境保护、节能节水和安全生产专用设备，包括承租方企业以融资租赁方式租入的、并在融资租赁合同中约定租赁期届满时租赁设备所有权转移给承租方企业，且符合规定条件的上述专用设备。凡融资租赁期届满后租赁设备所有权未转移至承租方企业的，承租方企业应停止享受抵免企业所得税优惠，并补缴已经抵免的企业所得税税款。

关键点 278　未抵扣的进项税额可以抵免所得税税额

自2009年1月1日起，增值税一般纳税人购进固定资产发生的进项税额可从其销项税额中抵扣，如增值税进项税额允许抵扣，其专用设备投资额不再包括增值税进项税额；如增值税进项税额不允许抵扣，其专用设备投资额应为增值税专用发票上注明的价税合计金额。企业购买专用设备取得普通发票的，其专用设备投资额为普通发票上注明的金额。

风险点 132　专用设备未满5年转让应补缴已抵免税款

企业购置上述专用设备在5年内转让、出租的，应当停止享受企业所得税优惠，并补缴已经抵免的企业所得税税款。

风险点 133　附着物不能抵免税额

企业购置专用设备发生咨询费、服务费，零件和附属设备等超过《目录》范围的附着物等，不能抵免企业所得税。

18.4　企业清算期间及重组事项发生后税收优惠享受问题

关键点 279　企业清算期间税收优惠享受问题

（1）根据清算所得税申报表主表的项目设置和填报说明，清算应纳税所得额＝清算所得－免税收入－不征税收入－其他免税所得－弥补以前年度亏损。其中“免税收入”和“其他免税所得”均属于《企业所得税法》第四章所规定的税收优惠范畴。

（2）一般来讲，企业清算期间，正常的生产经营一般都已停止，企业取得的所得已是非正常的生产经营所得，企业所得税优惠政策的适用对象已不存在，企业应就清算所得按所得税法规定的法定税率缴纳企业所得税。因此，企业清算所得不适用《企业所得税法》所规定的小型微利企业、高新技术企业、软件生产企业、技术先进型服务企业、动漫企业等享受的优惠税率以及《国务院关于实施企业所得税过渡优惠政策的通知》（国发〔2007〕39 号）所规定的过渡期优惠税率。

（3）企业在经营期的经营或投资行为，为企业在清算期所带来的所得，应该仍然适用相关优惠政策。如处于清算期的企业，在未处置其对外的长期股权投资前，其源自被投资方分配的股息红利，清算组应确认为权益性投资收益。如果该权益性投资收益符合《企业所得税法》第二十六条规定的免税收入的条件，即使企业处于清算期，仍然应享受免税收入的税收优惠政策。

关键点 280　重组事项发生后税收优惠享受问题

在企业吸收合并中，合并后的存续企业性质及适用税收优惠的条件未发生改变的，可以继续享受合并前该企业剩余期限的税收优惠，其优惠金额按存续企业合并前一年的应纳税所得额（亏损计为零）计算（合并方）。

在企业存续分立中，分立后的存续企业性质及适用税收优惠的条件未发生改变的，可以继续享受分立前该企业剩余期限的税收优惠，其优惠金额按该企业分立前一年的应纳税所得额（亏损计为零）乘以分立后存续企业资产占分立前该企业全部资产的比例计算。

国家税务总局 2010 年第 4 号公告第十五条规定，企业合并或分立，合并各方企业或分立企业涉及享受《企业所得税法》第五十七条规定中就企业整体（即全部生产经营所得）享受的税收优惠过渡政策尚未期满的，仅就存续企业未享受完的税收优惠，按照财税〔2009〕59 号文件第九条的规定执行；

注销的被合并或被分立企业未享受完的税收优惠，不再由存续企业承继；合并或分立而新设的企业不得再承继或重新享受上述优惠。合并或分立各方企业按照《企业所得税法》的税收优惠规定和税收优惠过渡政策中就企业有关生产经营项目的所得享受的税收优惠承继问题，按照《实施条例》第八十九条规定执行。

第二十八条规定，根据财税〔2009〕59 号文件第六条第（四）项第 2 目的规定，被合并企业合并前的相关所得税事项由合并企业承继，以及根据第六条第（五）项第 2 目的规定，企业分立，已分立资产相应的所得税事项由分立企业承继，这些事项包括尚未确认的资产损失、分期确认收入的处理以及尚未享受期满的税收优惠政策承继处理问题等。其中，对税收优惠政策承继处理问题，凡属于依照《企业所得税法》第五十七条规定中就企业整体（即全部生产经营所得）享受税收优惠过渡政策的，合并或分立后的企业性质及适用税收优惠条件未发生改变的，可以继续享受合并前各企业或分立前被分立企业剩余期限的税收优惠。合并前各企业剩余的税收优惠年限不一致的，合并后企业每年度的应纳税所得额，应统一按合并日各合并前企业资产占合并后企业总资产的比例进行划分，再分别按相应的剩余优惠计算应纳税额。合并前各企业或分立前被分立企业按照《企业所得税法》的税收优惠规定以及税收优惠过渡政策中就有关生产经营项目所得享受的税收优惠承继处理问题，按照《实施条例》第八十九条规定执行。

风险点 134　清算期不得享受税收优惠

企业处于清算期，除免税收入外，不得享受《企业所得税法》规定的其他税收优惠。

风险点 135　企业重组税收优惠承继

企业合并或分立，应按照财税〔2009〕59 号文件规定正确计算可继续享受的税收优惠额。

CORPORATE INCOME TAX FINAL SETTLEMENT

Risk Tips & Key Points Analysis

第20章 境外所得税收抵免政策及填报实务（A108000—A108030）

20.1 《境外所得税收抵免明细表》(A108000)

关键点281 “境外所得”的范围

我国企业所得税税收管辖权遵循“属地兼属人”的原则。根据《企业所得税法》第三条规定，居民企业应当就其来源于中国境内、境外的所得缴纳企业所得税。非居民企业在中国境内设立机构、场所的，应当就其所设机构、场所取得的来源于中国境内的所得，以及发生在中国境外但与其所设机构、场所有实际联系的所得，缴纳企业所得税。

上述“居民企业来源于中国境外的所得，及非居民企业在中国境内设立机构、场所，发生在中国境外但与其所设机构场所有实际联系的所得”，即构成了本部分讨论的“境外所得”的范围。

《企业所得税法》第六条规定，企业以货币形式和非货币形式从各种来源取得的收入，为收入总额。包括：销售货物收入；提供劳务收入；转让财产收入；股息、红利等权益性投资收益；利息收入；租金收入；特许权使用费收入；接受捐赠收入；其他收入。

上述“收入总额”的确定标准同时适用境内外所得。

关键点282 划分“来源于境外的所得”与“来源于境内的所得”标准

根据《企业所得税法实施条例》第七条规定，企业所得税法第三条所称来源于中国境内、境外的所得，按照以下原则确定：

（一）销售货物所得，按照交易活动发生地确定；

（二）提供劳务所得，按照劳务发生地确定；

（三）转让财产所得，不动产转让所得按照不动产所在地确定，动产转让所得按照转让动产的企业或者机构、场所所在地确定，权益性投资资产转让所得按照被投资企业所在地确定；

（四）股息、红利等权益性投资所得，按照分配所得的企业所在地确定；

（五）利息所得、租金所得、特许权使用费所得，按照负担、支付所得的企业或者机构、场所所在地确定，或者按照负担、支付所得的个人的住所地确定；

（六）其他所得，由国务院财政、税务主管部门确定。

上述政策规定进一步划定了“境外所得”的范围。

关键点 283　转让境外被投资企业股权的收入确认条件

转让境外被投资企业股权无须以“合同或协议生效且完成股权变更手续”为收入确认条件。

财税〔2009〕125 号文件规定，居民企业应就其来源于境外的股息、红利等权益性投资收益，以及利息、租金、特许权使用费、转让财产等收入，扣除按照企业所得税法及其实施条例等规定计算的与取得该项收入有关的各项合理支出后的余额为应纳税所得额。

来源于境外的股息、红利等权益性投资收益，应按被投资方做出利润分配决定的日期确认收入实现来源于境外的利息、租金、特许权使用费、转让财产等收入，应按有关合同约定应付交易对价款的日期确认收入实现。

根据上述政策规定我们分析得知，境外所得收入确认条件与境内所得存在差异。特别需要注意的是，居民企业进行权益性投资，如果被投资企业所在地在境外，则转让被投资企业股权所得为境外所得，该项所得确认条件不同于转让境内被投资企业股权所遵循的“合同或协议生效且完成股权变更手续”，而是应按照“有关合同约定应付交易对价款的日期确认收入实现”。

实务中我们也遇到过纳税人未按合同约定确认转让境外被投资企业股权所得，导致自身涉税风险的情况。因此，纳税人应提高对于本问题的关注度。

关键点 284　境外所得简易计算抵免、税收饶让抵免的范围

境外所得的简易计算抵免和税收饶让抵免是境外所得计算抵免的特殊情况。按照财税〔2009〕125 号文件和国家税务总局 2015 年第 70 号公告的规定，简易计算抵免包括两种情形，分别对所得来源国（地区）实际税率低于 12.5%或高于 25%时，境外所得抵免计算适用简易办法的相关要求进行了规定。

（一）只有境外分支机构营业利润所得和符合境外税额间接抵免条件的股息所得可使用简易计算抵免政策。居民企业从境外未达到直接持股 20%条件的境外子公司取得的股息所得，以及取得利息、租金、特许权使用费、转让财产等所得，向所得来源国直接缴纳的预提所得税额，不能适用简易计算抵免。

（二）适用简易计算抵免政策规定中“所得来源国（地区）的法定税率且其实际有效税率明显高于我国的”，具体国家（地区）名单在财税〔2009〕125 号文件附件中进行了正列举，并规定由财政部、国家税务总局根据实际情

况适时对名单进行调整。来源于列举之外国家（地区）的境外所得不能适用相关简易计算抵免政策。

（三）企业境外所得符合《财政部 国家税务总局关于企业境外所得税收抵免有关问题的通知》（财税〔2009〕125 号）第十条第（一）项和第（二）项规定情形的，可以采取简易办法对境外所得已纳税额计算抵免。企业在年度汇算清缴期内，应向主管税务机关报送备案资料，备案资料的具体内容按照《国家税务总局关于发布〈企业境外所得税收抵免操作指南〉的公告》（国家税务总局公告 2010 年第 1 号）第 30 条的规定执行。

（四）境外所得采用简易办法计算抵免额的，不适用饶让抵免。

关键点 285 境外所得享受高新技术企业减免税额优惠的适用条件

财税〔2011〕47 号文件规定，纳税人适用境外所得享受高新技术企业减免税额的税收优惠待遇，其来源于境外的所得可以享受高新技术企业所得税优惠政策，即对其来源于境外所得可以按照 15%的优惠税率缴纳企业所得税，在计算境外抵免限额时，可按照 15%的优惠税率计算境内外应纳税总额。

适用上述政策应把握以下要点：

(1) 高新技术企业认定环节，应为“以境内、境外全部生产经营活动有关的研究开发费用总额、总收入、销售收入总额、高新技术产品（服务）收入等指标申请并经认定的高新技术企业”。

(2) 纳税人应依照《中华人民共和国企业所得税法》及其实施条例规定，经认定机构按照《高新技术企业认定管理办法》和《高新技术企业认定管理工作指引》认定取得高新技术企业证书。

(3) 纳税人应当“正在享受企业所得税 15%税率优惠”。

(4) 高新技术企业境外所得税收抵免的其他事项，仍按照财税〔2009〕125 号文件的有关规定执行。

关键点 286 “联合体公司”境外经营的境外所得税收抵免

以北京市为例，在此介绍一下“联合体公司”境外经营的境外所得税收抵免在实务中的操作方法：实务中，有纳税人作为建筑集团控股企业的关联企业，建筑集团控股企业与国内其他单位（简称合作方）以联合体形式合作中标境外施工项目，签订合作合同。集团公司再将项目分包给其下属关联企业。在此种合作模式下，项目施工所涉及的所有外事活动均以联合体公司的名义进行，因此，在境外缴纳税款时完税凭证抬头是联合体公司。集团公司对承包项目的财务核算上述分包企业将分包项目缴纳的境外税收作为企业所得税进行账务处理，但该部分企业所得税能否由分包企业计算境外所得抵免，对此笔者认为，纳税人应与主管税务机关沟通，并在沟通时注意：一是应提供其将相关项目所得确认为自身企业所得税应税所得的核算资料；二是应提供清晰列明分包项目负担税款金额的完税凭证；三是应咨询主管税务机关是否认可分包企业纳税人按照"实质重于形式"的确认原则对境外所得应纳税额进行抵免。

风险点 136　境外所得弥补以前年度境内亏损的问题

《企业所得税法》第十七条规定，企业在汇总计算缴纳企业所得税时，其境外营业机构的亏损不得抵减境内营业机构的盈利。

国家税务总局 2010 年第 1 号公告"关于境外所得税款抵免限额"规定，若企业境内所得为亏损，境外所得为盈利，且企业已使用同期境外盈利全部或部分弥补了境内亏损，则境内已用境外盈利弥补的亏损不得再用以后年度境内盈利重复弥补。由此，在计算境外所得抵免限额时，形成当期境内外应纳税所得总额小于零的，应以零计算当期境内外应纳税所得总额，其当期境外所得税的抵免限额也为零。

笔者认为，企业在纳税申报时应准确衡量"境外所得弥补境内亏损"是否符合自身利益诉求，如有意愿进行相关税务处理，应准备好境外所得相关数据计算资料，并与主管税务机关及时进行沟通。

风险点 137　企业境内、境外营业机构发生的资产损失应分开核算

企业境内、境外营业机构发生的资产损失应分开核算，对境外营业机构由于发生资产损失而产生的亏损，不得在计算境内应纳税所得额时扣除。

纳税人境外经营产生的资产损失，包括参与境外分支机构营业利润计算资产损失、被投资企业所在地为境外的股权投资损失、债务人在境外的债权投资损失、应收及预付款损失、应收票据、各类垫款、往来款损失，固定资产所在地为境外的固定资产损失等。

风险点 138　不可抵免境外所得税税额的情况

可抵免境外所得税税额，是指企业来源于中国境外的所得依照中国境外税收法律以及相关规定应当缴纳并已实际缴纳的企业所得税性质的税款。但不包括：

（一）按照境外所得税法律及相关规定属于错缴或错征的境外所得税税款。

（二）按照税收协定规定不应征收的境外所得税税款，上述两类情形企业应向境外税务机关申请予以退还，而不应作为境外已交税额向中国申请抵免企业所得税。

（三）因少缴或迟缴境外所得税而追加的利息、滞纳金或罚款。

（四）境外所得税纳税人或者其利害关系人从境外征税主体得到实际返还或补偿的境外所得税税款。

（五）按照我国企业所得税法及其实施条例规定，已经免征我国企业所得税的境外所得负担的境外所得税税款，该项所得的应纳税所得额及其缴纳的境外所得税额均应从计算境外所得税额抵免的境外应纳税所得额和境外已纳税额中减除。

（六）按照国务院财政、税务主管部门有关规定已经从企业境外应纳税所得额中扣除的境外所得税税款。

20.2 《境外所得纳税调整后所得明细表》（A108010）

主表（A100000）14 行调减境外所得（未考虑税会差异和共同支出），涉及 A108010《境外所得纳税调整后所得明细表》第 2 列至第 14 列。

关键点 287　境外应税所得计算中的收入确认标准

境外所得计算，按《企业所得税法》第六条规定的范围进行收入确认。按照企业所得税法规定，对居民企业和非居民企业设立在中国境内的机构场所而言，其境内外应税所得具有同等纳税义务。因此企业计算境外应税所得时，在收入确认的范围、时间，扣除项目确认标准上同样应遵从《企业所得税法》、《企业所得税法实施条例》及其他各项企业所得税收入、扣除政策规定。

A108010《境外所得纳税调整后所得明细表》第 2 列至第 8 列对境外所得计算项目进行了正列举，具体包括企业在境外设立的不具备独立纳税地位的分支机构利润及企业直接取得的来源于境外的股息、红利等权益性投资收益，利息、租金、特许权使用费、转让财产收入、其他收入。注意 A108010《境外所得纳税调整后所得明细表》第 8 行的“其他所得”应填写属于《企业所得税法》第六条规定范围但未在第 2 行至第 7 行进行列示的收入项目。

关键点 288 境外"毛所得"对应直接成本费用的调整扣除

国家税务总局 2010 年第 1 号公告规定，从境外收到的股息、红利、利息等境外投资性所得一般表现为毛所得，应对在计算企业总所得额时已做统一扣除的成本费用中与境外所得有关的部分，在该境外所得中对应调整扣除后，才能作为计算境外税额抵免限额的境外应纳税所得额。

A108010《境外所得纳税调整后所得明细表》第 2 列至第 8 列填写的应该是境外毛所得扣除成本费用之后的"净所得"。但此处的成本费用仅限于匹配归属于境外收入的部分。与取得境外所得有关但未直接计入境外所得应纳税所得额的成本费用支出，即下文将具体说明的"共同支出"，未在填报的"净所得"中进行扣除，而是在 A108010《境外所得纳税调整后所得明细表》第 16 列和第 17 列进行扣除。在就境外所得计算应对应调整扣除的有关成本费用时，应对如下成本费用（但不限于）予以特别关注：

（1）股息、红利，应对应调整扣除与境外投资业务有关的项目研究、融资成本和管理费用；

（2）利息，应对应调整扣除为取得该项利息而发生的相应的融资成本和相关费用；

（3）租金，属于融资租赁业务的，应对应调整扣除其融资成本；属于经营租赁业务的，应对应调整扣除租赁物相应的折旧或折耗；

（4）特许权使用费，应对应调整扣除提供特许使用的资产的研发、摊销等费用；

（5）财产转让，应对应调整扣除被转让财产的成本净值和相关费用。

关键点 289 境外"源泉扣缴"后的直接税税后所得换算成税前所得

A108010《境外所得纳税调整后所得明细表》第 2 列至第 8 列对应的项目所得填报口径为经境外税务机关"源泉扣缴"后的税后所得。填报时，应先按照上述政策规定将"毛所得"换算成"净所得"。此外，我们所说的在新申报表的逻辑结构中与"境内所得"相对应的"境外所得"，应当是上述项目的直接税税前所得，即表 A108010 第 9 列"境外税后所得小计"与第 10 列"直接税"之和。该境外所得填报在主表第 14 行，完成境内所得与境外所得的分离。

关键点 290 "分国不分项"的计算原则

财税〔2009〕125 号文件规定，企业必须分国别计算境外应纳税所得额、境外所得应纳税额、可抵免税额、抵免限额。企业不能准确计算上述项目实际可抵免分国（地区）别的境外所得税税额的，在相应国家（地区）缴纳的税收均不得在该企业当期应纳税额中抵免，也不得结转以后年度抵免。

“分国不分项”是贯穿境外所得应纳税额计算全过程的重要原则。计算方法详见下文案例。

关键点 291　境外所得独立于境内所得进行税会差异调整

境外所得独立于境内所得进行税会差异调整涉及 A108010《境外所得纳税调整后所得明细表》第 15 列。

财税〔2009〕125 号文件规定，居民企业在境外投资设立不具有独立纳税地位的分支机构，其来源于境外的所得，以境外收入总额扣除与取得境外收入有关的各项合理支出后的余额为应纳税所得额。各项收入、支出按企业所得税法及实施条例的有关规定确定。

由上述规定可知，计算境外分支机构营业利润的收入、扣除项目需按我国企业所得税政策口径进行调整。表 A108010 每一行填写申报所属年度来自某一个国家的境外所得计算数据信息，表 A108010 第 15 列“境外分支机构收入与支出纳税调整额”可能涉及同一国家的一家或几家分支机构应税所得的税会差异调整，填报信息是分国别的税会差异调整计算结果。因此，境外所得的税会差异调整申报信息无法在 2014 版企业所得税年度纳税申报表中进行体现。

按照国家税务总局 2010 年第 1 号公告的规定，纳税人企业申报抵免境外所得税收时应向其主管税务机关提交书面资料，包括：取得境外分支机构的营业利润所得需提供境外分支机构会计报表；境外分支机构所得依照中国境内企业所得税法及其实施条例的规定计算应纳税额的计算过程及说明资料；具有资质的机构出具的有关分支机构审计报告等。

关键点 292　石油企业“不分国不分项”的境外所得计算原则

上文提到过，“分国不分项”是境外所得应纳税所得额、应纳税额、可抵免税额、抵免限额计算时需遵循的原则。

财税〔2009〕125 号文件第三条第（五）项规定，在汇总计算境外应纳税所得额时，企业在境外同一国家（地区）设立不具有独立纳税地位的分支机构，按照企业所得税法及其实施条例的有关规定计算的亏损，不得抵减其境内或他国（地区）的应纳税所得额，但可以用同一国家（地区）其他项目或以后年度的所得按规定弥补。

《企业境外所得税收抵免操作指南》第十三条指出，本项基于分国不分项计算抵免的原则及其要求，对在不同国家的分支机构发生的亏损不得相互弥补做出了规定，以避免出现同一笔亏损重复弥补或须进行繁复的还原弥补、还原抵免的现象。

财税〔2011〕23 号文件第一条规定，石油企业可以选择按国（地区）别分别计算［即“分国（地区）不分项”］，或者不按国（地区）别汇总计算［即“不分国（地区）不分项”］其来源于境外油（气）项目投资、工程技术服务和工程建设的油（气）资源开采活动的应纳税所得额，并按照财税〔2009〕125 号文件第八条规定的税率，分别计算其可抵免境外所得税税额和抵免限额。上述方式一经选择，5 年内不得改变。

实务中，石油企业选择使用“不分国不分项”的抵免方式，一是能以“不分国”的境外盈利弥补境外分支机构亏损，减少“境外应纳税所得额”；二是能平衡不同国家和地区之间的税率，增大“境外所得抵免限额”。

风险点 139　同一纳税主体境内、境外所得共同支出的分摊

同一纳税主体境内、境外所得共同支出的分摊涉及 A108010《境外所得纳税调整后所得明细表》第 16、17 列。

财税〔2009〕125 号文件规定，在计算境外应纳税所得额时，企业为取得境内、境外所得而在境内、境外发生的共同支出，与取得境外应税所得有关的、合理的部分，应在境内、境外［分国（地区）别，下同］应税所得之间，按照合理比例进行分摊后扣除。

国家税务总局 2010 年第 1 号公告进一步规定，本项所称共同支出，是指与取得境外所得有关但未直接计入境外所得应纳税所得额的成本费用支出，通常包括未直接计入境外所得的营业费用、管理费用和财务费用等支出。

《企业境外所得税收抵免操作指南》指出，企业应对在计算总所得额时已统一归集并扣除的共同费用，按境外每一国（地区）别数额占企业全部数额的下列一种比例或几种比例的综合比例，在每一国别的境外所得中对应调整扣除，计算来自每一国别的应纳税所得额。

（一）资产比例；

（二）收入比例；

（三）员工工资支出比例；

（四）其他合理比例。

上述分摊比例确定后应报送主管税务机关备案；无合理原因不得改变。

由于企业所得税针对法人主体课税，企业所得税汇算清缴主体和会计利润报告主体均为法人主体，对同一法人主体而言，部分支出项目如融资成本、研发支出等，可能以法人主体为财务核算主体进行列支，而未在“境内所得”和“境外所得”之间进行分摊。这部分“共同支出”也就没有包含在主表第14行中，需要按照上述政策规定在表A108010第16、17行和A105000《纳税调整项目明细表》进行调整，对“境外所得”进行调减，对境内所得进行调增。

20.3 《境外分支机构弥补亏损明细表》（A108020）

境外分支机构弥补相对境外所得应纳税额计算而言，计算及报表逻辑关系较为简单。主要应注意以下关键点：

关键点293　境外分支机构弥补亏损遵循“分国不分项”原则

在汇总计算境外应纳税所得额时，企业在境外同一国家（地区）设立不具有独立纳税地位的分支机构，按照企业所得税法及其实施条例的有关规定计算的亏损，不得抵减其境内或他国（地区）的应纳税所得额，但可以用同一国家（地区）其他项目或以后年度的所得按规定弥补。

本项基于分国不分项计算抵免的原则及其要求，对在不同国家的分支机构发生的亏损不得相互弥补做出了规定，以避免出现同一笔亏损重复弥补或须进行繁复的还原弥补、还原抵免的现象。

关键点294　“非实际亏损”与“实际亏损”的判断标准

对“非实际亏损”与“实际亏损”的判断应当注意，“境外分支机构亏损额”指的是境外分支机构形成负的纳税调整后所得经“分国不分项”弥补亏损的余额。“企业盈利额”指的是境内和应纳税所得额为正数的境外国家（地区）的应纳税所得额之和。

企业在同一纳税年度的境内外所得加总为正数的，其境外分支机构发生的亏损，由于上述“分国不分项”结转弥补的限制而发生的未予弥补的部分（以下称为非实际亏损额），今后在该分支机构的结转弥补期限不受5年期限制。即如果企业当期境内外所得盈利额与亏损额加总后和为零或正数，则其当年度境外分支机构的非实际亏损额可无限期向后结转弥补。

例如，甲企业在境外设立无独立纳税地位的分支机构A和B，另有一笔对M公司的股权投资，M公司注册地为A分支机构所在地。且该纳税人无其他境外经营项目。2014年境内应纳税所得额为200万元，境外A分支机构纳税调整后所得为－360万元，甲企业从M公司分得股息红利100万元，境外B分支机构纳税调整后所得为250万元，境内外应纳税所得额为450万元，境外A分支机构当年形成的可无限期结转弥补的非实际亏损金额为260万元。填写在A108020《境外分支机构弥补亏损明细表》第3列“本年发生的非实际亏损额”。

如果企业当期境内外所得盈利额与亏损额加总后和为负数，则以境外分支机构的亏损额超过企业盈利额部分的实际亏损额，按《企业所得税法》第十八条规定的期限，在亏损发生年度下一纳税年度起，五年内进行亏损弥补，未超过企业盈利额部分的非实际亏损额仍可无限期向后结转弥补。

例如，乙企业在境外设立无独立纳税地位的分支机构C和D，另有一笔对N公司的股权投资，N公司注册地为C分支机构所在地。且该纳税人无其他境外经营项目。2014年境内应纳税所得额为200万元，境外A分支机构纳税调整后所得为－560万元，乙企业从N公司分得股息红利100万元，境外B分支机构纳税调整后所得为250万元，境内外应纳税所得额为450万元，境外A分支机构当年形成的可无限期结转弥补的非实际亏损金额为450万元，填写在A108020《境外分支机构弥补亏损明细表》第3列“本年发生的非实际亏损额”。境外A分支机构当年形成结转弥补的实际亏损金额为10万元，填写在A108020《境外分支机构弥补亏损明细表》第12列“本年发生的实际亏损额”。

关键点295　境外分支机构弥补亏损的计算管理要求

企业应对境外分支机构的实际亏损额与非实际亏损额不同的结转弥补情况做好备查台账。

20.4　《跨年度结转抵免境外所得税明细表》（A108030）

关键点296　跨年度结转抵免境外所得税的计算方法和管理要求

企业在境外一国（地区）当年缴纳和间接负担的符合规定的企业所得税税额的具体抵免方法为：（1）企业每年应分国（地区）别在抵免限额内据实抵免境外所得税额，超过抵免限额的部分可在以后连续5个纳税年度延续抵免；（2）企业当年境外一国（地区）可抵免税额中既有属于当年已直接缴纳或间接负担的境外所得税额，又有以前年度结转的未逾期可抵免税额时，应首先抵免当年已直接缴纳或间接负担的境外所得税额后，抵免限额有余额的，可再抵免以前年度结转的未逾期可抵免税额，仍抵免不足的，继续向以后年度结转。

国家税务总局2010年第1号公告规定，税务机关、企业在年度企业所得税汇算清缴时，应对结转以后年度抵免的境外所得税额分国（地区）别建立台账管理，准确填写逐年抵免情况。

20.5 《受控外国企业信息报告表》及外国企业年度独立财务报表的报送

关键点297 《受控外国企业信息报告表》及外国企业年度独立财务报表报送

《企业所得税法》第二十四条规定，居民企业从其直接或者间接控制的外国企业分得的来源于中国境外的股息、红利等权益性投资收益，外国企业在境外实际缴纳的所得税税额中属于该项所得负担的部分，可以作为该居民企业的可抵免境外所得税税额，在本法第二十三条规定的抵免限额内抵免。

《企业所得税法》第四十五条规定，由居民企业，或者由居民企业和中国居民控制的设立在实际税负明显低于本法第四条第一款规定税率水平的国家（地区）的企业，并非由于合理的经营需要而对利润不作分配或者减少分配的，上述利润中应归属于该居民企业的部分，应当计入该居民企业的当期收入。

国税发〔2009〕2号文件第八十四条规定，中国居民企业股东能够提供资料证明其控制的外国企业满足以下条件之一的，可免于将外国企业不作分配或减少分配的利润视同股息分配额，计入中国居民企业股东的当期所得：设立在国家税务总局指定的非低税率国家（地区）；主要取得积极经营活动所得；年度利润总额低于500万元人民币。

国家税务总局2014年第38号公告规定，居民企业在办理企业所得税年度申报时，还应附报以下与境外所得相关的资料信息：

（一）有适用企业所得税法第四十五条情形或者需要适用《特别纳税调整实施办法（试行）》（国税发〔2009〕2号）第八十四条规定的居民企业填报《受控外国企业信息报告表》；

（二）纳入企业所得税法第二十四条规定抵免范围的外国企业或符合企业

所得税法第四十五条规定的受控外国企业按照中国会计制度编报的年度独立财务报表。

20.6　境外所得应纳税额计算填报

案 例

案例 24　抵免限额的计算分析案例

假设 A 公司可适用间接抵免的境外所得（含直接所缴预提所得税但未含间接负担的税额）为 5 250 万元，其中，甲国的境外所得为 2 250 万元；乙国的境外所得为 3 000 万元。A 公司可抵免的间接负担境外已纳税额为 2 203.75 万元，其中，甲国的可抵免间接负担境外已纳税额为 912.5 万元；乙国的可抵免间接负担境外已纳税额为 1 291.25 万元。

2015 年 A 公司申报的境内外所得总额为 15 796.25 万元，其中取得境外股息所得为 5 250 万元（已还原向境外直接缴纳 10%的预提所得税 525 万元，但未含应还原计算的境外间接负担的税额 2 203.75 万元），其中甲国 2 250 万元，乙国 3 000 万元；同时假设 A 公司用于管理 B1、B2、B3、B4 四个公司的管理费合计为 433.75 万元，其中用于甲国 B1、B2 公司的管理费用为 184.5 万元，用于乙国 B3、B4 公司的管理费用为 249.25 万元。应在计算来自两个国家四个子公司的股息应纳税所得时对应调整扣除。抵免限额计算分析情况如下：

第一步：计算境外股息所得。

1. 境外股息所得＝境外股息净所得＋境外直接缴纳税额＋境外间接缴纳税额。

2. 境外股息所得 7 453.75 万元＝甲国、乙国的境外所得之和 5 250 万元＋甲国、乙国的可抵免间接负担境外已纳税额之和 2 203.75 万元，具体计算如下：

（1）来源于甲国股息所得 3 162.5 万元＝甲国的境外所得 2 250 万元＋甲国的可抵免间接负担境外已纳税额 912.5 万元；

（2）来源于乙国股息所得 4 291.25 万元＝乙国的境外所得 3 000 万元＋乙国的可抵免间接负担境外已纳税额 1 291.25 万元。

第二步：计算境外股息所得调整后的应纳税所得额。

境外股息所得对应调整扣除相关管理费后的应纳税所得额 7 020 万元＝

境外股息所得应为境外股息净所得与境外直接缴纳税额和间接缴纳税额之和7 453.75万元－A公司用于管理B1、B2、B3、B4四个公司的管理费合计433.75万元。具体计算如下：

(1) 来源于甲国股息所得对应调整后应纳税所得额2 978万元＝甲国股息所得3 162.5万元－甲国B1、B2公司的管理费用184.5万元；

(2) 来源于乙国股息所得对应调整后应纳税所得额4 042万元＝乙国股息所得4 291.25万元－乙国B3、B4公司的管理费用249.25万元。

第三步：计算还原后的境内、境外应纳税所得总额。

境外间接负担税额还原计算后境内、境外应纳税所得总额18 000万元＝已还原直接税额的境内外所得总额15 796.25万元＋可予计算抵免的间接税额2 203.75万元。

第四步：计算A企业应纳税额。

A企业应纳税总额4 500万元＝境外间接负担税额还原计算后境内、境外应纳税所得总额18 000万元×适用税率25%。

第五步：计算A企业抵免限额。

A企业抵免限额1 755.00万元＝甲国所得的抵免限额744.5万元＋乙国所得的抵免限额1 010.5万元，具体计算如下：

(1) 来源于甲国所得的抵免限额744.5万元＝企业应纳税总额4 500万元×甲国股息所得对应调整后应纳税所得额2 978万元÷境外间接负担税额还原计算后境内、境外应纳税所得总额18 000万元；

(2) 来源于乙国所得的抵免限额1 010.5万元＝企业应纳税总额4 500万元×乙国股息所得对应调整后应纳税所得额4 042万元÷境外间接负担税额还原计算后境内、境外应纳税所得总额18 000万元。

CORPORATE INCOME TAX FINAL SETTLEMENT

Risk Tips & Key Points Analysis

第21章 跨地区经营汇总纳税政策及填报实务（A109000、A109010）

21.1 《跨地区经营汇总纳税企业年度分摊企业所得税明细表》(A109000)

关键点 298 适用跨地区汇总纳税方式的总、分机构范围

居民企业在中国境内跨地区（指跨省、自治区、直辖市和计划单列市，下同）设立不具有法人资格分支机构的，该居民企业为跨地区经营汇总纳税企业（以下简称汇总纳税企业）。汇总纳税企业在中国境外设立的不具有法人资格的二级分支机构，不就地分摊缴纳企业所得税。

总机构设立具有主体生产经营职能的部门，且该部门的营业收入、职工薪酬和资产总额与管理职能部门分开核算的，可将该部门视同一个二级分支机构，计算分摊并就地缴纳企业所得税。

纳税人申报填写 2014 版年度纳税申报表时，总机构独立生产经营部门年度预缴税额填写在 A109000《跨地区经营汇总纳税企业年度分摊企业所得税明细表》第 10 行“其中：总机构独立生产经营部门已分摊的所得税额”。总机构独立生产经营部门分摊本年应补退的所得税额填写在表 A109000 第 15 行“其中：总机构独立生产经营部门分摊本年应补（退）的所得税额”。同时，总机构独立生产经营部门视同二级分支机构，分摊缴纳税款的计算信息在 A109010《企业所得税汇总纳税分支机构所得分配表》进行填报。

关键点 299 总机构所得税汇算清缴报送的申报资料

汇总纳税企业总机构汇算清缴适用 2014 版企业所得税年度纳税申报表。汇总纳税企业总机构所得税汇算清缴要求报送的申报资料包括：企业所得税年度纳税申报表、汇总纳税企业年度财务报表、汇总纳税企业分支机构所得税分配表、各分支机构的年度财务报表、各分支机构参与企业年度纳税调整情况的说明。

其中“汇总纳税企业分支机构所得税分配表”申报信息已在 2014 版企业所得税年度纳税申报表附表 A109010《企业所得税汇总纳税分支机构所得税分配表》采集，不再独立于年度纳税申报表进行申报。

关键点 300 总机构管理的建筑项目部所在地预分所得税额

建筑企业总机构直接管理的跨地区设立的项目部，应按项目实际经营收入的 0.2%按月或按季由总机构向项目所在地预分企业所得税，并由项目部向

所在地主管税务机关预缴。

风险点 140　分支机构未按税款分配数额预缴所得税的法律责任

分支机构未按税款分配数额预缴所得税造成少缴税款的，存在被税务机关处罚的风险。具体政策为：《跨地区经营汇总纳税企业所得税征收管理办法》第八条明确，总机构应将本期企业应纳所得税额的 50%部分，在每月或季度终了后 15 日内就地申报预缴。总机构应将本期企业应纳所得税额的另外 50%部分，按照各分支机构应分摊的比例，在各分支机构之间进行分摊，并及时通知到各分支机构；各分支机构应在每月或季度终了之日起 15 日内，就其分摊的所得税额就地申报预缴。分支机构未按税款分配数额预缴所得税造成少缴税款的，主管税务机关应按照《税收征收管理法》的有关规定对其处罚，并将处罚结果通知总机构所在地主管税务机关。

风险点 141　未按规定报送分支机构所得税分配表的法律责任

分支机构在申报期内不提供分配表，存在被税务机关处罚的风险。具体政策如下：《跨地区经营汇总纳税企业所得税征收管理办法》第十二条要求，分支机构未按规定报送经总机构所在地主管税务机关受理的汇总纳税企业分支机构所得税分配表，分支机构所在地主管税务机关应责成该分支机构在申报期内报送，同时提请总机构所在地主管税务机关督促总机构按照规定提供上述分配表；分支机构在申报期内不提供的，由分支机构所在地主管税务机关对分支机构按照《税收征收管理法》的有关规定予以处罚；属于总机构未向分支机构提供分配表的，分支机构所在地主管税务机关还应提请总机构所在地主管税务机关对总机构按照《税收征收管理法》的有关规定予以处罚。

21.2 《企业所得税汇总纳税分支机构所得税分配表》（A109010）

关键点 301　总、分机构应纳所得税额分摊计算比例

汇总纳税企业按照《企业所得税法》规定汇总计算的企业所得税，包括预缴税款和汇算清缴应缴应退税款，50%在各分支机构间分摊，各分支机构根据分摊税款就地办理缴库或退库；50%由总机构分摊缴纳，其中 25%就地办理缴库或退库，25%就地全额缴入中央国库或退库。

总机构按以下公式计算分摊税款：

$$总机构分摊税款=汇总纳税企业当期应纳所得税额\times 50\%$$

分支机构按以下公式计算分摊税款：

$$\frac{所有分支机构}{分摊税款总额}=\frac{汇总纳税企业}{当期应纳所得税额}\times 50\%$$

填报2014版企业所得税年度纳税申报表时，上述“汇总纳税企业当期应纳所得税额”＝表A100000第31行“实际应纳所得税额”－表A100000第29行“境外所得应纳所得税额”＋表A100000第30行“境外所得抵免所得税额”。

$$某分支机构分摊税款=\frac{所有分支机构}{分摊税款总额}\times\frac{该分支机构}{分摊比例}$$

总机构应按照上年度分支机构的营业收入、职工薪酬和资产总额三个因素计算各分支机构分摊所得税款的比例。上年度分支机构的营业收入、职工薪酬和资产总额，是指分支机构上年度全年的营业收入、职工薪酬数据和上年度12月31日的资产总额数据，是依照国家统一会计制度的规定核算的数据。三级及以下分支机构，其营业收入、职工薪酬和资产总额统一计入二级分支机构，三因素的权重依次为0.35、0.35、0.30。

计算公式如下：

$$\begin{aligned}\frac{某分支机构}{分摊比例}&=\frac{该分支机构营业收入}{各分支机构营业收入之和}\times 0.35\\&+\frac{该分支机构职工薪酬}{各分支机构职工薪酬之和}\times 0.35\\&+\frac{该分支机构资产总额}{各分支机构资产总额之和}\times 0.30\end{aligned}$$

在一个纳税年度内，总机构首次计算分摊税款时采用的分支机构营业收入、职工薪酬和资产总额数据，与此后经过中国注册会计师审计确认的数据不一致的，不做调整。

关键点302　总、分机构处于不同税率地区的税款分摊计算方法

对于按照税收法律、法规和其他规定，总机构和分支机构处于不同税率地区的，先由总机构统一计算全部应纳税所得额，然后按上述分摊计算比例，计算划分不同税率地区机构的应纳税所得额，再分别按各自的适用税率计算应纳税额后加总计算出汇总纳税企业的应纳所得税总额，最后按上述分摊计

算比例，向总机构和分支机构分摊就地缴纳的企业所得税款。

关键点 303　二级分支机构不就地分摊缴纳企业所得税的情形

不具有主体生产经营职能，且在当地不缴纳增值税、营业税的产品售后服务、内部研发、仓储等汇总纳税企业内部辅助性的二级分支机构，不就地分摊缴纳企业所得税。

上年度认定为小型微利企业的，其二级分支机构不就地分摊缴纳企业所得税。

新设立的二级分支机构，设立当年不就地分摊缴纳企业所得税。

当年撤销的二级分支机构，自办理注销税务登记之日所属企业所得税预缴期间起，不就地分摊缴纳企业所得税。

关键点 304　分支机构分摊比例在一个纳税年度内调整的情形

分支机构分摊比例按上述方法一经确定后，除出现下述三类情形外，当年不做调整：

一是当年撤销的二级分支机构，自办理注销税务登记之日起，所属企业所得税预缴期间不就地分摊缴纳企业所得税。

二是汇总纳税企业当年由于重组等原因从其他企业取得重组当年之前已存在的二级分支机构，并作为本企业二级分支机构管理的，该二级分支机构不视同当年新设立的二级分支机构，按本办法规定计算分摊并就地缴纳企业所得税。

三是汇总纳税企业内就地分摊缴纳企业所得税的总机构、二级分支机构之间，发生合并、分立、管理层级变更等形成的新设或存续的二级分支机构，不视同当年新设立的二级分支机构，按本办法规定计算分摊并就地缴纳企业所得税。

21.3　跨地区汇总纳税企业所得税汇算清缴填报案例

案例

案例 25　跨地区汇总纳税企业所得税汇算清缴税额分摊填报案例

甲企业为建筑企业，2014 年企业所得税汇算清缴时，共设有 A、B 两家跨省、自治区、直辖市，不具有法人资格，但具有主体生产经营职能的二级分支机构。甲企业另设有可视同二级分支机构分摊缴纳税款的总机构独立生产经营部门C。A、B、C三家分支机构2013年全年营业收入分别为200万元、150万元、100万元。全年职工薪酬分别为80万元、60万元、40万元，2013年12月31日，资产总额分别为800万元、600万元、400万元。

甲企业2014年汇算清缴实际应纳税额为80万元，填写在A109000《跨地区经营汇总纳税企业年度分摊企业所得税明细表》第1行“一、总机构应纳所得税额”。其中境外所得应纳税额为10万元，填写在A109000《跨地区经营汇总纳税企业年度分摊企业所得税明细表》第2行“减：境外所得应纳所得税额”。

境外所得抵免税额为6万元，填写在A109000《跨地区经营汇总纳税企业年度分摊企业所得税明细表》第3行“加：境外所得抵免所得税额”。

甲企业设有跨省、自治区、直辖市的总机构直接管理建筑项目部D，该项目部于2014年已按实际经营收入的0.2%预缴税款1万元，甲企业就该笔收入开具了发票并取得了预缴税款的完税凭证，填写在A109000《跨地区经营汇总纳税企业年度分摊企业所得税明细表》第6行“总机构向其直接管理的建筑项目所在地预分的所得税额”。

2014年甲企业总机构已预缴税额为22万元，填写在A109000《跨地区经营汇总纳税企业年度分摊企业所得税明细表》第7行“总机构已分摊所得税额”。

财政集中分配预缴税额22万元，填写在A109000《跨地区经营汇总纳税企业年度分摊企业所得税明细表》第8行“财政集中已分配所得税额”。

分支机构分摊预缴所得税额44万元，填写在A109000《跨地区经营汇总纳税企业年度分摊企业所得税明细表》第9行“总机构所属分支机构已分摊所得税额”。

由此可计算得出：

(1) A109000《跨地区经营汇总纳税企业年度分摊企业所得税明细表》第11行“总机构本年度应分摊的应补（退）的所得税额”为：80－10＋6－1－22－22－44＝－13（万元）。

(2) A109000《跨地区经营汇总纳税企业年度分摊企业所得税明细表》第12行“总机构分摊本年应补（退）的所得税额”为：－13×25%＝－3.25（万元）。

(3) A109000《跨地区经营汇总纳税企业年度分摊企业所得税明细表》第13行“财政集中分配本年应补（退）的所得税额”为：−13×25%=−3.25（万元）。

(4) A109000《跨地区经营汇总纳税企业年度分摊企业所得税明细表》第14行“总机构所属分支机构分摊本年应补（退）的所得税额”为：−13×50%=−6.5（万元）。

(5) A109000《跨地区经营汇总纳税企业年度分摊企业所得税明细表》第15行“总机构主体生产经营部门分摊本年应补（退）的所得税额”为：−6.5×[100/(200+150+100)×35%+40/(80+60+40)×35%+400/(800+600+400)×30%]=−1.44（万元）。

(6) A109000《跨地区经营汇总纳税企业年度分摊企业所得税明细表》第16行“总机构境外所得抵免后应纳所得税额”为：10−6=4（万元）。

(7) A109000《跨地区经营汇总纳税企业年度分摊企业所得税明细表》第17行“总机构本年应补（退）的所得税额”为：−3.25−3.25−1.44+4=−3.94（万元）。（具体填报见表21-1）

表21-1 A109000 跨地区经营汇总纳税企业年度分摊企业所得税明细表

行次	项　目	金额
1	一、总机构实际应纳所得税额	80.00
2	减：境外所得应纳所得税额	10.00
3	加：境外所得抵免所得税额	6.00
4	二、总机构用于分摊的本年实际应纳所得税（1−2+3）	76.00
5	三、本年累计已预分、已分摊所得税（6+7+8+9）	89.00
6	（一）总机构向其直接管理的建筑项目部所在地预分的所得税额	1.00
7	（二）总机构已分摊所得税额	22.00
8	（三）财政集中已分配所得税额	22.00
9	（四）总机构所属分支机构已分摊所得税额	44.00
10	其中：总机构主体生产经营部门已分摊所得税额	8.44
11	四、总机构本年度应分摊的应补（退）的所得税（4−5）	(13.00)
12	（一）总机构分摊本年应补（退）的所得税额（11×25%）	(3.25)
13	（二）财政集中分配本年应补（退）的所得税额（11×25%）	(3.25)
14	（三）总机构所属分支机构分摊本年应补（退）的所得税额（11×50%）	(6.50)
15	其中：总机构主体生产经营部门分摊本年应补（退）的所得税额	(1.44)

续表

行次	项　目	金额
16	五、总机构境外所得抵免后的应纳所得税额（2－3）	4.00
17	六、总机构本年应补（退）的所得税额（12＋13＋15＋16）	(3.94)

案 例

案例 26　企业所得税汇总纳税分支机构所得税分配填报案例

2015 年，总机构位于北京的甲集团公司（内资企业），跨省设置 3 户分支机构 A、B、C，所在地分别在南京、海南、上海，总机构 2014 年收入总额、工资总额、资产总额分别为 100 万元、20 万元、1 000 万元；A 分公司 2014 年三项因素分别为 50 万元、10 万元、200 万元；B 分公司 2014 年三项因素分别为 30 万元、10 万元、100 万元；C 分公司 2014 年三项因素分别为 5 万元、1 万元、50 万元。

企业所得税年度纳税申报时，应将三个分公司的利润同总公司的利润进行汇总并计算应纳所得税额，再根据各分公司的三项因素所占比例分别计算分公司应承担的所得税。

假设：甲集团公司汇总后计算的应纳所得税额为 20 万元，则由总机构缴纳 20×50％＝10（万元），再由三个分支机构共计缴纳 20×50％＝10（万元），各个分支机构应分摊税款计算如下：

A 分公司分摊比例和缴纳税款：

A 分公司分摊比例为：0.543 977 6＝[50÷(50＋30＋5)×0.35＋10÷(10＋10＋1)×0.35＋200÷(200＋100＋50)×0.3]；

A 分公司分摊税款为：5.439 776（万元）＝0.543 977 6×10；

B 分公司分摊比例和缴纳税款：

B 分公司分摊比例为：0.375 910 4＝[30÷(50＋30＋5)×0.35＋10÷(10＋10＋1)×0.35＋100÷(200＋100＋50)×0.3]；

B 分公司分摊税款为：3.759 104（万元）＝0.375 910 4×10；

C 分公司分摊比例和缴纳税款：

C 分公司分摊比例为：0.080 112＝[5÷(50＋30＋5)×0.35＋1÷(10＋10＋1)×0.35＋50÷(200＋100＋50)×0.3]；

C 分公司缴纳税款为：0.801 120（万元）＝0.080 112×10；

具体填报见表 21-2。

表21-2 中华人民共和国企业所得税汇总纳税分支机构分配表

税款所属期间：2015年01月01日至2015年12月31日

总机构名称：甲集团公司　　　　金额单位：人民币元（列至角分）

总机构情况	纳税人识别号	总机构名称	总机构分摊所得税额		总机构财政集中分配所得税额		分支机构分摊的所得税额	
	110×××××	甲	50 000		50 000		100 000	
分支机构情况	纳税人识别号	分支机构名称	三项因素				分配比例	分配税额
			收入总额	工资总额	资产总额	合计		
	320×××××	A	500 000	100 000	2 000 000	2 600 000	0.543 977 6	54 397.76
	460×××××	B	300 000	100 000	1 000 000	1 400 000	0.375 910 4	37 591.04
	310×××××	C	50 000	10 000	500 000	560 000	0.080 112	8 011.20

CORPORATE INCOME TAX FINAL SETTLEMENT

Risk Tips & Key Points Analysis

第22章 2015年新企业所得税政策解读

22.1 小型微利企业优惠政策

◆《财政部 国家税务总局关于小型微利企业所得税优惠政策的通知》（财税〔2015〕34号）

◆《国家税务总局关于贯彻落实扩大小型微利企业减半征收企业所得税范围有关问题的公告》（国家税务总局公告2015年第17号）

◆《国家税务总局关于进一步做好小微企业税收优惠政策贯彻落实工作的通知》（税总发〔2015〕35号）

◆《财政部 国家税务总局关于进一步扩大小型微利企业所得税优惠政策范围的通知》（财税〔2015〕99号）

◆《国家税务总局关于贯彻落实进一步扩大小型微利企业减半征收企业所得税范围有关问题的公告》（国家税务总局公告2015年第61号）

◆《国家税务总局关于认真做好小型微利企业所得税优惠政策贯彻落实工作的通知》（税总发〔2015〕108号）

关键点305 从业人数和资产总额计算公式有变化

财税〔2009〕69号文件规定，小型微利企业从业人数和资产总额指标，按企业全年月平均值确定，具体计算公式如下：

月平均值＝(月初值＋月末值)÷2

全年月平均值＝全年各月平均值之和÷12

财税〔2015〕34号文件将其修改为小型微利企业从业人数和资产总额指标，按企业全年的季度平均值确定。具体计算公式如下：

季度平均值＝(季初值＋季末值)÷2

全年季度平均值＝全年各季度平均值之和÷4

关键点306 2015年需分段计算

财税〔2015〕34号文件自2015年1月1日起将小型微利企业减半征收的范围由10万元提高到20万元（含），财税〔2015〕99号文件自2015年10月1日起将小型微利企业减半征收的范围由20万元提高到30万元（含）。之前小型微利企业应纳税额都是按年计算，但是2015年度小型微利企业应纳税额需要分段计算，2015年1月1日至2015年9月30日按照20万元（含）减半征收，2015年10月1日至2015年12月31日按照30万元（含）减半征收。

关键点307 A107040《减免所得税优惠明细表》填报方法

《国家税务总局关于修改企业所得税年度纳税申报表（A类，2014年版）部分申报表的公告》（国家税务总局公告2016年第3号）修改了A107040《减免所得税优惠明细表》，增加了第2行"其中减半征税"。

第1行"一、符合条件的小型微利企业"、第2行"其中减半征税"：由享受小型微利企业所得税政策的纳税人填报。该政策包括两种情形：一是小型微利企业2015年9月30日之前年应纳税所得额低于20万元的减半征税，应纳税所得税大于20万元、小于30万元的按20%税率征税。二是小型微利企业2015年10月1日之后应纳税所得额不超过30万元的减半征税。本行根据以下情形填写：

(1) 2015年度汇算清缴需区分以下情况：

①2015年1月1日之前成立的企业。

当A100000《中华人民共和国企业所得税年度纳税申报表（A类，2014版）》第23行>0且≤20万元时，本行等于表A100000第23行×15%的积，该数字同时填入第2行"其中：减半征收"。

当表A100000第23行>20万元且≤30万元时，本行等于表A100000第23行×15%×（2015年10月1日之后经营月份数/2015年度经营月份数）+表A100000第23行×5%×（9/2015年度经营月份数）。表A100000第23行×15%×(2015年10月1日之后经营月份数/2015年度经营月份数）的计算金额，同时填入第2行"其中：减半征收"。

②2015年1月1日—2015年9月30日之间成立的企业。

当A100000《中华人民共和国企业所得税年度纳税申报表（A类，2014版）》第23行>0且≤20万元时，本行等于表A100000第23行×15%的积，该数字同时填入第2行"其中：减半征收"。

当表A100000第23行>20万元且≤30万元时，本行等于表A100000第23行×15%×（2015年10月1日之后经营月份数/2015年度经营月份数）+表A100000第23行×5%×（2015年10月1日之前经营月份数/2015年度经营月份数）。表A100000第23行×5%×（2015年10月1日之前经营月份数/2015年度经营月份数）同时填入第2行"其中：减半征收"。

③2015年10月1日之后成立的企业。

当A100000《中华人民共和国企业所得税年度纳税申报表（A类，2014

版)》第 23 行>0 且≤30 万元时，本行等于表 A100000 第 23 行×15%的值，该数字同时填入第 2 行“其中：减半征收”。

为简化计算，2015 年度汇算清缴申报时，年度应纳税所得额大于 20 万元不超过 30 万元的小型微利企业，可以按照《20 万～30 万元小型微利企业所得税优惠比例查询表》（见表 22-1）计算填报该项优惠政策。

2015 年度汇算清缴结束后，本部分填报说明废止。

（2）2016 年及以后年度汇算清缴时。

当 A100000《中华人民共和国企业所得税年度纳税申报表（A 类，2014 版)》第 23 行≤30 万元时，本行等于表 A100000 第 23 行×15%的值，该数字同时填入第 3 行“其中：减半征收”。

表 22-1　　20 万～30 万元小型微利企业所得税优惠比例查询表

企业成立时间	全年	
	优惠率	其中减半
2015 年 1 月及以前	7.50%	3.75%
2015 年 2 月	7.73%	4.09%
2015 年 3 月	8.00%	4.50%
2015 年 4 月	8.33%	5.00%
2015 年 5 月	8.75%	5.63%
2015 年 6 月	9.29%	6.43%
2015 年 7 月	10.00%	7.50%
2015 年 8 月	11.00%	9.00%
2015 年 9 月	12.50%	11.25%
2015 年 10 月	15.00%	15.00%
2015 年 11 月	15.00%	15.00%
2015 年 12 月	15.00%	15.00%

查询方法说明：

①本表由 2015 年度汇算清缴时应纳税所得额介于 20 万元至 30 万元之间的小型微利企业查询使用。

②“企业成立时间”：企业根据其不同成立时间所在行次，查询申报税款所属期的对应优惠比率。

③“优惠率、其中减半”：优惠率主要指企业同时享受 20%、10%（减半征税）的综合优惠情况；“其中减半”指享受减半征税优惠情况。

应纳税所得额与“优惠率”的乘积，填入本表第 1 行“符合条件的小型微利企业”；应纳税所得额与“其中减半”的乘积，填入本表第 2 行“其中：

减半征税”。

案例

案例27　减免所得税优惠填报案例一

A公司成立于2014年3月，符合小型微利企业条件。2015年12月31日，该企业计算的全年应纳税所得额为26万元。

2015年10月1日前：26×9/12×20%=3.9（万元）；

2015年10月1日后：26×3/12×50%×20%=0.65（万元）；

2015年度应缴纳企业所得税：3.9+0.65=4.55（万元）。

A107040《减免所得税优惠明细表》填报方法（见表22-2）：

第1行“符合条件的小型微利企业”：26×7.5%=1.95（万元）；

第2行“其中：减半征税”：26×3.75%=0.975（万元）。

表22-2　　A107040　减免所得税优惠明细表

行次	项目	金额
1	一、符合条件的小型微利企业	19 500
2	其中：减半征税	9 750

案例

案例28　减免所得税优惠填报案例二

B公司成立于2015年5月10日，符合小型微利企业条件。2015年12月31日，该企业计算的全年应纳税所得额为24万元。

2015年10月1日前：24×5/8×20%=3（万元）；

2015年10月1日后：24×3/8×50%×20%=0.9（万元）；

2015年度应缴纳企业所得税：3+0.9=3.9（万元）。

A107040《减免所得税优惠明细表》填报方法（见表22-3）：

第1行“符合条件的小型微利企业”：24×8.75%=2.1（万元）；

第2行“其中：减半征税”：24×5.63%=1.351 2（万元）。

表22-3　　A107040　减免所得税优惠明细表

行次	项目	金额
1	一、符合条件的小型微利企业	21 000
2	其中：减半征税	13 512

案例

案例29　减免所得税优惠填报案例三

A公司成立于2013年，符合小型微利企业条件。2015年12月31日，该企业计算的全年纳税调整后所得为33万元，有可弥补以前年度亏损4万元。

2015年10月1日前：(33－4)×9/12×20%＝4.35（万元）；

2015年10月1日后：(33－4)×3/12×50%×20%＝0.725（万元）；

2015年度应缴纳企业所得税：4.35＋0.725＝5.075（万元）。

A107040《减免所得税优惠明细表》填报方法（见表22-4）：

第1行“符合条件的小型微利企业”：(33－4)×7.5%＝2.175（万元）；

第2行“其中：减半征税”：(33－4)×3.75%＝1.0875（万元）。

表22-4　　A107040　减免所得税优惠明细表

行次	项目	金额
1	一、符合条件的小型微利企业	21 750
2	其中：减半征税	10 875

案例

案例30　减免所得税优惠填报案例四

C公司成立于2015年10月30日，符合小型微利企业条件。2015年12月31日，该企业计算的全年应纳税所得额为28万元。

2015年度应缴纳企业所得税：28×50%×20%＝2.8（万元）

A107040《减免所得税优惠明细表》填报方法（见表22-5）：

第1行“符合条件的小型微利企业”：28×15%＝4.2（万元）；

第2行“其中：减半征税”：28×15%＝4.2（万元）。

表22-5　　A107040　减免所得税优惠明细表

行次	项目	金额
1	一、符合条件的小型微利企业	42 000
2	其中：减半征税	42 000

22.2 研发费用加计扣除政策

研发费用加计扣除政策如下：

《财政部 国家税务总局 科技部关于完善研究开发费用税前加计扣除政策的通知》(财税〔2015〕119号)；

《国家税务总局关于企业研究开发费用税前加计扣除政策有关问题的公告》(国家税务总局公告2015年第97号)。

这两个新文件废止了《国家税务总局关于印发〈企业研究开发费用税前扣除管理办法（试行)〉的通知》（国税发〔2008〕116号）和《财政部 国家税务总局关于研究开发费用税前加计扣除有关政策问题的通知》（财税〔2013〕70号)。**新政策自2016年1月1日起实施。**

关键点308 取消了两个目录

取消了《国家重点支持的高新技术领域》和国家发展改革委员会等部门公布的《当前优先发展的高技术产业化重点领域指南（2007年度)》两个目录，对企业的研发范围不再限制。

关键点309 增加外聘研发人员劳务费用

研发人员费用方面，包括直接从事研发活动人员的工资薪金、基本养老保险费、基本医疗保险费、失业保险费、工伤保险费、生育保险费和住房公积金，直接从事研发活动人员包括研究人员、技术人员、辅助人员。增加了外聘研发人员的劳务费用，外聘研发人员的劳务费用也可以加计扣除。外聘研发人员是指与本企业签订劳务用工协议（合同）和临时聘用的研究人员、技术人员、辅助人员。

关键点310 其他费用按10%扣除

与研发活动直接相关的其他费用，如技术图书资料费、资料翻译费、专家咨询费、高新科技研发保险费，研发成果的检索、分析、评议、论证、鉴定、评审、评估、验收费用，知识产权的申请费、注册费、代理费，差旅费、会议费等。此项费用总额不得超过可加计扣除研发费用总额的10%。

假设某一研发项目的其他相关费用的限额为X，《通知》第一条允许加计扣除的研发费用中的第1项至第5项费用之和为Y，那么$X=(X+Y)\times 10\%$，即$X=Y\times 10\%/(1-10\%)$。

案例

案例31　与研发活动直接相关的其他费用加计扣除额计算案例

某企业2016年进行了两项研发活动A和B，A项目共发生研发费用100万元，其中与研发活动直接相关的其他费用为12万元，B项目共发生研发费用100万元，其中与研发活动直接相关的其他费用为8万元，假设研发活动均符合加计扣除相关规定。A项目其他相关费用限额＝(100－12)×10％/(1－10％)＝9.78，小于实际发生数12万元，则A项目允许加计扣除的研发费用应为97.78万元（100－12＋9.78＝97.78）。B项目其他相关费用限额＝(100－8)×10％/(1－10％)＝10.22，大于实际发生数8万元，则B项目允许加计扣除的研发费用应为100万元。

该企业2016年可以享受的研发费用加计扣除额为98.89万元[(97.78＋100)×50％＝98.89]。

关键点311　特殊收入应扣减研发费用

企业在计算加计扣除的研发费用时，应扣减已按《通知》规定归集计入研发费用，但在当期取得的研发过程中形成的下脚料、残次品、中间试制品等特殊收入；不足扣减的，允许加计扣除的研发费用按零计算。企业研发活动直接形成产品或作为组成部分形成的产品对外销售的，研发费用中对应的材料费用不得加计扣除。

关键点312　负面清单制度

(1) 不适用于加计扣除政策的活动：

①企业产品（服务）的常规性升级。

②对某项科研成果的直接应用，如直接采用公开的新工艺、材料、装置、产品、服务或知识等。

③企业在商品化后为顾客提供的技术支持活动。

④对现存产品、服务、技术、材料或工艺流程进行的重复或简单改变。

⑤市场调查研究、效率调查或管理研究。

⑥作为工业（服务）流程环节或常规的质量控制、测试分析、维修维护。

⑦社会科学、艺术或人文学方面的研究。

企业上述活动虽然也与研发相关，但并非直接、密切相关，因此不得加计扣除。但何为“复杂改变”，何为“简单改变”，恐怕税务机关难以判断。

（2）不适用加计扣除的行业：

①烟草制造业。

②住宿和餐饮业。

③批发和零售业。

④房地产业。

⑤租赁和商务服务业。

⑥娱乐业。

⑦财政部和国家税务总局规定的其他行业。

不适用税前加计扣除政策行业的企业，是指以《通知》所列行业业务为主营业务，其研发费用发生当年的主营业务收入占企业按《企业所得税法》第六条规定计算的收入总额减除不征税收入和投资收益的余额 50%（不含）以上的企业。

关键点 313　共用设备也能加计扣除

新政策取消了“专门”二字，也就是说企业生产经营和研发共用的设备、软件、模具等也可以加计扣除。国家税务总局 2015 年第 97 号公告规定，企业从事研发活动的人员和用于研发活动的仪器、设备、无形资产，同时从事或用于非研发活动的，应对其人员活动及仪器设备、无形资产使用情况做必要记录，并将其实际发生的相关费用按实际工时占比等合理方法在研发费用和生产经营费用间分配，未分配的不得加计扣除。

关键点 314　加速折旧也可以加计扣除

企业用于研发活动的仪器、设备，符合税法规定且选择加速折旧优惠政策的，在享受研发费用税前加计扣除时，就已经进行会计处理计算的折旧、费用的部分加计扣除，但不得超过按税法规定计算的金额。

案 例

案例 32　“仪器、设备的折旧费”加计扣除计算案例

甲汽车制造企业 2015 年 12 月购入并投入使用一专门用于研发活动的设备，单位价值 1200 万元，会计处理按 8 年折旧，税法上规定的最低折旧年限为 10 年，不考虑残值。甲企业对该项设备选择缩短折旧年限的加速折旧方式，折旧年限缩短为 6 年（10×60%=6）。2016 年企业会计处理计提折旧额 150 万元（1 200/8=150），税收上因享受加速折旧优惠可以扣除的折旧额是 200 万元（1 200/6=200），申报研发费用加计扣除时，就其会计处理的

"仪器、设备的折旧费"150 万元可以进行加计扣除 75 万元（150×50%＝75）。若该设备 8 年内用途未发生变化，每年均符合加计扣除政策规定，则企业 8 年内每年均可对其会计处理的"仪器、设备的折旧费"150 万元加计扣除 75 万元。

如企业会计处理按 4 年进行折旧，其他情形不变。则 2016 年企业会计处理计提折旧额 300 万元（1 200/4＝300），税收上可扣除的加速折旧额为 200 万元（1 200/6＝200），申报享受研发费用加计扣除时，对其在实际会计处理上已确认的"仪器、设备的折旧费"，但未超过税法规定的税前扣除金额 200 万元可以进行加计扣除 100 万元（200×50%＝100）。若该设备 6 年内用途未发生变化，每年均符合加计扣除政策规定，则企业 6 年内每年均可对其会计处理的"仪器、设备的折旧费"200 万元加计扣除 100 万元。

关键点 315　委托研发只能加计扣除 80%

企业委托外部机构或个人进行研发活动所发生的费用，按照费用实际发生额的 80%计入委托方研发费用并计算加计扣除，受托方不得再进行加计扣除。委托外部研究开发费用实际发生额应按照独立交易原则确定。委托方与受托方存在关联关系的，受托方应向委托方提供研发项目费用支出明细情况。企业委托境外机构或个人进行研发活动所发生的费用，不得加计扣除。

关键点 316　设置辅助账

企业应按照国家财务会计制度要求，对研发支出进行会计处理；同时，对享受加计扣除的研发费用按研发项目设置辅助账，准确归集核算当年可加计扣除的各项研发费用实际发生额。企业在一个纳税年度内进行多项研发活动的，应按照不同研发项目分别归集可加计扣除的研发费用。将"专账管理"改为"设置辅助账"，并在报送《年度财务会计报告》的同时随附注一并报送主管税务机关。

关键点 317　追溯期

财税〔2015〕119 号文件第五条第四款规定："企业符合本通知规定的研发费用加计扣除条件而在 2016 年 1 月 1 日以后未及时享受该项税收优惠的，可以追溯享受并履行备案手续，追溯期限最长为 3 年。"由于财税〔2015〕119

号文件自2016年1月1日起执行，企业在2016年1月1日以后未享受研发费用加计扣除的，可以追溯3年享受，如企业2018年度发现自己2016年应享受研发费用加计扣除但未享受，可追溯到2016年度享受，而不是在2018年度享受。

关键点318　留存备查资料

1. 自主、委托、合作研究开发项目计划书和企业有权部门关于自主、委托、合作研究开发项目立项的决议文件；

2. 自主、委托、合作研究开发专门机构或项目组的编制情况和研发人员名单；

3. 经国家有关部门登记的委托、合作研究开发项目的合同；

4. 从事研发活动的人员和用于研发活动的仪器、设备、无形资产的费用分配说明；

5. 集中开发项目研发费决算表、《集中研发项目费用分摊明细情况表》和实际分享比例等资料；

6. 研发项目辅助明细账和研发项目汇总表；

7. 省税务机关规定的其他资料。

风险点142　超出范围不得加计扣除

纳税人在加计扣除时应严格对照政策规定的研发费用范围，不在政策规定范围内的不得加计扣除，比如房屋的折旧就不能加计扣除。

风险点143　共用设备划分不清不得加计扣除

虽然新政策取消了“专门”，生产经营和研发共用的设备、软件、模具等也可以加计扣除。但是，对于共用的设备企业应对研发费用和生产经营费用分别核算，准确、合理归集各项费用支出，对划分不清的，不得实行加计扣除。

风险点144　2015年汇算清缴不能执行新政策

国家税务总局2015年第97号公告最后一条明确：“本公告适用于2016年度及以后年度企业所得税汇算清缴”。因此，已经开始的2015年度汇算清缴不能适用新政策，仍然适用国税发〔2008〕116号和财税〔2013〕70号文件。

22.3　高新技术企业认定政策

《科技部 财政部 国家税务总局关于修订印发〈高新技术企业认定管理办

法〉的通知》（国科发火〔2016〕32号）废止了《高新技术企业认定管理办法》（国科发火〔2008〕172号），变化较大。新办法自2016年1月1日起实施。

关键点319　高新技术企业认定条件有变化

国科发火〔2016〕32号文件第十一条规定："认定为高新技术企业须同时满足以下条件：

1. 企业申请认定时须注册成立一年以上；

2. 企业通过自主研发、受让、受赠、并购等方式，获得对其主要产品（服务）在技术上发挥核心支持作用的知识产权的所有权；

3. 对企业主要产品（服务）发挥核心支持作用的技术属于《国家重点支持的高新技术领域》规定的范围；

4. 企业从事研发和相关技术创新活动的科技人员占企业当年职工总数的比例不低于10%；

5. 企业近三个会计年度（实际经营期不满三年的按实际经营时间计算，下同）的研究开发费用总额占同期销售收入总额的比例符合如下要求：

（1）最近一年销售收入小于5 000万元（含）的企业，比例不低于5%；

（2）最近一年销售收入在5 000万元至2亿元（含）的企业，比例不低于4%；

（3）最近一年销售收入在2亿元以上的企业，比例不低于3%。

其中，企业在中国境内发生的研究开发费用总额占全部研究开发费用总额的比例不低于60%；

6. 近一年高新技术产品（服务）收入占企业同期总收入的比例不低于60%；

7. 企业创新能力评价应达到相应要求；

8. 企业申请认定前一年内未发生重大安全、重大质量事故或严重环境违法行为。"

相比于国科发火〔2008〕172号文件，国科发火〔2016〕32号文件有以下几点变化：

1. 将原政策中的"近三年内通过自主研发、受让、受赠、并购等方式，或通过5年以上的独占许可方式，对其主要产品（服务）的核心技术拥有自主知识产权"修改为"企业通过自主研发、受让、受赠、并购等方式，获得对其主要产品（服务）在技术上发挥核心支持作用的知识产权的所有权"。

2. 取消原政策中的"具有大学专科以上学历的科技人员占企业当年职工

总数的30%以上”。

3. 最近一年销售收入小于5 000万元（含）的企业，研发费用比例由6%降至5%。

4. 增加企业申请认定前一年内未发生重大安全、重大质量事故或严重环境违法行为。

5. 修改了《国家重点支持的高新技术领域》，与原技术领域相比，修订后的《国家重点支持的高新技术领域》的变化主要体现在以下三个方面：

一是扩充服务业支撑技术。如新增“检验检测认证技术”、“现代体育服务支撑技术”及“智慧城市服务支撑技术”等行业特征明显的内容；对“研发与设计服务”、“信息技术服务”、“文化创意产业支撑技术”、“电子商务与现代物流技术”等技术领域进行了补充。

二是增加相关领域新技术，淘汰落后技术。如新增“增材制造技术”、“石墨烯材料制备与应用技术”、“重大自然灾害监测、预警和应急处置关键技术”、“新能源汽车试验测试及基础设施技术”等先进技术。同时，排除了落后的产业技术与产品内容。

三是增强内容的规范性和技术特点。突出领域的关键技术要求，尽可能去除产业类、产品化描述；加强领域间的协调，避免重复和遗漏；表述上力求准确、精炼、规范、专业。

关键点320 企业申请手续简化

企业申请时应提交下列材料：

(1) 高新技术企业认定申请书；

(2) 证明企业依法成立的相关注册登记证件；

(3) 知识产权相关材料、科研项目立项证明、科技成果转化、研究开发的组织管理等相关材料；

(4) 企业高新技术产品（服务）的关键技术和技术指标、生产批文、认证认可和相关资质证书、产品质量检验报告等相关材料；

(5) 企业职工和科技人员情况说明材料；

(6) 经具有资质的中介机构出具的企业近三个会计年度研究开发费用和近一个会计年度高新技术产品（服务）收入专项审计或鉴证报告，并附研究开发活动说明材料；

(7) 经具有资质的中介机构鉴证的企业近三个会计年度的财务会计报告(包括会计报表、会计报表附注和财务情况说明书)；

(8) 近三个会计年度企业所得税年度纳税申报表。

公示期由 15 个工作日缩短为 10 个工作日。

关键点 321　跨地区迁移企业资格继续有效

新办法增加跨地区迁移的高新技术企业资格问题。新办法第十八条规定："跨认定机构管理区域整体迁移的高新技术企业，在其高新技术企业资格有效期内完成迁移的，其资格继续有效；跨认定机构管理区域部分搬迁的，由迁入地认定机构按照本办法重新认定。"减轻跨认定机构管理区域迁移的高新技术企业重复认定的负担。

关键点 322　每年报送情况报表

新办法取消了高新技术企业证书复核，改为企业每年报送情况报表。新办法第十三条规定："企业获得高新技术企业资格后，应每年 5 月底前在'高新技术企业认定管理工作网'填报上一年度知识产权、科技人员、研发费用、经营收入等年度发展情况报表。"

关键点 323　税务机关追缴税款

新办法第十六条规定："对已认定的高新技术企业，有关部门在日常管理过程中发现其不符合认定条件的，应提请认定机构复核。复核后确认不符合认定条件的，由认定机构取消其高新技术企业资格，并通知税务机关追缴其不符合认定条件年度起已享受的税收优惠。"若税务机关在日常管理中发现高新技术企业不符合相关条件，应提请认定机构复核，由认定机构取消其高新技术企业资格，并通知税务机关追缴。

新办法第十九条规定："对被取消高新技术企业资格的企业，由认定机构通知税务机关按《税收征管法》及有关规定，追缴其自发生上述行为之日所属年度起已享受的高新技术企业税收优惠。"

关键点 324　偷税不是取消高新技术企业资格的必要条件

新政策取消了"有偷、骗税等行为的"应当取消高新技术企业资格的规定。

风险点 145　取消其高新技术企业资格的三种情况

国科发火〔2016〕32 号文件第十九条规定："已认定的高新技术企业有下

列行为之一的，由认定机构取消其高新技术企业资格：

（一）在申请认定过程中存在严重弄虚作假行为的；

（二）发生重大安全、重大质量事故或有严重环境违法行为的；

（三）未按期报告与认定条件有关重大变化情况，或累计两年未填报年度发展情况报表的。

对被取消高新技术企业资格的企业，由认定机构通知税务机关按《税收征管法》及有关规定，追缴其自发生上述行为之日所属年度起已享受的高新技术企业税收优惠。”

22.4　固定资产加速折旧政策

◆《财政部 国家税务总局关于进一步完善固定资产加速折旧企业所得税政策的通知》（财税〔2015〕106号）

◆《国家税务总局关于进一步完善固定资产加速折旧企业所得税政策有关问题的公告》（国家税务总局公告2015年第68号）

关键点325　四个领域重点行业

财税〔2015〕106号文件将固定资产加速折旧范围由6大行业扩大到轻工、纺织、机械、汽车等四个领域重点行业企业2015年1月1日后新购进的固定资产，加速折旧政策与《财政部 国家税务总局关于完善固定资产加速折旧企业所得税政策的通知》（财税〔2014〕75号）和《国家税务总局关于固定资产加速折旧税收政策有关问题的公告》（国家税务总局公告2014年第64号）一致。

22.5　工资薪金税前扣除政策

《国家税务总局关于企业工资薪金和职工福利费等支出税前扣除问题的公告》（国家税务总局公告2015年第34号）

关键点326　企业与工资薪金一起发放的福利性补贴不再作为职工福利费

列入企业员工工资薪金制度、固定与工资薪金一起发放的福利性补贴，符合《国家税务总局关于企业工资薪金及职工福利费扣除问题的通知》（国税函〔2009〕3号）第一条规定的，可作为企业发生的工资薪金支出，按规定在税前扣除。不能同时符合上述条件的福利性补贴，应作为国税函〔2009〕3号文件第三条规定的职工福利费，按规定计算限额税前扣除。

关键点 327　汇算清缴前发放的工资可以税前扣除

北京市一直执行工资实际发放制，即 2009 年 1 月发放 2008 年 12 月的工资，只能在 2009 年度调减扣除，而不能在 2008 年度扣除。国家税务总局 2015 年第 34 号公告第二条规定，企业在年度汇算清缴结束前向员工实际支付的已预提汇缴年度工资薪金，准予在汇缴年度按规定扣除。企业汇算清缴结束前实际支付汇缴年度的工资，可以在汇缴年度工资扣除。即 2016 年 1 月发放 2015 年 12 月的工资，也能在 2015 年度扣除。

关键点 328　支付劳务派遣用工费用要区分两种情况

企业接受外部劳务派遣用工所实际发生的费用，应分两种情况按规定在税前扣除：按照协议（合同）约定直接支付给劳务派遣公司的费用，应作为劳务费支出；直接支付给员工个人的费用，应作为工资薪金支出和职工福利费支出。其中属于工资薪金支出的费用，准予计入企业工资薪金总额的基数，作为计算其他各项相关费用扣除的依据。

22.6　内地与香港基金互认政策

《财政部 国家税务总局 证监会关于内地与香港基金互认有关税收政策的通知》（财税〔2015〕125号）

关键点 329　对内地企业投资者通过基金互认买卖香港基金份额取得的转让差价所得，计入其收入总额，依法征收企业所得税

22.7　技术转让优惠政策

◆《财政部 国家税务总局关于将国家自主创新示范区有关税收试点政策推广到全国范围实施的通知》（财税〔2015〕116号）

◆《国家税务总局关于许可使用权技术转让所得企业所得税有关问题的公告》（国家税务总局公告 2015 年第 82 号）

关键点 330　非独占许可使用权

将原来的"符合条件的 5 年以上独占许可使用权的技术"修改为"符合条件的 5 年以上非独占许可使用权的技术"。

风险点 146　非独占许可使用权转让时限

国家税务总局 2015 年第 82 号公告规定，自 2015 年 10 月 1 日起，全国范围内的居民企业转让 5 年以上非独占许可使用权取得的技术转让所得才可以享受优惠，2015 年 10 月 1 日前仍然是全球独占许可使用权。

22.8　高新技术企业职工教育经费政策

《财政部 国家税务总局关于高新技术企业职工教育经费税前扣除政策的通知》(财税〔2015〕63 号)

关键点 331　高新技术企业职工教育经费按 8%扣除

高新技术企业发生的职工教育经费支出，不超过工资薪金总额 8%的部分，准予在计算企业所得税应纳税所得额时扣除；超过部分，准予在以后纳税年度结转扣除。

22.9　支持鲁甸地震灾后恢复重建政策

《财政部 国家税务总局关于支持鲁甸地震灾后恢复重建有关税收政策问题的通知》(财税〔2015〕27 号)

关键点 332　受灾企业免征企业所得税

对受灾严重地区损失严重的企业，免征 2014 年至 2016 年度的企业所得税。

关键点 333　接受捐赠免征企业所得税

自 2014 年 8 月 3 日起，对受灾地区企业通过公益性社会团体、县级以上人民政府及其部门取得的抗震救灾和灾后恢复重建款项和物资，以及税收法律、法规规定和国务院批准的减免税金及附加收入，免征企业所得税。

关键点 334　受灾农村信用社免征企业所得税

自 2014 年 1 月 1 日至 2018 年 12 月 31 日，对受灾地区农村信用社免征企业所得税。

关键点 335　向灾区捐赠全额扣除

自 2014 年 8 月 3 日起，对企业、个人通过公益性社会团体、县级以上人民政府及其部门向受灾地区的捐赠，允许在当年企业所得税前和当年个人所得税前全额扣除。

22.10　西部大开发优惠政策

《国家税务总局关于执行〈西部地区鼓励类产业目录〉有关企业所得税问题的公告》（国家税务总局公告 2015 年第 14 号）

关键点 336　西部鼓励类产业项目减按 15%税率

对设在西部地区以《西部地区鼓励类产业目录》中新增鼓励类产业项目为主营业务，且其当年度主营业务收入占企业收入总额 70%以上的企业，自 2014 年 10 月 1 日起，可减按 15%税率缴纳企业所得税。

风险点 147　不属于《目录》停止减按 15%税率

已按照《国家税务总局关于深入实施西部大开发战略有关企业所得税问题的公告》（国家税务总局公告 2012 年第 12 号）第三条规定享受企业所得税优惠政策的企业，其主营业务如不再属于《西部地区鼓励类产业目录》中国家鼓励类产业项目的，自 2014 年 10 月 1 日起，停止执行减按 15%税率缴纳企业所得税。

22.11　集成电路及软件企业优惠政策

◆《财政部 国家税务总局 发展改革委 工业和信息化部关于进一步鼓励集成电路产业发展企业所得税政策的通知》（财税〔2015〕6 号）

◆《工业和信息化部 国家税务总局关于 2014 年度软件企业所得税优惠政策有关事项的通知》（工信部联软函〔2015〕273 号）

关键点337　两免三减半

符合条件的集成电路封装、测试企业以及集成电路关键专用材料生产企业、集成电路专用设备生产企业，在2017年（含2017年）前实现获利的，自获利年度起，第一年至第二年免征企业所得税，第三年至第五年按照25%的法定税率减半征收企业所得税，并享受至期满为止；2017年前未实现获利的，自2017年起计算优惠期，享受至期满为止。

（1）集成电路封装、测试企业，必须同时满足以下条件：

①2014年1月1日后依法在中国境内成立的法人企业；

②签订劳动合同关系且具有大学专科以上学历的职工人数占企业当年月平均职工总人数的比例不低于40%，其中，研究开发人员占企业当年月平均职工总数的比例不低于20%；

③拥有核心关键技术，并以此为基础开展经营活动，且当年度的研究开发费用总额占企业销售（营业）收入（主营业务收入与其他业务收入之和，下同）总额的比例不低于3.5%，其中，企业在中国境内发生的研究开发费用金额占研究开发费用总额的比例不低于60%；

④集成电路封装、测试销售（营业）收入占企业收入总额的比例不低于60%；

⑤具有保证产品生产的手段和能力，并获得有关资质认证（包括150质量体系认证、人力资源能力认证等）；

⑥具有与集成电路封装、测试相适应的经营场所、软硬件设施等基本条件。

（2）集成电路关键专用材料生产企业或集成电路专用设备生产企业，必须同时满足以下条件：

①2014年1月1日后依法在中国境内成立的法人企业；

②签订劳动合同关系且具有大学专科以上学历的职工人数占企业当年月平均职工总人数的比例不低于40%，其中，研究开发人员占企业当年月平均职工总数的比例不低于20%；

③拥有核心关键技术，并以此为基础开展经营活动，且当年度的研究开发费用总额占企业销售（营业）收入总额的比例不低于5%，其中，企业在中国境内发生的研究开发费用金额占研究开发费用总额的比例不低于60%；

④集成电路关键专用材料或专用设备销售收入占企业销售（营业）收入总额的比例不低于30%；

⑤具有保证集成电路关键专用材料或专用设备产品生产的手段和能力，并获得有关资质认证（包括150质量体系认证、人力资源能力认证等）；

⑥具有与集成电路关键专用材料或专用设备生产相适应的经营场所、软硬件设施等基本条件。

关键点 338　软件企业认定及年审停止执行

根据《国务院关于取消和调整一批行政审批项目等事项的决定》（国发〔2015〕11号）的规定，自该决定发布之日起软件企业和集成电路设计企业认定及年审工作停止执行。

22.12　计提准备金政策

22.12.1　金融企业涉农贷款和中小企业贷款损失准备金

《财政部 国家税务总局关于金融企业涉农贷款和中小企业贷款损失准备金税前扣除有关问题的通知》（财税〔2015〕3号）

关键点 339　计提准备金比例

金融企业根据《贷款风险分类指引》（银监发〔2007〕54号），对其涉农贷款和中小企业贷款进行风险分类后，按照以下比例计提的贷款损失准备金，准予在计算应纳税所得额时扣除：

（一）关注类贷款，计提比例为2%；

（二）次级类贷款，计提比例为25%；

（三）可疑类贷款，计提比例为50%；

（四）损失类贷款，计提比例为100%。

关键点 340　准备金扣除方法

金融企业发生的符合条件的涉农贷款和中小企业贷款损失，应先冲减已在税前扣除的贷款损失准备金，不足冲减部分可据实在计算应纳税所得额时扣除。

22.12.2　金融企业贷款损失准备金

《财政部 国家税务总局关于金融企业贷款损失准备金企业所得税税前扣除有关政策的通知》（财税〔2015〕9号）

关键点341 计提准备金的计算方法

$$\text{准予当年税前扣除的贷款损失准备金}=\text{本年末准予提取贷款损失准备金的贷款资产余额}\times 1\%-\text{截至上年末已在税前扣除的贷款损失准备金的余额}$$

金融企业按上述公式计算的数额如为负数，应当相应调增当年应纳税所得额。

22.13 资产损失税前扣除政策

《国家税务总局关于金融企业涉农贷款和中小企业贷款损失税前扣除问题的公告》(国家税务总局公告2015年第25号)

关键点342 资产损失条件

金融企业涉农贷款、中小企业贷款逾期1年以上，经追索无法收回，应依据涉农贷款、中小企业贷款分类证明，按下列规定计算确认贷款损失进行税前扣除：

(1) 单户贷款余额不超过300万元（含300万元）的，应依据向借款人和担保人的有关原始追索记录（包括司法追索、电话追索、信件追索和上门追索等原始记录之一，并由经办人和负责人共同签章确认），计算确认损失进行税前扣除。

(2) 单户贷款余额超过300万元至1 000万元（含1 000万元）的，应依据有关原始追索记录（应当包括司法追索记录，并由经办人和负责人共同签章确认），计算确认损失进行税前扣除。

(3) 单户贷款余额超过1 000万元的，仍按《国家税务总局关于发布〈企业资产损失所得税税前扣除管理办法〉的公告》(国家税务总局公告2011年第25号)有关规定计算确认损失进行税前扣除。

22.14 资产（股权）划转政策

《国家税务总局关于资产（股权）划转企业所得税征管问题的公告》(国家税务总局公告2015年第40号)是对《财政部 国家税务总局关于促进企业重组有关企业所得税处理问题的通知》(财税〔2014〕109号)的补充。

关键点 343　处理原则

按照财税〔2014〕109 号文件（以下简称“109 号文”）的规定，在满足一定的前提条件下，可以适用特殊性税务处理，划出方和划入方均不确认所得，采用计税基础结转的技术性处理，即划出资产方不确认资产转让收入，划入方把这项资产在划出方的计税基础承接过来。至此，可以适用特殊性税务处理的不仅仅局限于《财政部 国家税务总局关于企业重组业务企业所得税处理若干问题的通知》（财税〔2009〕59 号，以下简称“59 号文”）的规定，满足 109 号文规定的资产划转业务，也同样可以适用特殊性税务处理的规定，相当于 109 号文对 59 号文特殊性税务处理进行了补充。

关键点 344　具体的适用前置性条件

109 号文和国家税务总局 2015 年第 40 号公告又规定了几种不同架构模式下的资产划转业务的具体税务处理，但这些不同模式下的资产划转业务需要共同遵循以下几个前置性条件：

1. 有合理商业目的，不以减少、免除或者推迟缴纳税款为主要目的。

这一条是重组业务适用于特殊性税务处理的一个必备的前提条件，59 号文中规定的特殊性税务处理就有该前置条件，109 号文也不例外。“合理商业目的”原则主要的法律依据是《企业所得税法》第四十七条和《企业所得税法实施条例》第一百二十条的规定，《国家税务总局关于发布〈企业重组业务企业所得税管理办法〉的公告》（国家税务总局公告 2010 年第 4 号）又对“合理的商业目的”进行了描述判定。

2. 股权或资产划转后连续 12 个月内不改变被划转股权或资产原来实质性经营活动。

对于“股权或资产划转后连续 12 个月内不改变被划转股权或资产原来实质性经营活动”，可做如下的理解：

（1）被划转的标的可以是一个资产和负债等的组合；

（2）被划转的标的是某一资产不得改变原来的实质经营活动；

（3）股权划转后连续 12 个月内不改变被划转股权原来实质性经营活动。

关键点 345　划转后连续 12 个月内交易双方的股权架构不能改变

交易一方在股权或资产划转完成日后连续 12 个月内发生生产经营业务、公司性质、资产或股权结构等情况变化，致使股权或资产划转不再符合特殊性税务处理条件的，发生变化的交易一方应在情况发生变化的 30 日内报告其主管税务机关，同时书面通知另一方。

关键点 346　划出方企业和划入方企业均未在会计上确认损益

如果划出方和划入方在会计核算上确认了损益，则税收上就按照一般的销售规则征税；若是没有确认损益，而是通过所有者权益来核算的，则有可能适用特殊性税务处理。

22.15　非货币性资产投资政策

《国家税务总局关于非货币性资产投资企业所得税有关征管问题的公告》（国家税务总局公告 2015 年第 33 号）

关键点 347　非货币性资产转让收入可在 5 年内均匀计入应纳税所得额

国家税务总局 2015 年第 33 号公告规定，实行查账征收的居民企业（以下简称企业）以非货币性资产对外投资确认的非货币性资产转让所得，可自确认非货币性资产转让收入年度起不超过连续 5 个纳税年度的期间内，分期均匀计入相应年度的应纳税所得额，按规定计算缴纳企业所得税。也就是说只有查账征收的居民企业才能够适用，非居民企业或者核定征收的企业不适用。另外，具体确认方式上必须是连续均匀地确认，不能中间出现断档或者各年度之间确认不均衡。

风险点 148　非货币性资产投资后续管理

企业应将股权投资合同或协议、对外投资的非货币性资产（明细）公允价值评估确认报告、非货币性资产（明细）计税基础的情况说明、被投资企业设立或变更的工商部门证明材料等资料留存备查，并单独准确核算税法与会计差异情况。国家税务总局 2015 年第 33 号公告要求，主管税务机关加强企业非货币性资产投资递延纳税的后续管理。

22.16　企业重组政策

《国家税务总局关于企业重组业务企业所得税征收管理若干问题的公告》（国家税务总局公告 2015 年第 48 号）

关键点 348　股权收购和合并主导方进一步明确

国家税务总局 2015 年第 48 号公告明确，如果重组当事各方企业适用特殊性税务处理的，按照如下规定确定重组主导方：债务重组，主导方为债务人；股权收购，主导方为股权转让方，涉及两个或两个以上股权转让方，由转让被收购企业股权比例最大的一方作为主导方（转让股权比例相同的可协商确定主导方）；资产收购，主导方为资产转让方；合并，主导方为被合并企业，涉及同一控制下多家被合并企业的，以净资产最大的一方为主导方；分立，主导方为被分立企业。

主导方涉及两大变化：一是在股权收购业务中，主导方为股权转让方。如果涉及两个或两个以上股权转让方，由转让被收购企业股权比例最大的一方作为主导方。转让股权比例相同的可协商确定主导方。二是合并业务的主导方由合并企业调整为被合并企业，涉及同一控制下多家被合并企业的，以净资产最大的一方为主导方。

关键点 349　区分 5 种情形确定重组日

国家税务总局 2015 年第 48 号公告对 59 号文第十一条所称重组业务完成当年进行了解释，明确企业重组日的确定，按以下规定处理：

（1）债务重组，以债务重组合同（协议）或法院裁定书生效日为重组日。

（2）股权收购，以转让合同（协议）生效且完成股权变更手续日为重组日。关联企业之间发生股权收购，转让合同（协议）生效后 12 个月内尚未完成股权变更手续的，应以转让合同（协议）生效日为重组日。

（3）资产收购，以转让合同（协议）生效且当事各方已进行会计处理的日期为重组日。

（4）合并，以合并合同（协议）生效、当事各方已进行会计处理且完成工商新设登记或变更登记日为重组日。按规定不需要办理工商新设或变更登记的合并，以合并合同（协议）生效且当事各方已进行会计处理的日期为重组日。

（5）分立，以分立合同（协议）生效、当事各方已进行会计处理且完成工商新设登记或变更登记日为重组日。

由于资产收购和企业合并都涉及一方的资产或负债转移到另一方，纳入另一方进行会计核算，国家税务总局 2015 年第 48 号公告特别补充这两种情况下只有当事各方已进行会计处理才可以确定重组日，实现了与企业会计核算相关规范的对接，减少了不必要的会计税法差异。

关键点350 合理商业目的说明内容有所调整

国家税务总局2015年第48号公告要求，企业重组业务适用特殊性税务处理的，申报时，应从以下方面逐条说明企业重组具有合理的商业目的：

重组交易的方式；重组交易的实质结果；重组各方涉及的税务状况变化；重组各方涉及的财务状况变化；非居民企业参与重组活动的情况。

关键点351 连续12个月内分步交易的可暂时适用特殊性税务处理

国家税务总局2015年第48号公告要求企业年度申报时，提交重组前连续12个月内有无与该重组相关的其他股权、资产交易，与该重组是否构成分步交易、是否作为一项企业重组业务进行处理情况的说明。

若同一项重组业务涉及在连续12个月内分步交易，且跨两个纳税年度，当事各方在首个纳税年度交易完成时预计整个交易符合特殊性税务处理条件，经协商一致选择特殊性税务处理的，可以暂时适用特殊性税务处理，并在当年企业所得税年度申报时提交书面申报资料。

在下一纳税年度全部交易完成后，企业应判断是否适用特殊性税务处理。如适用特殊性税务处理的，当事各方应按本公告要求申报相关资料；如适用一般性税务处理的，应调整相应纳税年度的企业所得税年度申报表，计算缴纳企业所得税。

风险点149 特殊性重组后续管理

国家税务总局2015年第48号公告对税务机关后续管理提出具体要求，企业应参照后续管理重点，留存好相应资料，避免风险。

一是跟踪监管。了解企业重组前后连续12个月内相关资产、股权的动态变化情况。

二是建立台账。企业发生适用特殊性税务处理的债务重组或居民企业以资产（股权）向非居民企业投资，主管税务机关应建立台账，加强企业申报与台账数据的比对分析。

三是加强重组资产（股权）转让环节比对管理。主管税务机关应加强评估和核查，将企业特殊性税务处理时确定的重组资产（股权）计税基础与转让或处置时的计税基础及相关的年度纳税申报表及时比对，发现问题的，应依法进行调整。

四是情况统计和上报。税务机关应每年对适用特殊性税务处理的企业重组做好统计和相关资料的归档工作，按时上报《企业重组所得税特殊性税务处理统计表》，便于效应分析和政策完善。

22.17 重点群体创业就业优惠政策

◆《财政部 税务总局 人力资源社会保障部 教育部关于支持和促进重点群体创业就业税收政策有关问题的补充通知》(财税〔2015〕18号)

◆《财政部 国家税务总局 教育部 民政部 人力资源和社会保障部办公厅关于支持和促进重点群体创业就业有关税收政策具体实施问题的补充公告》(国家税务总局公告2015年第12号)

◆《财政部 国家税务总局 人力资源社会保障部关于扩大企业吸纳就业税收优惠适用人员范围的通知》(财税〔2015〕77号)

关键点352 扩大企业吸纳就业相关条件修改

财税〔2015〕18号文件和国家税务总局2015年第12号公告将《财政部 国家税务总局 人力资源社会保障部关于继续实施支持和促进重点群体创业就业有关税收政策的通知》(财税〔2014〕39号)和《国家税务总局 财政部 人力资源和社会保障部 教育部 民政部关于支持和促进重点群体创业就业有关税收政策具体实施问题的公告》(国家税务总局公告2014年第34号)规定的《就业失业登记证》更名为《就业创业证》，已发放的《就业失业登记证》继续有效，取消《高校毕业生自主创业证》。

财税〔2015〕77号文件将财税〔2014〕39号文件中"当年新招用在人力资源社会保障部门公共就业服务机构登记失业一年以上"的内容调整为"当年新招用在人力资源社会保障部门公共就业服务机构登记失业半年以上"。

22.18 税收优惠管理政策

◆《国家税务总局关于发布〈税收减免管理办法〉的公告》(国家税务总局公告2015年第43号)

◆《国家税务总局关于发布〈减免税政策代码目录〉的公告》(国家税务总局公告2015年第73号)

◆《国家税务总局关于发布〈企业所得税优惠政策事项办理办法〉的公

告》（国家税务总局公告2015年第76号）

关键点353　税收优惠备案

企业应当自行判断其是否符合税收优惠政策规定的条件。凡享受企业所得税优惠的，应当按照本办法规定向税务机关履行备案手续，妥善保管留存备查资料。留存备查资料参见《企业所得税优惠事项备案管理目录》（以下简称《目录》）。备案，是指企业向税务机关报送《企业所得税优惠事项备案表》，并按规定提交相关资料的行为。

关键点354　留存备查资料

留存备查资料，是指与企业享受优惠事项有关的合同（协议）、证书、文件、会计账册等资料。具体按照《目录》列示优惠事项对应的留存备查资料执行。

关键点355　无变化不再备案

企业享受定期减免税，在享受优惠起始年度备案。在减免税起止时间内，企业享受优惠政策条件无变化的，不再履行备案手续。企业享受其他优惠事项的，应当每年履行备案手续。

关键点356　留存备查资料保存10年

企业应当按照税务机关要求限期提供留存备查资料，以证明其符合税收优惠政策条件。企业留存备查资料的保存期限为享受优惠事项后10年。税法规定与会计处理存在差异的优惠事项，保存期限为该优惠事项有效期结束后10年。

关键点357　补办备案手续

企业已经享受税收优惠但未按照规定备案的，企业发现后，应当及时补办备案手续，同时提交《目录》列示优惠事项对应的留存备查资料。税务机关发现后，应当责令企业限期备案，并提交《目录》列示优惠事项对应的留存备查资料。

风险点150　企业对资料真实性、合法性负责

税收优惠不审批并不意味着企业就没有责任了，企业要对报送的备案资料、留存备查资料的真实性、合法性承担法律责任。

风险点 151　不符合优惠条件的，税务机关追缴其已享受的减免税

企业不能提供留存备查资料，或者留存备查资料与实际生产经营情况、财务核算、相关技术领域、产业、目录、资格证书等不符，不能证明企业符合税收优惠政策条件的，税务机关追缴其已享受的减免税，并按照税收征管法规定处理。

风险点 152　加强后续管理

税务机关采取税收风险管理、稽查、纳税评估等后续管理方式，对企业享受税收优惠情况进行核查。税务机关后续管理中，发现企业已享受的税收优惠不符合税法规定条件的，应当责令其停止享受优惠，追缴税款及滞纳金。属于弄虚作假的，按照税收征管法有关规定处理。

22.19　后续管理政策

《国家税务总局关于贯彻落实〈国务院关于取消非行政许可审批事项的决定〉的通知》(税总发〔2015〕74 号)

《国家税务总局关于 3 项企业所得税事项取消审批后加强后续管理的公告》(国家税务总局公告 2015 年第 6 号)

《国家税务总局关于企业境外所得适用简易征收和饶让抵免的核准事项取消后有关后续管理问题的公告》(国家税务总局公告 2015 年第 70 号)

关键点 358　三项优惠取消审批

企业符合特殊性税务处理规定条件业务的核准、企业享受符合条件的固定资产加速折旧或缩短折旧年限所得税优惠的核准、企业从事农林牧渔业项目所得享受所得税优惠的备案核准三项取消审批。

关键点 359　小型微利企业不另行备案

实行查账征收的小型微利企业，在办理 2014 年及以后年度企业所得税汇算清缴时，通过填报 A000000《基础信息表》中的“104 从业人数”、“105 资产总额（万元）”栏次，履行备案手续，不再另行备案。

关键点 360　二级及二级以下分支机构名单发生变化

收入全额归属中央的企业（以下简称中央企业）所属二级及二级以下分

支机构名单发生变化的，按照以下规定分别向其主管税务机关报送相关资料：

中央企业所属二级分支机构名单发生变化的，中央企业总机构应将调整后情况及分支机构变化情况报送主管税务机关。

中央企业新增二级及以下分支机构的，二级分支机构应将营业执照和总机构出具的其为二级或二级以下分支机构证明文件，在报送企业所得税预缴申报表时，附送其主管税务机关。

新增的三级及以下分支机构，应将营业执照和总机构出具的其为三级或三级以下分支机构证明文件，报送其主管税务机关。

中央企业撤销（注销）二级及以下分支机构的，被撤销分支机构应当按照《中华人民共和国税收征收管理法》规定办理注销手续。二级分支机构应将撤销（注销）二级及以下分支机构情况报送其主管税务机关。

主管税务机关应根据中央企业二级及以下分支机构变更备案情况，及时调整完善税收管理信息。

关键点361 汇总纳税企业改变组织结构

汇总纳税企业改变组织结构的，总机构和相关二级分支机构应于组织结构改变后30日内，将组织结构变更情况报告主管税务机关。总机构所在省税务局按照《国家税务总局关于印发〈跨地区经营汇总纳税企业所得税征收管理办法〉的公告》（国家税务总局公告2012年第57号）第二十九条规定，将汇总纳税企业组织结构变更情况上传至企业所得税汇总纳税信息管理系统。

废止国家税务总局2012年第57号公告第二十四条第三款“汇总纳税企业以后年度改变组织结构的，该分支机构应按本办法第二十三条规定报送相关证据，分支机构所在地主管税务机关重新进行审核鉴定”的规定。

关键点362 简易办法境外抵免备案

企业境外所得符合《财政部 国家税务总局关于企业境外所得税收抵免有关问题的通知》（财税〔2009〕125号）第十条第（一）项和第（二）项规定情形的，可以采取简易办法对境外所得已纳税额计算抵免。企业在年度汇算清缴期内，应向主管税务机关报送备案资料，备案资料的具体内容按照《国家税务总局关于发布〈企业境外所得税收抵免操作指南〉的公告》（国家税务总局公告2010年第1号）第三十条的规定执行。

CORPORATE INCOME TAX FINAL SETTLEMENT

Risk Tips & Key Points Analysis

第23章 企业所得税税前扣除凭证确认实务问题探讨

《国家税务总局关于印发〈进一步加强税收征管若干具体措施〉的通知》（国税发〔2009〕114号）第六条规定，未按规定取得的合法有效凭据不得在税前扣除。目前，合法有效凭据的种类国家税务总局未专门明确。

风险点153　税前扣除凭证的种类及把握要点

实务中，企业所得税税前扣除凭证一般包括发票、税票、财政部门监制的票据（包括非税收入通用票据、非税收入专用票据和非税收入一般缴款书、公益事业捐赠票据、医疗收费票据、社会团体会费票据等）、自制凭证（如工资单）等。笔者认为，纳税人在实务操作中，遇到不确定能否税前扣除的凭证，应与主管税务机关及时沟通，规避涉税风险。本部分对税前扣除凭证确认中的实务问题进行探讨，具体情况介绍如下：

（1）应税凭证。主要涉及采购商品和原材料、一般的“三项费用”费用支出等应税凭证，依据税收征管法、发票管理办法等规定，纳税人购买货物、接受劳务或服务时，应按照规定要求向销货方索取发票，作为企业所得税税前扣除的合法凭证。但是需要注意的是，纳税人要以实际发生真实的业务交易作为税前扣除的前提，不得虚构交易开具发票税前扣除，没有真实的业务作为基础，即使取得发票也不得扣除。

（2）非应税的外部凭证。纳税人在生产经营过程中需要缴纳的政府部门各项收费、基金、土地出让金等，税务部门依法征收的可以税前扣除的税金、五险一费等，以及符合条件的公益性捐赠以及其他非应税项目。纳税人在支付非应税项目时，一般都能取得对方开具的相关凭证，如财政收据、税收完税凭证、公益性捐赠专用票据等有效票据，可以作为税前扣除的凭证。

（3）免税项目凭证。与企业生产经营活动有关的免税支付，这类支付在实务中也比较多，但是对于开具什么凭证存在争议。如，支付给个人的抚恤金、慰问费等，税法规定免征个人所得税；又如，房地产业支付给私人的青苗补偿费、拆迁补偿费、拆迁安置；再如，通过法院判决而支付的赔偿款等。

对于上述项目支出的税前扣除凭证，应从真实性、相关性和合理性等三点进行把握。

①外部标准。支出是否符合政府部门或相关权威部门制定的通用标准，特别是青苗补偿费、拆迁补偿费等因数额较大，政策性强，必须符合政府部门制定的赔偿范围和标准，并有土地和房屋拆迁等监管单位的鉴证材料。

②内部标准。应有企业的审批手续和内部稽核签字，以明确经济责任。

③支付凭证。要有收款方签字画押的收款凭证及银行转帐单等证明已实

际支付。

（4）内部自制凭证。主要是指纳税人在生产过程中因内部成本核算和分配的需要而根据实际生产情况自行制定的各种凭证，如工资单、工资费用汇总表、入库单、领料单、材料耗用汇总表、折旧费用分配表、制造费用分配表、产品成本计算单等等，其中工资单是税前扣除的直接凭证，其它凭证关系主营业务成本的结转，为税前扣除的间接凭证，如果重视不够，则容易出现纳税人多转成本的现象。对于内部自制凭证，除要有业务当事人和内部稽核人员的签字外，应着重进行交叉审核，与其他凭证相互印证，以证明其真实性；同时，还应对其归集和分摊方法的合理性进行分析，真实反映生产过程并能合理计算产成品成本的凭证才可以作为税前扣除的依据。

风险点 154　关于企业提供有效凭证时间问题

国家税务总局 2011 年第 34 号公告规定，企业当年度实际发生的相关成本、费用，由于各种原因未能及时取得该成本、费用的有效凭证，企业在预缴季度所得税时，可暂按账面发生金额进行核算，但在汇算清缴时，应补充提供该成本、费用的有效凭证。

国家税务总局 2012 年第 15 号公告规定，根据《中华人民共和国税收征收管理法》的有关规定，对企业发现以前年度实际发生的、按照税收规定应在企业所得税前扣除而未扣除或者少扣除的支出，企业做出专项申报及说明后，准予追补至该项目发生年度计算扣除，但追补确认期限不得超过 5 年。企业由于上述原因多缴的企业所得税税款，可以在追补确认年度企业所得税应纳税款中抵扣，不足抵扣的，可以向以后年度递延抵扣或申请退税。亏损企业追补确认以前年度未在企业所得税前扣除的支出，或盈利企业经过追补确认后出现亏损的，应首先调整该项支出所属年度的亏损额，然后再按照弥补亏损的原则计算以后年度多缴的企业所得税款，并按前款规定处理。

相关法规可参考《国家税务总局关于发布〈企业资产损失所得税税前扣除管理办法〉的公告》（国家税务总局公告 2011 年第 25 号）。

风险点 155　是否虚开增值税专用发票的界定

按照《国家税务总局关于纳税人对外开具增值税专用发票有关问题的公告》（国家税务总局公告 2014 年第 39 号）的规定，对外开具增值税专用发票同时符合以下情形的，不属于对外虚开增值税专用发票：

（一）纳税人向受票方纳税人销售了货物，或者提供了增值税应税劳务、应税服务；

（二）纳税人向受票方纳税人收取了所销售货物、所提供应税劳务或者应税服务的款项，或者取得了索取销售款项的凭据；

（三）纳税人按规定向受票方纳税人开具的增值税专用发票相关内容，与所销售货物、所提供应税劳务或者应税服务相符，且该增值税专用发票是纳税人合法取得、并以自己名义开具的。

受票方纳税人取得的符合上述情形的增值税专用发票，可以作为增值税扣税凭证抵扣进项税额。

那么，符合上述规定、可以作为增值税扣税凭证抵扣进项税额的增值税专用发票，能否作为企业所得税税前扣除凭证？

按照《国家税务总局关于印发〈进一步加强税收征管若干具体措施〉的通知》（国税发〔2009〕114号）第六条的规定，未按规定取得的合法有效凭据不得在税前扣除。对于符合国家税务总局2014年第39号公告规定条件的增值税专用发票，不属于国税发〔2009〕114号文件规定的情形，可以作为企业所得税税前扣除凭证；不符合国家税务总局2014年第39号公告规定条件的虚开增值税专用发票，不得作为税前扣除凭证从税前扣除。

风险点156　丢失发票原件，其复印件可以作为税前扣除凭证

企业发生真实业务，有相关的合同、入库凭证、付款凭证等，但不慎将售货方开出的增值税普通发票（发票的发票联）丢失，纳税人能否将售货方提供的发票记账联复印件作为税前扣除凭证？

按照《国家税务总局关于启用新版增值税发票有关问题的公告》（国家税务总局公告2014年第43号）第二条的规定，增值税专用发票和普通发票的记账联留存在销货方作为记账凭证，也是记录交易金额、交易数量等经济业务发生情况的法定凭证。因此在发票联丢失的情况下，增值税普通发票记账联复印件可以作为企业的税前扣除凭证。

风险点157　增值税失控发票不能作为税前扣除凭证

实务中，经认定不能抵扣增值税进项税额的失控发票，不能作为企业所得税税前扣除凭证。

CORPORATE INCOME TAX FINAL SETTLEMENT

Risk Tips & Key Points Analysis

第24章 辅学辅填工具使用说明

2015 版企业所得税纳税申报表辅学辅填工具（以下简称辅学辅填工具）根据国家税务总局公告 2014 年第 63 号、国家税务总局公告 2015 年第 79 号、国家税务总局公告 2016 年第 3 号新发布的纳税申报表进行修订。本工具是 2014 版工具基础上的最新升级版本，充分吸收了国税函〔2009〕388 号和国税函〔2008〕801 号文件中现行有效的规定，注重新旧纳税申报表的衔接。针对 2015 年度小微税收优惠政策的变化，还专门设计了“2015 年度小微企业辅助计算表”。

24.1 辅学辅填工具简介

1. 辅学辅填工具的设计思路是纳税人将基础数据填制完成后，辅学辅填工具将企业账面数据进行自动分类填报至纳税申报表账载金额，纳税人依据填报提示中的填报口径和填报风险点对纳税申报表税收金额进行填报，最后由辅学辅填工具对整体填报数据进行逻辑关系验证，这样就可以减少纳税人由于不了解纳税申报表的关系造成的数据不准确等问题，提高纳税人的申报工作效率。

2. 辅学辅填工具按照企业所得税纳税申报表的一级主表、二级附表、三级附表、四级附表中的所得税纳税申报重点事项，从填报说明、政策提示、填报口径、风险关注点和填报案例等四个方面进行详细的填报提示说明，并针对操作难点进行案例解说、填报。

3. 辅学辅填工具的“政策提示”以国家税务总局的规定为主要内容，地方规定作为必要补充。“填报口径”吸收了北京市国家税务局历年的征管风险监控点。“风险关注点”全部来自从事税收工作的一线人员的经验和总结。“填报案例”全部为税务机关多年积累的填报案例。

4. 辅学辅填工具针对小微企业政策变化，设计了辅助计算表和相关计算步骤，能够帮助纳税人更快、更准确地计算减免税额。

24.2 辅学辅填工具使用说明

为方便读者和纳税人使用辅学辅填工具，我们还特别增加了工具使用的视频介绍（获取方法同辅学辅填工具），可配合使用说明快速、有效地了解本工具的使用。

24.2.1 适用范围

实行查账征收企业所得税的居民纳税人，涵盖除金融企业、事业单位以外的行业。

24.2.2 填写顺序

第一步，依据科目余额表填制基础数据表，根据会计科目性质填制会计科目借、贷方全年发生额。没有发生额的科目无须填报。发生额填制完成后，依据税法要求对财务核算数据进行重新分类。如：管理费用——办公费 10 000 元，其中，包含业务招待性质支出 1 000 元，应调整至管理费用——业务招待费的“税法重新分类金额” 1 000 元，同时管理费用——办公费减少 1 000 元。

第二步，根据企业实际情况选择填制企业所得税年度纳税申报表表单及企业基础信息表（A000000）。核对企业所得税年度纳税申报表（主表）（A100000）中第 13 行“利润总额”中的金额是否与利润表一致。填完各表后点击“返回使用说明”返回本表，继续操作下一步。

第三步，基础数据表和企业所得税年度纳税申报表单填制完成后，依据税法规定，填制纳税调整表（A105000），其中调整项目需要填列明细附表的，点击相应行次的“附表”链接到明细附表，附表填写完毕后点击“返回上级”回到纳税调整表（A105000），继续填写其他调整项目。填完各表后点击“返回使用说明”返回本表，继续操作下一步。

第四步，填制免税、减计收入及加计扣除明细表（A107010），其中优惠项目需要填列明细附表的，点击相应行次的“附表”链接到明细附表，附表填写完毕后点击“返回上级”回到表 A107010，继续填写其他优惠项目。填完各表后点击“返回使用说明”返回本表，继续操作下一步。

第五步，填制所得减免优惠明细表（A107020）。填完后点击“返回使用说明”返回本表，继续操作下一步。

第六步，填制抵扣应纳税所得额明细表（A107030）。填完后点击“返回使用说明”返回本表，继续操作下一步。

第七步，如企业本年应纳税所得额为负数或者本年需要弥补以前年度亏损，则填制企业所得税弥补亏损表（A106000）。

第八步，填制减免所得税优惠明细表（A107040），其中优惠项目需要填列明细附表的，点击相应行次的“附表”链接到明细附表，附表填写完毕后点击“返回上级”回到表 A107040，继续填写其他优惠项目。填完各表后点击“返回填表说明”返回本表，继续操作下一步。

第八步特别提示：2015年度小微企业减免税额计算

《减免所得税优惠明细表》（A107040）第1行“符合条件的小型微利企业”和第2行“其中：减半征税”通过“2015年度小微企业辅助计算表”自动计算。具体步骤如下：

1. 选择《减免所得税优惠明细表》（A107040）中的“2015年度小微企业辅助计算表”；

2. 通过黄色下拉框选择是否符合小型微利企业，选择“是”，则继续进行下一步；

3. 选择“应纳税所得额20万元以下”或“应纳税所得额20万元～30万元”，二者选其一。通过黄色下拉框选择对应不同期间内“是否符合”，如果符合就选择“是”，否则为空。

第九步，填制税额抵免优惠明细表（A107050），填完各表后点击“返回填表说明”返回本表，继续操作下一步。

第十步，如企业有境外所得则填写表A108000及其明细表。填完各表后点击“返回使用说明”返回本表，继续操作下一步。

第十一步，如企业有跨地区经营汇总纳税的情形，则填写表A109000及表A109010。填完各表后点击“返回使用说明”返回本表，继续操作下一步。

第十二步，根据第一季度至第四季度预缴的企业所得税，填报企业所得税年度纳税申报表（主表）（A100000）中第23行“本年累计实际已预缴的所得税额”。

第十三步，查看逻辑关系检验，检查企业所得税年度纳税申报表的填制准确性，并对填报情况进行审核。

第十四步，审核无误即可进入北京市国家税务局网上申报系统按要求的填报顺序填写所得税年度纳税申报表。除表单中十张必填表外，其他表格若无相关内容则无须勾选填写。

24.2.3 表内底色说明

（1）表内底色提示。

“深黄色”底色：表示为手填事项。

“灰色”底色：表示表内表间关系公式，无法修改。提示：此色底色不能双击。

“浅黄色”底色：企业所得税年度纳税申报表表单中此种底稿表示为必填

表格。

“绿色”底色：此种底稿表示单元格带公式，但是可以将公式删除直接填数，企业可根据企业实际情况，依据税收政策进行填列。

(2)“重点项目填报”、“企业所得税年度纳税申报表单”和企业所得税纳税申报表中的“项目”已加入超链接，或者直接点击相应表名或编号，可以快速打开相应表格。

(3)各个明细表内，已加入“返回表单”、“返回主表”、“使用说明”、“基础数据表”、“填报提示目录”、“重点填报项目”、“逻辑关系校验”，点击后，可返回表单目录、主表和上级表。

24.2.4 填报提示目录和重点填报项目

填报提示分为四部分：一是填报说明提示，二是政策法规提示，三是填报案例提示，四是填报风险提示。

填报说明提示：以批注方式加入填报对应单元格，直接点击单元格即会显示相关内容。

政策法规提示、填报案例提示、填报风险提示等三部分内容已经制作提示目录，并且分别已经将链接添加至相关表格“项目”栏次处，直接点击“项目”栏次可以显示。

重点填报项目表：列示税收优惠项目的提示内容目录、发生率较高的纳税调整事项。点击表内链接，可以跳转至附表、填报说明等。

填报提示目录：列示各项税收政策、填报案例和风险提示内容，方便纳税人正确填写纳税申报表。

囿于时间、精力和水平，辅学辅填工具的不足之处在所难免，诚挚地欢迎广大读者、纳税人和税务工作者批评指正，与我们共同探讨、改进辅学辅填工具，恳请致信：sanshengcaishui@sohu.com。

CORPORATE INCOME TAX FINAL SETTLEMENT

Risk Tips & Key Points Analysis

附　录

企业所得税相关法规政策汇编

本部分企业所得税相关法规政策截至2016年1月。

第一部分　企业所得税基本法规

1.《中华人民共和国企业所得税法》（2007年3月16日，中华人民共和国主席令第六十三号）

2.《中华人民共和国企业所得税法实施条例》（2007年12月6日，中华人民共和国国务院令第五百一十二号）

第二部分　企业所得税税收政策

一、应纳税所得额

（一）收入确认

3.《国家税务总局关于企业处置资产所得税处理问题的通知》（2008年10月9日，国税函〔2008〕828号）

4.《国家税务总局关于确认企业所得税收入若干问题的通知》（2008年10月30日，国税函〔2008〕875号）

5.《财政部 国家税务总局关于财政性资金行政事业性收费 政府性基金有关企业所得税政策问题的通知》（2008年12月16日，财税〔2008〕151号）

6.《国家税务总局关于广西合山煤业有限责任公司取得补偿款有关所得税处理问题的批复》（2009年1月8日，国税函〔2009〕18号）

7.《财政部 国家税务总局关于专项用途财政性资金有关企业所得税处理问题的通知》（2009年6月16日，财税〔2009〕87号）

8.《国家税务总局关于贯彻落实企业所得税法若干税收问题的通知》（2010年2月22日，国税函〔2010〕79号）

9.《国家税务总局关于企业取得财产转让等所得企业所得税处理问题的公告》（2010年10月27日，国家税务总局公告2010年第19号）

10.《国家税务总局关于金融企业贷款利息收入确认问题的公告》（2010年11月5日，国家税务总局公告2010年第23号）

11.《国家税务总局于企业转让上市公司限售股有关所得税问题的公告》（2011年7月7日，国家税务总局公告2011年第39号）

12.《财政部 国家税务总局关于专项用途财政性资金企业所得税处理问

题的通知》（2011 年 9 月 7 日，财税〔2011〕70 号）

（二）税前扣除

重要扣除政策

13.《国家税务总局关于企业所得税若干税务事项衔接问题的通知》（2009 年 2 月 27 日，国税函〔2009〕98 号）

14.《国家税务总局关于企业所得税执行中若干税务处理问题的通知》（2009 年 4 月 21 日，国税函〔2009〕202 号）

15.《国家税务总局关于企业所得税若干问题的公告》（2011 年 6 月 9 日，国家税务总局公告 2011 年第 34 号）

16.《国家税务总局关于企业所得税应纳税所得额若干税务处理问题的公告》（2012 年 4 月 24 日，国家税务总局公告 2012 年第 15 号）

17.《国家税务总局关于企业所得税应纳税所得额若干问题的公告》（2014 年 5 月 23 日，国家税务总局公告 2014 年第 29 号）

一般扣除政策

18.《国家税务总局关于母子公司间提供服务支付费用有关企业所得税处理问题的通知》（2008 年 8 月 14 日，国税发〔2008〕86 号）

19.《财政部 国家税务总局关于企业关联方利息支出税前扣除标准有关税收政策问题的通知》（2008 年 9 月 19 日，财税〔2008〕121 号）

20.《国家税务总局关于企业工资薪金及职工福利费扣除问题的通知》（2009 年 1 月 4 日，国税函〔2009〕3 号）

21.《财政部 国家税务总局关于企业手续费及佣金支出税前扣除政策的通知》（2009 年 3 月 19 日，财税〔2009〕29 号）

22.《财政部 国家税务总局关于补充养老保险费 补充医疗保险费有关企业所得税政策问题的通知》（2009 年 6 月 2 日，财税〔2009〕27 号）

23.《国家税务总局关于企业投资者投资未到位而发生的利息支出企业所得税前扣除问题的批复》（2009 年 6 月 4 日，国税函〔2009〕312 号）

24.《财政部 国家税务总局关于部分行业广告费和业务宣传费税前扣除政策的通知》（2009 年 7 月 31 日，财税〔2009〕72 号【全文废止】）

25.《国家税务总局关于企业向自然人借款的利息支出企业所得税税前扣除问题的通知》（2009 年 12 月 31 日，国税函〔2009〕777 号）

26.《国家税务总局关于融资性售后回租业务中承租方出售资产行为有关税收问题的公告》（2010 年 9 月 8 日，国家税务总局公告 2010 年第 13 号）

27.《国家税务总局关于查增应纳税所得额弥补以前年度亏损处理问题的公告》（2010 年 10 月 27 日，国家税务总局公告 2010 年第 20 号）

28.《国家税务总局关于工会经费企业所得税税前扣除凭据问题的公告》（2010 年 11 月 9 日，国家税务总局公告 2010 年第 24 号）

29.《国家税务总局关于我国居民企业实行股权激励计划有关企业所得税处理问题的公告》（2012 年 5 月 23 日，国家税务总局公告 2012 年第 18 号）

30.《财政部 国家税务总局关于广告费和业务宣传费支出税前扣除政策的通知》（2012 年 5 月 30 日，财税〔2012〕48 号）

31.《国家税务总局关于企业工资薪金和职工福利费等支出税前扣除问题的公告》（2015 年 5 月 8 日，国家税务总局公告 2015 年第 34 号）

行业扣除政策

32.《国家税务总局关于 2007 年度企业所得税汇算清缴中金融企业应纳税所得额计算有关问题的通知》（2008 年 6 月 27 日，国税函〔2008〕624 号）

33.《财政部 国家税务总局关于证券行业准备金支出企业所得税税前扣除有关问题的通知》（2009 年 4 月 9 日，财税〔2009〕33 号）

34.《财政部 国家税务总局关于开采油（气）资源企业费用和有关固定资产折耗摊销折旧税务处理问题的通知》（2009 年 4 月 12 日，财税〔2009〕49 号）

35.《财政部 国家税务总局关于保险公司准备金支出企业所得税税前扣除有关问题的通知》（2009 年 4 月 17 日，财税〔2009〕48 号）

36.《财政部 国家税务总局关于金融企业贷款损失准备金企业所得税税前扣除有关问题的通知》（2009 年 4 月 30 日，财税〔2009〕64 号）

37.《财政部 国家税务总局关于中小企业信用担保机构有关准备金税前扣除问题的通知》（2009 年 6 月 1 日，财税〔2009〕62 号）

38.《国家税务总局关于保险公司再保险业务赔款支出税前扣除问题的通知》（2009 年 6 月 4 日，国税函〔2009〕313 号）

39.《财政部 国家税务总局关于金融企业涉农贷款和中小企业贷款损失准备金税前扣除政策的通知》（2009 年 8 月 21 日，财税〔2009〕99 号）

40.《财政部 国家税务总局关于保险公司提取农业巨灾风险准备金企业所得税税前扣除问题的通知》（2009 年 8 月 21 日，财税〔2009〕110 号）

41.《国家税务总局关于发布〈海上油气生产设施弃置费企业所得税管理办法〉的公告》（2011 年 3 月 22 日，国家税务总局公告 2011 年第 22 号）

42.《国家税务总局关于煤矿企业维简费和高危行业企业安全生产费用企业所得税税前扣除问题的公告》（2011 年 3 月 31 日，国家税务总局公告 2011

年第26号）

43.《财政部 国家税务总局关于延长金融企业涉农贷款和中小企业贷款损失准备金税前扣除政策执行期限的通知》（2011年10月19日，财税〔2011〕104号）

44.《财政部 国家税务总局关于企业参与政府统一组织的棚户区改造支出企业所得税税前扣除政策有关问题的通知》（2012年1月10日，财税〔2012〕12号【全文废止】）

45.《财政部 国家税务总局关于金融企业贷款损失准备金企业所得税税前扣除政策的通知》（2012年1月29日，财税〔2012〕5号）

46.《财政部 国家税务总局关于证券行业准备金支出企业所得税税前扣除有关政策问题的通知》（2012年2月16日，财税〔2012〕11号）

47.《财政部 国家税务总局关于中小企业信用担保机构有关准备金企业所得税税前扣除政策的通知》（2012年4月11日，财税〔2012〕25号）

48.《财政部 国家税务总局关于保险公司准备金支出企业所得税税前扣除有关政策问题的通知》（2012年5月15日，财税〔2012〕45号）

49.《财政部 国家税务总局关于企业参与政府统一组织的棚户区改造有关企业所得税政策问题的通知》（2013年9月30日，财税〔2013〕65号）

50.《国家税务总局关于电信企业手续费及佣金支出税前扣除问题的公告》（2013年10月10日，国家税务总局公告2013年第59号）

51.《国家税务总局关于企业维简费支出企业所得税税前扣除问题的公告》（2013年11月28日，国家税务总局公告2013年第67号）

52.《财政部 国家税务总局关于高新技术企业职工教育经费税前扣除政策的通知》（2015年6月9日，财税〔2015〕63号）

53.《财政部 国家税务总局关于金融企业涉农贷款和中小企业贷款损失准备金税前扣除有关问题的通知》（2015年1月15日，财税〔2015〕3号）

54.《财政部 国家税务总局关于金融企业贷款损失准备金企业所得税税前扣除有关政策的通知》（2015年1月15日，财税〔2015〕9号）

55.《财政部 国家税务总局关于保险企业计提准备金有关税收处理问题的通知》（2015年10月26日，财税〔2015〕115号）

捐赠扣除政策

56.《财政部 国家税务总局关于认真落实抗震救灾及灾后重建税收政策问题的通知》（2008年5月19日，财税〔2008〕62号）

57.《北京市财政局 北京市国家税务局 北京市地方税务局转发财政部

海关总署关于支持汶川地震灾后重建有关税收政策问题的通知》（2008 年 11 月 25 日，京财税〔2008〕2434 号，财税〔2008〕104 号）

58.《北京市财政局 北京市国家税务局 北京市地方税务局 北京市民政局转发财政部 国家税务总局 民政部关于公益性捐赠税前扣除有关问题的通知》（2009 年 4 月 7 日，京财税〔2009〕542 号，财税〔2008〕160 号）

59.《北京市财政局 北京市地方税务局关于公布北京市 2008 年度公益性捐赠税前扣除资格名单的通知》（2009 年 5 月 7 日，京财税〔2009〕761 号）

60.《北京市财政局 北京市国家税务局 北京市地方税务局 北京市民政局关于公布北京市 2008 年度第二批公益性捐赠税前扣除资格确认名单的通知》（2009 年 5 月 27 日，京财税〔2009〕1047 号）

61.《财政部 国家税务总局 民政部关于公布 2008 年度 2009 年度第一批获得公益性捐赠税前扣除资格的公益性社会团体名单的通知》（2009 年 8 月 20 日，财税〔2009〕85 号）

62.《市财政局 市国家税务局 市地方税务局转发财政部 国家税务总局关于通过公益性群众团体的公益性捐赠税前扣除有关问题的通知》（2010 年 4 月 16 日，京财税〔2010〕389 号，财税〔2009〕124 号）

63.《财政部 国家税务总局关于确认中国红十字会总会公益性捐赠税前扣除资格的通知》（2010 年 4 月 26 日，财税〔2010〕37 号）

64.《市财政局 市国家税务局 市地方税务局 市民政局关于公布北京市 2009 年度获得公益性捐赠税前扣除资格的公益性社会团体名单的通知》（2010 年 5 月 17 日，京财税〔2010〕782 号）

65.《财政部 国家税务总局 民政部关于公布 2009 年度第二批、2010 年度第一批公益性捐赠税前扣除资格的公益性社会团体名单的通知》（2010 年 9 月 30 日，财税〔2010〕69 号）

66.《北京市财政局 北京市国家税务局 北京市地方税务局 北京市民政局转发财政部 国家税务总局 民政部关于公益性捐赠税前扣除有关问题的补充通知》（2010 年 10 月 12 日，京财税〔2010〕2039 号，财税〔2010〕45 号）

67.《财政部 国家税务总局关于中华全国总工会公益性捐赠税前扣除资格的通知》（2010 年 10 月 25 日，财税〔2010〕97 号）

68.《财政部 海关总署 国家税务总局关于第三届亚洲沙滩运动会税收政策的通知》（2011 年 1 月 19 日，财税〔2011〕11 号）

69.《北京市财政局 北京海关 北京市国家税务局 北京市地方税务局转发财政部、海关总署 国家税务总局关于支持舟曲灾后恢复恢复重建有关税收政策

问题的通知》(2011 年 2 月 28 日，京财税〔2011〕226 号，财税〔2010〕107 号)

70.《财政部 国家税务总局 民政部关于公布 2010 年度第二批获得公益性捐赠税前扣除资格的公益性社会团体名单的通知》(2011 年 5 月 24 日，财税〔2011〕30 号)

71.《北京市财政局 北京市国家税务局 北京市地方税务局 北京市民政局关于公布北京市 2010 年度获得公益性捐赠税前扣除资格的公益性社会团体名单的通知》(2011 年 5 月 16 日，京财税〔2011〕810 号)

72.《财政部 国家税务总局 民政部关于公布 2011 年度第一批获得公益性捐赠税前扣除资格的公益性社会团体名单的通知》(2011 年 6 月 3 日，财税〔2011〕45 号)

73.《关于公布 2011 年度第二批获得公益性捐赠税前扣除资格的公益性社会团体名单的通知》(2012 年 4 月 20 日，财税〔2012〕26 号)

74.《北京市财政局 北京市国家税务局 北京市地方税务局 北京市民政局关于公布北京市 2011 年度获得公益性捐赠税前扣除资格的公益性社会团体名单的通知》(2012 年 5 月 16 日，京财税〔2012〕840 号)

75.《财政部 国家税务总局关于确认中华全国总工会和中国红十字会总会 2011 年度公益性捐赠税前扣除资格的通知》(2012 年 5 月 24 日，财税〔2012〕47 号)

76.《财政部 国家税务总局 民政部关于公布获得 2012 年度公益性捐赠税前扣除资格的公益性社会团体名单的通知》(2013 年 3 月 8 日，财税〔2013〕10 号)

77.《财政部 国家税务总局关于确认中国红十字会总会 中华全国 总工会和中国宋庆龄基金会 2012 年度公益性捐赠税前扣除资格的通知》(2013 年 5 月 2 日，财税〔2013〕29 号)

78.《财政部 国家税务总局 民政部关于确认实事助学基金会 2013 年度公益性捐赠税前扣除资格的通知》(2013 年 5 月 21 日，财税〔2013〕22 号)

79.《财政部 国家税务总局 民政部关于公布获得 2012 年度第二批公益性捐赠税前扣除资格的公益性社会团体名单的通知》(2013 年 5 月 30 日，财税〔2013〕35 号)

80.《财政部 国家税务总局关于确认中国红十字会总会 中华全国总工会 中国宋庆龄基金会和中国国际人才交流基金会 2013 年度公益性捐赠税前扣除资格的通知》(2013 年 10 月 30 日，财税〔2013〕79 号)

81.《财政部 国家税务总局 民政部关于公布获得 2013 年度第一批公益

性捐赠税前扣除资格的公益性社会团体名单的通知》(2013 年 11 月 11 日，财税〔2013〕69 号)

82.《财政部 国家税务总局关于促进公共租赁住房发展有关税收优惠政策的通知》(2014 年 8 月 15 日，财税〔2014〕52 号)

83.《财政部 国家税务总局关于确认中国红十字会总会 中华全国总工会 中国宋庆龄基金会和中国国际人才交流基金会 2014 年度公益性捐赠税前扣除资格的通知》(2015 年 1 月 15 日，财税〔2015〕1 号)

84.《财政部 国家税务总局 民政部关于公益性捐赠税前扣除资格确认审批有关调整事项的通知》(2015 年 12 月 31 日，财税〔2015〕141 号)

三、专项税收政策

(一) 核定征收

85.《国家税务总局关于印发〈企业所得税核定征收办法〉(试行) 的通知》(2008 年 3 月 6 日，国税发〔2008〕30 号)

86.《国家税务总局关于企业所得税核定征收若干问题的通知》(2009 年 7 月 14 日，国税函〔2009〕377 号)

87.《北京市国家税务局 北京市地方税务局关于调整企业所得税核定征收应税所得率的公告》(2010 年 12 月 30 日，北京市国家税务局、北京市地方税务局公告 2010 年第 6 号)

88.《国家税务总局关于企业所得税核定征收有关问题的公告》(2012 年 6 月 19 日，国家税务总局公告 2012 年第 27 号)

(二) 汇总纳税

89.《财政部关于核定跨省市总分机构企业所得税地区间分配系数的通知》(2008 年 2 月 15 日，财预〔2008〕25 号)

90.《财政部 中国人民银行 国家税务总局关于增设跨市县总分机构企业所得税科目的通知》(2008 年 2 月 24 日，财预〔2008〕37 号)

91.《国家税务总局关于印发〈跨地区经营汇总纳税企业所得税征收管理暂行办法〉的通知》(2008 年 3 月 10 日，国税发〔2008〕28 号【全文废止】)

92.《北京市财政局 北京市国家税务局 北京市地方税务局 中国人民银行营业管理部关于转发〈财政部 国家税务总局 中国人民银行关于印发《跨省市总分机构企业所得税分配及预算管理暂行办法》的通知〉等文件的通知》

（2008 年 4 月 7 日，京财预〔2008〕401 号，财预〔2008〕10 号，财预〔2008〕23 号）

93.《国家税务总局关于跨地区经营汇总纳税企业所得税征收管理有关问题的通知》（2008 年 8 月 21 日，国税函〔2008〕747 号【全文废止】）

94.《国家税务总局关于跨地区经营汇总纳税企业所得税征收管理若干问题的通知》（2009 年 4 月 29 日，国税函〔2009〕221 号【全文废止】）

95.《国家税务总局关于企业所得税汇总纳税信息管理系统推广实施有关问题的通知》（2009 年 5 月 15 日，国税函〔2009〕253 号）

96.《国家税务总局关于取消合并纳税后以前年度尚未弥补亏损有关企业所得税问题的公告》（2010 年 7 月 30 日，国家税务总局公告 2010 年第 7 号）

97.《财政部 国家税务总局 中国人民银行关于印发〈跨省市总分机构企业所得税分配及预算管理办法〉的通知》（2012 年 6 月 12 日，财预〔2012〕40 号）

98.《财政部 国家税务总局 中国人民银行关于调整铁路运输企业税收收入划分办法的通知》（2012 年 9 月 7 日，财预〔2012〕383 号）

99.《国家税务总局 中国人民银行 财政部关于跨省合资铁路企业跨地区税收分享入库有关问题的通知》（2012 年 12 月 13 日，国税发〔2012〕116 号）

100.《财政部 国家税务总局 中国人民银行关于〈跨省市总分机构企业所得税分配及预算管理办法〉的补充通知》（2012 年 12 月 25 日，财预〔2012〕453 号）

101.《国家税务总局关于印发〈跨地区经营汇总纳税企业所得税征收管理办法〉的公告》（2012 年 12 月 27 日，国家税务总局公告 2012 年第 57 号）

102.《国家税务总局关于中国华融资产管理股份有限公司和中国东方资产管理公司企业所得税征管问题的公告》（2013 年 7 月 9 日，国家税务总局公告 2013 年第 38 号）

103.《国家税务总局关于明确跨地区经营企业所得税汇总纳税分支机构年度纳税申报有关事项的公告》（2013 年 8 月 2 日，国家税务总局公告 2013 年第 44 号【全文废止】）

104.《国家税务总局关于中国长城资产管理公司企业所得税征管问题的公告》（2013 年 9 月 29 日，国家税务总局公告 2013 年第 57 号）

105.《国家税务总局关于中国邮政集团公司企业所得税征管问题的公告》（2013 年 9 月 30 日，国家税务总局公告 2013 年第 58 号）

建筑企业

106.《国家税务总局于建筑企业所得税征管有关问题的通知》（2010 年 1

月 26 日，国税函〔2010〕39 号）

107.《北京市国家税务局 北京市地方税务局关于跨地区经营建筑企业所得税征收管理问题的公告》（2010 年 8 月 17 日，北京市国家税务局、北京市地方税务局公告 2010 年第 1 号）

金融企业

108.《国家税务总局关于跨地区经营外商独资银行汇总纳税问题的通知》（2008 年 11 月 26 日，国税函〔2008〕958 号【全文废止】）

109.《国家税务总局关于中国工商银行股份有限公司等企业企业所得税有关征管问题的通知》（2010 年 5 月 6 日，国税函〔2010〕184 号）

110.《国家税务总局关于印发中国工商银行股份有限公司等企业所属二级分支机构名单的公告》（2010 年 10 月 27 日，国家税务总局公告 2010 年第 21 号）

111.《北京市国家税务局关于印发中国农业发展银行所属在京二级以下分支机构名单的公告》（2011 年 5 月 3 日，公告〔2011〕3 号）

112.《北京市国家税务局关于印发中国银行股份有限公司所属在京二级以下分支机构名单的公告》（2011 年 5 月 5 日，公告〔2011〕5 号）

113.《北京市国家税务局关于印发农业银行股份有限公司所属在京二级以下分支机构名单的公告》（2011 年 5 月 5 日，公告〔2011〕6 号）

114.《北京市国家税务局关于印发中国建设银行股份有限公司所属在京二级以下分支机构名单的公告》（2011 年 5 月 5 日，公告 2011 年第 7 号）

115.《北京市国家税务局关于印发中国工商银行股份有限公司所属在京二级以下分支机构名单的公告》（2011 年 5 月 5 日，公告〔2011〕8 号）

116.《国家税务总局关于中国进出口银行所属二级分支机构名单问题的通知》（2011 年 9 月 27 日，国税函〔2011〕549 号）

117.《国家税务总局关于中国银行股份有限公司等 4 家企业二级分支机构名单的公告》（2013 年 4 月 15 日，国家税务总局公告 2013 年第 16 号）

（三）房地产开发企业业务政策

118.《北京市国家税务局 北京市地方税务局转发国家税务总局关于印发房地产开发经营业务企业所得税处理办法的通知的通知》（2009 年 5 月 7 日，京国税发〔2009〕92 号，国税发〔2009〕31 号【部分废止】）

119.《北京市国家税务局 北京市地方税务局转发国家税务总局关于房地产开发企业所得税预缴问题的通知的通知》（2008 年 5 月 14 日，京国税发〔2008〕138 号，国税函〔2008〕299 号）

120.《国家税务总局关于房地产企业开发产品完工标准税务确认条件的批复》(2009 年 6 月 26 日，国税函〔2009〕342 号)

121.《国家税务总局关于房地产开发企业开发产品完工条件确认问题的通知》(2010 年 5 月 12 日，国税函〔2010〕201 号)

122.《国家税务总局关于房地产开发企业注销前有关企业所得税处理问题的公告》(2010 年 12 月 24 日，国家税务总局公告 2010 年第 29 号)

123.《国家税务总局关于房地产开发企业成本对象管理问题的公告》(2014 年 6 月 16 日，国家税务总局公告 2014 年第 35 号)

(四) 重组政策

124.《国家税务总局关于债务重组所得企业所得税处理问题的批复》(2009 年 1 月 4 日，国税函〔2009〕1 号)

125.《北京市财政局 北京市国家税务局 北京市地方税务局转发财政部国家税务总局关于企业重组业务企业所得税处理若干问题的通知》(2009 年 5 月 27 日，京财税〔2009〕1000 号，财税〔2009〕59 号)

126.《国家税务总局关于发布〈企业重组业务企业所得税管理办法〉的公告》(2010 年 7 月 26 日，国家税务总局公告 2010 年第 4 号)

127.《财政部 国家税务总局关于促进企业重组有关企业所得税处理问题的通知》(2014 年 12 月 25 日，财税〔2014〕109 号)

128.《财政部 国家税务总局关于非货币性资产投资企业所得税政策问题的通知》(2014 年 12 月 31 日，财税〔2014〕116 号)

129.《国家税务总局关于非货币性资产投资企业所得税有关征管问题的公告》(2015 年 5 月 8 日，国家税务总局公告 2015 年第 33 号)

130.《国家税务总局关于资产（股权）划转企业所得税征管问题的公告》(2015 年 5 月 27 日，国家税务总局公告 2015 年第 40 号)

131.《国家税务总局关于企业重组业务企业所得税征收管理若干问题的公告》(2015 年 6 月 24 日，国家税务总局公告 2015 年第 48 号)

(五) 清算政策

132.《财政部 国家税务总局关于企业清算业务企业所得税处理若干问题的通知》(2009 年 4 月 30 日，财税〔2009〕60 号)

133.《国家税务总局关于印发〈中华人民共和国企业清算所得税申报表〉的通知》(2009 年 7 月 17 日，国税函〔2009〕388 号)

134.《北京市国家税务局转发〈国家税务总局关于企业清算所得税有关问题的通知〉的通知》（2010年4月20日，京国税函〔2010〕87号，国税函〔2009〕684号）

（六）境外所得

135.《财政部 国家税务总局关于企业境外所得税收抵免有关问题的通知》（2009年12月25日，财税〔2009〕125号）

136.《国家税务总局关于发布〈企业境外所得税收抵免操作指南〉的公告》（2010年7月2日，国家税务总局公告2010年第1号）

（七）资产损失

137.《财政部 国家税务总局关于企业资产损失税前扣除政策的通知》（2009年4月16日，财税〔2009〕57号）

138.《北京市国家税务局转发国家税务总局关于印发〈企业资产损失税前扣除管理办法〉的通知的通知》（2009年6月11日，京国税发〔2009〕117号，国税发〔2009〕88号【全文废止】）

139.《国家税务总局关于企业以前年度未扣除资产损失企业所得税处理问题的通知》（2009年12月31日，国税函〔2009〕772号【全文废止】）

140.《北京市国家税务局关于企业资产损失税前扣除审批管理工作的补充通知》（2010年4月6日，京国税函〔2010〕68号）

141.《国家税务总局关于电信企业坏账损失税前扣除问题的通知》（2010年5月12日，国税函〔2010〕196号【全文废止】）

142.《国家税务总局关于企业股权投资损失所得税处理问题的公告》（2010年7月28日，国家税务总局公告2010年第6号）

143.《国家税务总局关于电网企业输电线路部分报废损失税前扣除问题的公告》（2010年12月24日，国家税务总局公告2010年第30号）

144.《国家税务总局关于发布〈企业资产损失所得税税前扣除管理办法〉的公告》（2011年3月31日，国家税务总局公告2011年第25号【部分废止】）

145.《北京市国家税务局 北京市地方税务局关于企业资产损失所得税税前扣除有关问题的公告》（2011年12月28日，公告〔2011〕16号）

146.《国家税务总局关于商业零售企业存货损失税前扣除问题的公告》（2014年1月10日，国家税务总局公告2014年第3号）

147.《国家税务总局关于企业因国务院决定事项形成的资产损失税前扣

除问题的公告》（2014 年 3 月 17 日，国家税务总局公告 2014 年第 18 号）

148.《国家税务总局关于金融企业涉农贷款和中小企业贷款损失税前扣除问题的公告》（2015 年 4 月 27 日，国家税务总局公告 2015 年第 25 号）

（八）其他

149.《国家税务总局关于企业政策性搬迁或处置收入有关企业所得税处理问题的通知》（2009 年 3 月 12 日，国税函〔2009〕118 号【全文废止】）

150.《北京市国家税务局 北京市地方税务局关于企业政策性搬迁所得税管理有关问题的公告》（2013 年 6 月 3 日，北京市国家税务局、北京市地方税务局公告 2013 年第 4 号【全文废止】）

151.《国家税务总局关于发布〈企业政策性搬迁所得税管理办法〉的公告》（2012 年 8 月 10 日，国家税务总局公告 2012 年第 40 号【部分废止】）

152.《国家税务总局关于企业政策性搬迁所得税有关问题的公告》（2013 年 3 月 12 日，国家税务总局公告 2013 年第 11 号）

153.《国家税务总局关于企业混合性投资业务企业所得税处理问题的公告》（2013 年 7 月 15 日，国家税务总局公告 2013 年第 41 号）

154.《北京市国家税务局 北京市地方税务局关于废止政策性搬迁备案事项等有关问题的公告》（2014 年 12 月 25 日，北京市国家税务局、北京市地方税务局公告 2014 年第 40 号）

四、征收管理

155.《国家税务总局关于加强企业所得税管理的意见》（2008 年 8 月 18 日，国税发〔2008〕88 号）

156.《财政部 国家税务总局关于〈中华人民共和国企业所得税法〉公布后企业适用税收法律问题的通知》（2007 年 8 月 31 日，财税〔2007〕115 号）

157.《国家税务总局关于调整代开货物运输业发票企业所得税预征率的通知》（2008 年 10 月 6 日，国税函〔2008〕819 号）

158.《财政部 国家税务总局关于试点企业集团缴纳企业所得税有关问题的通知》（2008 年 10 月 17 日，财税〔2008〕119 号）

159.《北京市国家税务局 北京市地方税务局转发国家税务总局关于调整新增企业所得税征管范围问题的通知的通知》（2009 年 6 月 7 日，京国税发〔2009〕37 号，国税发〔2008〕120 号）

160.《财政部 国家税务总局关于坚决制止越权减免税加强依法治税工作的通知》(2009 年 1 月 19 日，财税〔2009〕1 号)

161.《北京市国家税务局 北京市地方税务局转发国家税务总局关于境外注册中资控股企业依据实际管理机构标准认定为居民企业有关问题的通知的通知》(2009 年 5 月 20 日，京国税发〔2009〕107 号，国税发〔2009〕82 号)

162.《国家税务总局关于加强税种征管促进堵漏增收的若干意见》(2009 年 4 月 29 日，国税发〔2009〕85 号)

163.《北京市国家税务局转发国家税务总局关于印发〈企业所得税汇算清缴管理办法〉的通知的通知》(2009 年 5 月 11 日，京国税发〔2009〕93 号，国税发〔2009〕79 号)

164.《国家税务总局关于印发〈进一步加强税收征管若干具体措施〉的通知》(2009 年 7 月 27 日，国税发〔2009〕114 号)

165.《北京市国家税务局 北京市地方税务局转发国家税务总局关于加强个人工资薪金所得与企业的工资费用支出比对问题的通知的通知》(2009 年 8 月 11 日，京国税函〔2009〕299 号，国税函〔2009〕259 号)

166.《国家税务总局关于印发〈境外注册中资控股居民企业所得税管理办法（试行)〉的公告》(2011 年 7 月 27 日，国家税务总局公告 2011 年第 45 号)

167.《北京市国家税务局关于认真落实〈加强企业所得税预缴管理的实施意见〉的通知》(2011 年 12 月 31 日，京国税发〔2011〕309 号【全文废止】)

168.《北京市国家税务局 北京市地方税务局关于企业所得税纳税人涉税事项附送税务师事务所等涉税专业服务机构鉴证业务报告的公告》(2012 年 3 月 6 日，公告〔2012〕2 号)

169.《国家税务总局关于进一步加强企业所得税汇算清缴工作的通知》(2013 年 3 月 13 日，税总发〔2013〕26 号)

170.《国家税务总局关于加强企业所得税后续管理的指导意见》(2013 年 5 月 20 日，税总发〔2013〕55 号)

171.《国家税务总局关于依据实际管理机构标准实施居民企业认定有关问题的公告》(2014 年 1 月 29 日，国家税务总局公告 2014 年第 9 号)

172.《北京市国家税务局关于企业所得税预缴管理有关问题的通知》(2014 年 12 月 11 日，京国税函〔2014〕280 号)

纳税申报

173.《北京市国家税务局转发国家税务总局关于印发〈中华人民共和国企业所得税月（季）度预缴纳税申报表〉等报表的通知的通知》(2008 年 1 月

31 日，京国税发〔2008〕24 号【全文废止】）

174.《国家税务总局关于企业所得税预缴问题的通知》（2008 年 1 月 30 日，国税发〔2008〕17 号）

175.《国家税务总局关于外国企业所得税纳税年度有关问题的通知》（2008 年 4 月 3 日，国税函〔2008〕301 号）

176.《国家税务总局关于填报企业所得税月（季）度预缴纳税申报表有关问题的通知》（2008 年 6 月 30 日，国税函〔2008〕635 号【全文废止】）

177.《北京市国家税务局转发国家税务总局关于印发〈中华人民共和国企业所得税年度纳税申报表〉的通知的通知》（2008 年 10 月 30 日，京国税发〔2008〕323 号，国税发〔2008〕101 号【全文废止】）

178.《国家税务总局关于印发〈中华人民共和国企业年度关联业务往来报告表〉的通知》（2008 年 12 月 5 日，国税发〔2008〕114 号【部分废止】）

179.《国家税务总局关于〈中华人民共和国企业所得税年度纳税申报表〉的补充通知》（2008 年 12 月 31 日，国税函〔2008〕1081 号【全文废止】）

180.《北京市国家税务局转发国家税务总局关于加强企业所得税预缴工作的通知的通知》（2009 年 2 月 13 日，京国税函〔2009〕44 号【部分废止】，国税函〔2009〕34 号）

181.《国家税务总局关于做好 2008 年度企业所得税汇算清缴工作的通知》（2009 年 2 月 6 日，国税函〔2009〕55 号）

182.《国家税务总局关于做好 2008 年度企业所得税汇算清缴工作的补充通知》（2009 年 3 月 17 日，国税函〔2009〕134 号）

183.《国家税务总局关于企业所得税汇算清缴汇总工作有关问题的通知》（2009 年 4 月 13 日，国税函〔2009〕184 号）

184.《国家税务总局关于 2008 年度企业所得税纳税申报有关问题的通知》（2009 年 5 月 31 日，国税函〔2009〕286 号）

185.《国家税务总局关于做好 2009 年度企业所得税汇算清缴工作的通知》（2010 年 5 月 4 日，国税函〔2010〕148 号【全文废止】）

186.《国家税务总局关于 2009 年度企业所得税纳税申报有关问题的通知》（2010 年 5 月 28 日，国税函〔2010〕249 号）

187.《国家税务总局关于企业所得税年度纳税申报口径问题的公告》（2011 年 4 月 29 日，国家税务总局公告 2011 年第 29 号【全文废止】）

188.《国家税务总局关于发布〈中华人民共和国企业所得税月（季）度预缴纳税申报表〉等报表的公告》（2011 年 11 月 30 日，国家税务总局公告

2011 年第 64 号【全文废止】)

189.《国家税务总局关于发布〈中华人民共和国企业所得税月（季）度预缴纳税申报表〉等报表的补充公告》(2011 年 12 月 22 日，国家税务总局公告 2011 年第 76 号【全文废止】)

190.《北京市国家税务局关于纳税人财务会计报表报送有关问题的公告》(2011 年 12 月 29 日，公告〔2011〕15 号)

191.《北京市国家税务局关于调整纳税人财务会计报表报送要求的公告》(2012 年 12 月 21 日，公告〔2012〕12 号)

192.《国家税务总局关于发布〈中华人民共和国企业所得税月（季）度预缴纳税申报表（2014 年版）等报表〉的公告》(2014 年 5 月 21 日，国家税务总局公告 2014 年第 28 号)

193.《国家税务总局关于居民企业报告境外投资和所得信息有关问题的公告》(2014 年 6 月 30 日，国家税务总局公告 2014 年第 38 号)

194.《国家税务总局关于发布〈中华人民共和国企业所得税年度纳税申报表（A 类，2014 年版）〉的公告》(2014 年 11 月 3 日，国家税务总局公告 2014 年第 63 号)

195.《国家税务总局关于发布〈中华人民共和国企业所得税月（季）度预缴纳税申报表（2015 年版）等报表〉的公告》(2015 年 4 月 30 日，国家税务总局公告 2015 年第 31 号)

196.《国家税务总局关于修改企业所得税月（季）度预缴纳税申报表的公告》(2015 年 11 月 15 日，国家税务总局公告 2015 年第 79 号)

五、其他

197.《国家税务总局关于印发〈新企业所得税法精神宣传提纲〉的通知》(2008 年 2 月 5 日，国税函〔2008〕159 号)

198.《财政部 国家税务总局关于合伙企业合伙人所得税问题的通知》(2008 年 12 月 23 日，财税〔2008〕159 号)

199.《国家税务总局关于印发〈特别纳税调整实施办法（试行）〉》的通知》(2009 年 1 月 8 日，国税发〔2009〕2 号)

200.《市财政局 市国家税务局 市地方税务局转发财政部 国家税务总局关于发布部分到期停止执行税收规范性文件的通知》(2010 年 5 月 14 日，京财税〔2010〕713 号，财税〔2009〕138 号)

201.《国家税务总局关于发布〈税务师事务所职业风险基金管理办法〉的公告》(2010 年 9 月 14 日，国家税务总局公告 2010 年第 14 号)

202.《国家税务总局办公厅关于执行新国民经济行业分类国家标准的通知》(2011 年 11 月 3 日，国税办发〔2011〕132 号)

203.《国家税务总局关于税务师事务所公告栏有关问题的公告》(2011 年 12 月 2 日，国家税务总局公告 2011 年第 67 号)

204.《国家税务总局关于国寿投资控股有限公司相关税收问题的公告》(2013 年 1 月 7 日，国家税务总局公告 2013 年第 2 号)

205.《国家税务总局关于公开行政审批事项等相关工作的公告》(2014 年 2 月 13 日，国家税务总局公告 2014 年第 10 号)

206.《国家税务总局关于特别纳税调整监控管理有关问题的公告》(2014 年 8 月 29 日，国家税务总局公告 2014 年第 54 号)

207.《国家税务总局关于税务行政审批制度改革若干问题的意见》(2014 年 9 月 15 日，税总发〔2014〕107 号)

208.《一般反避税管理办法（试行)》(2014 年 12 月 2 日，国家税务总局令 2014 年第 32 号)

209.《国家税务总局关于规范成本分摊协议管理的公告》(2015 年 6 月 16 日，国家税务总局公告 2015 年第 45 号)

209.《国家税务总局关于贯彻落实〈国务院关于取消非行政许可审批事项的决定〉的通知》(2015 年 5 月 25 日，税总发〔2015〕74 号)

210.《国家税务总局关于 3 项企业所得税事项取消审批后加强后续管理的公告》(2015 年 2 月 6 日，国家税务总局公告 2015 年第 6 号)

211.《国家税务总局关于企业境外所得适用简易征收和饶让抵免的核准事项取消后有关后续管理问题的公告》(2015 年 10 月 15 日，国家税务总局公告 2015 年第 70 号)

六、税收优惠

212.《北京市国家税务局关于企业所得税税收优惠备案管理有关问题的公告》(2012 年 7 月 25 日，公告〔2012〕5 号)

213.《北京市国家税务局关于进一步规范企业所得税税收优惠备案管理工作的通知》(2012 年 7 月 26 日，京国税发〔2012〕165 号)

214.《北京市国家税务局关于进一步加强企业所得税减免税管理工作的

通知》（2009年2月24日，京国税发〔2009〕47号【全文废止】）

215.《国务院关于实施企业所得税过渡优惠政策的通知》（2007年12月29日，国发〔2007〕39号）

216.《国务院关于经济特区和上海浦东新区新设立高新技术企业实行过渡性税收优惠的通知》（2007年12月29日，国发〔2007〕40号）

217.《财政部 国家税务总局关于贯彻落实国务院关于实施企业所得税过渡优惠政策有关问题的通知》（2008年2月13日，财税〔2008〕21号）

218.《财政部 国家税务总局关于企业所得税若干优惠政策的通知》（2008年2月22日，财税〔2008〕1号【部分废止】）

219.《国家税务总局关于外商投资企业和外国企业原有若干税收优惠政策取消后有关事项处理的通知》（2008年2月27日，国税发〔2008〕23号）

220.《财政部 国家税务总局关于核电行业税收政策有关问题的通知》（2008年4月3日，财税〔2008〕38号）

221.《财政部 国家税务总局关于地方商品储备有关税收问题的通知》（2008年8月15日，财税〔2008〕110号）

222.《财政部 国家税务总局 国家发展改革委关于公布资源综合利用企业所得税优惠目录（2008年版）的通知》（2008年8月20日，财税〔2008〕117号）

223.《财政部 国家税务总局 国家发展改革委关于公布公共基础设施项目企业所得税优惠目录（2008年版）的通知》（2008年9月8日，财税〔2008〕116号）

224.《财政部 国家税务总局关于执行公共基础设施项目企业所得税优惠目录有关问题的通知》（2008年9月23日，财税〔2008〕46号）

225.《财政部 国家税务总局关于执行资源综合利用企业所得税优惠目录有关问题的通知》（2008年9月23日，财税〔2008〕47号）

226.《国家税务总局关于企业所得税减免税管理问题的通知》（2008年12月1日，国税发〔2008〕111号）

227.《国家税务总局关于印发〈企业研究开发费用税前扣除管理办法（试行）〉的通知》（2008年12月10日，国税发〔2008〕116号）

228.《财政部 国家税务总局关于海峡两岸海上直航营业税和企业所得税政策的通知》（2009年1月19日，财税〔2009〕4号）

229.《财政部 国家税务总局关于中国清洁发展机制基金及清洁发展机制项目实施企业有关企业所得税政策问题的通知》（2009年3月23日，财税〔2009〕30号）

230.《财政部 国家税务总局关于文化体制改革中经营性文化事业单位转制为企业的若干税收优惠政策的通知》(2009 年 3 月 26 日，财税〔2009〕34 号)

231.《财政部 海关总署 国家税务总局关于支持文化企业发展若干税收政策问题的通知》(2009 年 3 月 27 日，财税〔2009〕31 号)

232.《国家税务总局关于实施国家重点扶持的公共基础设施项目企业所得税优惠问题的通知》(2009 年 4 月 16 日，国税发〔2009〕80 号)

233.《财政部 国家发展和改革委员会 国家税务总局 科学技术部 商务部关于技术先进型服务企业有关税收政策问题的通知》(2009 年 4 月 24 日，财税〔2009〕63 号)

234.《财政部 国家税务总局关于安置残疾人员就业有关企业所得税优惠政策问题的通知》(2009 年 4 月 30 日，财税〔2009〕70 号)

235.《国家税务总局关于实施创业投资企业所得税优惠问题的通知》(2009 年 4 月 30 日，国税发〔2009〕87 号)

236.《北京市国家税务局转发国家税务总局关于资源综合利用企业所得税优惠管理问题的通知的通知》(2009 年 5 月 22 日，京国税函〔2009〕164 号，国税函〔2009〕185 号)

237.《国家税务总局关于股权分置改革中上市公司取得资产及债务豁免对价收入征免所得税问题的批复》(2009 年 7 月 13 日，国税函〔2009〕375 号)

238.《国家税务总局关于西部大开发企业所得税优惠政策适用目录问题的批复》(2009 年 7 月 27 日，国税函〔2009〕399 号)

239.《国家税务总局关于执行西部大开发税收优惠政策有关问题的批复》(2009 年 7 月 31 日，国税函〔2009〕411 号)

240.《财政部 国家税务总局 中宣部关于转制文化企业名单及认定问题的通知》(2009 年 8 月 12 日，财税〔2009〕105 号)

241.《北京市国家税务局转发〈国家税务总局关于企业所得税税收优惠管理问题的补充通知〉的通知》(2009 年 8 月 31 日，京国税函〔2009〕307 号【全文废止】，国税函〔2009〕255 号)

242.《财政部 国家税务总局关于期货投资者保障基金有关税收问题的通知》(2009 年 8 月 31 日，财税〔2009〕68 号【全文废止】)

243.《国家税务总局关于资源综合利用有关企业所得税优惠问题的批复》(2009 年 10 月 10 日，国税函〔2009〕567 号)

244.《财政部 国家税务总局关于延长部分税收优惠政策执行期限的通知》(2009 年 11 月 20 日，财税〔2009〕131 号)

245.《财政部 国家税务总局 国家发展改革委关于公布环境保护节能节水项目企业所得税优惠目录（试行）的通知》（2009年12月31日，财税〔2009〕166号）

246.《财政部 国家税务总局关于汶川地震灾区农村信用社企业所得税有关问题的通知》（2010年1月5日，财税〔2010〕3号）

247.《国家税务总局关于政府关停外商投资企业所得税优惠政策处理问题的批复》（2010年2月12日，国税函〔2010〕69号）

248.《国家税务总局关于新办文化企业企业所得税有关政策问题的通知》（2010年3月2日，国税函〔2010〕86号）

249.《国家税务总局关于进一步明确企业所得税过渡期优惠政策执行口径问题的通知》（2010年4月21日，国税函〔2010〕157号）

250.《财政部 国家税务总局关于中国扶贫基金会小额信贷试点项目税收政策的通知》（2010年5月13日，财税〔2010〕35号）

251.《财政部 国家税务总局关于农村金融有关税收政策的通知》（2010年5月13日，财税〔2010〕4号）

252.《财政部 国家税务总局关于海峡两岸空中直航营业税和企业所得税政策的通知》（2010年9月6日，财税〔2010〕63号）

253.《财政部 国家税务总局 商务部 科技部 国家发展改革委关于技术先进型服务企业有关企业所得税政策问题的通知》（2010年11月5日，财税〔2010〕65号）

254.《市科学技术委员会 市商务委员会 市财政局 市国家税务局 市地方税务局 市发展和改革委员会关于印发〈北京市技术先进型服务企业认定管理办法（修订）〉的通知》（2010年12月14日，京科发〔2010〕712号）

255.《财政部 海关总署 国家税务总局关于支持舟曲灾后恢复重建有关税收政策问题的通知》（2010年12月29日，财税〔2010〕107号）

256.《财政部 国家税务总局关于促进节能服务产业发展增值税营业税和企业所得税政策问题的通知》（2010年12月30日，财税〔2010〕110号）

257.《国家发展改革委 工业和信息化部 商务部 国家税务总局关于发布2010年度国家规划布局内重点软件企业名单的通知》（2011年2月21日，发改高技〔2011〕342号）

258.《财政部 国家税务总局 中宣部关于下发红旗出版社有限责任公司等中央所属转制文化企业名单的通知》（2011年3月16日，财税〔2011〕3号）

259.《财政部 国家税务总局 中宣部关于下发人民网股份有限公司等81家

中央所属转制文化企业名单的通知》(2011 年 4 月 27 日，财税〔2011〕27 号)

260.《财政部 国家税务总局关于新疆困难地区新办企业所得税优惠政策的通知》(2011 年 6 月 17 日，财税〔2011〕53 号)

261.《财政部 海关总署 国家税务总局关于深入实施西部大开发战略有关税收政策问题的通知》(2011 年 7 月 27 日，财税〔2011〕58 号)

262.《财政部 国家税务总局 民政部关于生产和装配伤残人员专门用品企业免征企业所得税的通知》(2011 年 10 月 20 日，财税〔2011〕81 号)

263.《财政部 国家税务总局关于公共基础设施项目和环境保护节能节水项目企业所得税优惠政策问题的通知》(2012 年 1 月 5 日，财税〔2012〕10 号)

264.《国家税务总局关于深入实施西部大开发战略有关企业所得税问题的公告》(2012 年 4 月 6 日，国家税务总局公告 2012 年第 12 号)

265.《财政部 国家税务总局关于支持农村饮水安全工程建设运营税收政策的通知》(2012 年 4 月 24 日，财税〔2012〕30 号)

266.《财政部 海关总署 国家税务总局关于赣州市执行西部大开发税收政策问题的通知》(2013 年 1 月 10 日，财税〔2013〕4 号)

267.《国家税务总局关于电网企业电网新建项目享受所得税优惠政策问题的公告》(2013 年 5 月 24 日，国家税务总局公告 2013 年第 26 号)

268.《国家税务总局关于苏州工业园区有限合伙制创业投资企业法人合伙人企业所得税政策试点有关征收管理问题的公告》(2013 年 5 月 24 日，国家税务总局公告 2013 年第 25 号)

269.《财政部 国家税务总局关于研究开发费用税前加计扣除有关政策问题的通知》(2013 年 9 月 29 日，财税〔2013〕70 号)

270.《财政部 海关总署 国家税务总局关于支持芦山地震灾后恢复重建有关税收政策问题的通知》(2013 年 9 月 30 日，财税〔2013〕58 号)

271.《财政部 国家税务总局关于中国（上海）自由贸易试验区内企业以非货币性资产对外投资等资产重组行为有关企业所得税政策问题的通知》(2013 年 11 月 15 日，财税〔2013〕91 号)

272.《国家税务总局 国家发展改革委关于落实节能服务企业合同能源管理项目企业所得税优惠政策有关征收管理问题的公告》(2013 年 12 月 17 日，国家税务总局 国家发展改革委公告 2013 年第 77 号)

273.《国家税务总局关于促进残疾人就业税收优惠政策有关问题的公告》(2013 年 12 月 30 日，国家税务总局公告 2013 年第 78 号)

274.《北京市财政局 北京市国家税务局北京市地方税务局转发财政部国

家税务总局关于国家大学科技园税收政策的通知》（2014 年 3 月 24 日，京财税〔2014〕489 号，财税〔2013〕118 号）

275.《北京市财政局 北京市国家税务局 北京市地方税务局转发财政部 国家税务总局关于科技企业孵化器税收政策的通知》（2014 年 3 月 24 日，京财税〔2014〕490 号，财税〔2013〕117 号）

276.《财政部 国家税务总局关于铁路发展基金有关税收政策的通知》（2014 年 7 月 11 日，财税〔2014〕56 号）

277.《财政部 国家税务总局关于公共基础设施项目享受企业所得税优惠政策问题的补充通知》（2014 年 7 月 04 日，财税〔2014〕55 号）

278.《北京市财政局 北京市国家税务局 北京市地方税务局 北京市民政局转发财政部 国家税务总局 民政部关于调整完善扶持自主就业退役士兵创业就业有关税收政策的通知》（2014 年 7 月 22 日，京财税〔2014〕1404 号，财税〔2014〕42 号）

279.《北京市财政局 北京市国家税务局北京市地方税务局 北京市人力资源和社会保障局转发财政部 国家税务总局人力资源社会保障部关于继续实施支持和促进重点群体创业就业有关税收政策的通知》（2014 年 7 月 22 日，京财税〔2014〕1763 号，财税〔2014〕39 号）

280.《国家税务总局 财政部 人力资源社会保障部 教育部 民政部关于支持和促进重点群体创业就业有关税收政策具体实施问题的公告》（2014 年 5 月 30 日，国家税务总局公告 2014 年第 34 号）

281.《北京市地方税务局 北京市国家税务局关于支持和促进重点群体创业就业有关税收政策具体实施问题的通知》（2014 年 10 月 27 日，京地税企〔2014〕168 号）

282.《财政部 国家税务总局 证监会关于 QFII 和 RQFII 取得中国境内的股票等权益性投资资产转让所得暂免征收企业所得税问题的通知》（2014 年 10 月 31 日，财税〔2014〕79 号）

283.《财政部 国家税务总局 证监会关于沪港股票市场交易互联互通机制试点有关税收政策的通知》（2014 年 10 月 31 日，财税〔2014〕81 号）

284.《财政部 国家税务总局 中宣部关于继续实施文化体制改革中经营性文化事业单位转制为企业若干税收政策的通知》（2014 年 11 月 27 日，财税〔2014〕84 号）

285.《财政部 海关总署 国家税务总局关于继续实施支持文化企业发展若干税收政策的通知》（2014 年 11 月 27 日，财税〔2014〕85 号）

286.《财政部 国家税务总局关于延续并完善支持农村金融发展有关税收政策的通知》(2014 年 12 月 26 日，财税〔2014〕102 号)

287.《财政部 国家税务总局 科技部关于完善研究开发费用税前加计扣除政策的通知》(2015 年 11 月 2 日，财税〔2015〕119 号)

288.《国家税务总局关于企业研究开发费用税前加计扣除政策有关问题的公告》(2015 年 12 月 29 日，国家税务总局公告 2015 年第 97 号)

289.《财政部 国家税务总局 证监会关于内地与香港基金互认有关税收政策的通知》(2015 年 12 月 14 日，财税〔2015〕125 号)

290.《国家税务总局关于执行〈西部地区鼓励类产业目录〉有关企业所得税问题的公告》(2015 年 3 月 10 日，国家税务总局公告 2015 年第 14 号)

291.《财政部 国家税务总局关于支持鲁甸地震灾后恢复重建有关税收政策问题的通知》(2015 年 1 月 26 日，财税〔2015〕27 号)

292.《国家税务总局关于发布〈企业所得税优惠政策事项办理办法〉的公告》(2015 年 11 月 12 日，国家税务总局公告 2015 年第 76 号)

农、林、牧、渔业税收优惠

293.《国家税务总局关于贯彻落实从事农、林、牧、渔业项目企业所得税优惠政策有关事项的通知》(2008 年 10 月 17 日，国税函〔2008〕850 号)

294.《财政部 国家税务总局关于发布享受企业所得税优惠政策的农产品初加工范围(试行)的通知》(2008 年 11 月 20 日，财税〔2008〕149 号)

295.《国家税务总局关于“公司+农户”经营模式企业所得税优惠问题的公告》(2010 年 7 月 9 日，国家税务总局公告 2010 年第 2 号)

296.《财政部 国家税务总局关于享受企业所得税优惠的农产品初加工有关范围的补充通知》(2011 年 5 月 11 日，财税〔2011〕26 号)

297.《国家税务总局关于实施农林牧渔业项目企业所得税优惠问题的公告》(2011 年 9 月 13 日，国家税务总局公告 2011 年第 48 号)

高新技术企业税收优惠

298.《市科委 市财政局 市国税局 市地税局关于转发科技部 财政部 国家税务总局〈关于印发《高新技术企业认定管理办法》〉的通知〉和〈关于印发《高新技术企业认定管理工作指引》的通知〉并印发〈北京市高新技术企业认定管理工作实施方案〉的通知》(2008 年 11 月 24 日，京科高发〔2008〕434 号)

299.《科技部 财政部 国家税务总局关于印发〈高新技术企业认定管理办法〉的通知》(2008 年 4 月 14 日，国科发火〔2008〕172 号)

300.《科技部 财政部 国家税务总局关于印发〈高新技术企业认定管理

工作指引〉的通知》（2008 年 7 月 8 日，国科发火〔2008〕362 号）

301.《国家税务总局关于高新技术企业 2008 年度缴纳企业所得税问题的通知》（2008 年 12 月 2 日，国税函〔2008〕985 号）

302.《国家税务总局关于实施高新技术企业所得税优惠有关问题的通知》（2009 年 4 月 22 日，国税函〔2009〕203 号）

303.《国家税务总局关于高新技术企业资格复审期间企业所得税预缴问题的公告》（2011 年 1 月 10 日，国家税务总局公告 2011 年第 4 号）

304.《财政部 国家税务总局关于高新技术企业境外所得适用税率及税收抵免问题的通知》（2011 年 5 月 31 日，财税〔2011〕47 号）

305.《科技部 财政部 国家税务总局关于修订印发〈高新技术企业认定管理办法〉的通知》（2016 年 1 月 29 日，国科发火〔2016〕32 号）

小型微利企业税收优惠

306.《国家税务总局关于小型微利企业所得税预缴问题的通知》（2008 年 3 月 21 日，国税函〔2008〕251 号）

307.《财政部 国家税务总局关于执行企业所得税优惠政策若干问题的通知》（2009 年 4 月 24 日，财税〔2009〕69 号**【部分废止】**）

308.《财政部 国家税务总局关于小型微利企业有关企业所得税政策的通知》（2009 年 12 月 2 日，财税〔2009〕133 号）

309.《国家税务总局关于小型微利企业预缴 2010 年度企业所得税有关问题的通知》（2010 年 5 月 6 日，国税函〔2010〕185 号）

310.《财政部 国家税务总局关于继续实施小型微利企业所得税优惠政策的通知》（2011 年 1 月 27 日，财税〔2011〕4 号）

311.《财政部 国家税务总局关于小型微利企业所得税优惠政策有关问题的通知》（2011 年 11 月 29 日，财税〔2011〕117 号）

312.《国家税务总局关于小型微利企业预缴企业所得税有关问题的公告》（2012 年 4 月 13 日，国家税务总局公告 2012 年第 14 号）

313.《财政部 国家税务总局关于小型微利企业所得税优惠政策有关问题的通知》（2014 年 4 月 8 日，财税〔2014〕34 号）

314.《国家税务总局关于扩大小型微利企业减半征收企业所得税范围有关问题的公告》（2014 年 4 月 18 日，国家税务总局公告 2014 年第 23 号）

315.《北京市国家税务局 北京市地方税务局转发〈国家税务总局关于贯彻落实小型微利企业所得税优惠政策的通知〉的通知》（2014 年 5 月 7 日，京国税发〔2014〕125 号，税总发〔2014〕58 号）

316.《国家税务总局关于进一步加强小微企业税收优惠政策落实工作的通知》(2014 年 10 月 16 日，税总发〔2014〕122 号)

317.《财政部 国家税务总局关于小型微利企业所得税优惠政策的通知》(2015 年 3 月 13 日，财税〔2015〕34 号)

318.《国家税务总局关于贯彻落实扩大小型微利企业减半征收企业所得税范围有关问题的公告》(2015 年 3 月 18 日，国家税务总局公告 2015 年第 17 号)

319.《国家税务总局关于进一步做好小微企业税收优惠政策贯彻落实工作的通知》(2015 年 3 月 13 日，税总发〔2015〕35 号)

320.《财政部 国家税务总局关于进一步扩大小型微利企业所得税优惠政策范围的通知》(2015 年 9 月 2 日，财税〔2015〕99 号)

321.《国家税务总局关于贯彻落实进一步扩大小型微利企业减半征收企业所得税范围有关问题的公告》(2015 年 9 月 10 日，国家税务总局公告 2015 年第 61 号)

322.《国家税务总局关于认真做好小型微利企业所得税优惠政策贯彻落实工作的通知》(2015 年 9 月 9 日，税总发〔2015〕108 号)

下岗再就业税收优惠

323.《北京市财政局 北京市国家税务局 北京市地方税务局转发财政部 国家税务总局关于延长下岗失业人员再就业有关税收政策的通知》(2009 年 5 月 15 日，京财税〔2009〕936 号，财税〔2009〕23 号)

324.《北京市国家税务局 北京市地方税务局 北京市人力资源和社会保障局关于下岗再就业减免税审批管理有关问题的通知》(2009 年 6 月 8 日，京国税函〔2009〕194 号)

325.《北京市国家税务局 北京市地方税务局 北京市人力资源和社会保障局关于下岗再就业减免税审批管理有关问题的通知》(2010 年 6 月 29 日，京国税发〔2010〕133 号，财税〔2010〕10 号)

326.《市财政局 市国家税务局 市地方税务局转发财政部 国家税务总局关于支持和促进就业有关税收政策的通知》(2010 年 10 月 31 日，京财税〔2010〕2961 号，财税〔2010〕84 号)

327.《市人力资源和社会保障局 市财政局 市国家税务局 市地方税务局 市人民政府国有资产监督管理委员会关于做好首钢总公司停产职工就业工作有关问题的通知》(2011 年 3 月 21 日，京人社就发〔2011〕66 号)

328.《北京市地方税务局 北京市国家税务局 北京市人力资源和社会保障局关于支持和促进就业有关税收政策实施问题的公告》(2011 年 9 月 2 日，

北京市地方税务局 北京市国家税务局 北京市人力资源和社会保障局公告2011年第13号）

329.《财政部 税务总局 人力资源社会保障部 教育部关于支持和促进重点群体创业就业税收政策有关问题的补充通知》（2015年1月27日，财税〔2015〕18号）

330.《财政部 国家税务总局 教育部 民政部 人力资源和社会保障部办公厅关于支持和促进重点群体创业就业有关税收政策具体实施问题的补充公告》（2015年2月13日，国家税务总局公告2015年第12号）

331.《财政部 国家税务总局 人力资源社会保障部关于扩大企业吸纳就业税收优惠适用人员范围的通知》（2015年7月10日，财税〔2015〕77号）

技术转让所得税收优惠

332.《国家税务总局关于技术转让所得减免企业所得税有关问题的通知》（2009年4月24日，国税函〔2009〕212号）

333.《财政部 国家税务总局关于居民企业技术转让有关企业所得税政策问题的通知》（2010年12月31日，财税〔2010〕111号）

334.《国家税务总局关于技术转让所得减免企业所得税有关问题的公告》（2013年10月21日，国家税务总局公告2013年第62号）

335.《财政部 国家税务总局关于将国家自主创新示范区有关税收试点政策推广到全国范围实施的通知》（2015年10月23日，财税〔2015〕116号）

336.《国家税务总局关于许可使用权技术转让所得企业所得税有关问题的公告》（2015年11月16日，国家税务总局公告2015年第82号）

非营利组织税收优惠

337.《财政部 国家税务总局关于非营利组织企业所得税免税收入问题的通知》（2009年11月11日，财税〔2009〕122号）

338.《财政部 国家税务总局关于非营利组织免税资格认定管理有关问题的通知》（2009年11月11日，财税〔2009〕123号【全文废止】）

339.《北京市财政局 北京市国家税务局 北京市地方税务局关于非营利组织免税资格认定管理有关问题的补充通知》（2010年3月24日，京财税〔2010〕388号【全文废止】）

340.《北京市财政局 北京市国家税务局 北京市地方税务局关于公布北京市2008、2009年度获得非营利组织免税资格的单位名单（第一批）的通知》（2010年5月28日，京财税〔2010〕952号）

341.《关于公布北京市2008、2009年度获得非营利组织免税资格的单位

名单（第二批）的通知》（2010年7月13日，京财税〔2010〕1183号）

342.《北京市财政局 北京市国家税务局 北京市地方税务局关于公布北京市2008、2009年度获得非营利组织免税资格的单位名单（第三批）的通知》（2010年12月1日，财税〔2010〕1834号）

343.《北京市财政局 北京市国家税务局 北京市地方税务局关于公布北京市2008、2009年度获得非营利组织免税资格单位名单（第四批）的通知》（2011年3月31日，京财税〔2011〕462号）

344.《关于规范我市非营利组织免税资格认定管理工作有关问题的通知》（2011年5月17日，京财税〔2011〕813号【全文废止】）

345.《关于公布北京市取得非营利组织免税资格单位名单的通知》（2011年5月26日，京财税〔2011〕994号）

346.《北京市财政局 北京市国家税务局 北京市地方税务局 转发财政部国家税务总局关于非营利组织免税资格认定管理有关问题的通知》（2014年3月28日，京财税〔2014〕546号，财税〔2014〕13号）

动漫、软件和集成电路企业税收优惠

347.《财政部 国家税务总局关于扶持动漫产业发展有关税收政策问题的通知》（2009年7月17日，财税〔2009〕65号）

348.《北京市文化局 北京市财政局 北京市国家税务局 北京市地方税务局转发文化部 财政部 国家税务总局关于〈动漫企业认定管理办法（试行）〉等文件和印发〈北京市动漫企业认定管理工作实施方案〉的通知》（2009年10月19日，京文市发字〔2009〕717号，文市发〔2008〕51号，文产发〔2009〕18号）

349.《文化部 财政部 国家税务总局关于公布2010年通过认定的动漫企业和重点动漫企业名单的通知》（2010年12月7日，文产发〔2010〕45号）

350.《北京市文化局 北京市财政局 北京市国税局 北京市地税局 北京市动漫企业认定管理工作领导小组关于2010年度动漫企业通过年审的通知》（2011年5月16日，京文网发〔2011〕312号）

351.《财政部 国家税务总局关于进一步鼓励软件产业和集成电路产业发展企业所得税政策的通知》（2012年4月20日，财税〔2012〕27号）

352.《国家税务总局关于软件和集成电路企业认定管理有关问题的公告》（2012年5月30日，国家税务总局公告2012年第19号）

353.《国家税务总局关于执行软件企业所得税优惠政策有关问题的公告》（2013年7月25日，国家税务总局公告2013年第43号）

354.《北京市经济和信息化委员会 北京市发展和改革委员会 北京市财

政局 北京市国税局 北京市地税局关于印发〈北京市集成电路设计企业认定管理实施细则〉的通知》（2014 年 5 月 13 日，京经信委发〔2014〕54 号）

355.《财政部 国家税务总局 发展改革委 工业和信息化部关于进一步鼓励集成电路产业发展企业所得税政策的通知》（2015 年 3 月 2 日，财税〔2015〕6 号）

356.《工业和信息化部 国家税务总局关于 2014 年度软件企业所得税优惠政策有关事项的通知》（2015 年 5 月 27 日，工信部联软函〔2015〕273 号）

专用设备投资抵免税收优惠

357.《国家税务总局关于停止执行企业购买国产设备投资抵免企业所得税政策问题的通知》（2008 年 5 月 16 日，国税发〔2008〕52 号）

358.《财政部 国家税务总局 国家发展改革委关于公布节能节水专用设备企业所得税优惠目录（2008 年版）和环境保护专用设备企业所得税优惠目录（2008 年版）的通知》（2008 年 8 月 20 日，财税〔2008〕115 号）

359.《财政部 国家税务总局 安全监管总局关于公布〈安全生产专用设备企业所得税优惠目录（2008 年版）〉的通知》（2008 年 8 月 20 日，财税〔2008〕118 号）

360.《财政部 国家税务总局关于执行环境保护专用设备企业所得税优惠目录节能节水专用设备企业所得税优惠目录和安全生产专用设备企业所得税优惠目录有关问题的通知》（2008 年 9 月 23 日，财税〔2008〕48 号）

361.《财政部 国家税务总局关于执行企业所得税优惠政策若干问题的通知》（2009 年 4 月 24 日，财税〔2009〕69 号）

362.《国家税务总局关于环境保护节能节水安全生产等专用设备投资抵免企业所得税有关问题的通知》（2010 年 6 月 2 日，国税函〔2010〕256 号）

中关村示范区税收优惠

363.《市财政局 市国家税务局 市地方税务局 市科学技术委员会 中关村科技园区管理委员会关于贯彻落实国家支持中关村科技园区建设国家自主创新示范区试点税收政策的通知》（2010 年 12 月 31 日，京财税〔2010〕2948 号【全文废止】）

364.《北京市科学技术委员会 北京市财政局 北京市国家税务局 北京市地方税务局 中关村科技园区管理委员会关于转发科技部 财政部 国家税务总局完善中关村国家自主创新示范区高新技术企业认定管理试点工作的通知》（2011 年 4 月 6 日，京科发〔2011〕173 号，国科发火〔2011〕90 号）

365.《北京市科学技术委员会 北京市财政局 北京市国家税务局 北京市地方税务局关于印发中关村国家自主创新示范区技术秘密鉴定办法试行的通

知》（2011 年 8 月 25 日，京科发〔2011〕471 号）

366.《北京市财政局 北京市国家税务局 北京市地方税务局 北京市科学技术委员会 中关村科技园区管理委员会关于贯彻落实国家支持中关村科技园区建设国家自主创新示范区试点税收政策的通知》（2013 年 5 月 2 日，京财税〔2013〕610 号，财税〔2013〕13 号，财税〔2013〕14 号，财税〔2013〕15 号）

367.《北京市科学技术委员会 北京市财政局 北京市国家税务局 北京市地方税务局 中关村科技园区管理委员会转发科技部 财政部 国家税务总局关于延长中关村国家自主创新示范区高新技术企业认定管理试点工作期限的通知》（2013 年 8 月 5 日，京科发〔2013〕347 号，国科发火〔2013〕529 号）

368.《北京市财政局 北京市国税局 北京市地税局中关村科技园区管理委员会转发财政部 国家税务总局关于中关村国家自主创新示范区有限合伙制创业投资企业法人合伙人企业所得税试点政策的通知》（2013 年 11 月 12 日，京财税〔2013〕2295 号，财税〔2013〕71 号）

369.《北京市财政局 北京市国家税务局 北京市地方税务局 中关村科技园区管理委员会 北京市科学技术委员会 北京市商务委员会转发财政部 国家税务总局关于中关村国家自主创新示范区技术转让企业所得税试点政策的通知》（2013 年 11 月 12 日，京财税〔2013〕2315 号，财税〔2013〕72 号）

370.《科技部 财政部 税务总局关于在中关村国家自主创新示范区开展高新技术企业认定中文化产业支撑技术等领域范围试点的通知》（2013 年 9 月 29 日，国科发高〔2013〕595 号）

债券及保障基金税收优惠

371.《财政部 国家税务总局关于全国社会保障基金有关企业所得税问题的通知》（2008 年 11 月 21 日，财税〔2008〕136 号）

372.《财政部 国家税务总局关于保险保障基金有关税收问题的通知》（2010 年 9 月 6 日，财税〔2010〕77 号【全文废止】）

373.《国家税务总局关于企业国债投资业务企业所得税处理问题的公告》（2011 年 6 月 22 日，国家税务总局公告 2011 年第 36 号）

374.《财政部 国家税务总局关于地方政府债券利息所得免征所得税问题的通知》（2011 年 8 月 26 日，财税〔2011〕76 号）

375.《财政部 国家税务总局关于期货投资者保障基金有关税收优惠政策继续执行的通知》（2011 年 9 月 20 日，财税〔2011〕69 号【全文废止】）

376.《财政部 国家税务总局关于铁路建设债券利息收入企业所得税政策的通知》（2011 年 10 月 10 日，财税〔2011〕99 号）

377.《财政部 国家税务总局关于地方政府债券利息免征所得税问题的通知》(2013 年 2 月 6 日，财税〔2013〕5 号)

378.《财政部 国家税务总局关于期货投资者保障基金有关税收政策继续执行的通知》(2013 年 10 月 28 日，财税〔2013〕80 号)

379.《财政部 国家税务总局关于保险保障基金有关税收政策继续执行的通知》(2013 年 10 月 28 日，财税〔2013〕81 号)

380.《财政部 国家税务总局关于 2014 2015 年铁路建设债券利息收入企业所得税政策的通知》(2014 年 1 月 29 日，财税〔2014〕2 号)

固定资产加速折旧税收优惠

381.《北京市国家税务局 北京市地方税务局转发国家税务总局关于企业固定资产加速折旧所得税处理有关问题的通知的通知》(2009 年 5 月 18 日，京国税发〔2009〕101 号，国税发〔2009〕81 号)

382.《财政部 国家税务总局关于完善固定资产加速折旧企业所得税政策的通知》(2014 年 10 月 20 日，财税〔2014〕75 号)

383.《国家税务总局关于固定资产加速折旧税收政策有关问题的公告》(2014 年 11 月 14 日，国家税务总局公告 2014 年第 64 号)

384.《财政部 国家税务总局关于进一步完善固定资产加速折旧企业所得税政策的通知》(2015 年 9 月 17 日，财税〔2015〕106 号)

385.《国家税务总局关于进一步完善固定资产加速折旧企业所得税政策有关问题的公告》(2015 年 9 月 25 日，国家税务总局公告 2015 年第 68 号)

七、非居民企业

386.《国家税务总局关于印发〈中华人民共和国非居民企业所得税申报表〉等报表的通知》(2008 年 9 月 22 日，国税函〔2008〕801 号【失效。失效时间：2015 年 7 月 1 日，失效原因：根据《国家税务总局关于发布〈中华人民共和国非居民企业所得税年度纳税申报表〉等报表的公告》(国家税务总局公告 2015 年第 30 号) 的规定："本公告自 2015 年 7 月 1 日起施行。《国家税务总局关于印发〈中华人民共和国非居民企业所得税申报表〉等报表的通知》(国税函〔2008〕801 号) 同时废止。"】)

387.《财政部 国家税务总局关于非居民企业征收企业所得税有关问题的通知》(2008 年 9 月 25 日，财税〔2008〕130 号)

388.《国家税务总局关于中国居民企业向境外 H 股非居民企业股东派发

股息代扣代缴企业所得税有关问题的通知》（2008 年 11 月 6 日，国税函〔2008〕897 号）

389.《国家税务总局关于外国政府等在我国设立代表机构免税审批程序有关问题的通知》（2008 年 11 月 21 日，国税函〔2008〕945 号【全文废止。根据：《国家税务总局关于公布全文失效废止、部分条款失效废止的税收规范性文件目录的公告》（2011 年 1 月 4 日，国家税务总局公告 2011 年第 2 号）。全文废止。根据：《外国企业常驻代表机构税收管理暂行办法》（国税发〔2010〕18 号）】）

390.《国家税务总局关于加强非居民企业来源于我国利息所得扣缴企业所得税工作的通知》（2008 年 11 月 24 日，国税函〔2008〕955 号，根据《国家税务总局关于境内机构向我国银行的境外分行支付利息扣缴企业所得税有关问题的公告》（国家税务总局公告 2015 年第 47 号）的规定："五、本公告自 2015 年 7 月 19 日起施行。《国家税务总局关于加强非居民企业来源于我国利息所得扣缴企业所得税工作的通知》（国税函〔2008〕955 号）第二条同时废止。"）

391.《国家税务总局关于印发〈非居民企业所得税源泉扣缴管理暂行办法〉的通知》（2009 年 1 月 9 日，国税发〔2009〕3 号）

392.《国家税务总局非居民承包工程作业和提供劳务税收管理暂行办法》（2009 年 1 月 20 日，国家税务总局令 2009 年第 19 号）

393.《国家税务总局关于印发〈非居民企业所得税汇算清缴管理办法〉的通知》（2009 年 1 月 22 日，国税发〔2009〕6 号）

394.《国家税务总局关于中国居民企业向 QFII 支付股息、红利、利息代扣代缴企业所得税有关问题的通知》（2009 年 1 月 23 日，国税函〔2009〕47 号）

395.《国家税务总局国际税务司关于更新非居民企业所得税申报表样的函》（2009 年 2 月 9 日，际便函〔2008〕184 号）

396.《国家税务总局关于中国居民企业向全国社会保障基金所持 H 股派发股息不予代扣代缴企业所得税的通知》（2009 年 4 月 1 日，国税函〔2009〕173 号）

397.《国家税务总局关于 非居民企业取得 B 股等股票股息征收企业所得税问题的批复》（2009 年 7 月 24 日，国税函〔2009〕394 号）

398.《国家税务总局关于印发〈非居民享受税收协定待遇管理办法（试行）〉的通知》（2009 年 8 月 24 日，国税发〔2009〕124 号【全文废止，根据：《国家税务总局关于发布〈非居民纳税人享受税收协定待遇管理办法〉的公告》（国家税务总局公告 2015 年第 60 号）附件 11 规定："《国家税务总局关于印发〈非居民享受税收协定待遇管理办法（试行）〉的通知》（国税发

〔2009〕124号）全文废止。”】）

399.《国家税务总局关于加强非居民企业股权转让所得企业所得税管理的通知》（2009年12月10日，国税函〔2009〕698号【《国家税务总局关于非居民企业股权转让适用特殊性税务处理有关问题的公告》（国家税务总局公告2013年第72号）规定，自2013年12月12日起，本文第九条废止。《国家税务总局关于非居民企业间接转让财产企业所得税若干问题的公告》（国家税务总局公告2015年第7号）规定：“十九、本公告自发布之日起施行。本公告发布前发生但未作税务处理的事项，依据本公告执行。《国家税务总局关于加强非居民企业股权转让所得企业所得税管理的通知》（国税函〔2009〕698号）第五条、第六条有关内容同时废止。”】）

400.《国家税务总局关于印发〈非居民企业所得税核定征收管理办法〉的通知》（2010年2月20日，国税发〔2010〕19号【根据《国家税务总局关于修改〈非居民企业所得税核定征收管理办法〉等文件的公告》（国家税务总局公告2015年第22号）的规定：一、《非居民企业所得税核定征收管理办法》（国税发〔2010〕19号）第九条修改为：“主管税务机关应及时向非居民企业送达《非居民企业所得税征收方式鉴定表》（见附件，以下简称《鉴定表》），非居民企业应在收到《鉴定表》后10个工作日内，完成《鉴定表》的填写并送达主管税务机关，主管税务机关在受理《鉴定表》后20个工作日内，完成该项征收方式的确认工作。同时，对《鉴定表》做了相应修改，详见本公告附件。”】）

401.《国家税务总局关于境外分行取得来源于境内利息所得扣缴企业所得税问题的通知》（2010年6月2日，国税函〔2010〕266号）

402.《国家税务总局关于〈非居民享受税收协定待遇管理办法（试行）〉有关问题的补充通知》（2010年6月21日，国税函〔2010〕290号【根据《国家税务总局关于发布《非居民纳税人享受税收协定待遇管理办法》的公告》（国家税务总局公告2015年第60号）附件11的规定：“《国家税务总局关于〈非居民享受税收协定待遇管理办法（试行）〉有关问题的补充通知》（国税函〔2010〕290号）全文废止。”】）

403.《国家税务总局关于非居民企业所得税管理若干问题的公告》（2011年3月28日，国家税务总局公告2011年第24号【根据《国家税务总局关于非居民企业间接转让财产企业所得税若干问题的公告》（国家税务总局公告2015年第7号）的规定：“十九、本公告自发布之日起施行。本公告发布前发生但未作税务处理的事项，依据本公告执行。《国家税务总局关于非居民企业所得税管理若干问题的公告》（国家税务总局公告 2011 年第 24 号）第六条第（三）、（四）、（五）项有关内容同时废止。”】）

404.《国家税务总局关于非居民企业派遣人员在中国境内 提供劳务征收企业所得税有关问题的公告》（2013 年 4 月 19 日，国家税务总局公告 2013 年第 19 号）

405.《国家税务总局关于营业税改征增值税试点中非居民企业缴纳企业所得税有关问题的公告》（2013 年 2 月 19 日，国家税务总局公告 2013 年第 9 号）

406.《国家税务总局关于非居民企业股权转让适用特殊性税务处理有关问题的公告》（2013 年 12 月 12 日，国家税务总局公告 2013 年第 72 号【《国家税务总局关于修改〈非居民企业所得税核定征收管理办法〉等文件的公告》（国家税务总局公告 2015 年第 22 号）规定：三、《国家税务总局关于非居民企业股权转让适用特殊性税务处理有关问题的公告》（国家税务总局公告 2013 年第 72 号）第七条修改为：“非居民企业股权转让适用特殊性税务处理备案后经调查核实不符合条件的，应调整适用一般性税务处理，按照有关规定缴纳企业所得税。非居民企业股权转让适用特殊性税务处理未进行备案的，税务机关应告知其按照本公告第二条、第三条的规定办理备案手续。”】）

407.《国家税务总局关于委托投资情况下认定受益所有人问题的公告》（2014 年 4 月 21 日，国家税务总局公告 2014 年第 24 号）

408.《国家税务总局关于发布〈中华人民共和国非居民企业所得税年度纳税申报表〉等报表的公告》（2015 年 4 月 30 日，国家税务总局公告 2015 年第 30 号）

409.《国家税务总局关于印发〈外国企业常驻代表机构税收管理暂行办法〉的通知》（2010 年 2 月 20 日，国税发〔2010〕18 号）

410.《国家税务总局关于境内机构向我国银行的境外分行支付利息扣缴企业所得税有关问题的公告》（2015 年 6 月 19 日，国家税务总局公告 2015 年第 47 号）

411.《国家税务总局关于发布〈非居民纳税人享受税收协定待遇管理办法〉的公告》（2015 年 8 月 27 日，国家税务总局公告 2015 年第 60 号）

412.《国家税务总局关于非居民企业间接转让财产企业所得税若干问题的公告》（2015 年 2 月 3 日，国家税务总局公告 2015 年第 7 号）

413.《国家税务总局关于修改〈非居民企业所得税核定征收管理办法〉等文件的公告》（2015 年 4 月 17 日，国家税务总局公告 2015 年第 22 号）

注：具体文件内容推荐大家使用“12366 北京中心”查询，网址：http://12366.bjnsr.gov.cn。

CORPORATE INCOME TAX FINAL SETTLEMENT

Risk Tips & Key Points Analysis

中华人民共和国企业所得税年度纳税申报表

为了方便大家比对学习，单独将企业所得税年度纳税申报表印刷成册，祝您成功！

中华人民共和国企业所得税年度纳税申报表

（A类，2014年版）

税款所属期间：　　年　月　日至　　年　月　日

纳税人识别号：□□□□□□□□□□□□□□□□□□□□

纳税人名称：

金额单位：人民币元（列至角分）

谨声明：此纳税申报表是根据《中华人民共和国企业所得税法》、《中华人民共和国企业所得税法实施条例》、有关税收政策以及国家统一会计制度的规定填报的，是真实的、可靠的、完整的。

法定代表人（签章）：　　　　年　月　日

纳税人公章：	代理申报中介机构公章：	主管税务机关受理专用章：
会计主管：	经办人： 经办人执业证件号码：	受理人：
填表日期：　年　月　日	代理申报日期：　年　月　日	受理日期：　年　月　日

国家税务总局监制

企业所得税年度纳税申报表填报表单

表单编号	表单名称	选择填报情况	
		填报	不填报
A000000	企业基础信息表	√	×
A100000	中华人民共和国企业所得税年度纳税申报表（A类）	√	×
A101010	一般企业收入明细表	□	□
A101020	金融企业收入明细表	□	□
A102010	一般企业成本支出明细表	□	□
A102020	金融企业支出明细表	□	□
A103000	事业单位、民间非营利组织收入、支出明细表	□	□
A104000	期间费用明细表	□	□
A105000	纳税调整项目明细表	□	□
A105010	视同销售和房地产开发企业特定业务纳税调整明细表	□	□
A105020	未按权责发生制确认收入纳税调整明细表	□	□
A105030	投资收益纳税调整明细表	□	□
A105040	专项用途财政性资金纳税调整明细表	□	□
A105050	职工薪酬纳税调整明细表	□	□
A105060	广告费和业务宣传费跨年度纳税调整明细表	□	□
A105070	捐赠支出纳税调整明细表	□	□
A105080	资产折旧、摊销情况及纳税调整明细表	□	□
A105081	固定资产加速折旧、扣除明细表	□	□
A105090	资产损失税前扣除及纳税调整明细表	□	□
A105091	资产损失（专项申报）税前扣除及纳税调整明细表	□	□
A105100	企业重组纳税调整明细表	□	□
A105110	政策性搬迁纳税调整明细表	□	□
A105120	特殊行业准备金纳税调整明细表	□	□
A106000	企业所得税弥补亏损明细表	□	□
A107010	免税、减计收入及加计扣除优惠明细表	□	□
A107011	符合条件的居民企业之间的股息、红利等权益性投资收益优惠明细表	□	□

续表

表单编号	表单名称	选择填报情况	
		填报	不填报
A107012	综合利用资源生产产品取得的收入优惠明细表	□	□
A107013	金融、保险等机构取得的涉农利息、保费收入优惠明细表	□	□
A107014	研发费用加计扣除优惠明细表	□	□
A107020	所得减免优惠明细表	□	□
A107030	抵扣应纳税所得额明细表	□	□
A107040	减免所得税优惠明细表	□	□
A107041	高新技术企业优惠情况及明细表	□	□
A107042	软件、集成电路企业优惠情况及明细表	□	□
A107050	税额抵免优惠明细表	□	□
A108000	境外所得税收抵免明细表	□	□
A108010	境外所得纳税调整后所得明细表	□	□
A108020	境外分支机构弥补亏损明细表	□	□
A108030	跨年度结转抵免境外所得税明细表	□	□
A109000	跨地区经营汇总纳税企业年度分摊企业所得税明细表	□	□
A109010	企业所得税汇总纳税分支机构所得税分配表	□	□

说明：企业应当根据实际情况选择需要填表的表单。

A000000　企业基础信息表

<table>
<tr><td colspan="2">正常申报□</td><td>更正申报□</td><td colspan="2">补充申报□</td></tr>
<tr><td colspan="5">100 基本信息</td></tr>
<tr><td>101 汇总纳税企业</td><td colspan="4">是（总机构□　按比例缴纳总机构□）　否□</td></tr>
<tr><td>102 注册资本（万元）</td><td></td><td>106 境外中资控股居民企业</td><td>是□</td><td>否□</td></tr>
<tr><td>103 所属行业明细代码</td><td></td><td>107 从事国家限制和禁止行业</td><td>是□</td><td>否□</td></tr>
<tr><td>104 从业人数</td><td></td><td>108 存在境外关联交易</td><td>是□</td><td>否□</td></tr>
<tr><td>105 资产总额（万元）</td><td></td><td>109 上市公司</td><td colspan="2">是（境内□境外□）否□</td></tr>
<tr><td colspan="5">200 主要会计政策和估计</td></tr>
<tr><td>201 适用的会计准则或会计制度</td><td colspan="4">企业会计准则（一般企业□ 银行□　证券□ 保险□ 担保□）
小企业会计准则□
企业会计制度□
事业单位会计准则（事业单位会计制度□　科学事业单位会计制度□
医院会计制度□　高等学校会计制度□　中小学校会计制度□
彩票机构会计制度□）
民间非营利组织会计制度□
村集体经济组织会计制度□
农民专业合作社财务会计制度（试行）□
其他□</td></tr>
<tr><td>202 会计档案的存放地</td><td></td><td>203 会计核算软件</td><td colspan="2"></td></tr>
<tr><td>204 记账本位币</td><td>人民币□
其他□</td><td>205 会计政策和估计是否发生变化</td><td>是□</td><td>否□</td></tr>
<tr><td>206 固定资产折旧方法</td><td colspan="4">年限平均法□　工作量法□　双倍余额递减法□　年数总和法□
其他□</td></tr>
<tr><td>207 存货成本计价方法</td><td colspan="4">先进先出法□　移动加权平均法□　月末一次加权平均法□
个别计价法□　毛利率法□　零售价法□　计划成本法□　其他□</td></tr>
<tr><td>208 坏账损失核算方法</td><td colspan="4">备抵法□　　直接核销法□</td></tr>
<tr><td>209 所得税计算方法</td><td colspan="4">应付税款法□　资产负债表债务法□　其他□</td></tr>
</table>

300 企业主要股东及对外投资情况					
301 企业主要股东（前 5 位）					
股东名称	证件种类	证件号码	经济性质	投资比例	国籍（注册地址）
302 对外投资（前 5 位）					
被投资者名称	纳税人识别号	经济性质	投资比例	投资金额	注册地址

A100000　中华人民共和国企业所得税年度纳税申报表（A类）

行次	类别	项目	金额
1	利润总额计算	一、营业收入（填写 A101010 \ 101020 \ 103000）	
2		减：营业成本（填写 A102010 \ 102020 \ 103000）	
3		营业税金及附加	
4		销售费用（填写 A104000）	
5		管理费用（填写 A104000）	
6		财务费用（填写 A104000）	
7		资产减值损失	
8		加：公允价值变动收益	
9		投资收益	
10		二、营业利润（1－2－3－4－5－6－7＋8＋9）	
11		加：营业外收入（填写 A101010 \ 101020 \ 103000）	
12		减：营业外支出（填写 A102010 \ 102020 \ 103000）	
13		三、利润总额（10＋11－12）	
14	应纳税所得额计算	减：境外所得（填写 A108010）	
15		加：纳税调整增加额（填写 A105000）	
16		减：纳税调整减少额（填写 A105000）	
17		减：免税、减计收入及加计扣除（填写 A107010）	
18		加：境外应税所得抵减境内亏损（填写 A108000）	
19		四、纳税调整后所得（13－14＋15－16－17＋18）	
20		减：所得减免（填写 A107020）	
21		减：抵扣应纳税所得额（填写 A107030）	
22		减：弥补以前年度亏损（填写 A106000）	
23		五、应纳税所得额（19－20－21－22）	
24	应纳税额计算	税率（25%）	
25		六、应纳所得税额（23×24）	
26		减：减免所得税额（填写 A107040）	
27		减：抵免所得税额（填写 A107050）	
28		七、应纳税额（25－26－27）	
29		加：境外所得应纳所得税额（填写 A108000）	
30		减：境外所得抵免所得税额（填写 A108000）	
31		八、实际应纳所得税额（28＋29－30）	
32		减：本年累计实际已预缴的所得税额	
33		九、本年应补（退）所得税额（31－32）	
34		其中：总机构分摊本年应补（退）所得税额（填写 A109000）	
35		财政集中分配本年应补（退）所得税额（填写 A109000）	
36		总机构主体生产经营部门分摊本年应补（退）所得税额（填写 A109000）	
37	附列资料	以前年度多缴的所得税额在本年抵减额	
38		以前年度应缴未缴在本年入库所得税额	

A101010 一般企业收入明细表

行次	项目	金额
1	一、营业收入（2+9）	
2	（一）主营业务收入（3+5+6+7+8）	
3	1. 销售商品收入	
4	其中：非货币性资产交换收入	
5	2. 提供劳务收入	
6	3. 建造合同收入	
7	4. 让渡资产使用权收入	
8	5. 其他	
9	（二）其他业务收入（10+12+13+14+15）	
10	1. 销售材料收入	
11	其中：非货币性资产交换收入	
12	2. 出租固定资产收入	
13	3. 出租无形资产收入	
14	4. 出租包装物和商品收入	
15	5. 其他	
16	二、营业外收入（17+18+19+20+21+22+23+24+25+26）	
17	（一）非流动资产处置利得	
18	（二）非货币性资产交换利得	
19	（三）债务重组利得	
20	（四）政府补助利得	
21	（五）盘盈利得	
22	（六）捐赠利得	
23	（七）罚没利得	
24	（八）确实无法偿付的应付款项	
25	（九）汇兑收益	
26	（十）其他	

A101020　金融企业收入明细表

行次	项目	金额
1	一、营业收入（2+18+27+32+33+34）	
2	（一）银行业务收入（3+10）	
3	1. 利息收入（4+5+6+7+8+9）	
4	（1）存放同业	
5	（2）存放中央银行	
6	（3）拆出资金	
7	（4）发放贷款及垫资	
8	（5）买入返售金融资产	
9	（6）其他	
10	2. 手续费及佣金收入（11+12+13+14+15+16+17）	
11	（1）结算与清算手续费	
12	（2）代理业务手续费	
13	（3）信用承诺手续费及佣金	
14	（4）银行卡手续费	
15	（5）顾问和咨询费	
16	（6）托管及其他受托业务佣金	
17	（7）其他	
18	（二）证券业务收入（19+26）	
19	1. 证券业务手续费及佣金收入（20+21+22+23+24+25）	
20	（1）证券承销业务	
21	（2）证券经纪业务	
22	（3）受托客户资产管理业务	
23	（4）代理兑付证券	
24	（5）代理保管证券	
25	（6）其他	

续表

行次	项目	金额
26	2. 其他证券业务收入	
27	（三）已赚保费（28－30－31）	
28	1. 保险业务收入	
29	其中：分保费收入	
30	2. 分出保费	
31	3. 提取未到期责任准备金	
32	（四）其他金融业务收入	
33	（五）汇兑收益（损失以“－”号填列）	
34	（六）其他业务收入	
35	二、营业外收入（36＋37＋38＋39＋40＋41＋42）	
36	（一）非流动资产处置利得	
37	（二）非货币性资产交换利得	
38	（三）债务重组利得	
39	（四）政府补助利得	
40	（五）盘盈利得	
41	（六）捐赠利得	
42	（七）其他	

A102010　一般企业成本支出明细表

行次	项目	金额
1	一、营业成本（2＋9）	
2	（一）主营业务成本（3＋5＋6＋7＋8）	
3	1. 销售商品成本	
4	其中：非货币性资产交换成本	
5	2. 提供劳务成本	
6	3. 建造合同成本	
7	4. 让渡资产使用权成本	
8	5. 其他	
9	（二）其他业务成本（10＋12＋13＋14＋15）	
10	1. 材料销售成本	
11	其中：非货币性资产交换成本	
12	2. 出租固定资产成本	
13	3. 出租无形资产成本	
14	4. 包装物出租成本	
15	5. 其他	
16	二、营业外支出（17＋18＋19＋20＋21＋22＋23＋24＋25＋26）	
17	（一）非流动资产处置损失	
18	（二）非货币性资产交换损失	
19	（三）债务重组损失	
20	（四）非常损失	
21	（五）捐赠支出	
22	（六）赞助支出	
23	（七）罚没支出	
24	（八）坏账损失	
25	（九）无法收回的债券股权投资损失	
26	（十）其他	

A102020　金融企业支出明细表

行次	项目	金额
1	一、营业支出（2＋15＋25＋31＋32）	
2	（一）银行业务支出（3＋11）	
3	1. 银行利息支出（4＋5＋6＋7＋8＋9＋10）	
4	（1）同业存放	
5	（2）向中央银行借款	
6	（3）拆入资金	
7	（4）吸收存款	
8	（5）卖出回购金融资产	
9	（6）发行债券	
10	（7）其他	
11	2. 银行手续费及佣金支出（12＋13＋14）	
12	（1）手续费支出	
13	（2）佣金支出	
14	（3）其他	
15	（二）保险业务支出（16＋17－18＋19－20＋21＋22－23＋24）	
16	1. 退保金	
17	2. 赔付支出	
18	减：摊回赔付支出	
19	3. 提取保险责任准备金	
20	减：摊回保险责任准备金	
21	4. 保单红利支出	
22	5. 分保费用	
23	减：摊回分保费用	
24	6. 保险业务手续费及佣金支出	
25	（三）证券业务支出（26＋30）	
26	1. 证券业务手续费及佣金支出（27＋28＋29）	
27	（1）证券经纪业务手续费支出	
28	（2）佣金支出	
29	（3）其他	
30	2. 其他证券业务支出	
31	（四）其他金融业务支出	
32	（五）其他业务成本	
33	二、营业外支出（34＋35＋36＋37＋38＋39＋40）	
34	（一）非流动资产处置损失	
35	（二）非货币性资产交换损失	
36	（三）债务重组损失	
37	（四）捐赠支出	
38	（五）非常损失	
39	（六）其他	

A103000　事业单位、民间非营利组织收入、支出明细表

行次	项目	金额
1	一、事业单位收入（2＋3＋4＋5＋6＋7）	
2	（一）财政补助收入	
3	（二）事业收入	
4	（三）上级补助收入	
5	（四）附属单位上缴收入	
6	（五）经营收入	
7	（六）其他收入（8＋9）	
8	其中：投资收益	
9	其他	
10	二、民间非营利组织收入（11＋12＋13＋14＋15＋16＋17）	
11	（一）接受捐赠收入	
12	（二）会费收入	
13	（三）提供劳务收入	
14	（四）商品销售收入	
15	（五）政府补助收入	
16	（六）投资收益	
17	（七）其他收入	
18	三、事业单位支出（19＋20＋21＋22＋23）	
19	（一）事业支出	
20	（二）上缴上级支出	
21	（三）对附属单位补助	
22	（四）经营支出	
23	（五）其他支出	
24	四、民间非营利组织支出（25＋26＋27＋28）	
25	（一）业务活动成本	
26	（二）管理费用	
27	（三）筹资费用	
28	（四）其他费用	

A104000　期间费用明细表

行次	项目	销售费用	其中：境外支付	管理费用	其中：境外支付	财务费用
		1	2	3	4	5
1	一、职工薪酬		*		*	*
2	二、劳务费					*
3	三、咨询顾问费					*
4	四、业务招待费		*		*	*
5	五、广告费和业务宣传费		*		*	*
6	六、佣金和手续费					
7	七、资产折旧摊销费		*		*	*
8	八、财产损耗、盘亏及毁损损失		*		*	*
9	九、办公费		*		*	*
10	十、董事会费		*		*	*
11	十一、租赁费					*
12	十二、诉讼费		*		*	*
13	十三、差旅费		*		*	*
14	十四、保险费		*		*	*
15	十五、运输、仓储费					*
16	十六、修理费					*
17	十七、包装费		*		*	*
18	十八、技术转让费					*
19	十九、研究费用					*
20	二十、各项税费		*		*	*
21	二十一、利息收支	*	*	*	*	
22	二十二、汇兑差额	*	*	*	*	
23	二十三、现金折扣	*	*	*	*	
24	二十四、其他					
25	合计（1+2+3+…24）					

A105000　纳税调整项目明细表

行次	项目	账载金额	税收金额	调增金额	调减金额
		1	2	3	4
1	一、收入类调整项目（2+3+4+5+6+7+8+10+11）	*	*		
2	（一）视同销售收入（填写 A105010）	*			*
3	（二）未按权责发生制原则确认的收入（填写A105020）				
4	（三）投资收益（填写 A105030）				
5	（四）按权益法核算长期股权投资对初始投资成本调整确认收益	*	*	*	
6	（五）交易性金融资产初始投资调整	*	*		*
7	（六）公允价值变动净损益		*		
8	（七）不征税收入	*	*		
9	其中：专项用途财政性资金（填写 A105040）	*	*		
10	（八）销售折扣、折让和退回				
11	（九）其他				
12	二、扣除类调整项目（13+14+15+16+17+18+19+20+21+22+23+24+26+27+28+29）	*	*		
13	（一）视同销售成本（填写 A105010）	*		*	
14	（二）职工薪酬（填写 A105050）				
15	（三）业务招待费支出				*
16	（四）广告费和业务宣传费支出（填写 A105060）	*	*		
17	（五）捐赠支出（填写 A105070）				*
18	（六）利息支出				
19	（七）罚金、罚款和被没收财物的损失		*		*
20	（八）税收滞纳金、加收利息		*		*
21	（九）赞助支出		*		*
22	（十）与未实现融资收益相关在当期确认的财务费用				
23	（十一）佣金和手续费支出				*
24	（十二）不征税收入用于支出所形成的费用	*	*		*
25	其中：专项用途财政性资金用于支出所形成的费用（填写 A105040）	*	*		*

续表

行次	项目	账载金额	税收金额	调增金额	调减金额
		1	2	3	4
26	（十三）跨期扣除项目				
27	（十四）与取得收入无关的支出		*		*
28	（十五）境外所得分摊的共同支出	*	*		*
29	（十六）其他				
30	三、资产类调整项目（31＋32＋33＋34）	*	*		
31	（一）资产折旧、摊销（填写 A105080）				
32	（二）资产减值准备金		*		
33	（三）资产损失（填写 A105090）				
34	（四）其他				
35	四、特殊事项调整项目（36＋37＋38＋39＋40）	*	*		
36	（一）企业重组（填写 A105100）				
37	（二）政策性搬迁（填写 A105110）	*	*		
38	（三）特殊行业准备金（填写 A105120）				
39	（四）房地产开发企业特定业务计算的纳税调整额（填写 A105010）	*			
40	（五）其他	*	*		
41	五、特别纳税调整应税所得	*	*		
42	六、其他	*	*		
43	合计（1＋12＋30＋35＋41＋42）	*	*		

A105010　视同销售和房地产开发企业特定业务纳税调整明细表

行次	项目	税收金额	纳税调整金额
		1	2
1	一、视同销售（营业）收入（2+3+4+5+6+7+8+9+10）		
2	（一）非货币性资产交换视同销售收入		
3	（二）用于市场推广或销售视同销售收入		
4	（三）用于交际应酬视同销售收入		
5	（四）用于职工奖励或福利视同销售收入		
6	（五）用于股息分配视同销售收入		
7	（六）用于对外捐赠视同销售收入		
8	（七）用于对外投资项目视同销售收入		
9	（八）提供劳务视同销售收入		
10	（九）其他		
11	二、视同销售（营业）成本（12+13+14+15+16+17+18+19+20）		
12	（一）非货币性资产交换视同销售成本		
13	（二）用于市场推广或销售视同销售成本		
14	（三）用于交际应酬视同销售成本		
15	（四）用于职工奖励或福利视同销售成本		
16	（五）用于股息分配视同销售成本		
17	（六）用于对外捐赠视同销售成本		
18	（七）用于对外投资项目视同销售成本		
19	（八）提供劳务视同销售成本		
20	（九）其他		
21	三、房地产开发企业特定业务计算的纳税调整额（22－26）		
22	（一）房地产企业销售未完工开发产品特定业务计算的纳税调整额（24－25）		
23	1. 销售未完工产品的收入		*
24	2. 销售未完工产品预计毛利额		
25	3. 实际发生的营业税金及附加、土地增值税		
26	（二）房地产企业销售的未完工产品转完工产品特定业务计算的纳税调整额（28－29）		
27	1. 销售未完工产品转完工产品确认的销售收入		*
28	2. 转回的销售未完工产品预计毛利额		
29	3. 转回实际发生的营业税金及附加、土地增值税		

A105020　未按权责发生制确认收入纳税调整明细表

行次	项目	合同金额（交易金额）	账载金额		税收金额		纳税调整金额
			本年	累计	本年	累计	
		1	2	3	4	5	6（4－2）
1	一、跨期收取的租金、利息、特许权使用费收入（2＋3＋4）						
2	（一）租金						
3	（二）利息						
4	（三）特许权使用费						
5	二、分期确认收入（6＋7＋8）						
6	（一）分期收款方式销售货物收入						
7	（二）持续时间超过 12 个月的建造合同收入						
8	（三）其他分期确认收入						
9	三、政府补助递延收入（10＋11＋12）						
10	（一）与收益相关的政府补助						
11	（二）与资产相关的政府补助						
12	（三）其他						
13	四、其他未按权责发生制确认收入						
14	合计（1＋5＋9＋13）						

A105030 投资收益纳税调整明细表

行次	项目	持有收益			处置收益							纳税调整金额
		账载金额	税收金额	纳税调整金额	会计确认的处置收入	税收计算的处置收入	处置投资的账面价值	处置投资的计税基础	会计确认的处置所得或损失	税收计算的处置所得	纳税调整金额	
		1	2	3 (2−1)	4	5	6	7	8 (4−6)	9 (5−7)	10 (9−8)	11 (3+10)
1	一、交易性金融资产											
2	二、可供出售金融资产											
3	三、持有至到期投资											
4	四、衍生工具											
5	五、交易性金融负债											
6	六、长期股权投资											
7	七、短期投资											
8	八、长期债券投资											
9	九、其他											
10	合计（1+2+3+4+5+6+7+8+9）											

A105040 专项用途财政性资金纳税调整明细表

行次	项目	取得年度	财政性资金	其中：符合不征税收入条件的财政性资金		以前年度支出情况					本年支出情况		本年结余情况		
				金额	其中：计入本年损益的金额	前五年度	前四年度	前三年度	前二年度	前一年度	支出金额	其中：费用化支出金额	结余金额	其中：上缴财政金额	应计入本年应税收入金额
		1	2	3	4	5	6	7	8	9	10	11	12	13	14
1	前五年度														
2	前四年度					*									
3	前三年度					*	*								
4	前二年度					*	*	*							
5	前一年度					*	*	*	*						
6	本年					*	*	*	*	*					
7	合计（1＋2＋3＋4+5+6）	*				*	*	*	*	*					

A105050 职工薪酬纳税调整明细表

行次	项目	账载金额	税收规定扣除率	以前年度累计结转扣除额	税收金额	纳税调整金额	累计结转以后年度扣除额
		1	2	3	4	5（1－4）	6（1＋3－4）
1	一、工资薪金支出		*	*			*
2	其中：股权激励		*	*			*
3	二、职工福利费支出			*			*
4	三、职工教育经费支出		*				
5	其中：按税收规定比例扣除的职工教育经费						
6	按税收规定全额扣除的职工培训费用			*			*
7	四、工会经费支出			*			*
8	五、各类基本社会保障性缴款		*	*			*
9	六、住房公积金		*	*			*
10	七、补充养老保险			*			*
11	八、补充医疗保险			*			*
12	九、其他		*				
13	合计（1＋3＋4＋7＋8＋9＋10＋11＋12）		*				

A105060　广告费和业务宣传费跨年度纳税调整明细表

行次	项目	金额
1	一、本年广告费和业务宣传费支出	
2	减：不允许扣除的广告费和业务宣传费支出	
3	二、本年符合条件的广告费和业务宣传费支出（1－2）	
4	三、本年计算广告费和业务宣传费扣除限额的销售（营业）收入	
5	税收规定扣除率	
6	四、本企业计算的广告费和业务宣传费扣除限额（4×5）	
7	五、本年结转以后年度扣除额（3＞6，本行＝3－6；3≤6，本行＝0）	
8	加：以前年度累计结转扣除额	
9	减：本年扣除的以前年度结转额［3＞6，本行＝0；3≤6，本行＝8或（6－3）孰小值］	
10	六、按照分摊协议归集至其他关联方的广告费和业务宣传费（10≤3或6孰小值）	
11	按照分摊协议从其他关联方归集至本企业的广告费和业务宣传费	
12	七、本年广告费和业务宣传费支出纳税调整金额（3＞6，本行＝2＋3－6＋10－11；3≤6，本行＝2＋10－11－9）	
13	八、累计结转以后年度扣除额（7＋8－9）	

A105070 捐赠支出纳税调整明细表

行次	受赠单位名称	公益性捐赠				非公益性捐赠	纳税调整金额
		账载金额	按税收规定计算的扣除限额	税收金额	纳税调整金额	账载金额	
	1	2	3	4	5（2—4）	6	7（5+6）
1			*	*	*		*
2			*	*	*		*
3			*	*	*		*
4			*	*	*		*
5			*	*	*		*
6			*	*	*		*
7			*	*	*		*
8			*	*	*		*
9			*	*	*		*
10			*	*	*		*
11			*	*	*		*
12			*	*	*		*
13			*	*	*		*
14			*	*	*		*
15			*	*	*		*
16			*	*	*		*
17			*	*	*		*
18			*	*	*		*
19			*	*	*		*
20	合计						

A105080 资产折旧、摊销情况及纳税调整明细表

行次	项目	账载金额			税收金额					纳税调整	
		资产账载金额	本年折旧、摊销额	累计折旧、摊销额	资产计税基础	按税收一般规定计算的本年折旧、摊销额	本年加速折旧额	其中：2014年及以后年度新增固定资产加速折旧额（填写A105081）	累计折旧、摊销额	金额	调整原因
		1	2	3	4	5	6	7	8	9（2－5－6）	10
1	一、固定资产（2＋3＋4＋5＋6＋7）										
2	（一）房屋、建筑物										
3	（二）飞机、火车、轮船、机器、机械和其他生产设备										
4	（三）与生产经营活动有关的器具、工具、家具等										
5	（四）飞机、火车、轮船以外的运输工具										
6	（五）电子设备										
7	（六）其他										
8	二、生产性生物资产（9＋10）							*			
9	（一）林木类							*			
10	（二）畜类							*			
11	三、无形资产（12＋13＋14＋15＋16＋17＋18）						*	*			
12	（一）专利权						*	*			
13	（二）商标权						*	*			

续表

行次	项目	账载金额			税收金额					纳税调整	
		资产账载金额	本年折旧、摊销额	累计折旧、摊销额	资产计税基础	按税收一般规定计算的本年折旧、摊销额	本年加速折旧额	其中：2014年及以后年度新增固定资产加速折旧额（填写A105081）	累计折旧、摊销额	金额	调整原因
		1	2	3	4	5	6	7	8	9（2－5－6）	10
14	（三）著作权						*	*			
15	（四）土地使用权						*	*			
16	（五）非专利技术						*	*			
17	（六）特许权使用费						*	*			
18	（七）其他						*	*			
19	四、长期待摊费用（20＋21＋22＋23＋24）						*	*			
20	（一）已足额提取折旧的固定资产的改建支出						*	*			
21	（二）租入固定资产的改建支出						*	*			
22	（三）固定资产的大修理支出						*	*			
23	（四）开办费						*	*			
24	（五）其他						*	*			
25	五、油气勘探投资						*	*			
26	六、油气开发投资						*	*			
27	合计（1＋8＋11＋19＋25＋26）										*

A105081　固定资产加速折旧、扣除明细表

行次	项目		房屋、建筑物		飞机、火车、轮船、机器、机械和其他生产设备		与生产经营活动有关的器具、工具、家具		飞机、火车、轮船以外的运输工具		电子设备		其他		税收折旧（扣除）额合计					
			原值	税收折旧（扣除）额	原值	税收折旧（扣除）额	原值	税收折旧（扣除）额	原值	税收折旧（扣除）额	原值	税收折旧（扣除）额	原值	税收折旧（扣除）额	原值	会计折旧额	正常折旧额	税收折旧额	纳税减少额	加速折旧优惠统计额
			1	2	3	4	5	6	7	8	9	10	11	12	13	14	15	16	17	18
1	一、重要行业固定资产加速折旧																			
2		税会处理一致																		
3		税会处理不一致																		
4	二、其他行业研发设备加速折旧																			
5	100 万元以上专用研发设备	税会处理一致																		
6		税会处理不一致																		
7	三、允许一次性扣除的固定资产																			
8	1. 单价不超过 100 万元研发设备																			
9		税会处理一致																		
10		税会处理不一致																		
11	2. 5 000 元以下固定资产																			
12	*	税会处理一致																		
13		税会处理不一致																		
14	合计（1 行+4 行+7 行）																			

续表

行次	项目		房屋、建筑物		飞机、火车、轮船、机器、机械和其他生产设备		与生产经营活动有关的器具、工具、家具		飞机、火车、轮船以外的运输工具		电子设备		其他		税收折旧（扣除）额合计					
			原值	税收折旧（扣除）额	原值	税收折旧（扣除）额	原值	税收折旧（扣除）额	原值	税收折旧（扣除）额	原值	税收折旧（扣除）额	原值	税收折旧（扣除）额	原值	会计折旧额	正常折旧额	税收折旧额	纳税减少额	加速折旧优惠统计额
			1	2	3	4	5	6	7	8	9	10	11	12	13	14	15	16	17	18
15	四、其他固定资产加速折旧备案信息																			
16	1. 技术进步、更新换代固定资产																			
17	*	税会处理一致																		
18		税会处理不一致																		
19	2. 常年强震动、高腐蚀固定资产																			
20	*	税会处理一致																		
21		税会处理不一致																		
22	3. 外购软件折旧（摊销）																			
23	*	税会处理一致																		
24		税会处理不一致																		
25	4. 集成电路企业生产设备																			
26	*	税会处理一致																		
27		税会处理不一致																		
28	合计（16 行＋19 行＋22 行＋25 行）																			

A105090 资产损失税前扣除及纳税调整明细表

行次	项目	账载金额	税收金额	纳税调整金额
		1	2	3（1－2）
1	一、清单申报资产损失（2＋3＋4＋5＋6＋7＋8）			
2	（一）正常经营管理活动中，按照公允价格销售、转让、变卖非货币资产的损失			
3	（二）存货发生的正常损耗			
4	（三）固定资产达到或超过使用年限而正常报废清理的损失			
5	（四）生产性生物资产达到或超过使用年限而正常死亡发生的资产损失			
6	（五）按照市场公平交易原则，通过各种交易场所、市场等买卖债券、股票、期货、基金以及金融衍生产品等发生的损失			
7	（六）分支机构上报的资产损失			
8	（七）其他			
9	二、专项申报资产损失（填写A105091）			
10	（一）货币资产损失（填写A105091）			
11	（二）非货币资产损失（填写A105091）			
12	（三）投资损失（填写A105091）			
13	（四）其他（填写A105091）			
14	合计（1＋9）			

A105091　资产损失（专项申报）税前扣除及纳税调整明细表

行次	项目	账载金额	处置收入	赔偿收入	计税基础	税收金额	纳税调整金额
	1	2	3	4	5	6（5−3−4）	7（2−6）
1	一、货币资产损失（2＋3＋4＋5）						
2							
3							
4							
5							
6	二、非货币资产损失（7＋8＋9＋10）						
7							
8							
9							
10							
11	三、投资损失（12＋13＋14＋15）						
12							
13							
14							
15							
16	四、其他（17＋18＋19）						
17							
18							
19							
20	合计（1＋6＋11＋16）						

A105100　企业重组纳税调整明细表

行次	项目	一般性税务处理			特殊性税务处理			纳税调整金额
		账载金额	税收金额	纳税调整金额	账载金额	税收金额	纳税调整金额	
		1	2	3（2－1）	4	5	6（5－4）	7（3＋6）
1	一、债务重组							
2	其中：以非货币性资产清偿债务							
3	债转股							
4	二、股权收购							
5	其中：涉及跨境重组的股权收购							
6	三、资产收购							
7	其中：涉及跨境重组的资产收购							
8	四、企业合并（9＋10）							
9	其中：同一控制下企业合并							
10	非同一控制下企业合并							
11	五、企业分立							
12	六、其他							
13	其中：以非货币性资产对外投资							
14	合计（1＋4＋6＋8＋11＋12）							

A105110　政策性搬迁纳税调整明细表

行次	项目	金额
1	一、搬迁收入（2＋8）	
2	（一）搬迁补偿收入（3＋4＋5＋6＋7）	
3	1. 对被征用资产价值的补偿	
4	2. 因搬迁、安置而给予的补偿	
5	3. 对停产停业形成的损失而给予的补偿	
6	4. 资产搬迁过程中遭到毁损而取得的保险赔款	
7	5. 其他补偿收入	
8	（二）搬迁资产处置收入	
9	二、搬迁支出（10＋16）	
10	（一）搬迁费用支出（11＋12＋13＋14＋15）	
11	1. 安置职工实际发生的费用	
12	2. 停工期间支付给职工的工资及福利费	
13	3. 临时存放搬迁资产而发生的费用	
14	4. 各类资产搬迁安装费用	
15	5. 其他与搬迁相关的费用	
16	（二）搬迁资产处置支出	
17	三、搬迁所得或损失（1－9）	
18	四、应计入本年应纳税所得额的搬迁所得或损失（19＋20＋21）	
19	其中：搬迁所得	
20	搬迁损失一次性扣除	
21	搬迁损失分期扣除	
22	五、计入当期损益的搬迁收益或损失	
23	六、以前年度搬迁损失当期扣除金额	
24	七、纳税调整金额（18－22－23）	

A105120　特殊行业准备金纳税调整明细表

行次	项　　目	账载金额	税收金额	纳税调整金额
		1	2	3（1－2）
1	一、保险公司（2＋3＋6＋7＋8＋9＋10）			
2	（一）未到期责任准备金			
3	（二）未决赔款准备金（4＋5）			
4	其中：已发生已报案未决赔款准备金			
5	已发生未报案未决赔款准备金			
6	（三）巨灾风险准备金			
7	（四）寿险责任准备金			
8	（五）长期健康险责任准备金			
9	（六）保险保障基金			
10	（七）其他			
11	二、证券行业（12＋13＋14＋15）			
12	（一）证券交易所风险基金			
13	（二）证券结算风险基金			
14	（三）证券投资者保护基金			
15	（四）其他			
16	三、期货行业（17＋18＋19＋20）			
17	（一）期货交易所风险准备金			
18	（二）期货公司风险准备金			
19	（三）期货投资者保障基金			
20	（四）其他			
21	四、金融企业（22＋23＋24）			
22	（一）涉农和中小企业贷款损失准备金			
23	（二）贷款损失准备金			
24	（三）其他			
25	五、中小企业信用担保机构（26＋27＋28）			
26	（一）担保赔偿准备			
27	（二）未到期责任准备			
28	（三）其他			
29	六、其他			
30	合计（1＋11＋16＋21＋25＋29）			

A106000　企业所得税弥补亏损明细表

行次	项目	年度	纳税调整后所得	合并、分立转入（转出）可弥补的亏损额	当年可弥补的亏损额	以前年度亏损已弥补额					本年度实际弥补的以前年度亏损额	可结转以后年度弥补的亏损额
						前四年度	前三年度	前二年度	前一年度	合计		
		1	2	3	4	5	6	7	8	9	10	11
1	前五年度											*
2	前四年度					*						
3	前三年度					*	*					
4	前二年度					*	*	*				
5	前一年度					*	*	*	*	*		
6	本年度					*	*	*	*	*		
7	可结转以后年度弥补的亏损额合计											

A107010 免税、减计收入及加计扣除优惠明细表

行次	项目	金额
1	一、免税收入（2＋3＋4＋5）	
2	（一）国债利息收入	
3	（二）符合条件的居民企业之间的股息、红利等权益性投资收益（填写 A107011）	
4	（三）符合条件的非营利组织的收入	
5	（四）其他专项优惠（6＋7＋8＋9＋10＋11＋12＋13＋14）	
6	1. 中国清洁发展机制基金取得的收入	
7	2. 证券投资基金从证券市场取得的收入	
8	3. 证券投资基金投资者获得的分配收入	
9	4. 证券投资基金管理人运用基金买卖股票、债券的差价收入	
10	5. 取得的地方政府债券利息所得或收入	
11	6. 受灾地区企业取得的救灾和灾后恢复重建款项等收入	
12	7. 中国期货保证金监控中心有限责任公司取得的银行存款利息等收入	
13	8. 中国保险保障基金有限责任公司取得的保险保障基金等收入	
14	9. 其他	
15	二、减计收入（16＋17）	
16	（一）综合利用资源生产产品取得的收入（填写 A107012）	
17	（二）其他专项优惠（18＋19＋20）	
18	1. 金融、保险等机构取得的涉农利息、保费收入（填写 A107013）	
19	2. 取得的中国铁路建设债券利息收入	
20	3. 其他	
21	三、加计扣除（22＋23＋26）	
22	（一）开发新技术、新产品、新工艺发生的研究开发费用加计扣除（填写 A107014）	
23	（二）安置残疾人员及国家鼓励安置的其他就业人员所支付的工资加计扣除（24＋25）	
24	1. 支付残疾人员工资加计扣除	
25	2. 国家鼓励的其他就业人员工资加计扣除	
26	（三）其他专项优惠	
27	合计（1＋15＋21）	

A107011　符合条件的居民企业之间的股息、红利等权益性投资收益优惠明细表

行次	被投资企业	投资性质	投资成本	投资比例	被投资企业利润分配确认金额		被投资企业清算确认金额			撤回或减少投资确认金额						合计
					被投资企业做出利润分配或转股决定时间	依决定归属于本公司的股息、红利等权益性投资收益金额	分得的被投资企业清算剩余资产	被清算企业累计未分配利润和累计盈余公积应享有部分	应确认的股息所得	从被投资企业撤回或减少投资取得的资产	减少投资比例	收回初始投资成本	取得资产中超过收回初始投资成本部分	撤回或减少投资应享有被投资企业累计未分配利润和累计盈余公积	应确认的股息所得	
	1	2	3	4	5	6	7	8	9（7与8孰小）	10	11	12（3×11）	13（10－12）	14	15（13与14孰小）	16（6＋9＋15）
1																
2																
3																
4																
5																
6																
7																
8																
9																
10	合计	*	*	*	*		*	*		*	*	*	*	*		

A107012　综合利用资源生产产品取得的收入优惠明细表

行次	生产的产品名称	资源综合利用认定证书基本情况			属于《资源综合利用企业所得税优惠目录》类别	综合利用的资源	综合利用的资源占生产产品材料的比例	《资源综合利用企业所得税优惠目录》规定的标准	符合条件的综合利用资源生产产品取得的收入总额	综合利用资源减计收入
		《资源综合利用认定证书》取得时间	《资源综合利用认定证书》有效期	《资源综合利用认定证书》编号						
	1	2	3	4	5	6	7	8	9	10（9×10%）
1										
2										
3										
4										
5										
6										
7										
8										
9										
10	合计	*	*	*	*	*	*	*	*	

A107013　金融、保险等机构取得的涉农利息、保费收入优惠明细表

行次	项目	金额
1	一、金融机构农户小额贷款的利息收入	*
2	（一）金融机构取得农户小额贷款利息收入总额	
3	（二）金融机构取得农户小额贷款利息减计收入（2×10%）	
4	二、保险公司为种植业、养殖业提供保险业务取得的保费收入	*
5	（一）保险公司为种植业、养殖业提供保险业务取得的保费收入总额（6+7−8）	
6	1. 原保费收入	
7	2. 分保费收入	
8	3. 分出保费收入	
9	（二）保险公司为种植业、养殖业提供保险业务取得的保费减计收入（5×10%）	
10	三、其他符合条件的机构农户小额贷款的利息收入	*
11	（一）其他符合条件的机构取得农户小额贷款利息收入总额	
12	（二）其他符合条件的机构取得农户小额贷款利息减计收入（11×10%）	
13	合计（3+9+12）	

A107014 研发费用加计扣除优惠明细表

行次	研发项目	本年研发费用明细									减：作为不征税收入处理的财政性资金用于研发的部分	可加计扣除的研发费用合计	费用化部分		资本化部分				本年研发费用加计扣除额合计
		研发活动直接消耗的材料、燃料和动力费用	直接从事研发活动的本企业在职人员费用	专门用于研发活动的有关折旧费、租赁费、运行维护费	专门用于研发活动的有关无形资产摊销费	中间试验和产品试制的有关费用，样品、样机及一般测试手段购置费	研发成果论证、评审、验收、鉴定费用	勘探开发技术的现场试验费，新药研制的临床试验费	设计、制定、资料和翻译费用	年度研发费用合计			计入本年损益的金额	计入本年研发费用加计扣除额	本年形成无形资产的金额	本年形成无形资产加计摊销额	以前年度形成无形资产本年加计摊销额	无形资产本年加计摊销额	
	1	2	3	4	5	6	7	8	9	10（2+3+4+5+6+7+8+9）	11	12（10－11）	13	14（13×50%）	15	16	17	18（16+17）	19（14+18）
1																			
2																			
3																			
4																			
5																			
6																			
7																			
8																			
9																			
10	合计																		

A107020　所得减免优惠明细表

行次	项目	项目收入	项目成本	相关税费	应分摊期间费用	纳税调整额	项目所得额	减免所得额
		1	2	3	4	5	6（1－2－3－4＋5）	7
1	一、农、林、牧、渔业项目（2＋13）							
2	（一）免税项目（3＋4＋5＋6＋7＋8＋9＋11＋12）							
3	1. 蔬菜、谷物、薯类、油料、豆类、棉花、麻类、糖料、水果、坚果的种植							
4	2. 农作物新品种的选育							
5	3. 中药材的种植							
6	4. 林木的培育和种植							
7	5. 牲畜、家禽的饲养							
8	6. 林产品的采集							
9	7. 灌溉、农产品初加工、兽医、农技推广、农机作业和维修等农、林、牧、渔服务业项目							
10	其中：农产品初加工							
11	8. 远洋捕捞							
12	9. 其他							
13	（二）减半征税项目（14＋15＋16）							
14	1. 花卉、茶以及其他饮料作物和香料作物的种植							

续表

行次	项目	项目收入	项目成本	相关税费	应分摊期间费用	纳税调整额	项目所得额	减免所得额
		1	2	3	4	5	6（1－2－3－4＋5）	7
15	2. 海水养殖、内陆养殖							
16	3. 其他							
17	二、国家重点扶持的公共基础设施项目（18＋19＋20＋21＋22＋23＋24＋25）							
18	（一）港口码头项目							
19	（二）机场项目							
20	（三）铁路项目							
21	（四）公路项目							
22	（五）城市公共交通项目							
23	（六）电力项目							
24	（七）水利项目							
25	（八）其他项目							
26	三、符合条件的环境保护、节能节水项目（27＋28＋29＋30＋31＋32）							
27	（一）公共污水处理项目							
28	（二）公共垃圾处理项目							
29	（三）沼气综合开发利用项目							

续表

行次	项目	项目收入	项目成本	相关税费	应分摊期间费用	纳税调整额	项目所得额	减免所得额
		1	2	3	4	5	6（1－2－3－4＋5）	7
30	（四）节能减排技术改造项目							
31	（五）海水淡化项目							
32	（六）其他项目							
33	四、符合条件的技术转让项目（34＋35）					*		
34	（一）技术转让所得不超过 500 万元部分	*	*	*	*	*	*	
35	（二）技术转让所得超过 500 万元部分	*	*	*	*	*	*	
36	五、其他专项优惠项目（37＋38＋39）							
37	（一）实施清洁发展机制项目							
38	（二）符合条件的节能服务公司实施合同能源管理项目							
39	（三）其他							
40	合计（1＋17＋26＋33＋36）							

A107030　抵扣应纳税所得额明细表

行次	项目	金额
一、创业投资企业直接投资于未上市中小高新企业按投资额一定比例抵扣应纳税所得额		
1	本年新增的符合条件的股权投资额	
2	税收规定的抵扣率	
3	本年新增的可抵扣的股权投资额（1行×2行）	
4	以前年度结转的尚未抵扣的股权投资余额	
5	本年可抵扣的股权投资额（3行＋4行）	
6	本年可用于抵扣的应纳税所得额	
7	本年实际抵扣应纳税所得额（5行≤6行，本行＝5行；5行＞6行，本行＝6行）	
8	结转以后年度抵扣的股权投资余额（5＞6，本行＝5－7行；5≤6，本行＝0）	
二、通过有限合伙制创业投资企业投资未上市中小高新企业按一定比例抵扣分得的应纳税所得额		
9	本年从有限合伙创投企业应分得的应纳税所得额	
10	本年新增的可抵扣投资额	
11	以前年度结转的可抵扣投资额余额	
12	本年可抵扣投资额（10行＋11行）	
13	本年实际抵扣应分得的应纳税所得额（9行≤12行，本行＝9行；9行＞12行，本行＝12行）	
14	结转以后年度抵扣的投资额余额（9行≤12行，本行＝12行－9行；9行＞12行，本行＝0）	
三、抵扣应纳税所得额合计扣分得的应纳税所得额		
15	合计：（7行＋13行）	

A107040　减免所得税优惠明细表

行次	项目	金额
1	一、符合条件的小型微利企业	
2	其中：减半征收	
3	二、国家需要重点扶持的高新技术企业（4＋5）	
4	（一）高新技术企业低税率优惠（填写 A107041）	
5	（二）经济特区和上海浦东新区新设立的高新技术企业定期减免（填写 A107041）	
6	三、其他专项优惠（7＋8＋9＋10＋11…＋14＋15＋16＋…＋31）	
7	（一）受灾地区损失严重的企业（7.1＋7.2＋7.3）	
7.1	其中：1.	
7.2	2.	
7.3	3.	
8	（二）受灾地区农村信用社（8.1＋8.2＋8.3）	
8.1	其中：1.	
8.2	2.	
8.3	3.	
9	（三）受灾地区的促进就业企业（9.1＋9.2＋9.3）	
9.1	其中：1.	
9.2	2.	
9.3	3.	
10	（四）支持和促进重点群体创业就业企业（10.1＋10.2＋10.3）	
10.1	其中：1. 下岗失业人员再就业	
10.2	2. 高校毕业生就业	
10.3	3. 退役士兵就业	
11	（五）技术先进型服务企业	
12	（六）动漫企业	
13	（七）集成电路线宽小于 0.8 微米（含）的集成电路生产企业	
14	（八）集成电路线宽小于 0.25 微米的集成电路生产企业（14.1＋14.2）	
14.1	其中：1. 定期减免企业所得税	
14.1	2. 减按 15％税率征收企业所得税	
15	（九）投资额超过 80 亿元人民币的集成电路生产企业（15.1＋15.2）	

续前表

行次	项目	金额
15.1	其中：1. 定期减免企业所得税	
15.2	2. 减按15%税率征收企业所得税	
16	（十）新办集成电路设计企业（填写A107042）	
17	（十一）国家规划布局内重点集成电路设计企业	
18	（十二）集成电路封装、测试企业	
19	（十三）集成电路关键专用材料生产企业或集成电路专用设备生产企业	
20	（十四）符合条件的软件企业（填写A107042）	
21	（十五）国家规划布局内重点软件企业	
22	（十六）经营性文化事业单位转制企业	
23	（十七）符合条件的生产和装配伤残人员专门用品企业	
24	（十八）设在西部地区的鼓励类产业企业	
25	（十九）新疆困难地区新办企业	
26	（二十）新疆喀什、霍尔果斯特殊经济开发区新办企业	
27	（二十一）横琴新区、平潭综合实验区和前海深港现代化服务业合作区企业	
28	（二十二）享受过渡期税收优惠企业	
29	（二十三）其他1	
30	（二十四）其他2	
31	（二十五）其他3	
32	四、减：项目所得额按法定税率减半征收企业所得税叠加享受减免税优惠	
33	五、减免地方分享所得税的民族自治地方企业	
34	合计：（1＋3＋6－32＋33）	

A107041　高新技术企业优惠情况及明细表

行次	基本信息			
1	高新技术企业证书编号		高新技术企业证书取得时间	
2	产品（服务）属于《国家重点支持的高新技术领域》规定的范围（填写具体范围名称）		是否发生重大安全、质量事故	是□　否□
3	是否有环境等违法、违规行为，受到有关部门处罚的	是□　否□	是否发生偷骗税行为	是□　否□
4	关键指标情况			
5	收入指标	一、本年高新技术产品（服务）收入（6＋7）		
6		其中：产品（服务）收入		
7		技术性收入		
8		二、本年企业总收入		
9		三、本年高新技术产品（服务）收入占企业总收入的比例（5÷8）		
10	人员指标	四、本年具有大学专科以上学历的科技人员数		
11		五、本年研发人员数		
12		六、本年职工总数		
13		七、本年具有大学专科以上学历的科技人员占企业当年职工总数的比例（10÷12）		
14		八、本年研发人员占企业当年职工总数的比例（11÷12）		
15	研究开发费用指标	九、本年归集的高新研发费用金额（16＋25）		
16		（一）内部研究开发投入（17＋18＋19＋20＋21＋22＋24）		
17		1. 人员人工		
18		2. 直接投入		
19		3. 折旧费用与长期费用摊销		
20		4. 设计费用		
21		5. 装备调试费		
22		6. 无形资产摊销		
23		7. 其他费用		
24		其中：可计入研发费用的其他费用		
25		（二）委托外部研究开发费用（26＋27）		
26		1. 境内的外部研发费		
27		2. 境外的外部研发费		
28		十、本年研发费用占销售（营业）收入比例		
29	减免税金额			

A107042　软件、集成电路企业优惠情况及明细表

行次	基本信息				
1	企业成立日期			软件企业证书取得日期	
2	软件企业认定证书编号			软件产品登记证书编号	
3	计算机信息系统集成资质等级认定证书编号			集成电路生产企业认定文号	
4	集成电路设计企业认定证书编号				
5	关键指标情况（2011 年 1 月 1 日以后成立企业填报）				
6	人员指标	一、企业本年月平均职工总人数			
7		其中：签订劳动合同关系且具有大学专科以上学历的职工人数			
8		二、研究开发人员人数			
9		三、签订劳动合同关系且具有大学专科以上学历的职工人数占企业当年月平均职工总人数的比例（7÷6）			
10		四、研究开发人员占企业本年月平均职工总数的比例（8÷6）			
11	收入指标	五、企业收入总额			
12		六、集成电路制造销售（营业）收入			
13		七、集成电路制造销售（营业）收入占企业收入总额的比例（12÷11）			
14		八、集成电路设计销售（营业）收入			
15		其中：集成电路自主设计销售（营业）收入			
16		九、集成电路设计企业的集成电路设计销售（营业）收入占企业收入总额的比例（14÷11）			
17		十、集成电路自主设计销售（营业）收入占企业收入总额的比例（15÷11）			
18		十一、软件产品开发销售（营业）收入			
19		其中：嵌入式软件产品和信息系统集成产品开发销售（营业）收入			
20		十二、软件产品自主开发销售（营业）收入			
21		其中：嵌入式软件产品和信息系统集成产品自主开发销售（营业）收入			
22		十三、软件企业的软件产品开发销售（营业）收入占企业收入总额的比例（18÷11）			
23		十四、嵌入式软件产品和信息系统集成产品开发销售（营业）收入占企业收入总额的比例（19÷11）			
24		十五、软件产品自主开发销售（营业）收入占企业收入总额的比例（20÷11）			
25		十六、嵌入式软件产品和信息系统集成产品自主开发销售（营业）收入占企业收入总额的比例（21÷11）			

26	研究开发费用指标	十七、研究开发费用总额	
27		其中：企业在中国境内发生的研究开发费用金额	
28		十八、研究开发费用总额占企业销售（营业）收入总额的比例	
29		十九、企业在中国境内发生的研究开发费用金额占研究开发费用总额的比例（27÷26）	
30	关键指标情况（2011年1月1日以前成立企业填报）		
31	人员指标	二十、企业职工总数	
32		二十一、从事软件产品开发和技术服务的技术人员	
33		二十二、从事软件产品开发和技术服务的技术人员占企业职工总数的比例（32÷31）	
34	收入指标	二十三、企业年总收入	
35		其中：企业年软件销售收入	
36		其中：自产软件销售收入	
37		二十四、软件销售收入占企业年总收入比例（35÷34）	
38		二十五、自产软件收入占软件销售收入比例（36÷35）	
39	研究开发经费指标	二十六、软件技术及产品的研究开发经费	
40		二十七、软件技术及产品的研究开发经费占企业年软件收入比例（39÷35）	
41	减免税金额		

A107050 税额抵免优惠明细表

行次	项目	年度	本年抵免前应纳税额	本年允许抵免的专用设备投资额	本年可抵免税额	以前年度已抵免额						本年实际抵免的各年度税额	可结转以后年度抵免的税额
						前五年度	前四年度	前三年度	前二年度	前一年度	小计		
		1	2	3	4=3×10%	5	6	7	8	9	10（5+6+7+8+9）	11	12（4−10−11）
1	前五年度												*
2	前四年度					*							
3	前三年度					*	*						
4	前二年度					*	*	*					
5	前一年度					*	*	*	*				
6	本年度					*	*	*	*	*	*		
7	本年实际抵免税额合计												*
8	可结转以后年度抵免的税额合计												
9	专用设备投资情况	本年允许抵免的环境保护专用设备投资额											
10		本年允许抵免节能节水的专用设备投资额											
11		本年允许抵免的安全生产专用设备投资额											

A108000 境外所得税收抵免明细表

行次	国家（地区）	境外税前所得	境外所得纳税调整后所得	弥补境外以前年度亏损	境外应纳税所得额	抵减境内亏损	抵减境内亏损后的境外应纳税所得额	税率	境外所得应纳税额	境外所得可抵免税额	境外所得抵免限额	本年可抵免境外所得税额	未超过境外所得税抵免限额的余额	本年可抵免以前年度未抵免境外所得税额	按简易办法计算				境外所得抵免所得税额合计
															按低于12.5%的实际税率计算的抵免额	按12.5%计算的抵免额	按25%计算的抵免额	小计	
	1	2	3	4	5 (3－4)	6	7 (5－6)	8	9 (7×8)	10	11	12	13 (11－12)	14	15	16	17	18 (15＋16＋17)	19 (12＋14＋18)
1																			
2																			
3																			
4																			
5																			
6																			
7																			
8																			
9																			
10	合计																		

A108010　境外所得纳税调整后所得明细表

行次	国家（地区）	境外税后所得								境外所得可抵免的所得税额				境外税前所得	境外分支机构收入与支出纳税调整额	境外分支机构调整分摊扣除的有关成本费用	境外所得对应调整的相关成本费用支出	境外所得纳税调整后所得
		分支机构机构营业利润所得	股息、红利等权益性投资所得	利息所得	租金所得	特许权使用费所得	财产转让所得	其他所得	小计	直接缴纳的所得税额	间接负担的所得税额	享受税收饶让抵免税额	小计					
	1	2	3	4	5	6	7	8	9（2+3+4+5+6+7+8）	10	11	12	13（10+11+12）	14（9+10+11）	15	16	17	18（14+15－16－17）
1																		
2																		
3																		
4																		
5																		
6																		
7																		
8																		
9																		
10	合计																	

A108020　境外分支机构弥补亏损明细表

行次	国家（地区）	非实际亏损额的弥补				实际亏损额的弥补													
		以前年度结转尚未弥补的非实际亏损额	本年发生的非实际亏损额	本年弥补的以前年度非实际亏损额	结转以后年度弥补的非实际亏损额	以前年度结转尚未弥补的实际亏损额						本年发生的实际亏损额	本年弥补的以前年度实际亏损额	结转以后年度弥补的实际亏损额					
						前五年	前四年	前三年	前二年	前一年	小计			前四年	前三年	前二年	前一年	本年	小计
	1	2	3	4	5（2+3−4）	6	7	8	9	10	11（6+7+8+9+10）	12	13	14	15	16	17	18	19（14+15+16+17+18）
1																			
2																			
3																			
4																			
5																			
6																			
7																			
8																			
9																			
10	合计																		

A108030 跨年度结转抵免境外所得税明细表

行次	国家（地区）	前五年境外所得已缴所得税未抵免余额						本年实际抵免以前年度未抵免的境外已缴所得税额						结转以后年度抵免的境外所得已缴所得税额					
		前五年	前四年	前三年	前二年	前一年	小计	前五年	前四年	前三年	前二年	前一年	小计	前四年	前三年	前二年	前一年	本年	小计
	1	2	3	4	5	6	7（2+3+4+5+6）	8	9	10	11	12	13（8+9+10+11+12）	14（3−9）	15（4−10）	16（5−11）	17（6−12）	18	19（14+15+16+17+18）
1																			
2																			
3																			
4																			
5																			
6																			
7																			
8																			
9																			
10	合计																		

A109000 跨地区经营汇总纳税企业年度分摊企业所得税明细表

行次	项目	金额
1	一、总机构实际应纳所得税额	
2	减：境外所得应纳所得税额	
3	加：境外所得抵免所得税额	
4	二、总机构用于分摊的本年实际应纳所得税（1－2＋3）	
5	三、本年累计已预分、已分摊所得税（6＋7＋8＋9）	
6	（一）总机构向其直接管理的建筑项目部所在地预分的所得税额	
7	（二）总机构已分摊所得税额	
8	（三）财政集中已分配所得税额	
9	（四）总机构所属分支机构已分摊所得税额	
10	其中：总机构主体生产经营部门已分摊所得税额	
11	四、总机构本年度应分摊的应补（退）的所得税（4－5）	
12	（一）总机构分摊本年应补（退）的所得税额（11×25％）	
13	（二）财政集中分配本年应补（退）的所得税额（11×25％）	
14	（三）总机构所属分支机构分摊本年应补（退）的所得税额（11×50％）	
15	其中：总机构主体生产经营部门分摊本年应补（退）的所得税额	
16	五、总机构境外所得抵免后的应纳所得税额（2－3）	
17	六、总机构本年应补（退）的所得税额（12＋13＋15＋16）	

A109010 企业所得税汇总纳税分支机构所得税分配表

税款所属期间：　　年　月　日至　　年　月　日

总机构名称（盖章）：　　　　　　　　　　　　　　　　金额单位：元（列至角分）

总机构纳税人识别号		应纳所得税额	总机构分摊所得税额		总机构财政集中分配所得税额		分支机构分摊所得税额
分支机构情况	分支机构纳税人识别号	分支机构名称	三项因素			分配比例	分配所得税额
			营业收入	职工薪酬	资产总额		
	合计	—					

中华人民共和国企业所得税年度纳税申报表

ISBN 978-7-5092-1471-8

定价：60 元